U0541213

本书系山东省社会科学规划研究项目“中古上声字在现代方言中的演变研究”
（18CYYJ08）的结项成果

中古上声字在现代方言中的演变研究

许芃 著

中国社会科学出版社

图书在版编目（CIP）数据

中古上声字在现代方言中的演变研究／许芃著．—北京：中国社会科学出版社，2022.8

ISBN 978－7－5227－0536－1

Ⅰ.①中…　Ⅱ.①许…　Ⅲ.①汉字—古文字学—研究②汉语—上古音—研究　Ⅳ.①H121②H111

中国版本图书馆 CIP 数据核字（2022）第 129924 号

出 版 人　赵剑英
责任编辑　张冰洁　李　沫
责任校对　刘　健　初依依
责任印制　王　超

出　　版　中国社会科学出版社
社　　址　北京鼓楼西大街甲 158 号
邮　　编　100720
网　　址　http://www.csspw.cn
发 行 部　010－84083685
门 市 部　010－84029450
经　　销　新华书店及其他书店

印　　刷　北京明恒达印务有限公司
装　　订　廊坊市广阳区广增装订厂
版　　次　2022 年 8 月第 1 版
印　　次　2022 年 8 月第 1 次印刷

开　　本　710×1000　1/16
印　　张　23.25
插　　页　2
字　　数　306 千字
定　　价　119.00 元

序

中古汉语上声字有全浊声母、次浊声母和清音声母三类。其中全浊上声字，其后多演变为去声（简称“全浊变去”），这在汉语史上是一种重要的音变现象，例如“抱（並）犯（奉）杜弟待（定）柱（澄）坐（从）近（羣）杏厚（匣）受是（禅）”等字，在《广韵》中归上声，在今北京话中都读作去声[①]。这种音变至少在唐代业已发生，到近代尤烈，且具有普遍性，涉及面很广，包括所有方言区。不过，汉语方言毕竟很复杂，也有一些方言区特别是非官话方言区的少数方言点，全浊上声字的情况并不同于上述音变，根据许芃《中古上声字在现代方言中的演变研究》（以下简称《研究》）一书所引资料来看，在吴语、闽语、徽语、客家、徽语、土话和平话的部分方言点中，多数或大多数中古全浊上声字仍然读上声，只有少数变成了去声或平声；在胶辽官话、赣语、粤语、吴语和闽语中的部分方言点中，多数或大多数中古全浊上声字没有变成去声而变成了平声；在江淮官话、湘语、赣语、客语、粤语等区的部分方言点中，中古全浊上声字大约有一半变成了平声，另一半变成了去

① 例外当然是有的，例如“釜腐辅（奉）挺（定）场（澄）仅瑾（群）缓很迥（匣）”等少数字，在《广韵》中归上声，在今北京话中仍读去声。

声，仍读上声的字极少。中古全浊上声字在今方言中的变化总体情况详见以下统计表：

中古全浊上声字在今 310 个方言点中的变化总表①

<table>
<tr><th>类型</th><th>方言数</th><th>所占%</th><th colspan="2">今调类归属</th><th>方言点举例（代表）</th></tr>
<tr><td rowspan="6">归去声型</td><td rowspan="6">218</td><td rowspan="6">70.3</td><td colspan="2">绝大多数归去声</td><td>北京　苏州　道县（寿雁）
安化（梅城）　长沙</td></tr>
<tr><td rowspan="2">多数归去声</td><td>少数仍读上声</td><td>乐昌（皈塘）　歙县
莲花（琴亭）　广州</td></tr>
<tr><td>少数归平声</td><td>梅县　横峰　新兴</td></tr>
<tr><td rowspan="3">约半数归去声</td><td>约半数或少数仍读上声</td><td>化州（新安）　连州（西岸）
德庆　白话　田东（林逢）</td></tr>
<tr><td>约半数或少数归平声</td><td>廉江（青平）　定南（历市）</td></tr>
<tr><td>少数归入声</td><td>建瓯</td></tr>
<tr><td rowspan="5">读上声型</td><td rowspan="5">66</td><td rowspan="5">21.3</td><td colspan="2">绝大多数读上声</td><td>温州</td></tr>
<tr><td rowspan="2">多数仍读上声</td><td>少数归去声</td><td>全州（文桥）　祁门（箬坑）
沙县　昭平</td></tr>
<tr><td>少数归平声</td><td>阳春（三甲）　诸暨（王家井）</td></tr>
<tr><td rowspan="2">约半数仍读上声</td><td>约半数或少数归去声</td><td>乐昌（北乡）　绩溪
黟县（宏潭）　藤县（藤城）</td></tr>
<tr><td>少数归平声</td><td>翁源　休宁（溪口）</td></tr>
<tr><td rowspan="6">归平声型</td><td rowspan="6">21</td><td rowspan="6">7</td><td colspan="2">绝大多数归平声</td><td>波阳（鄱阳）　莱州（驿道）</td></tr>
<tr><td rowspan="3">多数归平声</td><td>少数归去声</td><td>海安</td></tr>
<tr><td>少数仍读上声</td><td>郁南（平台）　临海</td></tr>
<tr><td>少数读上声和归去声</td><td>屯留</td></tr>
<tr><td rowspan="2">约半数归平声</td><td>约半数或少数归去声</td><td>大余　都昌　高明（明城）</td></tr>
<tr><td>少数仍读上声</td><td>罗定　中山（隆都）</td></tr>
<tr><td>其他型</td><td>5</td><td>2</td><td colspan="2">分归几种不同的调类</td><td>临桂（两江）</td></tr>
</table>

① 此表及以下二表均取自《研究》一书，所列方言点是举例性的，各代表一种类型。

其中次浊上声字，其后的变化较小，在今各方言区大都仍读上声。例外也有，根据《研究》一书所引资料来看，在客家、赣语、闽语、徽语、吴语、粤语、平话以及中原官话的一些方言点中，少数已变为平声、去声甚至入声。中古次浊上声字在今方言中的变化总体情况详见以下统计表：

中古次浊上声字在今 310 个方言点中的变化总表

<table>
<tr><th>类型</th><th>方言数</th><th>所占%</th><th colspan="2">今调类归属</th><th>方言点举例（代表）</th></tr>
<tr><td rowspan="6">读上声型</td><td rowspan="6">271</td><td rowspan="6">87.4</td><td colspan="2">绝大多数归上声</td><td>济南 佛山 海盐 新会（会城）兴安（高尚） 神木银川</td></tr>
<tr><td rowspan="3">多数仍读上声</td><td>少数归平声</td><td>于都（贡江） 秀篆 金坛（西岗） 马山（乔利） 休宁（溪口）</td></tr>
<tr><td>少数归去声</td><td>大余 漳平（永福） 田东（林逢）</td></tr>
<tr><td>少数归入声</td><td>建瓯</td></tr>
<tr><td rowspan="2">约半数仍读上声</td><td>约半数或少数归平声</td><td>梅县 扶绥（龙头）</td></tr>
<tr><td>少数归去声</td><td>乐昌（北乡） 富宁（剥隘）</td></tr>
<tr><td rowspan="3">归去声型</td><td rowspan="3">27</td><td rowspan="3">8.7</td><td colspan="2">绝大多数归去声</td><td>嘉兴 从化（城内） 衢州</td></tr>
<tr><td>多数归去声</td><td>少数仍读上声</td><td>河源 宝山（罗店）</td></tr>
<tr><td>约半数归去声</td><td>约半数或少数读上声</td><td>无锡 惠州</td></tr>
<tr><td rowspan="3">归平声型</td><td rowspan="3">12</td><td rowspan="3">3.9</td><td rowspan="2">多数归平声</td><td>少数仍读上声</td><td>连州（保安） 太平（仙源）</td></tr>
<tr><td>少数归入声等</td><td>溧阳</td></tr>
<tr><td>约半数归平声</td><td>约半数或少数仍读上声</td><td>信宜（钱排） 丹阳（城内）</td></tr>
</table>

其中清音上声字，其后的变化比次浊音上声字还小，在今各方言区大都仍读上声。例外很少，仅在吴语、粤语和平话区的个别方言中有少数变成了去声或平声。中古清音上声字在今方言中的变化总体情

况详见以下统计表：

中古清音上声字在今 310 个方言点中的变化总表

<table>
<tr><th>类型</th><th>方言数</th><th>所占%</th><th colspan="2">今调类归属</th><th>方言点举例（代表）</th></tr>
<tr><td rowspan="4">读上声型</td><td rowspan="4">300</td><td rowspan="4">100</td><td colspan="2">绝大多数读上声</td><td>西安 常熟 资源(延东)
朔县 乌鲁木齐 秀篆</td></tr>
<tr><td rowspan="2">多数仍读上声</td><td>少数归去声</td><td>嘉善</td></tr>
<tr><td>少数归平声</td><td>丹阳（城内）</td></tr>
<tr><td>约半数仍读上声</td><td>少数归去声</td><td>宁远（清水桥）</td></tr>
</table>

以上事实充分说明，尽管有一些例外，中古全浊上声字变为去声具有很大的普遍性，是主流，无论官话是方言还是非官话方言，莫不如此。对于中古次浊和清音上声字来说，今天仍然保持其上声调类则是主流，变为去声或平声则属于例外。

前人对汉语上声字的演变情况做过大量的研究，包括不同类上声字在不同方言中的演变结果的调查、演变音理的分析、不同方言接触的影响、官话方言演变结果对非官话方言的影响、移民对调类演变的影响，等等。许芃《研究》一书的主要贡献是对前人这类研究成果做了大量的调查、统计、分类、分析以及总结工作，同时融入了自己的专题研究。全书所涉方言点 310 个，遍及汉语十大方言区，分类排列，列表展示，条分缕析，一一评述，将前人研究上声字的主要成果及相关著作、论文差不多全部展示在读者面前，为此题的深入研究提供了重要参考。前人研究中古上声字的方法和结论、中古各类上声字在今不同方言中的演变结果、异同及分布等情况差不多都可以通过这部书获得，其学术价值和应用价值是显而易见的。当然，此书原稿也存在一些不足，例如书中把一些上声字归入平声的原因释为是二者调值相近，但却没有标出相关方言平、上声的调值，会影响读者的理解。另外，关于中古上声字演变结果的分类，有些显得过于琐细，似可以适当合并。

全浊上声字多数何以会变为去声字，且波及所有方言区，前人做过许多研究。或认为调类合并是由于调值接近，“全浊变去”首先发生在政治经济发达的在北方官话区，后来由于政治中心南迁（如南唐、南宋）、北人南迁（如唐末黄巢起义、北宋靖康之变导致北人南迁）。根据唐南阳释处忠《元和韵谱》“平声者哀而安，上声者厉而举，去声者清而远，入声者直而促”以及唐时日本沙门安然《悉昙藏》所载日译汉音声调“平声直低，有轻有重；上声直昂，有轻无重；去声稍引，无轻无重；入声径止，无内无外”等说法，中古上声与去声的调值并不接近。本人认为，汉语上声字在先秦和去声字一样数量较少，正因为如此，清人段玉裁、今人王力先生主张古无去声，近人黄侃主张古无上声。去声字在先秦虽然量少，但在汉以后逐渐多起来，且越来越多，在今天的常用汉字中，去声字的数量仅次于平声。和去声字不同的是，上声字在汉以后虽然也在增加，但由于破读、全浊音消失、连读变调等原因的影响，其数量一直多不起来，在《广韵》《集韵》中，上声字的占比最少，今天的情况也是如此[①]。和平、去声字相比，汉语上声字的变化较大，说明其稳定性较差，尤其全浊上声字。上声字稳定性差的主要原因在于其调值的特点。根据前人的描写，中古上声字的调值是个降升调，属于曲折形，先降后升，类似于今北京话的上声调值。这类调值发音时气流是非直线形的，不很方便，故容易发生改变。去声的情况正好相反，它是个降调，发音时气流是直线形的，比较方便，故汉以后越来越受到人们的欢

① 关于此问题笔者另有专文讨论。

迎，无论是记录新词还是破读，人们都乐于使用去声。全浊音在古代汉语中长期起到别义的作用，到了中古以后，由于汉语复音词的大量增加，汉语通过语音别义的一些特点被削弱乃至消失，自元代以后全浊音在多数方言中消失就是基于这种原因。和次浊音、清音相比，全浊音不够稳定①，其消失容易导致字调的改变。上声字本来容易发生变化，全浊音的消失更加剧了这种变化。全浊音消失导致上声调值改变，按说人们也可以选择平声以易之，但平声字本就来就多，如果继续增加势必影响别义，所以人们自然选择了很收欢迎的去声，这应该就是全浊上声字多数何以会变为去声的主要原因。这一变化首先在官话中发生，受北人南迁等原因的影响，官话从北到南对非官话方言产生了普遍的影响，致使“全浊变去”成了汉语各方言都具有的重要特色。至于在少数方言点中，中古全浊上声字多数仍然保留了上声读法或变成了平声，这种现象的存在应该是官话影响未及的结果。

官话音对非官话方音的影响应该有两种类型：一类是音值的音响，如今人学习普通话，严格按照普通话的音值模仿；另一类是音类的影响，音类发生改变而音值并不一定改变，例如南宋后官话平声因声母清浊的不同而分化为阴阳两类，继而影响各方言的平声也分化成了阴阳两类，至于方言阴阳两类的调值则并不一定同于官话。官话“全浊变去”现象对方言的影响属于音类的影响，否则不好解释同样是“全浊变去”，而不同方言上、去声的调值何以会千差万别。汉语各方言都是通过调值相对对立的几个调类来别义的，同一词选择用何种调值表达，不同方言区的感受往往存在着很大差别，比如“妈”一词，北京人觉得用“55”调表达最合适，关中人则觉得用“21”调表达最合适，济南人则觉得用“213”调表达最合适。这种感受非常稳定，即

① 关于此问题，参见笔者《汉语声母的稳定性》，《方言》2007年第4期。

使字的调类发生变动而调值不易受到影响，这也正是不同方言保持各自特色的重要原因。

许芃同志淑质慎行，虚怀向善，学风朴实，言不虚掷。其《研究》一书不仅资料丰富，且论述多给人启发，读者开卷便知。是为序。

胡安顺

2022 年 8 月初于陕西师范大学菊香斋

目　　录

绪论 …………………………………………………………（1）

第一章　中古上声字在现代方言中的演变类型 …………（23）

第一节　中古全浊上声字在现代方言中的演变类型 …………（23）

一　归去声型 …………（23）

二　读上声型 …………（51）

三　归平声型 …………（67）

四　其他型 …………（79）

五　小结 …………（81）

第二节　中古次浊上声字在现代方言中的演变类型 …………（86）

一　读上声型 …………（86）

二　归去声型 …………（111）

三　归平声型 …………（119）

四　小结 …………（125）

第三节　中古清音上声字在现代方言中的演变类型 …………（129）

一 读上声型 …………………………………………………… (130)
二 小结 ………………………………………………………… (146)
第四节 中古上声字在现代方言中的演变情况及演变格局 …………………………………………… (147)
一 中古上声字在现代各方言区中的演变情况 ……… (147)
二 中古上声字演变类型的主要分布区域 …………… (154)
三 中古上声字在现代方言中的演变格局 …………… (155)

第二章 中古上声字在现代方言中的演变原因初探 ……… (157)
第一节 中古上声字演变的内部原因 ……………………… (157)
一 调值的相似度 ……………………………………… (157)
二 连读变调的影响 …………………………………… (166)
三 声母的影响 ………………………………………… (169)
四 词汇语法的影响 …………………………………… (192)
五 文字的影响 ………………………………………… (195)
第二节 中古上声字演变的外部原因 ……………………… (197)
一 移民的影响 ………………………………………… (197)
二 邻近方言的影响 …………………………………… (222)

第三章 中古上声字在不同方言中的发展情况比较 ……… (228)
第一节 中古上声字在赣语和客语中的发展情况比较 ………………………………………………… (228)
一 中古上声字在赣语、客语中的调类归属情况比较 ……………………………………………… (229)
二 赣语、客语归阴平的浊上字比较 ………………… (234)

三　客赣方言“浊上归阴平”相关问题的探讨 ……………………………………………（236）
第二节　中古上声字在平话和粤语中的发展情况比较 ……………………………（238）
一　中古上声字在平话、粤语中的调类归属情况比较 ……………………………（239）
二　平话、粤语今读阳上的浊上字比较 ……………（244）
第三节　中古上声字在客赣语和粤语中的发展情况比较 ……………………………（247）
一　客赣语和粤语关系的发现 …………………………（247）
二　客赣语和粤语中的中古上声字发展情况比较 ……………………………………………（248）

余论 ………………………………………………………（254）

参考文献 …………………………………………………（259）

附录　中古浊上字在现代方言中的变化情况统计表 ………（270）

后记 ………………………………………………………（358）

绪　论

一　研究背景

汉语是有声调的语言。声调作为非音质音位，在汉语语音系统中占有重要地位，因此，声调研究在汉语语音研究中具有特殊的价值。

方言是语言的支派和变体。现代汉语方言，提供给我们研究中古音到现代汉语演化的讯息。透过这些语料的分析，使我们知道现代汉语音韵各成分的来源和形成的脉络。

中古声调在现代方言中的演变是相当复杂的。过去，入声由于其自身的特殊性，一直是人们研究的焦点。其实，中古上声在现代方言中的发展也是纷杂多样的，人们常说的“全浊上变去”“次浊上归阴上”仅是上声调在现代方言中诸多演变类型当中的一种，远不能说明全部语音演变的事实。这种复杂的演变情况，都是在特定的时间、地域、移民和不同语言条件下产生的，其原因既有外部的，也有内部的。外因即语言或方言的接触与融合，这与移民、地域等因素有关；内因即语音系统乃至语言系统内部的调整，如声韵调的相互作用、语法词汇的影响等。

纵观前贤对上声问题的研究，人们大多集中于对上声历时演变的直线分析，抑或在单点方言中的描写与解释；较少立足多种方言，就上声在现代方言中的发展情况做出综合性的认识和评价。当然，也有学者在声调的综合比较研究方面给我们做出很好的示范，如何大安《“浊上归去”与现代方言》、辛世彪《东南方言声调比较研究》、王莉宁《汉语方言上声的全次浊分调现象》等。但总体来说，此类研究数量相对不多。

鉴于此，本书利用已出版的有代表性的方言点调查语料（共收录方言点 310 个，其中 1 点为自查）对中古上声字在现代方言中的演变情况进行梳理，归纳出了若干种演变类型，并探讨了中古上声字到今方言中的发展特点和变化原因，力求能对中古上声字在现代方言中的演变状况既有宏观上的把握又有微观上的比较与分析。

二　关于上声的研究

（一）20 世纪以来汉语上声研究概述

20 世纪以来，关于汉语上声的研究包括两大方面：历时研究与共时研究。其中，历时研究开始得较早，共时研究相对稍晚；历时研究以共同语为主，共时研究以方言为主。

1. 历时研究

历时研究是对上声在汉语史上发展演变情况的研究，主要包括调值拟测、关于“浊上变去”诸问题的探讨、“次浊上归阴上”的原因分析。

（1）上声调值的研究

古声调的调值研究是个难题。古代没有记音工具，调值无法得到客观描写，仅有一些文字描述，后人对前人记录的推测自然常常不尽一致。关于中古上声调值的研究，可资参考的资料主要有：①唐朝和尚处忠在《元和韵谱》中对四声的描写；②域外佛经译音材料；③日本悉昙家对古代声调的记载。对于中古上声的拟测，学术界的看法主要有以下三种。

第一种，认为中古上声是个高平短调，金德平[①]、刘广和[②]等人持此观点。

第二种，认为中古上声是个高升短调，邵荣芬[③]、尉迟治平[④]等人持此观点。

第三种，认为中古上声是个升调，长度普通，高本汉[⑤]、丁邦新[⑥]等人持此观点。

（2）关于“浊上归去”诸问题的讨论

“浊上变去”是汉语语音史上一条重要的音变规律，与其相关的诸多问题一直是学术界讨论的焦点。

首先是“浊上归去”的演变时间问题。

大多数学者通过对诗词用韵、李涪的《刊误》《慧琳音义》中的反切等不同史料的论证认为“浊上变去”始于唐代，如黄淬伯[⑦]、周祖谟[⑧]、王力[⑨]等。但也有不同意见者，如李新魁[⑩]认为浊上变去自汉

---

① 金德平：《唐代长安方音声调状况初探》，《陕西师范大学学报》（哲学社会科学版）1989年第4期。
② 刘广和：《唐代八世纪长安音的韵系和声调》，《河北大学学报》1991年第3期。
③ 邵荣芬：《切韵研究》，中华书局2008年版，第161页。
④ 尉迟治平：《周、隋长安方音再探》，《语言研究》1984年第2期；尉迟治平：《“上声厉而举”解》，《音韵学研究》1994年第4期。
⑤ 高本汉：《中国音韵学研究》，商务印书馆2014年版，第437页。
⑥ 丁邦新：《平仄新考》，《丁邦新语言学论文集》，商务印书馆1998年版，第80页。
⑦ 黄淬伯：《慧琳一切经音义反切考》，《史语所集刊》1928年第61期。
⑧ 周祖谟：《关于唐代方言中四声读法的一些资料》，《问学集》，中华书局2004年版，第494—500页。
⑨ 王力：《汉语史稿》，中华书局1998年版，第194页。
⑩ 李新魁：《古音概说》，广东人民出版社1982年版，第116页。

魏以来就不断出现，范新干[①]、刘纶鑫[②]分别认为浊上变去产生于三国国和南宋。

其次是“浊上变去”的演变原因问题。

杨耐思[③]、赵克刚[④]、杨世文[⑤]对“浊上变去”的发生机制进行了探讨，认为调类合并最重要的原因是调值的相似使然，全浊上声与全浊去声的调值极为相似，以至二者在发展中合流。

再次是“浊上变去”的演变进程问题。

全浊上演变为去声，不是一蹴而就的。杨耐思[⑥]对比李涪《刊误》和邵雍《皇极经世声音唱和图》后指出，浊上变去的过程分两步：第一步，浊上变阳去；第二步，阳去、阴去合为一调。李思敬[⑦]又把杨氏的第一步一分为二，将演变进程分为三步：浊上变浊去；浊母清化，浊去变阳去；阳去、阴去合并为去声。赵克刚[⑧]认为“浊上变去”的过程与全浊清化分两步走密切相关：全浊声母首先变次清，次清而后变全清，由于全清调低，致使上声变为去声。杨氏与李、赵二位先生的不同在于，他认为声母的变化与声调的变化各有自身的规律，不互为因果，因此浊上变去与浊音清化无关。

最后是“浊上变去”的演变例外问题。

《广韵》中的全浊上声字，在普通话中仍有一部分没有变成去声，成为这条演变规律的例外。那宗训[⑨]就《广韵》上声卷中的全浊上声

① 范新干：《浊上变去始于三国时代考》，载《汉语史研究集刊》（第二辑），巴蜀书社 2000 年版，第 321—329 页。
② 刘纶鑫：《浊上变去见于南宋考》，《中国语文》1997 年第 1 期。
③ 杨耐思：《北方话“浊上变去”来源试探》，《学术月刊》1958 年第 2 期。
④ 赵克刚：《浊上变去论》，《重庆师范大学学报》（哲学社会科学版）1986 年第 3 期。
⑤ 杨世文：《浊上变去例外探因》，《语文研究》2001 年第 2 期。
⑥ 杨耐思：《北方话“浊上变去”来源试探》，《学术月刊》1958 年第 2 期。
⑦ 李思敬：《切韵音系上去二声全浊声母字和部分去声次浊声母字在河北宁河方言中的声调表现》，《中国语言学报》1995 年第 5 期。
⑧ 赵克刚：《浊上变去论》，《重庆师范大学学报》（哲学社会科学版）1986 年第 3 期。
⑨ 那宗训：《全浊上声字是否均变为去声》，《中国语文》1995 年第 1 期。

字与近代、现代读音进行比较，发现只是一部分变为去声，一部分未变，因此不能称之为例外。沈建民[①]针对那文的操作方法和结论提出不同意见，认为“浊上变去”的规律不应否定。杨世文[②]提出部分全浊上声字不变去声的原因是“由声母渐变或突变的清化造成的”。田范芬[③]另辟蹊径，从文献记载、字形对字音的影响、人们的认字心理、文字运用等角度对形成“例外”的原因进行了探讨。

（3）“次浊上归阴上”的原因分析

北宋邵雍《皇极经世天声地音图》把次浊分为两类，上声的归入清类，其他三声归入浊类。关于次浊声母上声归清类的现象学界的观点大致分两类，两类意见的分歧在于邵图中的“清·浊”是指声母的清浊还是声调的阴阳。

第一类，清浊指声母的清浊即带音与不带音。持此说的有李荣[④]、冯蒸[⑤]、郑张尚芳[⑥]等人。李荣先生从现代吴语的方言事实出发，认为为邵雍把上声的次浊字归入清类，是由于上声的次浊字声门紧闭，不带浊流，跟现代吴语的黄岩、温岭方言一样。冯蒸先生将李氏的观点进一步具体化，他仍立足于丰实的现代吴语材料，从而证明，汉语中次浊声母可有两套，一套是带喉塞音ʔ-系列，一套是带浊喉擦音（即带浊流）ɦ-系列。这种带喉塞音的上声声母，在邵雍所记汴洛方言即存在，所以邵雍方言次浊上声归清类。郑张尚芳先生的观点与冯氏相若，并且把时间追溯得更久，以现代方言、藏缅语等为例，证明上声带-ʔ上古即存在。

① 沈建民：《古全浊上声字今仍读上声的问题》，《中国语文》1997 年第 2 期。
② 杨世文：《浊上变去例外探因》，《语文研究》2001 年第 2 期。
③ 田范芬：《几组全浊上声字未变去声探因》，《古汉语研究》2003 年第 2 期。
④ 李荣：《切韵音系》，科学出版社 1956 年版，第 171 页。
⑤ 冯蒸：《北宋邵雍方言次浊上声归清类现象试释》，《北京师范学院学报》（社会科学版）1987 年第 1 期。
⑥ 郑张尚芳：《汉语方言声韵调异常语音现象的历史解释》，《语言》，首都师范大学出版社 2001 年版，第 93—99 页。

第二类，清浊指声调的阴阳。持此说的有陆志韦[①]、梅祖麟[②]等人。陆先生认为引起邵图次浊上归清的根源是声调问题。梅祖麟对陆氏观点表示认同，以上声高调解释此现象：把同为高调的次浊上和清声母归一类，把非高调的次浊平、去、入和浊声母归一类。

2. 共时研究

共时研究以中古上声在现代方言中的演变情况为主要研究内容。

（1）中古上声演变事实的报告以及原因分析

上声发展的主流是清上、次浊上归阴上，全浊上变去声。但是，在一些方言特别是东南方言中，呈现出与之不同或更为复杂的发展趋向。相关研究举例如下。

何大安[③]对浊上字在各大方言中的演变情况做了大规模的考察，根据次浊上声字是否入阴上，把“浊上归去”区别为“官话型”（入阴上）、“吴语型”（不入阴上）和介于其间的过渡方言（兼入阴上与其他调类）几种类型。

辛世彪[④]对浊上字在东南方言中的演变特点进行了总结，发现了粤客赣徽等地区字类条件对声调归向的作用，如粤平客赣徽全浊上字以文、白读音的不同分为 A、B 两类。A 类多归阳去；B 类或读上声（读阳上），或阴阳上合并，或归阴去。

王莉宁[⑤]对汉语方言中全浊上与次浊上声调相分的现象进行了考察，指出上声全次浊分调是一种官话型的音变，在方言地图上以“漏斗式”的演变模式向东南方言扩散，形成数种不同的演变类型。

---

① 陆志韦：《记邵雍皇极经世的“天声地音”》，《燕京学报》1946 年第 31 期。
② 梅祖麟：《说上声》，《梅祖麟语言学论文集》，商务印书馆 2000 年版，第 342—343 页。
③ 何大安：《“浊上归去”与现代方言》，《史语所集刊》1988 年第 59 期。
④ 辛世彪：《东南方言声调比较研究》，上海教育出版社 2004 年版，第 260 页。
⑤ 王莉宁：《汉语方言上声的全次浊分调现象》，《语言科学》2012 年第 1 期。

刘镇发、张群显[①]指出中古浊上字之所以在粤客赣方言和北方话中的发展不同，主要与“浊上归去”和“浊声清化”两条规律的相互作用有关。张琨《客家方言中〈切韵〉上声字读法》（1990）一文发现，客家方言有些阴平、去声两读的字，在声母韵母方面也有两种不同的表现：读阴平的，其声韵母接近《切韵》；变去声的，其声韵母与唐宋以来的北方方音相似。

赵媛[②]指出桂北平话、湘南土话、粤北土话这三个地区的古上声字既有外方言影响下的接触演变又有自身演变。

陈忠敏[③]发现上海南汇方言不能单说的古全浊上声字一般有阳平、阳去两读。并通过强行诱读测试，从而指出，这种变异现象与两字组的连读变调影响有关。陈氏发表的《上海市区话舒声阳调类合并的原因》[④]一文又用层次音变对上海市区话舒声阳调类（阳上、阳去、阳平）合并的原因进行了深入的分析。卢今元[⑤]通过比较，认为江苏吕四方言全浊上声字仍有小部分保存阳上的原因有三：口耳相传，易存旧读；保存旧读，区别词义；回避同音词。另外，还有学者在有关吴语的综合性著作里，对上声在吴语中的演变情况做出总结。如钱乃荣《当代吴语研究》[⑥]一书指出，在所调查的吴语方言点中，多数是全浊上声归阳去，次浊上声有的归阴去，有的大部分归阴去、其余归阳去，有的全部归阳去。曹志耘《南部吴语语音研究》[⑦]通过对南部吴语的语音考察，强调古浊上在北部吴语和南部吴语发展的不同：北

---

① 刘镇发、张群显：《中古浊上字的演变与粤客赣方言》，《香港客粤方言比较研究》，暨南大学出版社 2001 年版，第 214—222 页。

② 赵媛：《桂北平话、湘南土话、粤北土话古上声字的今读》，《语言研究集刊》第十五辑。

③ 陈忠敏：《上海南汇方言全浊上声的变异》，《中国语文》1990 年第 3 期。

④ 陈忠敏：《上海市区话舒声阳调类合并的原因》，《方言》2007 年第 4 期。

⑤ 卢今元：《吕四方言里的阳上字》，《方言》1990 年第 4 期。

⑥ 钱乃荣：《当代吴语研究》，上海教育出版社 1992 年版，第 20 页。

⑦ 曹志耘：《南部吴语语音研究》，商务印书馆 2002 年版，第 103 页。

部吴语较常见的归并模式是次浊上归阴上（或上声），全浊上归阳去（或去声）；而南部吴语没有一个地点完全采用此种归并模式，归并情况更显纷杂。

赵日新[①]一文针对徽语屯溪、婺源方言古清声母上声今读短促调的现象，认为两种方言阴上的调值起伏幅度小，低于阳上调值，这很可能是引起阴上字促化的主要原因。

许彬彬[②]从语音层次的角度探讨了中古全浊上声字在闽语的分布情况以及具体的音读特征，进而归纳出相关特点。

（2）"浊上归阴平"的讨论

客赣方言浊上字读阴平的现象多年来一直是方言研究者所关注的焦点。其涉及的问题不少，归纳起来有以下几个方面。

① 浊上归阴平是否是客赣方言的分区标准

早在 20 世纪 50 年代和 70 年代，赵元任和桥本万太郎就曾经指出，客家方言有次浊上声字归阴平的现象。80 年代末，《方言》先后发表黄雪贞的《客家方言声调的特点》[③]、《客家方言声调的特点续论》[④]两篇文章，黄氏指出古次浊上声与全浊上声都有读阴平的现象是客家方言声调的特点。李荣[⑤]同意黄氏的观点，认为浊上归阴平是客家话区别于其他方言的特点，当然也是客家话区别于赣语的特点。

刘纶鑫[⑥]提出相反意见。他通过近十几年来全面的调查研究发现，浊上（包括全浊上、次浊上）归阴平是客赣方言共同存在的语言现象，

① 赵日新：《古清声母上声字徽语今读短促调之考察》，《中国语文》1999 年第 6 期。
② 许彬彬：《闽语全浊上声字的地理分布问题》，《厦大中文学报》2019 年 1 月第六辑。
③ 黄雪贞：《客家方言声调的特点》，《方言》1988 年第 4 期。
④ 黄雪贞：《客家方言声调的特点续论》，《方言》1989 年第 2 期。
⑤ 李荣：《汉语方言的分区——〈中国语言地图集〉图［A2］与图［B8］的说明稿》，《方言》1989 年第 4 期。
⑥ 刘纶鑫：《客赣方言的声调系统综述》，《南昌大学学报》（人文社会科学版）2000 年第 4 期。

只是数量多少不同而已。颜森[①]、王福堂[②]等人所持观点与刘氏相同，认为“浊上归阴平”不能算是区分客赣方言的标准。

② 浊上归阴平是客赣方言共同的发展还是其中一种方言影响另一种方言的结果

持影响说的有台湾学者何大安[③]。何先生认为，南城这类赣方言浊上归阴平的现象不能推至早期赣语，因为今天多数赣方言全浊上归去。一些赣方言同时有浊上归去和归阴平两种走向，可能是受官话和客家话的双重影响。

持共同发展说的有张双庆、万波、刘纶鑫、王福堂、严修鸿等人。张双庆、万波[④]通过对赣语南城方言全浊上声字做穷尽式考察，认为南城方言与客家话的全浊归阴平具有同一性质，都是自身的、较早期的历史层次。刘纶鑫[⑤]对张、万的意见表示认同，并从移民史的角度进一步获取旁证。王福堂[⑥]明确指出：“客赣两方言浊上字归阴平，是在同一规律支配下产生的历史音变。浊上字在各地方言中的不同表现只是同一规律的不同折射。”严修鸿[⑦]从地理位置的角度做出论证：发生这一音变的赣方言很多都不和客话区邻接，进而证明浊上归阴平是赣语自身发展的结果。

③ 全浊上归阴平与次浊上归阴平性质是否相同

谢留文[⑧]认为二者性质不同：客家方言全浊上今读阴平可能是受到当时赣中赣东地区方言的影响，次浊上声字今有一部分读阴平则是客家方言自身演变的结果。

---

① 颜森：《江西方言的分区（稿）》，《方言》1986 年第 1 期。

② 王福堂：《汉语方言语音的演变和层次》，语文出版社 2005 年版，第 71—74 页。

③ 何大安：《论赣方言》，《汉学研究》1986 年第 5 期。

④ 张双庆、万波：《赣语南城方言古全浊上声字今读的考察》，《中国语文》1996 年第 5 期。

⑤ 刘纶鑫：《江西客家方言概论》，江西人民出版社 2001 年版，第 106—109 页。

⑥ 王福堂：《关于客家话和赣方言的分合问题》，《方言》1998 年第 1 期。

⑦ 严修鸿：《客赣方言浊上字调类演变的历史过程》，《中国语学研究》2004 年第 23 期。

⑧ 谢留文：《赣语古上声全浊声母字今读阴平调现象》，《方言》1998 年第 1 期。

严修鸿[①]认为二者性质相同：赣语次浊上字读阴平字少是由北方话的冲击所造成的。孙宜志[②]指出，客赣方言归阴平的无论全浊上字还是次浊上字基本是都是口语用字，二者具有同一性质。

④ 浊上归去与浊上归阴平在时间上孰先孰后

罗美珍、邓晓华[③]认为，浊上归去应早于浊上归阴平，源于中原汉语的客家方言可能在进行浊上归去的音变过程中，由于音变扩展的不平衡性，尚未遍及所有浊上字，客家方言就独立出中原汉语，音变中断，剩下的残余形式在客家方言里按自己独特的音变方式归入阴平。蓝小玲[④]、刘泽民[⑤]所持观点与罗、邓相若。

张双庆、万波[⑥]通过对赣语南城方言的考察，提出相反意见：浊上归去应晚于浊上归阴平。最明显的是全浊上声字归入阴平的基本是口语常用字即白读，归入阳去的基本是非口语常用字即文读。一般来讲，白读音比文读音更古老。孙宜志[⑦]从外部的影响进一步分析，由于移民的到来，先前发生的浊上归阴平的规律被打断，变了阴平的成为白读，受北方方言影响而形成的阳去成为文读。

（二）20 世纪以来汉语上声研究述评

关于上声的研究，已经取得了一些可喜的成绩。研究的视野在逐步扩大，方法论意识在逐步增强，无论从材料还是方法上都为以后的研究奠定了良好的基础。

---

① 严修鸿：《客赣方言浊上字调类演变的历史过程》，《中国语学研究》2004 年第 23 期。
② 孙宜志：《江西赣方言语音研究》，语文出版社 2007 年版，第 227 页。
③ 罗美珍 邓晓华：《客家方言》，福建教育出版社 1995 年版，第 44 页。
④ 蓝小玲：《客方言声调的性质》，《厦门大学学报》（哲学社会科学版）1997 年第 3 期。
⑤ 刘泽民：《客赣方言历史层次研究》（博士论文），　上海师范大学 2004 年版，第 214—215 页。
⑥ 张双庆 万波：《赣语南城方言古全浊上声字今读的考察》，《中国语文》1996 年第 5 期。
⑦ 孙宜志：《江西赣方言语音研究》，语文出版社 2007 年版，第 228 页。

目前，关于上声的研究中存在的不足主要有以下两点。

1. 关于上声的综合比较研究相对较少

学术界关于上声的研究较多的是对上声的历史状态、历时演变的单纯拟测与直线分析，抑或对上声在单点或少数几点方言中的发展情况进行描写与解释；较少立足于多种方言，对上声在现代方言中的演变情况进行综合考察，以分析上声演变的规律与特点。

当然，关于上声的综合研究，亦有学者为我们作出了很好的示范，如辛世彪《东南方言声调比较研究》，何大安《"浊上归去"与现代方言》，王莉宁《汉语方言上声的全次浊分调现象》。辛书以类型比较和历时比较为基本方法，总结了东南方言声调演变的过程与规律，其中包括对上声分化、合并及其历史层次的精辟分析；何文是全面、专门研究汉语方言浊上字演变的一篇重要论文。王文则是立足于极其丰富的语料对汉语方言上声的全次浊分调现象进行了细致的描写与深入的分析。三者无论从材料还是理论、方法上都给人以有益的启发。但是同时，以上研究仍然为后续研究留有较大的空间：其一，辛书是立足于东南方言的研究，官话方言尚未涉及，并且该书综合研究四个声调，上声的一些问题可进一步系统化；其二，何文是单篇论文，诸多信息尚可进一步挖掘与展现，且该文主要涉及浊上字，清上字未在其列；其三，王文主要是针对上声的全次浊分调现象进行了的描写与分析，其他现象亦可进一步探讨。

透过方言比较去研究语音，这是一个庞大的系统工程。"什么时候方言语音比较研究透彻了，汉语语音史的研究也便有了明确的结论了。"[①]因此，通过方言的综合比较去研究上声，是有意义的，但就目前来说，此类研究尚相对较少。

---

① 辛世彪：《东南方言声调比较研究》，李如龙序，上海教育出版社2004年版，第2页。

2. 关于上声的解释性研究尚需进一步加强

对某种演变现象不仅有所描写，更要有所解释，这是研究者努力的方向，同时也取得了一些突出的成绩，如杨世文[①]、田范芬[②]对“浊上变去”例外问题的分析，赵日新[③]关于徽语古清声母上声今读短促调的考察，陈忠敏[④]针对上海舒声阳调类合并原因所进行的探讨等等。但是，就目前的研究来看，人们更多的还是仅针对普通话或某种方言中的语音现象进行分析，较少利用不同方言之间的差异和联系对某共时或历时现象做出解释。因此，关于上声的解释性研究工作可需进一步加强。

三　研究内容、方法与材料

（一）研究内容

首先，本书研究内容的重点是分别将中古全浊上、次浊上、清音上声字在现代方言中的演变情况划分出若干种类型，并对每一种类型的小类、特点、地域分布、所属方言点的调类差别进行了阐述。

其次，本书从内因、外因两方面对中古上声字在现代方言中的演变原因做了初步探讨。内因包括调值的相似性、连读变调的影响、声母的影响、词汇语法的影响以及文字的影响等；外因包括移民的影响、邻近方言的渗透等。

再次，对中古上声字在相关方言中的发展情况进行了比较，其中

---

① 杨世文：《浊上变去例外探因》，《语文研究》2001 年第 2 期。
② 田范芬：《几组全浊上声字未变去声探因》，《古汉语研究》2003 年第 2 期。
③ 赵日新：《古清声母上声字徽语今读短促调之考察》，《中国语文》1999 年第 6 期。
④ 陈忠敏：《上海市区话舒声阳调类合并的原因》，《方言》2007 年第 4 期。

包括三对方言，即赣语和客语、平话和粤语、客赣语和粤语。进行比较的内容主要包括中古上声字的调类归属和辖字范围。

最后，总结出了中古上声字在现代方言中的演变特点。

（二）研究方法

本书采用的研究方法主要有统计法、描写法、解释法、比较法四种。兹分述如下。

1. 统计法

统计法是本书所运用的基本方法，统计分为以下三步。

第一， 原始统计。分别对中古全浊上、次浊上、清音上声字在各方言中的调类分布情况进行逐字统计，制成若干小表，如“中古全浊上声字在今西安话中的调类分布表”。

第二， 提取数据，进行归类。对每个方言中的上声字调类归属情况做出百分比统计，把具有同一发展趋向（归入某调类的百分数接近）的方言归为一类。

第三， 以统计数据显示中古上声字在今方言中的发展趋势。对上声字在全部方言中的各类演变情况做出百分比统计，借由统计结果以呈现其规律性，显现其大体的发展走向。

2. 描写法

本书主要对以下两项内容进行描写。

第一， 对统计结果和演变类型的描写。表格对统计结果的展示是静态的、量化的，只有通过进一步的描写才能使统计结果得到更为清晰的说明。对于每种演变类型，本书侧重于描写此类型的特点、地域分布、代表方言的具体归字情况等。

第二，对上声字发展趋势的描写。各类上声字在今方言中的发展都有主流、支流和逆流之分。多数方言表现的相同演变是主流，少数方言的共同变化是支流，个别方言独特的异向变化则是逆流。本书结合统计结果，对其发展趋势进行了描写。

3. 解释法

本书运用解释法从内因、外因两方面对中古上声字发展变化的原因进行了初步的解释。

4. 比较法

本书使用共时比较的方法，比如对中古上声字在相关方言中发展情况的比较等。

（三）研究材料

本书共收录方言点310个，材料多数来自20世纪80年代以来发表于学术刊物的论文及专著，包括同音字表、调查报告、方言志等，个别点来自李荣主编的《现代汉语方言大词典》[①]。莱州驿道镇方言为笔者自查。

由于材料所限，每个方言区所收录方言点的数量尚未完全平衡。但是，通过这些方言点还是能够基本反映出中古上声字在现代方言中的发展面貌的。因为，第一，尽量做到每个方言区各个方言片均有方言点录入；第二，变化相对复杂的吴、赣、客、粤等东南方言语料较多，录入的方言点也多；第三，鉴于无法穷尽所有的的方言点，因此以相关研究的结论予以补充说明。

材料来源列表如下。

---

① 李荣：《现代汉语方言大词典》，江苏教育出版社2002年版。

（1）官话（38 个）

方言区	方言片	方言点	资料来源
北京官话	京师片	北京	汉语方音字汇
东北官话	黑松片	哈尔滨	现代汉语方言大词典
冀鲁官话	石济片	济南 博山	汉语方音字汇 博山方言研究
	保唐片	广灵 昌黎	广灵方言志 昌黎方言志
	沧惠片	利津	利津方言志
胶辽官话	登连片	烟台 牟平 荣成	烟台方言调查报告 牟平方言志 荣成方言志
	青莱片	即墨 平度 莱州	即墨方言志 平度方言志　自查
中原官话	郑曹片	郑州	郑州方言志
	洛徐片	徐州	徐州方言志
	汾河片	运城	运城方言志
	关中片	西安	汉语方音字汇
	秦陇片	武都	甘肃省武都方言 同音字汇
	陇中片	乐都	青海乐都方言音系
	南疆片	焉耆	焉耆音系记略
江淮官话	洪巢片	扬州 合肥	汉语方音字汇
	泰如片*	南通 如东 如皋 海安 东台 大丰 兴化 泰兴 姜堰 泰州	通泰方言音韵研究
西南官话	武天片	武汉	汉语方音字汇
	成渝片	成都	汉语方音字汇
	贵柳片	柳州	现代汉语方言大词典
	金城片	兰州	兰州方言音系
兰银官话	银吴片	银川	银川方言志
	北疆片	乌鲁木齐	乌鲁木齐话音档

* 江淮官话泰如片称之为通泰方言。

（2）晋语（16个）

方言区	方言片	方言点	资料来源
晋语	并州片	太原	汉语方音字汇
		清徐 平遥 介休 盂县	清徐方言志 平遥方言志 介休方言志 盂县方言志
	五台片	忻州 定襄 朔县	忻州方言志 定襄方言志 朔县方言志
		神木	神木方言研究
	吕梁片	汾西	汾西方言志
	上党片	屯留 沁县 武乡	屯留方言志 沁县方言志 武乡方言志
	大包片	天镇 山阴 左权	天镇方言志 山阴方言志 左权方言志

（3）徽语（13个）

方言区	方言片	方言点	资料来源
徽语	绩歙片	绩溪	现代汉语方言大词典
		歙县	歙县话音档
		歙县（和溪）	歙县（和溪）方言语音研究
	休黟片	屯溪	屯溪话音档
		休宁（流口）	休宁（流口）方言语音研究
		休宁（溪口）	休宁溪口方言语音研究
		黟县（宏潭）	黟县（宏潭）方言语音研究
		黟县（碧阳）	安徽黟县碧阳方言同音字汇
		婺源（坑头）	婺源（坑头）方言语音研究
		婺源（秋口）	婺源（秋口）方言语音研究
	祁德片	祁门（大坦）	安徽黄山祁门大坦话同音字汇
		祁门（箬坑）	祁门（箬坑）方言语音研究
	严州片	遂安（汾口）	徽语遂安汾口方言语音研究

（4）吴语（57 个）

方言区	方言片	方言点	资料来源
吴语	太湖片	常州 丹阳 金坛（西岗）溧阳 江阴 靖江 宜兴 常熟 无锡 吴江（黎里） 吴江（盛泽） 昆山 上海 宝山（霜草墩） 宝山（罗店镇）南汇（周浦镇） 松江 嘉兴 湖州（双休）杭州 绍兴 诸暨（王家井） 嵊县（崇仁） 嵊县（太平乡）余姚 宁波	当代吴语研究
		苏州	汉语方音字汇
		嘉善	嘉善方言音系
		桐乡 平湖 海盐 海宁 长兴 安吉 德清 余杭 临安 富阳 昌化	浙北杭嘉湖方言语音研究
	瓯江片	温州	汉语方音字汇
		文成	南部吴语语音研究
	婺州片	金华 永康	当代吴语研究
		磐安 汤溪	南部吴语语音研究
	台州片	临海	浙江临海方言音系
		黄岩	当代吴语研究
	处衢片	云和 龙游 常山 广丰 遂昌 庆元	南部吴语语音研究
		衢州	当代吴语研究
		浦城	浦城县方言志
	宣州片	铜陵	铜陵方言记略
		太平（仙源）	太平（仙源）方言同音字汇

（5）湘语（19 个）

方言区	方言片	方言点	资料来源
湘语	长益片	长沙 湘潭 益阳	汉语方音字汇 湘潭方言同音字汇 湖南益阳方言同音字汇
		望城（城关）岳阳（荣家湾）	湘方言概要
	娄邵片	安化（梅城）湘乡（城关）邵阳（市区）城步（儒林）会同（林城）	湘方言概要
		娄底 涟源（桥头河）	湘方言语音研究
		双峰	汉语方音字汇
	衡州片	衡阳（西渡）	湘方言概要
	吉溆片	泸溪（浦市）	湖南泸溪（浦市）方言音系
	永全片	祁阳（白水）东安（花桥）东安（石期）江永（桃川）	湘方言概要

（6）赣语（40 个）

方言区	方言片	方言点	资料来源
赣语	昌靖片	南昌	汉语方音字汇
		星子 湖口（双钟）高安 奉新（冯川）永修（江益）修水（义宁）	客赣方言比较研究
		都昌 安义 平江（南江）	客赣方言调查报告
	宜浏片	上高（敖阳）万载（康乐）新余（渝水）	客赣方言比较研究
		醴陵（白兔潭）宜丰	客赣方言调查报告
	吉茶片	吉安 吉水（螺田）泰和 萍乡 莲花（琴亭）永丰（恩江）	客赣方言比较研究
		永新 茶陵	客赣方言调查报告

续表

方言区	方言片	方言点	资料来源
赣语	抚广片	黎川（日峰）宜黄（凤凰）东乡 临川（上顿渡）南丰（琴城）	客赣方言比较研究
		南城 建宁 邵武	客赣方言调查报告
		泰宁	泰宁县方言志
	鹰弋片	波阳（鄱阳）乐平 横峰	客赣方言比较研究
		余干 弋阳	客赣方言调查报告
	大通片	阳新（国和）	客赣方言调查报告
	怀岳片	宿松（河塔）	客赣方言调查报告
		岳西	安徽岳西方言的同音字汇

（7）客语（共 42 个）

方言区	方言片	方言点	资料来源
客语	于信片	于都（贡江）赣县（蟠龙）大余	客赣方言调查报告
		上犹（社溪） 南康（蓉江） 安远（欣山）	客赣方言比较研究
	铜桂片	井冈山（黄坳）铜鼓（丰田） 奉新（澡溪）	客赣方言比较研究
		桂东	桂东方言同音字汇
	宁龙片	宁都	客赣方言调查报告
		定南（历市）龙南（龙南） 全南（城厢）石城（琴江）	客赣方言比较研究
	粤台片	梅县	汉语方音字汇
		五华	五华方言同音字汇
		东莞（清溪）从化（吕田）	珠江三角洲方言字音对照
		河源 惠州 揭西	客赣方言调查报告
	粤北片	翁源 连南	客赣方言调查报告

续表

方言区	方言片	方言点	资料来源
客语	粤西片	阳西（塘口）阳春（三甲）信宜（思贺）信宜（钱排）高州（新垌）电白（沙琅）化州（新安）廉江（石角）廉江（青平）	粤西客家方言调查报告
	汀州片	长汀 武平（岩前）宁化	客赣方言调查报告
	不分片	秀篆 陆川 西河	客赣方言调查报告
		深圳（沙头角）中山（南蓢合水）	珠江三角洲方言字音对照
		金华（珊瑚村）	浙江金华珊瑚客家话音系

（8）粤语（36个）

方言区	方言片	方言点	资料来源
粤语	广府片	广州	汉语方音字汇
		云浮（云城）新兴 罗定 郁南（平台）	粤西十县市粤方言调查报告
		香港（市区）澳门（市区）番禺（市桥）花县（花山）从化（城内）增城（县城）佛山（市区）南海（沙头）顺德（大良） 三水（西南）高明（明城）中山（石岐）珠海（前山）东莞（莞城）宝安（沙井）香港（新界锦田）	珠江三角洲方言字音对照
	勾漏片	肇庆（高要）四会 广宁 德庆 怀集 封开	粤西十县市粤方言调查报告
	四邑片	斗门（上横水上）斗门（斗门）江门（白沙）新会（会城）台山（台城）开平（赤坎）恩平（牛江） 鹤山（雅瑶）	珠江三角洲方言字音对照
	高阳片	阳江	汉语方音字汇

（9）闽语（17个）

方言区	方言片	方言点	资料来源
闽语	闽东片	福州	汉语方音字汇
	闽南片	厦门 潮州	汉语方音字汇
		台北	台北话音档
		晋江 南安	晋江市方言志　南安市方言志
		漳平（永福）	漳平（永福）方言同音字汇
	闽北片	建瓯	汉语方音字汇
		崇安 建阳	崇安方言志 建阳方言志
	闽中	沙县 三元	沙县方言志 三明方言志
	琼文片	雷州	广东闽方言语音研究
		海口	海口方言（老派）同音字汇
	莆仙片	仙游	仙游方言志
	闽客赣过渡区	明溪	明溪方言志
	闽方言岛	中山（隆都）	珠江三角洲方言字音对照

（10）平话（22个）

方言区	方言片	方言点	资料来源
平话	桂南片	马山（乔利）田东（林逢） 百色（那毕）富宁（剥隘） 南宁（亭子）龙州（上龙） 扶绥（龙头）横县（横州） 宾阳（芦墟）玉林（福绵） 藤县（藤城）	平话音韵研究
		钟山 昭平	广西钟山方言音系 广西昭平方言音系
	桂北片	融水（融水）临桂（五通）临桂（两江）平乐（青龙）灵川（三街）　宁远（清水桥）	平话音韵研究

续表

方言区	方言片	方言点	资料来源
平话	桂北片	资源（延东） 兴安（高尚） 全州（文桥）*	桂北平话与推广普通话研究——资源延东直话研究 桂北平话与推广普通话研究——兴安高尚软土话研究 桂北平话与推广普通话研究——全州文桥土话研究

（11）土话（10个）**

方言区	方言片	方言点	资料来源
土话	湘南片	江华（寨山） 道县（寿雁）	湖南江华寨山话研究 湖南道县寿雁平话音系
	粤北片	乐昌（皈塘） 乐昌（长来） 乐昌（北乡）	粤北乐昌土话
		连州（星子） 连州（保安） 连州（连州） 连州（西岸） 连州（丰阳）	连州土话研究

自查方言点：莱州市驿道镇东赵村

发音合作人介绍：

侯长玲， 女，59岁，小学文化，农民。

赵兴国， 男，61岁，函授大学本科，教师。

---

* 新编《中国语言地图集》把湘、粤、桂三省区的平话和土话单立一图。广西境内除了分布有官话、粤语、客家方言、湘语、闽语之外，从南到北还分布着很多土话。这些土话或称本地话、或称百姓话，或称直话，或称土白话等等。桂林郊区和南宁郊区称作平话。这些土话不属于官话、粤语、客家方言、湘语、闽语任何一种方言，《中国语言地图集》把这些土话分布范围画出来，作为一区，并命名为平话，目的是留待核实。（参见覃远雄《平话和土话》，《方言》2007年第2期。）基于此，我们暂把位于广西的资源（延东）、兴安（高尚）、全州（文桥）三处土话归入平话一列。

** 《中国语言地图集》，把湘南土话列在非官话未分区一类，把粤北土话称做韶州土话，也列在非官话未分区一类。（参见覃远雄《平访和土话》，《方言》2007年第2期。）基于此，我们暂把道县（寿雁）、乐昌（皈塘）等湘南、粤北土话归入土话一列。

第一章　中古上声字在现代方言中的演变类型

第一节　中古全浊上声字在现代方言中的演变类型

浊上变去，即全浊上声字变成去声字，是汉语语音发展变化的一条重要规律。此变化早在唐代就已在北方方言中开始发生。[①②]然而，中古全浊上声字在现代方言中的发展并不稳定，并非整齐划一地全部归入去声。我们通过对310个方言点的考察，结果发现，在多数方言中，中古全浊上声字至少约半数归入去声；在少数方言中，中古全浊上声字至少约半数仍保留上声；在不到十成的方言中，中古全浊上声字至少约半数归入平声；在极少数的方言中，中古全浊上声字今有少数字分归于几种不同的调类。

一　归去声型

归去声型的方言点共有218个，约占本书所收方言点总数的70.3%。

根据统计，在此类方言中，主要包括三类情况：第一类，全浊上

① 周祖谟：《问学集》，中华书局2004年版，第494—500页。
② 王力：《汉语史稿》，中华书局2001年版，第194页。

声字绝大多数均归去声；第二类，全浊上声字多数归去声，少数读上声、平声；第三类，全浊上声字约半数归去声，约半数或少数读上声、平声或入声。*

（一）中古全浊上声字今绝大多数归去声

中古全浊上声字今绝大多数归去声的方言包括四种情况：第一，绝大多数全浊上声字归去声，去声不分阴阳，多见于官话、晋语；第二，绝大多数全浊上声字归阳去，去声分阴阳，多见于湘语、赣语，少数吴语、闽语亦如此；第三，绝大多数全浊上声字归阴去，去声分阴阳，在收录的方言点中湖南土话道县（寿雁）如此；第四，绝大多数全浊上声字归阳去和阴去，去声分阴阳，多见于湘语。

根据去声的分合情况，可将此类分为北京型、苏州型、道县（寿雁）型、安化（梅城）型、长沙型五种类型。

（1）北京型

此类型的特点是全浊上声字今绝大多数均归入去声，去声不分阴阳。

这种类型多见于官话、晋语，少量赣语、个别吴语和土话也属于此类型。共有 43 个点，详见表 1-1。

表 1-1　　全浊上声字绝大多数归去声的方言

方言区		方言点
官话	北京官话	北京
	东北官话	哈尔滨
	冀鲁官话	济南 利津 博山 广灵
	胶辽官话	烟台 牟平
	中原官话	徐州 郑州 运城 西安 武都 乐都 焉耆

* 平声、上声、去声、入声均为泛指，平声包括阴平、阳平，上声包括上声、阴上、阳上，去声包括去声、阴去、阳去。另外，“绝大多数”指 80%以上，“多数”指 60%—80%，“少数”指 15%—40%，“约半数”指 40%—60%。全书同。

续表

方言区		方言点
官话	兰银官话	兰州 银川 乌鲁木齐
	西南官话	武汉 成都 柳州
	江淮官话	扬州 合肥
晋语		太原 清徐 平遥 介休 盂县 忻州 沁县 武乡 定襄 朔县 天镇 山阴 左权 神木
吴语		铜陵
赣语		上高（敖阳）泰和 萍乡 醴陵（白兔潭）
土话		乐昌（长来）

此类型以北京话为代表。本书共收该方言全浊上声字 113 个（异读字重复计，例如，“强”字属别义异读，表“倔强”义读去声，表“勉强”义读上声。计算总字数时，在读去声的字中“强”计作一次，在读上声的字中，“强”再计作一次。全书均依此统计），其中 99 字归去声，约占 87.6%；其余有 11 字仍读上声，3 字分别归入阴平和阳平。个别字存在异读，如“混 xuənᵓ/ ᶜxuən”“尽~力 tɕinᵓ/ ꜀tɕin”。具体情况见表 1-2[*]。

表 1-2　　全浊上声字在北京方言中的变化情况[**]

方言区	方言点	总字数	去声	上声	阴平	阳平
官话	北京	113	罢下山~社舵堕惰坐祸蟹似祀是士柿市弟技妓部~队簿父~母妇负杜肚~量柱竖户巨拒距聚序叙绪待怠在倍被~子罪跪汇~合抱鲍姓道稻皂造建~赵兆绍受厚后先~；皇~臼舅伴拌搅~	腐辅挑~战俭缓很混强勉~晃~眼艇挺	鲍姓尽~力	强勉~

[*] 本书表中例字所加符号说明：属于文白异读的，例字下加双横线表文读，加单横线表白读；属于别义异读的，例字下加波浪线标出；属于一般异读的，例字下加虚线标出。

[**] 表中收录字的形体及格式基本上保持来源材料的原貌。比如有的材料“後”（前後）和“后”（皇后）有所区分，有的则合二为一；下标注释或以“；”隔开，或以“、”隔开，或以“/”隔开。全书同。

续表

方言区	方言点	总字数	去声	上声	阴平	阳平
官话	北京	113	犯范姓；模~淡善旱辨辩辫舰渐践件限断~绝愤甚~至肾尽~力近盾人名；矛~混棒蚌河~荡浩~丈杖仗依~上~山强倔~像橡象项奉锭静杏幸动重~量			

（材料来源：北大中文系《汉语方音字汇》第 2 版重排本）

（2）苏州型

此类型的特点是全浊上声字今绝大多数均归入阳去，去声变为阴阳两类。

这种类型主要见于湘语、赣语、吴语、闽语，其中超过一半的湘语和赣语绝大多数全浊上声字归入阳去，三成左右的吴语、闽语具有此类特点。除此之外，该类型亦见于少量粤语、江淮官话，共有 64 个点，详见表 1-3。

表 1-3　　全浊上声字绝大多数归阳去的方言

方言区	方言点
江淮官话	南通 如东 兴化
徽语	遂安（汾口）
吴语	苏州 杭州 嘉兴 嘉善 平湖 临安 富阳 昌化 余姚 宁波 黄岩 衢州 余杭 常州 江阴 昆山 上海 宝山（霜草墩）宝山（罗店镇）南汇（周浦镇）松江
湘语	岳阳（荣家湾） 娄底 双峰 涟源（桥头河） 湘乡（城关）邵阳 城步（儒林） 衡阳（西渡） 泸溪（浦市） 祁阳（白水）
赣语	南昌 星子 湖口（双钟） 高安 奉新（冯川）永修（江益）修水（义宁） 安义 东乡 乐平 余干 万载（康乐） 新余（渝水）宜丰 吉安 永丰（恩江）平江（南江）茶陵 宿松（河塔）岳西 阳新（国和）

续表

方言区	方言点
粤语	广宁 恩平（牛江）四会
闽语	福州 仙游 厦门 漳平（永福）台北

此类型以吴语苏州话为代表。苏州话没有阳上调，古浊上字并入阳去。本书共收该方言全浊上声字 97 个，其中 87 字（约占 89.7%）归阳去，2 字归阴去，7 字读阴上，1 字归阳平。具体情况见表 1-4。

表 1-4　　全浊上声字在苏州方言中的变化情况

方言区	方言点	总字数	阳去	阴去	阴上	阳平
吴语	苏州	97	坐祸簿柱在倍罪是市跪道妇受舅俭犯件断近象棒静动奉重罢下山~社堕坐祸似祀是士柿市技簿腐辅父~母妇负杜肚~量竖户巨距序叙绪怠被~子罪汇~合道皂造建~兆绍受厚后先~；皇~臼伴淡善旱渐践限愤甚~至肾近盾人名；矛~混杖仗依~上~山强倔~像橡象项锭	舰混	蟹缓很强勉~晃~眼艇挺	杏

（材料来源：北大中文系《汉语方音字汇》第 2 版重排本）

嘉兴、嘉善、平湖等其他吴方言以及闽语的漳平（永福）与苏州话的共同特点是：今均无阳上调，古浊上字并入阳去。其中昆山、松江老派读音仍保留阳上调，新派方言全浊上字绝大多数归入阳去。上海、宁波、南汇（周浦）、余姚、江阴今既无阳上调，也无阳平调，古浊上、浊去、浊平字今合并。

赣语的万载（康乐）、新余（渝水）、宜丰、吉安、永丰（恩江），粤语的恩平（牛江）、四会，中古去声字虽依声母清浊分流，但只有一个去声调，没有阴去、阳去两类去声，其去声清、浊声母字的走向如下：万载（康乐）等赣方言清去字归阳平，恩平（牛江）清去字归阴平，四会清去字归阴上。因此，以上诸方言阳去调独立为去声，绝大多数全浊上声字归入去声即归入阳去。

（3）道县（寿雁）型

此类型的特点是全浊上声字今绝大多数均归入阴去，去声分为阴阳两类。

属于这种类型的方言有湖南土话道县（寿雁）1点。

本书共收该方言全浊上声字50个，其中42字（约占84%）归阴去，6字归阳去，2字仍读上声。具体情况见表1-5。

表1-5　　全浊上声字在道县（寿雁）方言中的变化情况

方言区	方言点	总字数	阴去	阳去	上声
土话	道县（寿雁）	50	徛站立痔是鳔在待弟近尽菌簿抱负道市跪重~量倍妇肚罪竖被~絮后赵舅受舵~手坐静社件物~：东西旱犯像上伴丈仗淡断柱	动汇辫簟象拌	缓厚

（材料来源：贺凯林《湖南道县寿雁平话音系》，载《方言》2003年第1期）

（4）安化（梅城）型

此类型的特点是全浊上声字今绝大多数归阳去和阴去，其中多数归阳去，少数归阴去。去声分为阴、阳两类。

这种类型的方言见于少数湘语，个别吴语、客语、粤语、闽语，共有 9 个点，详见表 1-6。

表 1-6　　全浊上声字多数归阳去，少数归阴去的方言

方言区	方言点
吴语	靖江
湘语	安化（梅城）益阳　会同（林城）东安（石期）
客语	河源 惠州
粤语	从化（城内）
闽语	海口

以湘语安化（梅城）为代表。本书共收该方言全浊上声字 75 个，有 50 字（约占 66.7%）归阳去，16 字（约占 21.3%）归阴去，即共有 89.4%的字归入阳去和阴去；其余的 8 字仍读上声，1 字归阳平。其中存在少数文白异读字，除“辫”字文读阳平、白读阳去外，其他字均为文读阴去、白读阳去，如“社受犯尽丈奉”等。具体情况见表 1-7。

表 1-7　　全浊上声字在安化（梅城）方言中的变化情况

方言区	方言点	总字数	阳去	阴去	上声	阳平
湘语	安化（梅城）	75	坐祸下底~社部户柱在罪汇被~子是柿道赵兆后前~厚妇受舅犯限善件断~绝尽近菌像丈上~山蚌动奉重轻~肚腹~皂造辫伴肾仗杏待弟淡旱混项	社受范模~犯尽盾愤象丈仗杖棒幸静並奉	苎蟹缓很强勉~晃~眼挺跪	辫

（材料来源：鲍厚星《湘方言概要》）

此类方言多存在文白异调现象*：首先，湘方言益阳、会同（林城）与安化（梅城）一样，一旦出现文白异读，文读多为阴去，白读多为阳去，如会同（林城）的“弟舅”，益阳的“待”等字即是如此。其次，客语的河源、惠州以及粤语的从化（城内）书面语用字或文读音归阳去，口语用字或白读音归阴去。例如，河源、惠州“祸部杜户是跪稻”等字今读阳去，“坐社被重”等字今读阴去；从化（城内）“下巨罪是聚竖待”等字今读阳去，“拒似社妇”等字今读阴去，“淡断~绝”文读阳去，白读阴去。

（5）长沙型

此类型的特点是全浊上声字今绝大多数归阴去和阳去，其中多数或约半数阴去，少数归阳去。去声分为阴阳两类。

这种类型的方言数量不多，主要见于少数湘语，闽语、冀鲁官话、平话中有个别方言属此类型。共 7 个点，详见表 1-8。

表 1-8　　全浊上声字多数（或约半数）归阴去，少数归阳去的方言

方言区	方言点
冀鲁官话	昌黎
湘语	长沙　湘潭　望城（城关）
闽语	崇安　建阳
平话	融水（融水）

此类型以长沙话为代表。长沙话文白异读字多，一般是文读为阴

*本书所说的“文白异调”包括两种形式：一种是中古同声调同清浊的字分书面与口语两类，两类字不同声调；另一种是同一个字文读与白读不同声调。本书对各方言文白异调现象的归纳，在结合本人实际统计情况的同时，主要参考两本书：一是辛世彪《东南方言声调比较研究》（上海教育出版社 2004 年版）；二是庄初升《粤北土话音韵研究》（中国社会科学出版社 2004 年版）（土话方面）。

去，白读为阳去；单音字多数只有阴去一读。本书共收该方言全浊上声字 183 个，有 97 字（约占 53%）今归阴去，71 字（约占 38.8%）今归阳去，即共有 91.8%的字归入阴去和阳去；其余 14 字仍读上声，1 字归入阴平。其中 66 字（约占 36. 1 %）存在文白异读，文读为阴去、白读为阳去的共 65 字，如“市 sɿ˒（文）/sɿ˭（白）”“善 sɤ̃˒（文）/sɤ̃˭（白）”，仅“断~绝”1 字文读上声、白读阳去；另外，“盾、混”阴去、上声两读，“肚~量”阳去、上声两读，“强”表“倔强”义读阳去、表“勉强”义读上声。具体情况见表 1-9。

表 1-9　全浊上声字在长沙方言中的变化情况

方言区	方言点	总字数	阴去	阳去	上声	阴平
湘语	长沙	183	罢下山~社舵堕惰坐祸似祀是士柿市弟技妓部~队簿父~母妇负杜柱竖户巨拒距聚序叙绪待怠在倍罪跪汇~合抱鲍道稻皂造建~赵兆绍受厚后先~后皇~臼舅件拌搅~范姓；模~淡善旱辨辩辫俭舰渐件限断~绝篆笨愤甚~至肾尽~力近盾人名；矛~混棒蚌河~荡浩~丈杖仗依~上~山像橡象项奉並~且锭静杏幸动重~量	罢下山~舵坐祸似是士柿市弟部~队簿父~母妇负杜肚~量柱竖户聚待怠在倍被~子罪汇~合抱道稻皂造建~赵兆受厚后先~臼舅件拌搅~淡善旱辨辩辫俭件限笨甚~至肾尽~力近混蚌河~丈上~山强倔~像项奉並~且锭静动重~量断~绝	蟹腐辅肚~量践断~绝缓很盾旧读混强勉~晃~眼艇挺	挑~战

（材料来源：北大中文系《汉语方音字汇》第 2 版重排本）

关于文白异读，望城（城关）、昌黎的情况与长沙一样，均有大量的文白异读字（望城约有 74%的文白异读字，昌黎约有 40%的文白异读字），一般是文读阴去、白读阳去，如望城的“柱在弟罪汇道”等字，昌黎的“下竖抱厚舅淡”等字即是如此。湘潭、崇安、建阳、融水（融水）、道县（寿雁）文白异读字则很少，其中崇安、建阳一般是文读阳去，白读阴去，与长沙方言刚好相反，如“范 xuaiŋ²（文）/βiŋ˚（白）（崇安）”“上~山 siɔŋ²（文）/ɦiɔŋ˚（白）（建阳）”。

（二）中古全浊上声字今多数归去声

此类型包括两种情况：第一，全浊上声字多数归去声，少数仍读上声，这主要见于粤语。第二，全浊上声字多数归去声，少数归平声，此类方言主要集中于客、赣两地。

1.全浊上声字今多数归去声，少数仍读上声

根据上声、去声的分合情况，可将此类分成乐昌（皈塘）型、歙县型、莲花（琴亭）型、广州型四种小类型。

（1）乐昌（皈塘）型

此类型的特点是全浊上声字多数归去声，少数仍读上声。上声、去声不分阴阳。

这种类型见于官话、吴语、客语、粤语和土话的个别方言，共 6 个点，详见表 1-10。

表 1-10　　全浊上声字多数归去声，少数仍读上声的方言

方言区	方言点
胶辽官话	荣成
吴语	金坛（西岗）

续表

方言区	方言点
客语	桂东
粤语	中山（石岐）　珠海（前山）
土话	乐昌（皈塘）

此类型以乐昌（皈塘）土话为代表。乐昌（皈塘）归去声的包括书面语用字和少数口语用字，仍读上声的都是口语用字。本书共收该方言全浊上声字 86 个，其中 51 字（约占 59.3%）归去声，28 字（约占 32.6%）仍读上声，其余 7 字分别并入阳平和阴平，个别字存在异读：如“杖ᶜtɕʰiu/tsouᵓ”。具体情况见表 1-11。

表 1-11　　全浊上声字在乐昌（皈塘）方言中的变化情况

方言区	方言点	总字数	去声	上声	阳平	阴平
土话	乐昌（皈塘）	86	痔士仕市受部父辅釜妇户聚序绪巨拌旱亥杜下夏后辨辩渐践善鳝舰俭静靖幸奉动道稻皂造惰仗杖上祸兆赵绍笨愤杏肾	被~子婢弟舅沪腐断跪柱伴范犯淡骇撼限待厚件挺艇丈杖菌混近坐社	拒距沌囤	技妓抱

（材料来源：余伟文等《粤北乐昌土话》）

粤方言中山（石岐）和珠海（前山）书面语用字或文读音归去声，口语用字或白读音仍读上声。如“惰祸部簿序”等字读去声，“社肚拒倍”等字读上声，“坐近断~绝”文读为去声、白读为上声。

此外，吴语金坛（西岗）有回流趋势，老派全浊上声字归去声，中新派却仍保留上声调。如据钱乃荣考察，“是、稻”老派读去声 44

调，中、新派则仍读上声 323 调。[①]

（2）歙县型

此类型的特点是全浊上声字多数归阳去，少数仍读上声。阴阳去分立，上声不分阴阳。

这种类型散见于徽语、吴语、赣语、粤语和闽语，共 5 个点，详见表 1-12。

表 1-12　全浊上声字多数归阳去，少数仍读上声的方言

方言区	方言点
徽语	歙县
吴语	金华（城里）
赣语	泰宁
粤语	阳江
闽语	明溪

此类型以歙县话为代表。歙县话书面语用字或文读音多归阳去，口语用字或白读音多读上声。本书共收该方言全浊上声字 124 个，其中 74 字（约占 59.7%）归入阳去，包括书面语用字和字的文读；42 字（约占 33.9%）仍读上声，包括口语用字和字的白读；其余 8 字分别归进阴去和阳平。具体情况见表 1-13。

表 1-13　全浊上声字在歙县方言中的变化情况

方言区	方言点	总字数	阳去	上声	阴去	阳平
徽语	歙县	124	巳祀似士氏市柿恃陛技妓痔峙是部父妇~女	痞婢是釜妇产~辅腐阜肚~腹	巨拒距愤忿盾牝	强勉~

① 钱乃荣：《当代吴语研究》，上海教育出版社 1992 年版，第 600 页。

续表

方言区	方言点	总字数	阳去	上声	阴去	阳平
徽语	歙县	124	腐豆~杜户沪聚序叙绪下夏姓~象像橡仗杖厦~门倍范犯待怠淡色~诞在罪撰亥骇叫~旱限汇辨辩渐件一~事善蟮鳝道造皂赵兆祸纣受后後笨尽静甚~至葚肾杏幸混~合，~日子	竖柱苎罢蟹下像丈上~山社崭在缓皖簟㮰~践件一~衣裳跪鲍伴拌舵舅厚重老~、轻~艇挺近迥吮待交~窘菌		

（材料来源：孟庆惠《歙县话音档》）

吴语金华（城里）今只有阴上，没有阳上。不过，赵元任《现代吴语的研究》所记20世纪20年代的金华（城里）方言分阴上（调值为434）、阳上（调值为423）。由此可见，原来吴语金华（城里）话也有阳上调，只是由于阳上与阴上调型相似、调值相近，不断趋同而并入阴上。所以，今天金华（城里）全浊上声字读阴上是古浊上字归入阴上的结果。因此，该方言阴阳上合流而非分立，故纳入此类型。其全浊上声字文读为阳去，白读为阴上，如“赵造动”等字。

（3）莲花（琴亭）型

此类型的特点是全浊上声字今多数归去声，少数仍读阳上。阴阳上分立，去声不分阴阳。

这种类型包括赣语莲花（琴亭）和粤语东莞（莞城）两个点。

以莲花（琴亭）话为代表。本书共收该方言全浊上声字57个，其中33字（约占57.9%）归去声，14字（约占24.6%）仍读阳上，其余10字分别归入阴上和阴平。少量字存在文白异读，如“淡ᶜhã（文）/ ᶜhã（白）”“是 sɿˀ（文）/ ꜀se（白）”。具体情况见表1-14。

表 1-14　全浊上声字在莲花（琴亭）方言中的变化情况

方言区	方言点	总字数	去声	阳上	阴上	阴平
赣语	莲花（琴亭）	57	惰坐祸下底~，~面社部待在弟倍罪汇是道造浩绍后妇受舰犯旱件伴断尽肾笨像上~山静动	簿肚腹绪苧被~子厚舅淡辫象丈动重~量	蟹舐淡混菌菇荡挺	舵是

（材料来源：刘纶鑫《客赣方言比较研究》）

（4）广州型

此类型的特点是全浊上声字今多数归阳去，少数读阳上（或阴上）。上声、去声各分阴阳。

此类方言多见于粤语，近三成的粤语属此情况。另外还散见于个别吴语、平话和土话。共有 15 个点，详见表 1-15。

表 1-15　全浊上声字多数归阳去，少数读阳上（或阴上）的方言

方言区	方言点
吴语	溧阳　浦城
粤语	广州　番禺（市桥）　花县（花山）增城（县城）　佛山（市区）南海（沙头）　三水（西南）斗门（上横水上）斗门（斗门）香港（市区）
平话	百色（那毕）资源（延东）
土话	连州（连州）

此类型以广州话为代表。广州话书面语用字或文读音归阳去，口语用字或白读音仍读阳上。本书共收该方言全浊上声字 119 个，有 76 字（约占 63.9%）归进阳去，包括书面语用字和字的文读；37 字（约占 31.2%）仍读阳上，包括口语用字和字的白读；其余 6 字分别归入

阴平、阳平和阴上。个别字文白读归派不同或存在其他形式的异读：如“舵꜀tʰɔ（文）/꜂tʰai（白）”、“强꜀kʰœŋ 倔~꜂/kʰœŋ 勉~（别义异读）”。具体情况见表 1-16。

表 1-16　　浊上声字在广州方言中的变化情况

方言区	方言点	总字数	阳去	阳上	阴平	阳平	阴上
粤语	广州	119	罢下山~堕惰坐祸祀是士弟技妓部簿腐辅父~母负杜竖户巨聚序叙待怠在罪跪汇~合道稻皂造建~赵兆绍受后先~；皇~伴拌搅~范姓；模~淡善辨辩俭舰渐件限断~绝篆缓笨甚~至肾尽~力近混荡浩~丈杖仗像橡象项奉锭静杏幸动重轻~	社舵坐蟹似柿市妇肚~量柱拒距绪怠倍被~子抱厚臼舅伴淡旱践断~绝愤肾很近盾人名；矛~棒蚌河~上强勉~艇挺重轻~	舵鲍挑~战辫	强倔~	晃~眼

（材料来源：北大中文系《汉语方音字汇》第 2 版重排本）

在此类方言中，吴语溧阳有少数全浊上声字今读阴上，而非阳上。

连州土话归阳去的包括书面语用字和少数口语用字，如“夏姓部杜巨距竖”；读阳上的都是口语用字，如“坐社被~子淡”；其中“丈”字文读阳去、白读阳上。

粤语斗门（斗门）古清去字归入阴平，古浊去字为去声。因此，该方言全浊上声字多数归去声，即多数归阳去。

2．全浊上声字今多数归去声，少数归平声

根据去声、平声的分合情况，可将此类方言分成梅县型、横峰型、新兴白话型三种小类型。

（1）梅县型

此类型的特点是全浊上声字今多数归去声，少数归阴平。去声不分阴阳，平声分为阴阳两类。

此类方言见于客语和赣语，客语数量多于赣语。其中两处赣语位于江西省的西部和东部，客语则分布较广，见于广东省东部、西北部，江西省西北部和广西壮族自治区东部、东南部。共有8个点，详见表1-17。

表1-17　　全浊上声字多数归去声，少数归阴平的方言

方言区	方言点
赣语	永新　南丰（琴城）
客语	梅县　连南　铜鼓（丰田）奉新（澡溪）西河　陆川

以客语梅县话为代表。梅县话书面语用字或文读音归去声，口语用字或白读音归阴平。本书共收该方言全浊上声字131个，其中82字（约占62.6%）归去声，包括书面语用字和字的文读；34字（约占26%）并入阴平，包括口语用字和字的白读；其余的13字仍读上声，2字归阳平。具体情况见表1-18。

表1-18　　全浊上声字在梅县方言中的变化情况

方言区	方言点	总字数	去声	阴平	上声	阳平
客语	梅县	131	罢下山~堕惰坐祸似祀是士柿市弟部腐父~母妇负杜竖户聚序	下山~社坐市弟技妓簿妇柱户巨拒距在被	蟹腐辅肚~量跪断~绝盾棒荡	舵强倔~

续表

方言区	方言点	总字数	去声	阴平	上声	阳平
客语	梅县	131	叙绪待怠在倍罪汇~合抱道稻皂造建~赵兆绍受厚后先~后皇~伴拌搅~范姓；模~淡善辨辩俭舰渐践件限断~绝篆缓笨愤甚~至肾尽~力近混丈杖仗依~上~山像橡象奉並~且锭静杏幸动重轻~	罪鲍姓稻挑~战后先~臼舅淡旱辫断~绝很近蚌河~丈上~山动重轻~	强勉~晃~眼艇挺	

（材料来源：北大中文系《汉语方音字汇》第2版重排本）

（2）横峰型

此类型的特点是全浊上声字今多数归阳去，少数归阴平。去声、平声各分阴阳。

此类方言主要分布于赣语和客语，其中赣语见于江西省东部和中部，客语见于江西省南部和福建南部、浙江中部。除此之外，还包括个别晋语、粤语和土话。共有13个点，详见表1-19。

表1-19　　全浊上声字多数归阳去，少数归阴平的方言

方言区	方言点
晋语	汾西
赣语	横峰　临川（上顿渡）　弋阳　吉水（螺田）
客语	于都（贡江）　赣县（蟠龙）　宁都　宁化　秀篆　金华（珊瑚村）
粤语	香港（新界锦田）
土话	连州（保安）

以赣语横峰话为代表。横峰话书面语用字归阳去，口语用字归阴

平。本书共收该方言全浊上声字 56 个，有 37 字（约占 66.1%）归阳去，13 字（约占 23.2%）归阴平，其余 6 字分别并入上声和阴去。其中“断”文读阳去、白读阴平，“厚”文读上声、白读阴平，“坐”文读阴平、白读阳去。具体情况见表 1-20。

表 1-20　　全浊上声字在横峰方言中的变化情况

方言区	方言点	总字数	阳去	阴平	上声	阴去
赣语	横峰	56	舵惰坐祸下底~、~面社簿部户绪待倍罪汇道造浩绍后妇受舅犯旱件辫伴断尽肾荡象像丈上~山静重~量	坐肚腹苧柱在弟被~子是厚淡断菌菇动	蟹厚混挺	舰笨

（材料来源：刘纶鑫《客赣方言比较研究》）

土话连州（保安）读阳去的既包括书面语用字，还包括少数口语用字，如“部杜户竖罪是”；归阴平的则都是口语用字，如“坐上~山厚旱”。

粤语香港（新界锦田）其书面语用字或文读归阳去，此与客、赣方言相同；而其口语用字或白读则归阴去，归入阴去的口语用字或白读再同清去字一起归入阴平。

赣语的吉水（螺田）、粤语的香港（新界锦田），中古去声字虽依声母清浊分流，但只有一个去声调，没有阴去、阳去两类去声，其去声清、浊声母字各自的走向为：吉水（螺田）古清去字归阳平，香港（新界锦田）古清去字归阴平。因此，两处方言古浊去字为去声，阳去调独立为去声，全浊上声字多数归去声即归阳去。

（3）新兴白话型

此类型的特点是全浊上声字今多数归阳去，少数归阳平。去声、平声均变为阴阳两类。

粤语新兴、吴语丹阳（城内）两点属此类型。

以新兴白话为代表。本书共收该方言全浊上声字 148 个，有 89 字（约占 60.1%）归阳去，41 字（约占 27.7%）归阳平，其余有 11 字仍读上声，4 字归阴去，3 字归阴平。具体情况见表 1-21。

表 1-21　　全浊上声字在新兴白话中的变化情况

方言区	方言点	总字数	阳去	阳平	上声	阴去	阴平
粤语	新兴	148	惰祸下底~厦~门部簿杜户沪序叙巨父腐辅聚竖待怠在亥陛~下弟罪汇是氏技妓雉~鸡祀祭~巳士仕俟恃跪道稻皂造建~浩赵兆绍后先~后皇~负阜受臼撼淡舰渐俭犯範犯甚限辨辩践善件键伴拌断~绝缓篆尽近笨荡放~象像橡~树丈仗杖项杏幸静靖动奉	舵坐夏姓社肚腹~绪苎拒距柱骇蟹荠倍被~子婢似柿市抱鲍厚妇舅蕈葚旱肾囤沌盾混愤忿上~山强勉~；倔~蚌艇挺锭重轻~	釜罢解姓倚皖撰很菌晃~眼棒迥	咎诞並汞	辫圈猪~窘

（材料来源：詹伯慧、张日昇《粤西十县市粤方言调查报告》）

全浊上声字在丹阳话中有新老派之别：老派有部分全浊上声字读阳平，中年人和新派只有少数全浊上声字读阳平，多数受官话“浊上变去”的影响读为去声。

（三）中古全浊上声字今约半数归去声

此类方言包括三种情况：第一，全浊上声字约半数归去声，少数或约半数仍读上声，主要见于粤语、平话和客语；第二，全浊上声字约半数归去声，少数或约半数归平声，主要见于客语和赣语；第三，全浊上声字约半数归去声，少数归入声，个别闽语如此。

1. 全浊上声字约半数归去声，少数或者约半数读上声

根据去声、上声的分合情况，可将此分为化州（新安）型、连州（西岸）型、德庆白话型、田东（林逢）型四种小类型。

（1）化州（新安）型

此类型的特点是全浊上声字约半数归去声，少数仍读上声。去声、上声不分阴阳。

属此类型的有客语化州（新安）、深圳（沙头角）、中山（南蓢合水）3 点，均位于广东省南部。

以化州（新安）为代表方言。本书共收该方言全浊上声字 59 个，其中 27 字（约占 45.8%）归去声，16 字（约占 27.1%）仍读上声，12 字归阴平，4 字归阳平。具体情况见表 1-22。

表 1-22　　全浊上声字在化州（新安）方言中的变化情况

方言区	方言点	总字数	去声	上声	阴平	阳平
客语	化州（新安）	59	祸下方位部杜竖待弟罪自士柿市道稻造赵后前~受舰犯限善件伴尽象像~不~	簿肚腹~户蟹倍是跪抱妇辩笨混菌荡静动	坐社柱被~子舅淡旱辫断折~近上~山重轻~	汇绍厚肾

（材料来源：李如龙等《粤西客家方言调查报告》）

客语化州（新安）、深圳（沙头角）、中山（南蓢合水）不仅有少数字仍读上声，还有一小部分字归入阴平。其中仍读上声和归入去声的多为书面语用字，如“倍是杜罪赵”；归进阴平的多为口语用字，如“坐旱舅”。

（2）连州（西岸）型

此类型的特点是全浊上声字约半数归阳去，少数或约半数仍读上声。上声不分阴阳，去声变为阴阳两类。

此类方言散见于湘语、赣语、客语、粤语、土话、平话，共有9个点，详见表1-23。

表1-23　全浊上声字约半数归阳去，少数或约半数仍读上声的方言

方言区	方言点
湘语	东安（花桥）
赣语	建宁　邵武
客语	安远（欣山）
粤语	澳门（市区）　宝安（沙井）
土话	连州（西岸）　连州（丰阳）
平话	临桂（五通）

以土话连州（西岸）为代表。此方言归阳去的包括书面语用字和少数口语用字，读上声的都是口语用字。本书共收该方言全浊上声字116个，有61字（约占52.6%）归阳去，33字（约占28.5%）仍读上声，19字（约占16.4%）归阴去，2字归阴平，1字归阳平。其中少数字存在文白异读：“弟”文读阳去、白读上声，“柿”文读上声、白读阳去，“盾”文读阳去、白读阴去。具体情况见表1-24。

表 1-24　　全浊上声字在连州（西岸）方言中的变化情况

方言区	方言点	总字数	阳去	上声	阴去	阴平	阳平
土话	连州（西岸）	116	惰祸下山~厦~门夏姓~部杜户序叙绪腐辅聚竖待亥弟徒~罪汇是氏士仕柿~子市道稻造浩赵兆肇绍后皇~；前~妇负受渐俭范师~犯诞限辩辨善件篆尽笨盾混荡象项杏幸静动奉	坐社簿肚腹~苎柱蟹弟兄~被~子婢柿跪厚舅淡旱践伴断~绝缓很肾近菌丈杖上~山强勉~晃蚌艇挺重轻~	巨距拒倍技妓痔皂纣键盾愤像仗棒並~排汞	舰辫	舵

（材料来源：张双庆《连州土话研究》）

与连州（西岸）一样，土话连州（丰阳）归阳去的包括书面语用字和少数口语用字，如“聚罪是赵兆”；读上声的都是口语用字，如“坐社苎淡”。

粤语宝安（沙井）方言今读阳去和上声的全浊上声字数量相当，各占四成稍强，尚有少量字归入阴去、阴平和阳平。其中“强”表“勉强”义读上声，表“倔强”义读阳平；“倍”阴平、上声两读。

湘语东安（花桥）有大量的文白异读字（约占 40%）。其中多数字文读阳去、白读上声，如“坐社柱跪淡件断近菌丈上蚌重”等字；少数字文读阴去，白读上声，如“象丈重轻~”等字。

（3）德庆白话型

此类型的特点是全浊上声字约半数归阳去，少数或约半数今读阳上或阴上。去声、上声各分阴阳。

这种类型主要见于粤语，分布在广东省西部、南部、中部等；少量吴语、平话中亦有此情况。共有 12 个点，详见表 1-25。

表 1-25　　　全浊上声字约半数归阳去，少数或约半数读阳上（或阴上）的方言

方言区	方言点
吴语	宜兴 无锡
粤语	德庆 鹤山（雅瑶） 肇庆（高要） 顺德（大良） 江门（白沙） 新会（会城）台山（台城）怀集
平话	南宁（亭子）横县（横州）

以德庆白话为代表。本书共收该方言全浊上声字 146 个，其中 74 字（约占 50.7%）归阳去，50 字（约占 34.2%）仍读阳上，10 字归阴上，5 字归阴去，4 字归阳平，3 字归阴平。具体情况见表 1-26。

表 1-26　　　全浊上声字在德庆白话中的变化情况

方言区	方言点	总字数	阳去	阳上	阴上	阴去	阳平	阴平
粤语	德庆	146	惰下底~夏姓厦~门苧~麻父聚竖待怠殆罢陛~下弟罪汇是氏技妓士仕柿跪道稻皂造建~浩赵绍後后负阜纣桀~受臼昝舰渐范範犯甚诞辨辩践善件键断~绝篆尽笨盾赵~；矛~	舵坐祸社部簿杜肚腹~户序叙绪巨拒距柱在骇惊~蟹倍被~子婢舐徛似祀祭~巳市恃抱厚妇舅淡俭旱限伴拌缓肾近囤窘菌愤忿棒蚌杏	釜腐辅解姓鳔皖很强勉~；倔~艇挺	撼撰仗晃~眼汞	沪亥荠雉~鸡	鲍姓；~鱼辫圈猪~

续表

方言区	方言点	总字数	阳去	阳上	阴上	阴去	阳平	阴平
粤语	德庆	146	混相~荡放~象像橡~树丈杖上~山项幸静靖並动奉重轻~兆					

（材料来源：《粤西十县市粤方言调查报告》）

吴语宜兴书面语用字多归阳去，如“市士似罢社亥范旱”；口语用字部分归阳去，如“棒荡动弟”，部分仍读阳上，如“是柱抱赵近”。吴语无锡80%的全浊上声字有阳去、阳上两读，如“弟妓舅辨辩俭件渐践並”等字，这两种读法往往因人而异。

粤语江门（白沙）、新会（会城）、台山（台城）古清去字归入阴平，古浊去字为去声。因此，其全浊上声字多数归去声即多数归阳去。台山（台城）今读阳去和阳上的全浊上声字数量相当，各占四成稍强。

粤语怀集白话全浊上声字约半数归阳去，少数读阴上。

（4）田东（林逢）型

此类型的特点是全浊上声字约半数归阳去，少数今读阳上和阴上。上声、去声各分阴阳。

平话田东（林逢）、扶绥（龙头）属此类型。

本书共收田东（林逢）方言全浊上声字149个，有82字（约占55%）归阳去；29字（约占19.5%）读为阳上和阴上，其中20字（约占13.4%）仍读阳上，9字归阴上（约占6%）；另外还有17字归入阴去（约占11.4%）13字归入阴平（约占8.7%），8字归入阳平和阴入。具体情况见表1-27。

表 1-27　　全浊上声字在田东（林逢）中的变化情况

方言区	方言点	总字数	阳去	阳上	阴上	阴去	阴平	阳平	阴入
平话	田东（林逢）	149	惰下底~夏姓厦~门部簿杜聚待技士仕柿跪赵後受渐犯甚限辩件笨盾赵~；矛~象像橡~树丈杖动奉序叙在骇惊~罢解姓婢是妓巳辰~造建~浩兆负阜淡范範辨践键伴拌篆很囤愤荡放~棒幸重轻~后锭父腐竖善汇痔绍祸户沪亥罪氏妇俭尽项	舵坐肚腹~苎~麻巨柱弟倍被~子徛立市皂厚舅断~绝缓皖安徽肾上~山蚌	釜辅祀祭~臼撼圈猪~混菌强勉~；倔~	垛社绪拒距舐以舌取物雉~鸡似俟抱纣桀~舰诞旱仗杏並	垛殆蟹陛~下恃鳔咎辫沌忿晃蚌撰	舵怠荠鲍姓；~鱼簟席汞	艇挺

（材料来源：李连进《平话音韵研究》）

2. 全浊上声字约半数归去声，少数或约半数归平声

根据去声、平声的分合情况，可将此类分为廉江（青平）型、定

南（历市）型两种小类型。

（1）廉江（青平）型

此类型的特点是全浊上声字约半数归去声，少数或约半数归阴平。去声不分阴阳，平声分为阴阳两类。

该类型主要见于客语和个别江淮官话中的通泰方言，其中客语分布于广东省西南部、江西省南部和西部。共 5 个点，详见表 1-28。

表 1-28　　全浊上声字约半数归去声，少数或约半数归阴平的方言

方言区	方言点
江淮官话	泰州
客语	廉江（青平）　廉江（石角）　南康（蓉江）　井冈山（黄坳）

以廉江（青平）为代表方言。廉江（青平）书面语用字归去声，口语用字归阴平。本书共收该方言全浊上声字 60 个，其中 34 字（约占 56.7%）归去声，15 字（约占 25%）归阴平，8 字仍读上声，3 字归阳平。具体情况见表 1-29。

表 1-29　　全浊上声字在廉江（青平）方言中的变化情况

方言区	方言点	总字数	去声	阴平	上声	阳平
客语	廉江（青平）	60	祸待罪是道造后前~妇受舰犯件尽笨象像~不~静杜竖弟士柿市稻赵限善荡祸下方位簿伴杜户	坐社苎柱被~子抱厚舅淡旱辫断折~近上~山重轻~	肚腹~蟹倍跪辩混菌动	汇绍肾

（材料来源：李如龙等《粤西客家方言调查报告》）

另外，泰州属六调区通泰方言，全浊上声字归入去声与归入阴平的数量相当，均占约半数。其中文白异读字多，约占总字数的73%，均为文读去声、白读阴平，如“坐部户竖受舅”等字。归去声的主要是书面语用字，归阴平的包括口语用字和部分书面语用字（详见后文“海安型”方言）。

（2）定南（历市）型

此类型的特点是全浊上声字约半数归阳去（或阴去），少数归阴平（或阳平）。去声、平声各分阴阳。

在收录的方言中，该类型多见于客语，其主要分布在江西南部；江西东部的少量赣语也具有此类特点；平话、土话中个别方言如此。共有11个点，详见表1-30。

表1-30　全浊上声字约半数归阳去（或阴去），少数归阴平（或阳平）的方言

方言区	方言点
赣语	黎川（日峰）南城　宜黄（凤凰）
客语	定南（历市）龙南（龙南）全南（城厢）上犹（社溪） 石城（琴江）长汀
平话	兴安（高尚）
土话	连州（星子）

以定南（历市）为代表。定南（历市）书面语用字或文读音归阳去，口语用字或白读音归阴平。本书共收该方言全浊上声字55个，有28字（约占50.9%）归阳去，17字（约占30.9%）归阴平，6字仍读上声，4字归阴去。其中“弟”文读阳去、白读阴平。具体见表1-31。

表 1-31　　全浊上声字在定南（历市）方言中的变化情况

方言区	方言点	总字数	阳去	阴平	上声	阴去
客语	定南（历市）	55	惰祸部户绪待弟倍罪汇是道造浩绍后妇受犯件辫伴尽肾荡象像丈	坐下~面社苎柱在弟被~子舐厚舅淡旱断上~山动重~量	舵簿肚腹蟹混挺	舰笨菌菇静

（材料来源：刘纶鑫《客赣方言比较研究》）

土话连州（星子）读阳去的既包括书面语用字，还包括少数口语用字，如“部杜户竖罪是”；归阴平的则都是口语用字，如“坐上~山厚旱”。

平话兴安（高尚）全浊上声字约半数归阴去，少数归阳平。该方言文白异读字多为文读阳平、白读阴去，如“序叙绪赵汇”等。

客语的上犹（社溪）和石城（琴江）中古去声字虽依声母清浊分流，但只有一个去声调，没有阴去、阳去两类去声，其去声清、浊声母字各自的走向为：上犹（社溪）古清去字归阳平，石城（琴江）古清去字归上声，因此，此两处方言古浊去字为去声，阳去调独立为去声，全浊上声字多数归去声即归阳去。

3.全浊上声字约半数归去声，少数归入声

闽语建瓯话属此类型，称之为“建瓯型”。

此类型的特点是全浊上声字今约半数归阳去，少数归阳入。去声、入声各分阴阳。

本书共收该方言全浊上声字 126 个，其中 72 字（约占 57.1%）今读阳去，35 字（约占 27.8%）今读阳入，其余的有 13 字保留上声，6 字分别归入平声、阴去和阴入。建瓯方言异读字较多，包括（a）文白异读：如“下山~xa꜄（文）/a꜅（白）”“柱 tsy꜅（文）/tʰiu꜄（白）”；（b）别义异读：如“范 xuaŋ꜄模~/piɪŋ꜅姓”；（c）一般异读：如“妓 ki꜄/ ꜀ki”。

具体情况见表 1-32。

表 1-32　　全浊上声字在建瓯方言中的变化情况

方言区	方言点	总字数	阳去	阳入	上声	平声	阴去	阴入
闽语	建瓯	126	罢下山~堕惰坐祸蟹祀是士柿市弟妓腐父~母妇负杜肚~量柱竖户序叙绪在被~子跪汇~合抱鲍姓稻受厚后先~；皇~臼舅伴拌搅~范模~善渐件限断~绝篆缓笨愤甚~至肾近盾人名；矛~混棒蚌河~荡浩~丈杖仗依~上~山强倔~像橡象项奉锭杏幸重~量	下山~社舵惰弟部~队簿妇柱巨拒距聚待怠在倍罪道造建~厚范姓淡旱辨辩辫俭尽~力上~山静动赵兆绍	腐辅皂挑~战俭舰断~绝很强勉~晃~艇挺践	技妓挑~战	似像	叙

（材料来源：北大中文系《汉语方音字汇》第 2 版重排本）

二　读上声型

在考察的 310 个方言点中，有 66 个点有至少约半数的中古全浊上声字今仍读上声，约占本书所收方言点总数的 21.3%。根据统计，其中包括三类情况：第一类，全浊上声字今绝大多数均仍读上声；第二类，全浊上声字多数仍读上声，少数归去声或平声；第三类，全浊上声字约半数仍读上声，约半数或少数归去声或平声。

（一）中古全浊上声字今绝大多数仍读上声

这种情况主要见于部分吴语和个别闽语，本书称之为“温州型”方言。

此类型的特点是全浊上声字今绝大多数仍读阳上，上声分为阴阳两类。

该类方言共有 21 个点，详见表 1-33。

表 1-33　　全浊上声字绝大多数仍读阳上的方言

方言区	方言点
吴语	温州　文成　磐安　汤溪　云和　龙游　遂昌　庆元　桐乡　海盐　海宁　长兴　安吉　德清　湖州（双休）嵊县（崇仁）嵊县（太平）常熟　吴江（黎里）　吴江（盛泽）
闽语	潮州

以吴语温州话为代表。本书共收该方言全浊上声字 114 个，其中 91 字（约占 80%）仍读阳上，其余的有 10 字读阴上，9 字归阳去，4 字分别并入阴平、阳平、阴去和阳入。少量字存在异读，如“汇~合 vai$^{\underline{\supset}}$/$^{\underline{c}}$vai”“罢 bo$^{\underline{\supset}}$,bo$_{\underline{\supset}}$（文）/$^{\underline{c}}$ba（白）”。具体情况见表 1-34。

表 1-34　　全浊上声字在温州方言中的变化情况

方言区	方言点	总字数	阳上	阴上	阳去	阴平	阳平	阴去	阳入
吴语	温州	114	下山~社舵堕惰坐祸似祀是士柿市弟技妓部簿父~母妇	下山~蟹辅挑~战舰很晃~眼艇挺杏	罢腐汇~合绍践篆笨混荡	挑~战	鲍姓	断~绝	罢

续表

方言区	方言点	总字数	阳上	阴上	阳去	阴平	阳平	阴去	阳入
吴语	温州	114	负杜肚~量柱竖户巨拒距聚序叙绪待怠在倍被~子罪跪汇~合抱道稻皂造建~赵兆受厚后先~；皇~臼舅伴拌搅~范姓；模~淡善旱辨辩辫俭件限断~绝篆缓愤甚~至肾尽~力近盾人名；矛~棒蚌河~丈杖仗依~上~山强倔~；勉~像橡象项奉锭静幸动重轻~						

（材料来源：北大中文系《汉语方音字汇》第 2 版重排本）

（二）中古全浊上声字今多数仍读上声

此类型包括两种情况：第一，全浊上声字今多数仍读上声，少数归去声，这类方言多见于徽语，散见于闽语、吴语、客语和平话；第二，全浊上声字今多数仍读上声，少数归平声，此多分布于广东省南部的客方言，吴语也有个别据点。

1. 全浊上声字今多数仍读上声，少数归去声

根据上声、去声的分合情况，可将此分为全州（文桥）型、祁门

（箬坑）型、沙县型、昭平型四种小类型。

（1）全州（文桥）型

此类型的特点是全浊上声字今多数仍读上声，少数归去声。上声、去声不分阴阳。

此类型方言散见于徽语、客语和平话，共有 4 个点，详见表 1-35。

表 1-35　　全浊上声字多数仍读阳上，少数归去声的方言

方言区	方言点
徽语	休宁（流口）
客语	从化（吕田）　东莞（清溪）
平话	全州（文桥）

以全州（文桥）话为代表。本书共收该方言全浊上声字 130 个，有 99 字（约占 76.2%）今仍读上声，24 字（约占 18.5%）归去声，其余 7 字分别归进阳平、入声和阴平。个别字存在异读，如“腐ᶜfu~败/fuᵓ~竹”“在ᶜzæ（文）/꜀ze（白）”。具体情况见表 1-36。

表 1-36　　全浊上声字在全州（文桥）方言中的变化情况

方言区	方言点	总字数	上声	去声	阳平	入声	阴平
平话	全州（文桥）	130	是氏似祀巳士仕柿市恃陛痞徛站立技妓痔部~队腐~败父釜户沪聚巨拒距绪序叙厦夏垛舵堕惰肚被	待负腐~竹竖荷祸罪纣臼舅受厚怠後绍並甚杏拌像愤忿舰键	部一~车在囤沌	簿解	辫

续表

方言区	方言点	总字数	上声	去声	阳平	入声	阴平
平话	全州（文桥）	130	社汇在道稻皂造赵兆挺铤艇尽靖近幸肾汞菌棒淡荡动项蚌强仗~杖伴断上丈象橡笨很辨辩簟俭践善鳝混篆范範犯诞撼限撰缓杜下坐旱柱倍妇静件				

（材料来源：林亦《桂北平话与推广普通话研究——全州文桥土话研究》）

从化（吕田）、东莞（清溪）全浊上声字除了今读上声和归入去声外，还有少数字归阴平，如“坐旱辫重轻~”等。

（2）祁门（箬坑）型

此类型的特点是全浊上声字今多数仍读上声，少数归阳去。上声不分阴阳，去声分为阴阳两类。

此类型方言包括徽语 3 个点，分别是祁门（箬坑）、祁门（大坦）、黟县（碧阳）。

以祁门（箬坑）为代表方言。本书共收该方言全浊上声字 142 个，有 88 字（约占 62%）仍读上声，32 字（约占 22.5%）归入阳去，其余有 16 字归入阴去，5 字归进阳平，1 字读为入声。个别字存在别义异读，如“盾”义为“盾牌、赵盾”读阳去调，义为“矛盾”读阴去调；“道”有两种文读音，一种读上声调，另一种读阳去调。祁门（箬坑）、祁门（大坦）、黟县（碧阳）所调查的均为老派发音。具体情况见表 1-37。

表 1-37　　全浊上声字在祁门（箬坑）方言中的变化情况

方言区	方言点	总字数	上声	阳去	阴去	阳平	入声
徽语	祁门（箬坑）	142	犯在~不~亥杜杖杏旱近坐弟抱拌待受並柱柿厚是後被动象痔善道祸竖舅像静尽橡罢辫鳝下底~丈上~山巳社部父户拒罪赵后伴范淡辩妇巨距跪沪怠纣辨舰限断绝也项靖重轻~皂兆臼杖强倔~；勉~俟鲍雉阜簟辅挺缓俭允很艇釜皖垛苎簿	件叙混肾厦~门道聚稻蟹士上~面祀倍盾~牌；赵~妓序绪汇渐篆甚荡幸绍践夏姓仕氏技浩键腐	奉造笨棒似负愤盾矛~仗鳔撰忿蚌撼沌汞	囤解姓舵荠婢	骇

（材料来源：王琳《祁门（箬坑）方言语音研究》）

（3）沙县型

此类型的特点是全浊上声字今多数仍读阳上，少数归去声。上声分为阴阳两类，去声不分阴阳。

此类型方言散见于徽语和闽语，共有 3 个点，详见表 1-38。

表 1-38　　全浊上声字多数仍读阳上，少数归去声的方言

方言区	方言点
徽语	屯溪
闽语	沙县　三元

以闽语沙县话为代表方言。本书共收该方言全浊上声字 121 个，

有 77 字（约占 63.6%）仍读阳上，27 字（约占 22.3%）归入去声，其余的有 11 字读为阴上，4 字归进阴平，2 字并入阳平。个别字存在异读，如“辫꜀pi 名词/ ꜃pi 动词”“柱꜃tʰiu/ ʧy꜄”。具体情况见表 1-39。

表 1-39　　全浊上声字在沙县方言中的变化情况

方言区	方言点	总字数	阳上	去声	阴上	阴平	阳平
闽语	沙县	121	是市巳氏似婢雉柿部妇肚杜苧户父负阜序绪巨拒距臼纣柱受舅罪跪抱稻道惰坐祸兆赵肇解弟倍被棉~舵徛立也怠殆在亥蟹鲍厚后荡动重轻~奉丈仗象像橡辫动词辩辨善俭件范伴撰近旱混犯蚌淡限	士仕恃陛痔技妓柱竖咎汇造浩绍夏厦社尽静靖肾笨键幸杏	辅晃挺艇强勉~践盾菌愤舰很	汞窘杖辫名词	荠舵

（材料来源：李如龙《福建县市方言志 12 种 · 沙县方言志》）

（4）昭平型

此类型的特点是全浊上声字今多数仍读阳上，少数归阳去。上声、去声各分阴阳。

此类方言主要见于少量徽语、吴语、闽语和个别平话。其中徽语见于江西东北部，吴语见于浙江偏北部、江西东部、安徽南部，闽语见于广东南部、广西东部，共有 8 个点，详见表 1-40。

表 1-40　　全浊上声字多数仍读阳上，少数归阳去的方言

方言区	方言点
徽语	婺源（坑头）　婺源（秋口）
吴语	绍兴　广丰　太平（仙源）
闽语	南安　雷州
平话	昭平

以昭平平话为代表。本书共收该方言全浊上声字 125 个，其中 80 字（约占 64%）仍读阳上，30 字（约占 24%）归阳去，其余的有 6 字并入阴去，5 字读作阴上，4 字分别归进阳平和阴平。具体情况见表 1-41。

表 1-41　　全浊上声字在昭平方言中的变化情况

方言区	方言点	总字数	阳上	阳去	阴去	阴上	阳平	阴平
平话	昭平	125	婢被~子似祀巳弟小~是士仕俟市恃柿父妇杜肚~子户序叙绪聚柱竖巨拒距下社坐舵祸蟹在亥骇倍罪抱造臼舅受后厚犯淡俭范旱辫践善鳝件伴拌断缓尽愤忿近肾菌棒象像橡丈杖仗依~上~山静靖艇挺项动重轻~	部簿阜负腐罢夏厦惰待怠殆汇跪道稻浩舰甚撼辩辨篆笨囤盾混幸荡奉	陛纣诞限杏汞	皖很强勉~迥晃	技辅苎	鲍

（材料来源：黄群《广西昭平方言音系》，载《方言》2006 年第 2 期）

闽语雷州话部分全浊上声字存在文白异读，其中多数是文读阳去、白读阳上，如“臼舅鳝断”等字。

2.全浊上声字今多数仍读上声，少数归平声

根据上声、平声的分合情况，可将此分成阳春（三甲）型、诸暨（王家井）型两种小类型。

（1）阳春（三甲）型

此类型的特点是全浊上声字今多数仍读上声，少数归入阴平。上声不分阴阳，平声变为阴阳两类。

此类型主要见于广东南部的客语，共有 6 个点，详见表 1-42。

表 1-42　　全浊上声字多数仍读上声，少数归阴平的方言

方言区	方言点
客语	阳春（三甲）阳西（塘口）信宜（钱排）电白（沙琅）高州（新垌）揭西

以阳春（三甲）话为代表方言。其特点是古浊去字归上声，这样，可能的情况是全浊上书面语用字归阳去后，再同浊去字一起归入上声，其口语用字则多归阴平。本书共收该方言全浊上声字 58 个，有 38 字（约占 65.5%）今读上声，其中多为书面语用字；12 字（约占 20.7%）今读阴平，其中多为口语用字；其余 8 字分别归入去声与阳平。具体情况见表 1-43。

表 1-43　　全浊上声字在阳春（三甲）方言中的变化情况

方言区	方言点	总字数	上声	阴平	去声	阳平
客语	阳春（三甲）	58	祸下部簿肚户苧竖待蟹弟罪汇是士跪抱道稻赵后妇受犯旱限辩件伴尽肾混菌荡象像静动	坐社柱被厚舅淡辫断近上重轻~	杜柿市造善笨	倍绍

（材料来源：李如龙等《粤西客家方言调查报告》）

（2）诸暨（王家井）型

此类型的特点是全浊上声字今多数仍读阳上，少数归阳平。上声、平声各分阴阳。

属此类型的方言有吴语的诸暨（王家井）、常山两个点。

以诸暨（王家井）为代表方言。本书共收该方言全浊上声字 84 个，其中 62 字（约占 73.8%）仍读阳上，13 字（约占 15.5%）归阳平，8 字归阴上，1 字归阴平。具体情况见表 1-44。

表 1-44　全浊上声字在诸暨（王家井）方言中的变化情况

方言区	方言点	总字数	阳上	阳平	阴上	阴平
吴语	诸暨（王家井）	84	是市士柱竖罢下底~社倍待亥抱鲍稻赵绍造后纣受范犯限旱拌笨忿囤甚肾荡放~项蚌杏丈奉动重~轻婢弟妓舅辨辫渐践並近尽静部腐妇肚~皮舵惰祸坐罪拒聚跪	似在断~绝篆善棒俭件幸像户混序	蟹槛很挺强勉~迥缓圈猪~	菌

（材料来源：钱乃荣《当代吴语研究》）

常山方言全浊上声字多数仍读阳上，少数字分归阳平和阳去。

（三）中古全浊上声字今约半数仍读上声

此类方言包括两种情况：第一，全浊上声字约半数仍读上声，约半数或少数归入去声，其主要分布于平话，亦见于少数徽语，散见于粤语、吴语、土话；第二，全浊上声字约半数仍读上声，少数归入平声，此类主要见于闽粤两省境内的客语和个别徽语。

1. 全浊上声字约半数仍读上声，约半数或少数归入去声

根据上声、去声的分合以及归入上声、去声的情况，可将此分为乐昌（北乡）型、绩溪型、黟县（宏潭）型、藤县（藤城）型四种小类型。

（1）乐昌（北乡）型

此类型的特点是：全浊上声字约半数仍读上声，约半数归入去声。上声、去声不分阴阳。

属此类型的方言是土话乐昌（北乡）。

本书共收该方言全浊上声字 107 个，其中 51 字（约占 47.7%）仍读上声，46 字（约占 43%）归入去声，其余 10 字分别归到阴平和阳平。具体情况见表 1-45。

表 1-45　　全浊上声字在乐昌（北乡）方言中的变化情况

方言区	方言点	总字数	上声	去声	阴平	阳平
土话	乐昌（北乡）	107	解聚竖巨盾静靖赵兆绍艇挺笨甚很杏罪跪痔雉是氏渐迥伴拌奉动汞蚌晃荡项臼舅咎户沪负断愤忿窘菌柱篆绪象橡像键	亥陛弟杜坐序叙下夏厦~门囤沌重轻~倍待怠殆汇辨辩似士仕柿俟市恃践善件缓皂造旱限蟹腐父釜丈仗杖上~山近后厚	技妓鳔辫皖鲍妇圈猪~	舵惰

（材料来源：余伟文等《粤北乐昌土话》）

（2）绩溪型

此类型的特点是全浊上声字约半数今读上声，约半数或少数归阳去，去声分阴阳两类。

属此类型的方言是徽语歙县（和溪）、绩溪两点。

以绩溪方言为代表。本书共收该方言全浊上声字 67 个，有 36 字（约占 53.7%）今仍读上声，其中多为口语用字和字的白读；26 字（约占 38.9%）归入阳去，其中多为书面语用字和字的文读；其余 5 字归入阴去。具体情况见表 1-46。

表 1-46　　全浊上声字在绩溪方言中的变化情况

方言区	方言点	总字数	上声	阳去	阴去
徽语	绩溪	67	在杏旱吮伴近坐肚弟社拌苧挺柱柿厚是重后柏被动舵竖罪舅像崭稻簟蟹辫鳝下丈上	犯市在件亥杜受待后造部被笨象妇项肾道罪腐尽巳户善荡橡	芡妓炖痔棒

（材料来源：李荣主编《现代汉语方言大词典》）

歙县（和溪）全浊上声字约半数今读上声，约半数归阳去。

（3）黟县（宏潭）型

此类型的特点是全浊上声字约半数仍读上声，少数归阳去，另有少数归阴去。上声不分阴阳，去声分为阴阳两类。

徽语黟县（宏潭）1 点属此类型。

本书共收该方言全浊上声字 131 个，有 77 字（约占 58.8%）今仍读上声，26 字（约占 19.8%）归入阳去，21 字（约占 16%）归入阴去，其余 7 字分别归入阳平和阴平。具体情况如表 1-47。

表 1-47　　全浊上声字在黟县（宏潭）方言中的变化情况

方言区	方言点	总字数	上声	阳去	阴去	阳平	阴平
徽语	黟县（宏潭）	131	犯在件亥近坐肚鱼肚弟奉拌待受柱柿是造动痔项善道竖舅静罢稻辫士下丈社祀部父户混拒倍赵后皇后後~天伴淡妇巨绪跪怠限断绝也重轻~皂兆臼仕氏阜辅缓俭很皖被被窠簿釜解姓强勉~杏橡橡皮挺艇怠士柿弟竖苎~麻	杜笨肾厦厦门祸上辩愤妓距序汇沪辨篆忿绍夏姓技陛骇似键关~聚甚荡扫~，浪~	象棒像负范盾矛~，赵~仗舰蚌项靖践强倔~浩键扁担~腐杏~花罪幸鲍诞	囤巳荠舵	抱撼挑~战

（材料来源：原娟《黟县（宏潭）方言语音研究》）

（4）藤县（藤城）型

此类型的特点是全浊上声字约半数读阳上或阴上，少数归阳去或阴去。上声、去声变为阴阳两类。

这种类型多见于平话，其主要分布在广西东部，另散见于吴语、粤语和土话。共有 10 个点，详见表 1-48。

表 1-48 全浊上声字约半数读阳上（或阴上），少数归阳去（或阴去）的方言

方言区	方言点
吴语	永康
平话	藤县（藤城）宾阳（芦墟）钟山 平乐（青龙） 富宁（剥隘）玉林（福绵）
粤语	开平（赤坎） 封开
土话	江华（寨山）

以藤县（藤城）为代表。本书共收该方言全浊上声字 148 个，有 78 字（约占 52.7%）仍读阳上，46 字（约占 31.1%）归阳去，9 字归阳平，8 字归阴去，4 字归阴平，3 字归阴上。其中，“蟹”文读阳上、白读阳平，“辫”老派读阳上、新派读阴去，“皂”阳平、阴上两读。具体情况见表 1-49。

表 1-49 全浊上声字在藤县（藤城）方言中的变化情况

方言区	方言点	总字数	阳上	阳去	阳平	阴去	阴平	阴上
平话	藤县（藤城）	148	舵坐祸社肚腹~户沪序叙绪巨拒距父柱竖在亥蟹弟倍罪被~子婢舐是徛似祀祭~巳辰~市跪抱造建~後厚后妇纣桀~受舅淡俭范範犯旱限践善件辫老派伴拌断~绝缓很尽肾	惰垛部簿杜腐待怠殆骇罢汇氏技妓痔士仕柿恃道稻赵兆绍负阜臼咎撼舰辨辩键篆笨囤沌盾混荡丈~夫上~山幸锭奉	下底~夏姓厦厦~苎~麻蟹皂渐芹杏	浩鲍诞辫新派皖动汞重轻~	陛雉圈猪~仗	辅聚皂

续表

方言区	方言点	总字数	阳上	阳去	阳平	阴去	阴平	阴上
平话	藤县（藤城）	148	窘菌愤忿象像橡~树丈~长杖强勉~；倔~晃棒蚌项静靖並艇挺					

（材料来源：李连进《平话音韵研究》）

湖南江华寨山土话全浊上声字约半数归阴上，如“陛户稻皂丈旱很”，少数归阴去，如“市士赵兆”。

2. 全浊上声字约半数仍读上声，少数归入平声

根据上声的分合和归入平声的情况，可将此分为翁源型、休宁（溪口）型两种小类型。

（1）翁源型

此类型的特点是全浊上声字约半数仍读上声，少数归阴平。上声不分阴阳，平声分为阴阳两类。

此类见于闽粤两省境内的客方言，包括翁源（粤北）、五华（粤东）、信宜思贺（粤西）、武平岩前（闽西）4 个点。

以翁源话为代表方言。其特点是古浊去字归上声，这样，可能的情况是全浊上书面语用字归阳去后，再同浊去字一起归入上声，其口语用字则多归阴平。本书共收该方言全浊上声字 62 个，有 32 字（约占 51.6%）今读上声，其中多为书面语用字；18 字（约占 29%）今读阴平，其中多为口语用字；其余 11 字归去声，1 字归阳平。异读字 3 个，“近丈”上声、阴平两读，“动”文读上声、白读阴平。具体情况见表 1-50。

表 1-50　全浊上声字在翁源方言中的变化情况

方言区	方言点	总字数	上声	阴平	去声	阳平
客语	翁源	62	部簿肚腹~杜户待蟹倍罪是自士跪抱道稻造赵后前~妇受犯辩善件肾混荡象近丈静动	坐下方位社柱弟被~子柿厚舅淡旱辫断折~近丈上~山动重轻~	祸苎竖汇市舰限尽笨菌像~不~	绍

（材料来源：李如龙、张双庆《客赣方言调查报告》）

翁源、五华两地均有少数全浊上声字归去声，翁源如上列“祸苎竖汇市”等字，五华如“祀聚氏部沪”等字。

（2）休宁（溪口）型

此类型的特点是全浊上声字约半数读阳上，少数归阴平，另有少数归阳平。上声、平声各分阴阳。

此类见于徽语休宁（溪口）1 点。

以休宁（溪口）为代表方言。本书共收该方言全浊上声字 124 个，有 73 字（约占 58.9%）今读阳上，22 字（约占 17.7%）归阴平，19 字（约占 15.3%）归阳平，其余 9 字读阴上，1 字读入声。具体情况见表 1-51。

表 1-51 全浊上声字在休宁（溪口）方言中的变化情况

方言区	方言点	总字数	阳上	阴平	阳平	阴上	入声
徽语	休宁（溪口）	124	犯件亥杜杖旱坐肚鱼~弟奉拌待受柱柿厚是叙造动舵象混相~项善道祸竖舅像静聚辫下巳部父户拒倍罪后淡辩妇巨绪辨断绝也重轻~皂强倔~咎俭菌在杏近后皇~後~面被~子棒橡丈上部伴范模~；姓纣桀~项兆簟缓	抱笨厦~门士祀愤汇限篆荡绍夏技腐挑~战釜甚仕雉~鸡盾矛~忿葚桑~	囤罢鳝似负距沪怠渐践阜窘肾似撰键沌怠恃	蟹跪舰辅晃明~~挺很皖艇	解姓

（材料来源：刘丽丽《休宁（溪口）方言语音研究》）

三 归平声型

在考察的310个方言点中，21个点有至少约半数的中古全浊上声字归平声，约占本书所收方言点总数的7%。根据统计，其中包括三类情况：第一类，全浊上声字今绝大多数归平声；第二类，全浊上声字今多数归平声，少数归去声或仍读上声；第三类，全浊上声字今约半数归平声，约半数或少数今读去声、上声。

（一）中古全浊上声字今绝大多数归平声

此类方言见于赣语、胶辽官话的个别点。

根据全浊上声字归入阴平或阳平调类的不同，可将此类方言分为波阳（鄱阳）型、莱州（驿道）型两种小类型。

1. 波阳（鄱阳）型

此类型的特点是全浊上声字今绝大多数归阴平，平声分为阴阳两类。

赣语波阳（鄱阳）属此类型。

本书共收该方言全浊上声字 54 个，其中 46 字（约占 85.2%）归阴平，6 字仍读上声，2 字归进去声。具体情况见表 1-52。

表 1-52 全浊上声字在波阳（鄱阳）方言中的变化情况

方言区	方言点	总字数	阴平	上声	去声
赣语	波阳（鄱阳）	54	舵惰坐祸下底~簿部户绪苧柱待在弟倍罪汇被~子是道造浩绍厚后妇受舅淡犯旱件辫伴断尽肾笨菌菇荡象像丈静动重~量	社肚腹蟹混挺	舰上~山

（材料来源：刘纶鑫《客赣方言比较研究》）

2. 莱州（驿道）型

此类型的特点是全浊上声字今绝大多数归阳平和阴平，其中多数归阳平，少数归阴平。平声分为阴阳两类。

此类型包括胶辽官话的莱州、平度、即墨 3 点。

该类型以本人调查的莱州驿道镇东赵村方言为代表。驿道话单字调只有阴平、阳平、上声三种调类。本书共收该方言全浊上声字 131 个，其中 80 字（约占 61.1%）归阳平，39 字（约占 29.8%）归阴平，即有 90.9%的字归入阳平和阴平，其余 12 字仍读上声。部分字存在异读，以阴平、阳平两读者居多，如“妇꜀fu /꜁fu”“技꜀tɕi 口~ / ꜁tɕi~术”。具体情况见表 1-53。

表 1-53　　全浊上声字在莱州（驿道）方言中的变化情况

方言区	方言点	总字数	阳平	阴平	上声
官话	莱州（驿道）	131	罢夏社蟹惰舵堕坐市柿是痔技~术部簿抱妇杜肚柱竖户沪待在现~蟹解跪稻道造赵绍浩受厚後后臼咎舅伴拌犯范淡善鳝旱撼辫辨辩件限断皖圈猪~笨愤忿囤盾甚近远~混~进去棒蚌荡丈杖上象像橡奉静杏动重轻~	祸似巳祀恃士氏弟妓技口~妇父序叙绪巨拒距亥骇被倍罪汇鲍造皂兆肇咎舅善篆撰很~多尽混~日子靖幸	雉在介词肾很好得~尽近最~混弄~了菌项晃~眼奉挺

（材料来源：本人调查和钱曾怡等《莱州方言志》）

（二）中古全浊上声字今多数归平声

此类型包括三种情况：第一，全浊上声字今多数归平声，少数归去声，主要分布于六调区通泰方言；第二，全浊上声字今多数归平声，少数仍读上声，主要见于个别粤语、吴语；第三，全浊上声字今多数归平声，少数读上声和去声，此见于个别晋语。

1.中古全浊上声字今多数归平声，少数归去声

此类方言主要见于海安等六调区通泰方言，称之为“海安型”。

这种类型的特点是全浊上声字今多数归阴平，少数归去声。平声分成阴阳两类，去声不分阴阳。

此类型共有 5 个点，详见表 1-54。

表 1-54　　全浊上声字多数归阴平，少数归去声的方言

方言区	方言点
江淮官话	海安 如皋 东台 泰兴
闽语	晋江

以海安话为代表。海安等六调区通泰方言与前述客赣方言在浊上归阴平方面具有相似性，即口语用字或白读音归阴平，书面语用字或文读音归去声。通泰方言区曾是客赣先民由北南迁的经居地①，通泰、客赣方言的浊上归阴平现象，可能是客赣先民暂居江淮地时出现的语音特征。二者的不同在于，六调区通泰方言不仅浊上归阴平，浊去也归阴平，据此推测部分全浊上声字（主要为书面语用字）归阳去后，再同浊去字一起归入阴平，这使得通泰方言归入阴平的全浊上声字比多数客赣方言要多一些，既包括口语用字也包括书面语用字。

本书共收该方言全浊上声字 80 个，其中 51 字（约占 63.8%）归阴平，包括口语用字和部分书面语用字；22 字（约占 27.5%）归去声，主要包括书面语用字；其余 7 字（约占 9%）仍读上声。异读字共 9 个，有 7 字文读去声、白读阴平，如“罪 tɕyeiᵓ（文）/꜀tɕʰyo（白）”；其余 2 字分别是“解姓”文读上声、白读阴平，“象”表“象样”义归阴平、表“大象”义归去声。具体情况见表 1-55。

① 谢重光：《客家形成发展史纲》，华南理工大学出版社 2001 年版，第 61 页。

表 1-55　　　　全浊上声字在海安方言中的变化情况

方言区	方言点	总字数	阴平	去声	上声
江淮官话	海安	80	舵垛柴~坐部簿肚~脐户竖厚妇受舅抱道稻皂鲍赵绍社待在罢解姓弟罪汇被~单是痔市跪淡旱限善件伴断圈猪~荡象~样丈上~山棒动奉重轻~肾近幸	序巨拒柱道造浩罢倍罪渐范犯限断象大~动笨愤幸静並	辅解姓舰缓强勉~晃很

（材料来源：顾黔《通泰方言音韵研究》）

2.中古全浊上声字今多数归平声，少数仍读上声

此类方言全浊上声字多数归阳平，根据上声的分合情况，可将其分为郁南（平台）型、临海型两种小类型。

（1）郁南（平台）型

此类型的特点是全浊上声字多数归阳平，少数仍读阳上。平声、上声各分阴阳。

此种方言包括粤语郁南（平台）、云浮（云城）两个点。

以郁南（平台）方言为代表。其全浊上声字归阳去后，再跟浊去字一同归入阳平。本书共收该方言全浊上声字 147 个，其中 91 字（约占 61.9%）归入阳平，41 字（约占 27.9%）仍读阳上，其余的有 10 字今读阴上、4 字归到阴平、1 字并入去声。个别字有阳平、阳上两读，如“近꜀kɐn/ ᶜkʰɐn”“重轻~ ꜀tsuŋ/ ᶜtsʰuŋ”。具体情况见表 1-56。

表 1-56　　　全浊上声字在郁南（平台）方言中的变化情况

方言区	方言点	总字数	阳平	阳上	阴上	阴平	去声
粤语	郁南（平台）	147	舵惰祸夏姓厦~门部簿序叙绪巨父腐辅聚竖待怠亥罢陛~下弟荠罪汇是氏技妓士仕柿俟恃跪道稻皂造浩赵兆绍後后负阜纣桀~受咎撼舰渐蕈席范範犯甚诞践善件键拌断~绝尽肾近笨混愤忿荡放~象像橡~树丈仗杖上~山强勉~；倔~蚌项杏幸静靖並动奉重轻~	坐下底~社杜肚腹~户沪苧~麻拒距柱在骇蟹弟倍被~子婢徛立似祀巳市抱厚妇舅淡旱限辨辩伴皖安徽篆近盾菌上~山棒重轻~	釜解姓舐俭缓很晃~眼艇挺汞	鲍鳔辫圈猪~	撰

（材料来源：詹伯慧、张日昇《粤西十县市粤方言调查报告》）

（2）临海型

此类型的特点是全浊上声字今多数归阳平，少数仍读上声。平声分为阴阳两类，上声不分阴阳。

吴语临海 1 点属此类型。

本书共收该方言全浊上声字 112 个，其中 73 字（约占 65.2%）归阳平，22 字（约占 19.6%）仍读上声，15 字归阳去，2 字归阴去。个别字存在异读，如“妇”表“妇女”义读阳平，表“新妇”义读上声。具体情况见表 1-57。

表 1-57　　全浊上声字在临海方言中的变化情况

方言区	方言点	总字数	阳平	上声	阳去	阴去
吴语	临海	112	苧雉是氏似巳士仕市被~子弟徛站立技妓部~队父妇~女负杜肚~皮绪柱序叙竖巨拒距跪范姓範模~犯倍待怠在罪善鳝俭件拌断~绝抱道稻皂造赵兆舵惰坐社受臼丈杖象像橡强勉~棒上~山囤肾靖静近奉重轻~淡蟮	辅户沪妇新~舰限亥旱缓皖浩祸下~头后厚杏幸晃很艇挺混	痔辩辨部一~车腐诞践键汇伴夏厦~门愤甚荡	仗汞

（材料来源：黄晓东《浙江临海方言音系》，载《方言》2007 年第 1 期）

3.中古全浊上声字今多数归平声，少数今读上声和去声

晋语屯留属此类型，称之为“屯留型”。

此类型的特点是全浊上声字多数归阳平，少数今读上声和去声。平声变为阴阳两类，上声、去声不分阴阳。

本书共收该方言全浊上声字 126 个，其中 93 字（约占 77.5%）归阳平，14 字（约占 11.1%）仍读上声，13 字（约占 10.3%）归去声，即有 21.4%的字今读上声和去声，另外还有 5 字归阴平、1 字归阴入。具体情况见表 1-58。

表 1-58 全浊上声字在屯留方言中的变化情况

方言区	方言点	总字数	阳平	上声	去声	阴平	阴入
晋语	屯留	126	待怠殆道稻造赵兆浩堕惰坐祸社痔是氏似祀巳士柿仕俟恃弟技妓部簿妇负肚~皮杜柱竖户沪序叙绪倍被罪汇纣后厚舅臼伴范犯旱辨辩辫践件限篆圈猪~笨忿甚尽近囤沌盾混窘菌奉锭静杏幸棒蚌荡丈杖仗上~山像象在峙聚跪断撰	腐辅父釜阜婢咎撼俭缓皖很挺铤	皂鳔舵受拌诞舰渐键愤肾並荷负~	抱鲍荠艇强勉~	陛

（材料来源：詹伯慧、张日昇《粤西十县市粤方言调查报告》）

（三）中古全浊上声字今约半数归平声

此类方言包括两种情况：第一，全浊上声字约半数归平声，约半数或少数归去声，此见于个别通泰方言、湘语、赣语、客语、粤语；第二，全浊上声字约半数归平声，少数仍读上声，此见于个别粤语和闽语。

1.全浊上声字约半数归平声，约半数或少数归去声

根据去声的分合以及归入去声、平声的情况，将此分为大余型、都昌型、高明（明城）型三种小类型。

（1）大余型

此类型的特点是全浊上声字约半数归阴平，约半数或少数归去声。平声变为阴阳两类，去声不分阴阳。

这种类型见于江淮官话中的通泰方言、湘语、客语的个别点，共

有 4 个点，详见表 1-59。

表 1-59　全浊上声字约半数归阴平，约半数或少数归去声的方言

方言区	方言点
江淮官话	大丰　姜堰
湘语	江永（桃川）
客语	大余

以客语大余方言为代表。本书共收该方言全浊上声字 61 个，有 30 字（约占 49.2%）归阴平，25 字（约占 41%）归去声，即各有约半数的字分归阴平和去声。另外，其余 6 字仍读上声，其中“舅”阴平、去声两读。具体情况见表 1-60。

表 1-60　全浊上声字在大余方言中的变化情况

方言区	方言点	总字数	阴平	去声	上声
客语	大余	61	祸下方位部簿户待倍罪汇是自士柿市抱道稻绍妇受舅犯限辩件尽菌荡丈静	坐社杜肚腹~苧竖被~子造赵后前~厚舅淡舰善伴断折~肾近笨象像~不~上~山动重轻~	柱蟹弟跪辫混

（材料来源：李如龙、张双庆《客赣方言调查报告》）

通泰方言大丰、姜堰和湘语江永（桃川）全浊上声字约半数归阴平，少数归去声。

（2）都昌型

此类型的特点是全浊上声字约半数归阴平，约半数归阳去。平声、去声变为阴阳两类。

赣语都昌属此类型。

本书共收该方言全浊上声字 58 个，归入阴平的有 29 字（约占 50%），归入阳去的有 27 字（约占 46.6%），其余 2 字仍读上声。具体情况见表 1-61。

表 1-61　　　　全浊上声字在都昌方言中的变化情况

方言区	方言点	总字数	阴平	阳去	上声
赣语	都昌	58	坐下方位部簿杜肚腹~苧柱待弟倍被~子士柿道稻赵后前~厚淡旱辩伴断折~笨荡上~山动重轻~	祸社户竖罪汇是市跪抱造妇受舅犯限善件辮尽肾近混象像~不~丈静	舰菌

（材料来源：李如龙、张双庆《客赣方言调查报告》）

（3）高明（明城）型

此类型的特点是全浊上声字约半数归阳平，少数归去声。平声变为阴阳两类，去声不分阴阳。

粤语高明（明城）方言属此类型。

本书共收该方言全浊上声字 151 个，归入阳平的有 88 字（约占 58.3%），归入去声的有 48 字（约占 31.8%），其余 13 字仍读上声，2 字并入阴平。“近”字文读阳平调，白读去声调；“盾”字表示“赵盾”义读去声调，表示“矛盾”义读上声调。具体情况见表 1-62。

表 1-62　　全浊上声字在高明（明城）方言中的变化情况

方言区	方言点	总字数	阳平	去声	上声	阴平
粤语	高明（明城）	151	舵惰祸下底～夏姓厦～门簿杜户沪序叙父腐辅聚竖待殆在亥罢弟荠罪汇是氏技妓痔士仕柿俟跪皂造建～浩赵绍後后负阜纣桀～受撼淡舰俭范範犯甚限辨辩件键伴拌缓篆尽肾近笨囤沌混相～荡放～象像橡～树丈仗项杏蚌幸静靖锭动奉部善	坐社肚腹～绪巨拒柱怠蟹陛～下倍被～子婢倚立雉～鸡似祀祭～巳市恃抱道稻兆厚妇臼舅咎诞旱断～绝撰近盾赵～窘愤忿杖上～山强勉～；倔～棒蚌並艇汞苧距	釜舐鳔渐践皖安徽很盾矛～菌晃～眼挺迥～然不同重轻～	鲍姓；～鱼辫

（材料来源：詹伯慧、张日昇《珠江三角洲方言字音对照》）

2.全浊上声字约半数归平声，少数仍读上声

根据上声的分合情况，可将此分为罗定型、中山（隆都）型两种小类型。

（1）*罗定白话型*

此类型的特点是全浊上声字约半数归阳平，少数仍读阳上。平声、上声各分阴阳。

粤语罗定白话属此类型。

本书共收该方言全浊上声字 147 个，有 75 字（约占 51%）归阳平，43 字（约占 29.3%）仍读阳上，14 字归阴上，11 字归去声，4 字归阴平。其中“近”阳平、阳上两读。具体情况见表 1-63。

表 1-63　　全浊上声字在罗定白话中的变化情况

方言区	方言点	总字数	阳平	阳上	阴上	去声	阴平
粤语	罗定	147	舵惰夏姓厦~门杜父竖亥骇惊~罢陛~下弟罪汇被~子是氏技妓雉~鸡跪道稻皂造建~浩赵兆绍後后负阜纣桀~受咎渐俭范範犯葚桑~甚诞善件键篆尽近笨混相~荡放~象像橡~树丈杖项杏幸静靖並动下底~荠婢士仕鳔臼断~绝愤忿奉重轻~	坐祸社部簿肚腹~户沪序叙绪苎~麻巨釜腐柱待在蟹倍舐以舌取物徛立似祀祭~巳市恃厚妇舅淡旱限践伴拌缓肾近上~山强勉~；倔~棒蚌	辅怠殆解姓抱皖安徽很囤沌盾赵~；矛~窘菌艇挺	拒距柿撼舰辨辩撰仗晃~眼汞	聚鲍辫圈猪~

（材料来源：詹伯慧、张日昇《粤西十县市粤方言调查报告》）

（2）中山（隆都）型

此类型的特点是全浊上声字约半数归阳平，少数仍读上声。平声分为阴阳两类，上声不分阴阳。

闽语中山（隆都）属此类型。

该方言特点有二：第一，文白异读字多，其中以文读阳平、白读阳去为主，文读上声、白读阳去次之；第二，全浊上声字除少数仍读上声外，尚有少数归阳去。

本书共收该方言全浊上声字 193 个，有 102 字（约占 52.8%）归入阳平，46 字（约占 23.8%）仍读上声，41 字（约占 21.2%）并入阳去，4 字归进阴平。文白异读字多，其中以文读阳平、白读阳去为主，如“部꜁pu（文）/puɔ꜅（白）、罪꜁tsui（文）/tsui꜅（白）”；文读上声、白读阳去次之，如“旱꜂hɔn（文）/an꜅（白）、厚꜂hɐu（文）/ kau꜅（白）”；其他文白读，如“妓꜁ki（文）/꜂ki（白）、鲍姓；~鱼꜀pau（文）/꜁pau（白）”。具体情况见表 1-64。

表 1-64　　全浊上声字在中山（隆都）方言中的变化情况

方言区	方言点	总字数	阳平	上声	阳去	阴平
闽语	中山（隆都）	193	惰垛祸下底~夏姓厦~门部簿杜户沪序叙巨父腐辅聚竖待在亥骇惊~罢解姓陛~下弟罪汇是氏徛立技妓雉~鸡祀祭~巳痔士仕俟跪抱皂造建~浩鲍姓；~鱼鳔赵兆绍後后妇负纣桀~受咎撼淡舰渐俭范範犯葚桑~甚诞限辨辩件键伴拌缓撰篆肾近笨沌混相~窘荡放~象像橡~树丈仗杖项杏幸静靖並锭动汞奉	坐社肚腹~绪苧拒距釜怠殆蟹弟倍被~子婢舐徛立妓似柿市恃抱厚臼舅淡旱践断~绝皖安徽很尽盾菌愤忿上~山强勉~；倔~晃~眼棒艇挺迥重轻~柱	坐下底~部簿蟹荠罪被~子是似士跪抱赵後厚受舅舰渐俭犯旱限件伴断~绝肾近囤沌象丈仗杖项静靖重轻~舵阜	鲍鳔辮圈猪~

（材料来源：詹伯慧、张日昇《珠江三角洲方言字音对照》）

四　其他型

在考察的 310 个方言点中，有 5 个点全浊上声字分归于几种不同的调类，这几个调类的归字占比不低于 15%。此类方言约占本书所收方言点总数的 2%。

具有以上特点的方言均为平话，包括临桂（两江）、龙州（上龙）、马山（乔利）、灵川（三街）、宁远（清水桥），称之为“临桂（两江）型”。临桂（两江）、龙州（上龙）、马山（乔利）、灵川（三街）位于广西壮族自治区的东北部和南部，宁远（清水桥）位于湖南省永州市。

代表方言临桂（两江）有少数字分别归入上声、阴平、阳去和阴去。本书共收该方言全浊上声字 137 个，其中 47 字（约占 34.3%）仍读上声，38 字（约占 27.7%）归入阴平，26 字（约占 19%）归阳去，23 字（约占 16.8%）归阴去，2 字归阳平，1 字归入声。具体情况见表 1-65。

表 1-65　全浊上声字在临桂（两江）方言中的变化情况

方言区	方言点	总字数	上声	阴平	阳去	阴去	阳平	入声
平话	临桂（两江）	137	坐祸下底~社肚腹~釜腐辅聚柱竖在蟹弟罪被~子婢舐是雉~鸡痔抱厚妇臼舅咎淡俭犯旱善件辫断~绝缓皖很丈上~山强勉~；倔~晃艇挺动汞重轻~	部户沪序叙绪巨拒距殆亥氏技妓似祀祭~稻皂造建~浩兆绍撼渐辨辩键篆尽忿荡放~仗杖项杏幸靖奉	舵杜罢荠汇士仕柿跪道鲍赵後后受诞限拌肾笨菌愤蚌静锭迥	苧父待怠倍氏巳市负纣范範犯甚件伴圈猪~盾混相~象像棒並	簿囤	践

（材料来源：李连进《平话音韵研究》）

龙州（上龙）、马山（乔利）有少数字分别归入阳去、阴去和阳上；灵川（三街）有少数字分别归入阴去、阳去和上声；宁远（清水桥）有少数字分别归进阴去、阴入和平声。

五　小结

综合本节内容，列成表 1-66。

表 1-66　　中古全浊上声字在今 310 个方言点中的变化总表

<table>
<tr><th>类型</th><th>方言数</th><th>所占%</th><th colspan="2">今调类归属</th><th>方言点举例（代表）</th></tr>
<tr><td rowspan="6">归去声型</td><td rowspan="6">218</td><td rowspan="6">70.3</td><td colspan="2">绝大多数归去声</td><td>北京 苏州 道县（寿雁）
安化（梅城） 长沙</td></tr>
<tr><td rowspan="2">多数归去声</td><td>少数仍读上声。</td><td>乐昌（皈塘） 歙县
莲花（琴亭） 广州</td></tr>
<tr><td>少数归平声。</td><td>梅县 横峰 新兴</td></tr>
<tr><td rowspan="3">约半数归去声</td><td>约半数或少数仍读上声。</td><td>化州（新安）连州（西岸）
德庆 田东（林逢）</td></tr>
<tr><td>约半数或少数归平声。</td><td>廉江（青平）定南（历市）</td></tr>
<tr><td>少数归入声。</td><td>建瓯</td></tr>
<tr><td rowspan="5">读上声型</td><td rowspan="5">66</td><td rowspan="5">21.3</td><td colspan="2">绝大多数仍读上声</td><td>温州</td></tr>
<tr><td rowspan="2">多数仍读上声</td><td>少数归去声。</td><td>全州（文桥）祁门（箬坑）
沙县 昭平</td></tr>
<tr><td>少数归平声。</td><td>阳春（三甲）
诸暨（王家井）</td></tr>
<tr><td rowspan="2">约半数仍读上声</td><td>约半数或少数归去声。</td><td>乐昌（北乡）绩溪
黟县（宏潭）藤县（藤城）</td></tr>
<tr><td>少数归平声。</td><td>翁源　休宁（溪口）</td></tr>
<tr><td rowspan="6">归平声型</td><td rowspan="6">21</td><td rowspan="6">7</td><td colspan="2">绝大多数归平声</td><td>波阳（鄱阳） 莱州（驿道）</td></tr>
<tr><td rowspan="3">多数归平声</td><td>少数归去声。</td><td>海安</td></tr>
<tr><td>少数仍读上声。</td><td>郁南（平台） 临海</td></tr>
<tr><td>少数读上声和归去声。</td><td>屯留</td></tr>
<tr><td rowspan="2">约半数归平声</td><td>约半数或少数归去声。</td><td>大余 都昌 高明（明城）</td></tr>
<tr><td>少数仍读上声。</td><td>罗定 中山（隆都）</td></tr>
<tr><td>其他型</td><td>5</td><td>2</td><td colspan="2">分归几种不同的调类</td><td>临桂（两江）</td></tr>
</table>

根据表 1-66，将中古全浊上声字在今 310 个方言点中的演变情况总结如下。

（一）归去声型

1.全浊上声字绝大多数归去声

第一，全浊上声字绝大多数归去声，官话、晋语此类现象最为明显。在多数（约占 60.8%）官话、绝大多数晋语（约占 87.5%）中，归入去声是绝大多数全浊上声字的发展方向。除此之外，在少量赣语、个别吴语和土话中也可见到此类情况。

第二，全浊上声字绝大多数归阳去，湘语、赣语此类现象最为明显。在超过一半的湘语（约占 52.6%）和赣语（约占 52.5%）中，绝大多数全浊上声字归入阳去。具有此类特点的湘语分布在湖南省各处，赣语多数集中在江西北部，个别见于毗邻江西的湖南省、安徽省和湖北省境内。另外，少数吴语（约占 36.8%）、闽语（约占 29.4%）和个别粤语、江淮官话全浊上声字绝大多数归阳去。其中，吴语集中分布在江苏南部、浙江北部，闽语多见于福建省东部和东南部。

第三，全浊上声字绝大多数归阳去和阴去，湘语此类特点最为明显，有近四成的湘语如此。其中，一部分湘语归阳去的全浊上声字多于归阴去，一部分湘语归阴去的全浊上声字多于归阳去。另外，尚散见于冀鲁官话、吴语、客语、粤语、闽语、平话。

第四，全浊上声字绝大多数归阴去，湖南土话道县（寿雁）如此。

2.全浊上声字多数或约半数归去声

（1）全浊上声字多数或约半数归去声，少数或约半数读上声

第一，全浊上声字多数或约半数归阳去，少数或约半数读阳上，

粤语此类现象最为明显，有近一半（约占 47.2%）的粤方言如此。另外，一部分平话（约占 18.2%）亦具有此类特点。

第二，全浊上声字分归去声和上声、阳去和上声、去声和阳上、阳去和阳上、阴上，这些现象散见于官话、徽语、吴语、湘语、赣语、客语、粤语、闽语、平话、土话。

（2）全浊上声字多数或约半数归去声，少数或约半数读平声

第一，全浊上声字多数或约半数归阳去抑或去声，少数或约半数归阴平，客语此类现象最为明显，有超过一半（约占 52.4%）的客方言如此。另外，在一部分（约占 22.5%）赣语中，分归阳去（或去声）和阴平亦是全浊上声字的重要发展方向。除此之外，该类型也可见于个别通泰方言（江淮官话泰如片）、晋语和粤语。

第二，全浊上声字约半数归阴去，少数归阳平，平话兴安（高尚）如此。

（3）全浊上声字约半数归去声，少数归入声

闽语建瓯方言的特点是全浊上声字约半数归阳去，少数归阳入。

（二）读上声型

1.全浊上声字绝大多数读上声

在一部分吴语（约占 35.1%）中绝大多数全浊上声字仍然保留读阳上调，根据所统计的材料，这些吴语主要分布在浙江北部、南部和江苏南部。

2.全浊上声字多数或约半数读上声

（1）全浊上声字多数或约半数读上声，少数或约半数读去声

第一，徽语此类特点体现得尤为明显，即全浊上声字多数或约半数仍读上声或者阳上，少数或约半数归去声或阳去，在统计的 13 处徽语中有 11 处如此。

第二，一部分平话也呈现出此类特点，有近四成的平话方言全浊上声字多数或约半数读上声或阳上，少数或约半数读去声或阳去。

第三，少数闽语全浊上声字多数读阳上，少数归去声或阳去。

第四，在个别客语、吴语、粤语、土话中全浊上声字也表现出以上归向特点。

（2）全浊上声字多数或约半数读上声，少数或约半数读平声

第一，在一部分位于闽粤两省的客方言中全浊上声字多数或约半数读上声，少数归阴平。

第二，个别吴语（诸暨〔王家井〕、常山）全浊上声字多数读阳上，少数归入阳平。

第三，个别徽语（休宁〔流口〕）全浊上声字约半数读阳上，少数归阴平，另有少数归阳平。

（三）归平声型

①全浊上声字多数或约半数归阴平，少数归去声，通泰方言此特点体现得尤为明显，在统计的10处通泰方言中有6处如此。

②全浊上声字多数归阳平，少数归阴平，在统计的6处胶辽官话中有莱州、平度、即墨3处全浊上声字呈现出此类发展方向。

③全浊上声字多数或约半数归阳平，少数仍读阳上，云浮（云城）、郁南（平台）、罗定3处粤方言具有此类特点，这三地分别是广东省云浮市的区、镇和代管县级市。另外，云浮市近邻佛山市高明区明城镇有约半数的全浊上声字也归入阳平，但还有少数字归入去声。

④全浊上声字绝大多数归入阴平，在位于江西省北部的鄱阳县赣语中全浊上声字表现出此种归并方向。在距离鄱阳县不远的都昌县全浊上声字多数今读阴平，也有少数归入阳去。

⑤位于福建省的晋江闽语和位于广东省的中山（隆都）闽语全浊上声字的归并方向不尽一致：前者多数归入阴平，少数归入去声；后者多数归入阳平，少数今读上声，还有少数并入阳去。

⑥吴语临海和晋语屯留均为多数全浊上声字归入阳平，不同的是临海归入上声的字多于屯留，屯留尚有少量字并入去声。

（四）其他型

位于广西壮族自治区和湖南省的5处平话全浊上声字分归于几种不同的调类。

除此之外，部分方言全浊上声字存在文白异调现象，主要有客语、赣语、粤语，以及部分湘语、土话、官话和个别徽语、吴语、闽语。其主要情况如下。

①在客赣方言中，书面语用字或文读音多归去声，口语用字或白读音多归阴平。

②在粤语和个别徽语中，书面语用字或文读音多归去声，口语用字或白读音多读上声。

③在粤北土话中分两种情况，一种是归去声的包括书面语用字和少数口语用字，仍读上声的都是口语用字；另一种是归去声的包括书面语用字和少数口语用字，归阴平的都是口语用字。

④在六调区通泰方言中，归去声的主要是书面语用字，归阴平的包括口语用字和部分书面语用字。

⑤在湘语中，一旦出现文白异读，多数是文读阴去、白读阳去。

⑥个别吴方言如宜兴，其书面语用字或文读音多归阳去，口语用字或白读音部分归阳去，部分仍读阳上。

⑦个别闽语如中山（隆都），其文白异读字多，主要是文读阳平、白读阳去，其次是文读上声、白读阳去。

第二节　中古次浊上声字在现代方言中的演变类型

与全浊上声字一样，中古次浊上声字在现代方言中的发展亦非那样稳定而齐整。我们通过对310个方言点的考察，结果发现，在今绝大多数方言中中古次浊上声字至少约半数仍读上声；在不到十成的方言中，中古次浊上声字至少约半数归入去声；在极少数方言中中古次浊上声字至少约半数归进平声。

一　读上声型

在考察的310个方言点中，有271个点次浊上声字今仍读上声，约占本书所收方言点总数的87.4%。其中包括三类情况：第一类，中古次浊上声字今绝大多数归上声；第二类，中古次浊上声字今多数仍读上声，少数归平声、去声或入声；第三类，中古次浊上声字今约半数仍读上声，约半数或少数归平声或去声。

（一）　中古次浊上声字今绝大多数归上声

此类方言数量最多，分布最广，各大方言区均有此类方言存在。

根据上声的分合等情况，可将此类分成济南型、佛山型、海盐型、新会（会城）型、兴安（高尚）型、神木型、银川型七种小类型。

（1）济南型

此类型的特点是次浊上声字绝大多数入清上今读上声，上声不分阴阳。

这种现象在官话、湘语、赣语和晋语中最为普遍，部分徽语、闽语和土话*亦如此，共有 136 个点，详见表 1-67。

表 1-67　　　　次浊上声字绝大多数仍读上声的方言

方言区		方言点
官话	北京官话	北京
	东北官话	哈尔滨
	冀鲁官话	济南 利津 广灵 昌黎
	胶辽官话	烟台 牟平 荣成 即墨 平度 莱州
	中原官话	徐州 郑州 运城 西安 武都 乐都
	兰银官话	兰州
	西南官话	武汉 成都 柳州
	江淮官话	扬州 南通 如东 如皋 海安 东台 大丰 兴化 泰兴 姜堰 泰州 合肥
晋语		太原 清徐 平遥 介休 盂县 汾西 屯留 武乡 天镇 山阴 左权
徽语		绩溪 歙县 祁门（箬坑） 黄山（祁门） 黟县（碧阳） 黟县（宏潭）休宁（流口）
吴语		金华（城里）临海 铜陵
湘语		长沙 湘潭 益阳 望城（城关）岳阳（荣家湾）娄底 双峰 涟源（桥头河） 安化（梅城）湘乡（城关）邵阳 城步（儒林） 会同（林城）衡阳（西渡）泸溪（浦市） 祁阳（白水） 东安（花桥） 东安（石期）

* 据庄初升在《粤北土话音韵研究》（中国社会科学出版社 2004 年版，第 217—218 页）中考察，此类型还见于黄圃、三溪等粤北土话。

续表

方言区	方言点
赣语	南昌 星子 都昌 湖口（双钟）高安 奉新（冯川）永修（江益）修水（义宁）安义 上高（敖阳） 万载（康乐） 新余（渝水）宜丰 吉安 吉水（螺田）泰和 萍乡 永丰（恩江）永新 黎川（日峰） 宜黄（凤凰）东乡 临川（上顿渡）南城 波阳（鄱阳）乐平 横峰 余干 弋阳 平江（南江）醴陵（白兔潭）茶陵 建宁 泰宁 邵武 宿松（河塔）岳西 阳新（国和）
客语	安远（欣山）桂东 金华（珊瑚村）宁化
粤语	中山（石岐）珠海（前山） 宝安（沙井）阳江 澳门
闽语	福州 仙游 厦门 晋江 崇安 建阳 明溪 中山（隆都）台北
平话	临桂（五通）临桂（两江）灵川（三街）全州（文桥）
土话	乐昌（皈塘）连州（西岸）连州（丰阳）

此类型以济南话为代表。本书共收该方言次浊上声字 121 个，有 108 字今读上声，占绝大多数（约占 89.3%），另有 7 字归去声，5 字归阳平，1 字归阴平。其中“奶、碾、敛、往”上声、去声两读，“仰”阳平、上声两读。具体情况见表 1-68。

表 1-68　　次浊上声字在济南方言中的变化情况

方言区	方言点	总字数	上声	去声	阳平	阴平
官话	济南	121	马雅瓦惹我也野耳米你礼李里~程；~外理鲤蚁已以母亩牡鲁橹虏卤乳午伍队~五舞武女吕旅缕语雨羽买乃奶每美累积~垒蕊花~尾伟	与及奶诱碾敛朗往	努卵仰颖笼~罩	偶配~

续表

方言区	方言点	总字数	上声	去声	阳平	阴平
官话	济南	121	苇卯脑恼老扰绕秒了~结咬舀某篓藕扭纽柳有友满览揽懒染免勉碾敛眼演暖软晚挽远~近忍敏悯引尹允莽蟒两~斤；斤~仰养痒网往猛冷领岭拢陇垄永勇涌~现踊			

（材料来源：北大中文系《汉语方音字汇》第2版重排本）

闽语的福州、仙游、厦门、中山（隆都）文白异调现象较常见，字的文读音多为上声，白读音多归阳去，有文白异调的字一般是口语用字，如“瓦五蚁痒”等字。

（2）佛山型

此类型的特点是次浊上声字今绝大多数读阳上，上声分为阴阳两类。

此类方言在粤语中较为普遍，亦见于部分吴语和平话以及个别土话，共有34个点，详见表1-69。

表1-69　　次浊上声字绝大多数读阳上的方言

方言区	方言点
吴语	绍兴 诸暨（王家井）嵊县（崇仁）嵊县（太平乡）温州 文成 汤溪 永康 龙游 常山 遂昌 庆元 广丰 浦城
粤语	佛山 广州 肇庆（高要） 德庆 封开 罗定 郁南（平台） 番禺（市桥）花县（花山）增城（县城）南海（沙头） 顺德（大良） 三水（西南）斗门（上横水上）香港（市区）
平话	龙州（上龙）宾阳（芦墟））藤县（藤城）资源（延东）
土话	连州（连州）

此类型以粤语佛山话为代表。本书共收该方言次浊上声字149个，有128字今读阳上，占绝大多数（约占85.9%），12字归阴上，5字归阳平，4字归阳去。具体情况见表1-70。

表1-70 次浊上声字在佛山方言中的变化情况

方言区	方言点	总字数	阳上	阴上	阳平	阳去
粤语	佛山	149	哪~个我马码~子雅惹也~是野瓦努鲁橹虏滷五伍午吕稆旅汝语予给~武舞侮鹉鹦~缕丝~乳雨宇禹羽乃买奶米礼每儡傀~尔蚁美履你李里裏理鲤耳矣已以蕊垒尾伟苇脑恼老卯咬藐渺秒扰绕围~舀~水了~结某亩牡母拇篓藕偶配~纽扭柳有友酉莠诱览敛染冉檩懒眼满暖软晚挽远悯敏忍引允尹吻刎莽蟒朗两~个攘嚷仰养痒网辋车~猛皿领永陇垅冗拨~勇	裸揽演撚卵究阮抿两几~几钱懵甬涌	靡唯瞭俨曩	愈病~累累~壤土~颖

（材料来源：詹伯慧、张日昇《珠江三角洲方言字音对照》）

（3）海盐型

此类型的特点是次浊上声字今绝大多数归阴上，上声变为阴阳两类。

此类方言见于部分北部吴语、闽语和个别徽语、赣语、土话，共有 21 个点，详见表 1-71。

表 1-71　　次浊上声字绝大多数归阴上的方言

方言区	方言点
吴语	常州 江阴 靖江 桐乡 海盐 长兴 安吉 德清 余杭 杭州 磐安 云和 黄岩
徽语	歙县（和溪）
赣语	莲花（琴亭）
闽语	南安 沙县 三元 潮州 雷州
土话	江华（寨山）

此类型以吴语海盐话为代表。本书共收该方言次浊上声字 42 个，有 35 字归阴上，占绝大多数（约占 83.3%），仅 7 字读阳上。其中“尾晚”文读阳上、白读阴上。具体情况见表 1-72。

表 1-72　　次浊上声字在海盐方言中的变化情况

方言区	方言点	总字数	阴上	阳上
吴语	海盐	42	野瓦午女吕雨买米礼美耳尾脑老咬绕亩母纽有染眼碾暖软晚允仰痒网往猛冷领永	马武乳尾满晚引

（材料来源：徐越《浙北杭嘉湖方言语音研究》）

闽语潮州、南安文白异调现象较常见，字的文读音多为阴上，白读音多为阳上，有文白异调的一般是口语用字，如“耳老有远”等。

（4）新会（会城）型

此类型的特点是次浊上声字绝大多数今读阳上和阴上，其中多数或约半数读阳上，少数或约半数归阴上。上声分为阴阳两类。

这类方言主要见于部分平话、徽语、粤语以及少量吴语，共有 24 个点。根据所统计的方言，其中粤语主要集中在广东省南部，平话主要见于广西东部和南部，吴语见于江苏省南部和浙江省北部，详见表 1-73。

表 1-73　次浊上声字绝大多数读阳上和阴上的方言

方言区	方言点
徽语	屯溪 婺源（坑头）婺源（秋口）
吴语	常熟 吴江（黎里）吴江（盛泽） 湖州（双休）海宁
粤语	怀集 斗门（斗门）江门（白沙）新会（会城）台山（台城） 开平（赤坎）鹤山（雅瑶）东莞（莞城）
平话	百色（那毕）南宁（亭子）横县（横州）钟山 昭平 融水（融水）平乐（青龙）玉林（福绵）

以粤语新会（会城）为代表。该方言书面语用字多读阳上，口语用字多归阴上。本书共收该方言全浊上声字 148 个，有 93 字（约占 62.8%）今读阳上，33 字（约占 22.3%）归阴上，二者共有 84% 的字归入阳上和阴上；其余的 11 字归去声，8 字归阳平，3 字归阴平。“两”表“几两”义读阴上调，表“两个”义读去声。具体情况见表 1-74。

表 1-74　　　　次浊上声字在新会（会城）方言中的变化情况

方言区	方言点	总字数	阳上	阴上	去声	阳平	阴平
粤语	新会（会城）	148	我马码雅惹也野鲁橹虏泸吕稆旅汝语與武侮鹉缕乳雨宇禹羽乃买奶礼每儡尔美履你里理鲤拟矣已以蕊垒恼卯藐渺秒某亩牡母拇藕偶柳友酉览染冉懒暖软晚挽阮远悯敏抿忍引允尹莽蟒曩朗仰养痒往猛皿领岭永陇垅勇	裸瓦努五伍午舞米蚁李裹耳尾脑老绕舀了纽扭揽榄眼演撚满卵吻两几~网懵冗涌	愈累扰诱敛俨剡两~个壤攘颖	哪唯咬燎瞭篓有蠓	靡莠甬

（材料来源：詹伯慧、张日昇《珠江三角洲方言字音对照》）

此类多数粤方言与新会（会城）一样，存在文白异调现象，即书面语用字今读阳上，如“吕买礼以亩”；口语用字今归阴上，如“瓦舞五米”。

徽语屯溪、婺源（秋口），平话融水（融水）次浊上声字约半数归阳上，约半数归阴上；徽语婺源（坑头），粤语江门（白沙）、台山（台城）、开平（赤坎）、鹤山（雅瑶），平话平乐（青龙）次浊上声字约半数读阳上，少数归阴上。

（5）兴安（高尚）型

此类型的特点是次浊上声字绝大多数归阴上和阳上，其中多数归阴上，少数读阳上。上声变为阴阳两类。

平话兴安（高尚）属此类型。

本书共收该方言次浊上声字 142 个，有 100 字（约占 70.4%）归阴上，40 字（约占 28.2%）今读阳上，即二者共有 98.6% 的次浊上字归入阴上和阳上；另有 2 字分别归进阴平和阴去。其中“领岭”文读阴上、白读阳上；“以”阴上、阳上两读；“奶”表“乳房”义读阴上，表“祖母”义读阴平。具体情况见表 1-75。

表 1-75　　次浊上声字在兴安（高尚）方言中的变化情况

方言区	方言点	总字数	阴上	阳上	阴平	阴去
平话	兴安高尚	142	你礼李已以亩牡母拇努鲁橹虏卤伍午武舞语与宇禹羽乳汝哪乃奶乳惹裸我眼耳木~尔免勉娩缅渑乜捻撵辇碾敛演野阮奶美每垒儡卯咬扰绕某牡亩藕偶扭纽柳了友有酉鸟满览揽榄领岭引允尹永蟒莽朗仰养痒悯敏抿皿颖猛拢陇垅甬勇涌踊永	米靡尾鲤里理以蚁耳雨买也马码满懒雅领岭野软染冷远脑恼老女舀母忍网懵耳暖卵两养痒五	奶祖母	壤

（材料来源：林亦《桂北平话与推广普通话研究——兴安高尚软土话研究》）

（6）神木型

此类型的特点是古平声的清声母字和上声的清声母、次浊声母字合流。方言学者将合并后的调类或总称为阴平上；或把根据连读变调能区分出来的古平声清音声母字称作阴平，把古上声清音声母和次浊声母的字称作上声，对于那些不能区别出来的字称为阴平上声调。在该类方言中，次浊上声字绝大多数归入阴平上，或者阴平上与上声兼有。

来源于古清平和清上、次浊上的字单字调相同，这是晋语方言五台片的共同特征。[①]在我们考察的方言中，属于此类型的方言只有沁县属晋语上党片，其他全部来自五台片，它们是神木、忻州、定襄、朔县。

此类型以神木话为代表。本书共收该方言次浊上声字 133 个，全部归入阴平上声。具体情况见表 1-76。

表 1-76　　次浊上声字在神木方言中的变化情况

方言区	方言点	总字数	阴平上
晋语	神木	133	蚁蚂~米你拟礼履李里理鲤已以某亩母五伍午武舞侮鹉汝乳女语予与雨宇禹羽拇瓦哪雅惹裸软我满晚挽览揽榄懒染冉免勉娩缅渑碾撵辇眼敛也野演衍兖暖卵阮买乃奶卯牡脑恼老藐渺秒咬燎了每美尾伟苇吕旅儡累积~努鲁橹卤篓藕偶纽扭柳绺有友酉尔耳莽蟒往壤攘仰养痒猛懵冷悯敏皿檩领岭拢陇垅允永甬勇涌蛹

（材料来源：邢向东《神木方言研究》）

（7）银川型

此类型的特点是古平声的浊声母字和上声的清声母、次浊声母字合流。方言学者将其合并后的调类或总称为阳平上，抑或单称之阳平

① 邢向东：《神木方言研究》，中华书局 2002 年版，第 118 页。

或上声。因此，在该类方言中，绝大多数次浊上声字或者归入阳平上，或者归入阳平，或者今读上声。

来源于古浊平和清上、次浊上的字单字调相同，此现象多见于兰银官话，冀鲁官话中亦有据点，主要分布在山东、河北接壤的博山、庆云、沧州一带。*在我们考察的方言中，属于该类型的方言有银川、乌鲁木齐和博山 3 个点。

以银川话为代表。银川方言把古浊平、上声合并后的调类称作阳平上。本书共收该方言次浊上声字 128 个，有 124 字归入阳平上，占绝大多数（约占 96.9%），仅 4 字归到去声，其中“藐~视”阳平上、去声两读。具体情况见表 1-77。

表 1-77　　次浊上声字在银川方言中的变化情况

方言区	方言点	总字数	阳平上	去声
兰银官话	银川	128	马码~子瓦哪哑雅文~我也野冶~炼裸~体米礼里理鲤俚~语娌娌~李姓蚁以矣已尾努弩卤掳虏鲁橹乳汝缕量词吕与宇语雨屿禹羽耳尔洱买奶美每委~任苇芦~伟纬馁气~累果实~~蕾磊垒儡傀~恼脑瑙玛~老姥绕缭~扰袅渺~小缈秒淼藐~视了明~咬舀扭纽~扣绺量词柳满挽~回榄橄~懒免勉~力冕辇撵碾~米演俨眼衍推~卵软阮姓远莽蟒~蛇枉往网罔惘壤土~痒痛~养仰~头猛忍~耐皿器~敏抿~酒颖引蚓蚯~永勇涌云~蛹踊佣恿怂~允	侣旅藐~视朗

（材料来源：高葆泰、林焘《银川方言志》）

* 据张世方在《汉语方言调现象初探》（《语言研究》2000 年第 4 期）中总结，有阴平、阳平上、去声三种调类的方言，兰银官话中 18 处：张掖、酒泉、银川、乌鲁木齐、哈密、阿勒泰等；冀鲁官话中 5 处：博山、博兴、莱芜、章丘新派、邹平新派；胶辽官话中 1 处：靖海卫。

（二）中古次浊上声字今多数仍读上声

此类方言包括三种情况：第一，次浊上声字今多数仍读上声，少数归平声，这主要见于客语和少量赣语，散见于中原官话、徽语、吴语、粤语和平话。第二，次浊上声字今多数仍读上声，少数归去声，客语、闽语、平话的个别方言如此。第三，次浊上声字今多数仍读上声，少数归入声，见于闽语建瓯方言。

1.次浊上声字今多数仍读上声，少数归入平声

根据上声的分合情况以及归入阴平或阳平调类的不同，可将此分为于都（贡江）型、秀篆型、金坛（西岗）型、马山（乔利）型、休宁（溪口）型五种小类型。

（1）于都（贡江）型

此类型的特点是次浊上声字今多数仍读上声，少数归入阴平。上声不分阴阳，平声变为阴阳两类。

这种方言在客语中分布最广。次浊上声字今读阴平的现象在赣方言比较少一些，据刘纶鑫调查，就目前所知，南丰、广昌、万安、井冈山市厦坪菖蒲村等地字数较多，其他地方极少或没有次浊上声字归阴平。①

此类方言共包括 26 个点，详见表 1-78。

表 1-78　　次浊上声字多数仍读上声，少数归阴平的方言

方言区	方言点
赣语	南丰（琴城）
客语	于都（贡江）赣县（蟠龙）上犹（社溪）南康（蓉江）宁都 定南（历市）龙南（龙南）全南（城厢）石城（琴江） 中山（南蓢合水）东莞（清溪）从化（吕田）翁源 阳西（塘口）化州（新安）廉江（石角）廉江（青平）长汀 武平（岩前）

① 刘纶鑫：《客赣方言的声调系统综述》，《南昌大学学报》（人文社科版）2000 年第 4 期。

以客语于都（贡江）话为代表。本书共收该方言次浊上声字63个，其中40字（约占63.5%）仍读上声，22字（约占34.9%）归入阴平，1字归入阳平。此外，“里、两”有上声、阴平两读，分别表达不同的意义：“里”表“里面”读上声，表“里程”读阴平；“两”表“两个”读上声，表“斤两”读阴平。具体情况见表1-79。

表1-79　次浊上声字在于都（贡江）方言中的变化情况

方言区	方言点	总字数	上声	阴平	阳平
客语	于都贡江	63	哪果惹野瓦五午女吕语乳雨奶祖母;牛~每李里~面理耳脑恼老卯咬亩某藕偶柳有友眼满卵远敏允两~个网猛永	马也卤橹买蚁美里~程鲤尾染懒暖软两斤~养痒往冷领岭拢	忍

（材料来源：刘纶鑫《客赣方言比较研究》）

（2）秀篆型

该类型的特点是古清上与清去合调，称之为“阴上去”。中古次浊上声字今多数归入阴上去，少数归进阴平。

客语秀篆话属此类型。

本书共收该方言次浊上声字55个，其中41字（约占74.6%）归阴上去，12字（约占21.8%）归阴平，2字归阳去。个别字存在异读，如“两꜀liɔŋ 几~/꜂liɔŋ~个” “领꜀liaŋ/꜂liaŋ”。具体情况见表1-80。

表 1-80　次浊上声字在秀篆方言中的变化情况

方言区	方言点	总字数	阴上去	阴平	阳去
客语	秀篆	55	惹野瓦卤五女语舞雨奶礼美李里~面耳以伟脑老秒舀了亩篓藕纽柳染眼免演满暖远敏引允两~个网猛领	马买尾咬有懒软忍两几~痒领岭	吕永

（材料来源：李如龙、张双庆《客赣方言调查报告》）

（3）金坛（西岗）型

此类型的特点是中古次浊上声字今多数仍读上声，少数归入阳平。上声不分阴阳，平声变为阴阳两类。

中原官话焉耆和吴语金坛（西岗）两点属于这种类型。

以吴语金坛（西岗）话为代表。本书共收该方言次浊上声字 84 个，其中 63 字（约占 75%）仍读上声，16 字（约占 19%）归入阳平，其余 5 字分别归入阴平和去声。具体情况见表 1-81。

表 1-81　次浊上声字在金坛（西岗）方言中的变化情况

方言区	方言点	总字数	上声	阳平	阴平	去声
吴语	金坛（西岗）	84	姆亩马瓦买奶也惹每美馁乃卯脑咬扰某篓藕览懒眼暖卵满莽网朗猛冷尔耳米尾矣已秒了绕舀免染辇演领忍引两养永母努橹我伟晚往旅雨愈软允仰	五午乳儡垒拢垅礼李你野纽有裸阮雅	老蚁拟	诱蕊

（材料来源：钱乃荣《当代吴语研究》）

中原官话焉耆方言单字调只有 3 个，即平声 24、上声 51、去声

44。在其连读调中平声仍保持阴阳分立，共有4个调类，即阴平21、阳平24、上声51、去声44。连读调是焉耆话声调的低层貌，单字调是其变化貌，在焉耆话形成的一百多年间，单字调阴平并入阳平，完成了四而三的演变。[①]因此，焉耆话中古次浊上声字今少数归入平声，即归入阳平。

（4）马山（乔利）型

此类型的特点是次浊上声字今多数仍读阳上，少数归入阳平。上声、平声各分阴阳。

属于这种类型的方言有平话马山（乔利）、粤语云浮（云城）两个点。

以马山（乔利）为代表。本书共收该方言次浊上声字139个，有90字（约占64.7%）仍读阳上，23字（约占16.5%）归入阳平，其余的有9字归阴上，9字归阳去，7字归阴去，1字归阴平。其中“乳、蚁“阳平、阴去两读，“舀”阳平、阴上两读。具体情况见表1-82。

表1-82　　次浊上声字在马山（乔利）方言中的变化情况

方言区	方言点	总字数	阳上	阳平	阴上	阳去	阴去	阴平
平话	马山（乔利）	139	我马码惹鲁虏滷五伍午女语与武舞侮鹉雨买奶米礼每儡尔美履你李里裹理鲤已以累~积垒尾伟脑恼老咬藐渺秒绕围~了~结某亩母拇藕偶配~柳有	也野瓦吕旅乳蚁耳拟唯苇燎火~眉毛扰舀瞭酉冉演撚吻蟒懵陇	哪羽舀篓榄撵抿攮拢	努愈病~蚁蕊牡诱揽攘颖	乳禹蚁纽扭莽壤	宇

① 刘俐李：《焉耆汉语方言研究》，新疆大学出版社1994年版，第8—10页。

续表

方言区	方言点	总字数	阳上	阳平	阴上	阳去	阴去	阴平
平话	马山（乔利）	141	友览染懒眼免勉娩缅满暖卵软晚挽阮远敏忍引允朗两~个；斤~仰养痒网往猛领岭永垅					

（材料来源：李连进《平话音韵研究》）

（5）休宁（溪口）型

此类型的特点是次浊上声字今多数读阳上和阴上，少数归入阳平和阴平。上声、平声各分阴阳。

属于这种类型的方言是徽语休宁（溪口）1 个点。

本书共收休宁（溪口）方言次浊上声字 147 个，有 61 字（约占 41.5%）仍读阳上，55 字（约占 37.4%）今读阴上，即有近八成的次浊上声字读阳上和阴上，阳上字和阴上字数量几乎相当。另外，尚有 17 字（约占 11.6%）归入阳平，13 字（约占 8.8%）归入阴平，剩余 1 字归入声。具体情况见表 1-83。

表 1-83　　次浊上声字在休宁（溪口）方言中的变化情况

方言区	方言点	总字数	阳上	阴上	阳平	阴平	入声
徽语	休宁（溪口）	147	篓码引懒老冷李里鲤两领岭卤橹吕马免勉母奶脑恼藕染忍	禹览榄垒礼柳鲁旅莽蟒每美秒某扰往午伍演也	伟苇悯牡与颖陇垄藐靡诱渺莠燎唯~~诺诺丐尔	尹裸累积~雅敛撵抿攘壤吻亩拇缅	养

续表

方言区	方言点	总字数	阳上	阴上	阳平	阴平	入声
徽语	休宁（溪口）	147	乳软蕊瓦网尾舞眼痒咬舀野有语远惹蚁努虏缕偶碾码酉娩阮冷姆买暖晚晚娘晚~上拇辋	永友允理女绕朗猛哪磊武勇敏冉皿侮汝宇履冕猛鹉捻榄冗甬~道朗亩我已以涌羽卵晚~上			

（材料来源：刘丽丽《休宁溪口方言语音研究》）

2.次浊上声字今多数仍读上声，少数归去声

根据上声、去声的分合情况，可将此分为大余型、漳平（永福）型、田东（林逢）型三种小类型。

（1）大余型

此类型的特点是次浊上声字今多数读上声，少数归入去声。上声、去声不分阴阳。

客语大余属此类型。

本书共收该方言次浊上声字 57 个，有 45 字（约占 79%）仍读上声，9 字（约占 15.8%）并入去声，3 字归进阴平。其中“野领岭”上声、阴去两读；“两”读上声表示“两个”，读去声表示“几两”。具体情况见表 1-84。

表 1-84　　次浊上声字在大余方言中的变化情况

方言区	方言点	总字数	上声	去声	阴平
客语	大余	57	马惹野瓦女吕语舞雨奶礼李耳以伟脑老咬秒舀了亩篓藕纽柳染眼免演满软远敏忍允两~个网猛领岭永美五引	野里~面有懒暖两几~痒领岭	卤买尾

（材料来源：李如龙、张双庆《客赣方言调查报告》）

（2）漳平（永福）型

此类型的特点是次浊上声字今多数归阴上，少数归阳去。上声、去声各分阴阳。

闽语的漳平（永福）、海口属此类型。

此类型以漳平（永福）话为代表。本书共收该方言次浊上声字 110 个，有 87 字（约占 79.1%）读阴上，20 字（约占 18.2%）归阳去，其余 3 字分别并入阴平、阳平和阴去。其中异读字 11 个，多数是文白异读，其中文读阴上，白读阳去，如“耳ᶜnĩ木~/nĩ²~朵”“雨ᶜi谷雨，节气名/ hou²落雨，下雨”。具体情况见表 1-85。

表 1-85　　次浊上声字在漳平（永福）方言中的变化情况

方言区	方言点	总字数	阴上	阳去	阴平	阳平	阴去
闽语	漳平（永福）	110	米美女男~；妇~旅~长你李里乡~裹被~；外~理情~鲤~鱼雨谷~禹母武舞侮~辱鹉鹦~马牛~；~上码石~野努~力恼烦~买礼儡傀~累积~蕊花~垒卯	吕咬惹瓦老年纪大酉诱痒网拢卵五三四~午~时茶耳~朵蚁蚂~懒远遥~裹间~；腹~；~腹有雨落~	奶	养供~	碾

续表

方言区	方言点	总字数	阴上	阳去	阴平	阳平	阴去
闽语	漳平（永福）	110	脑老~侬篓藕~节；~粉偶配~ 鲁粗~虏俘~滷有所~友朋~ 览展~揽敛收~染敏猛冷 领~导；带~忍~住；~耐；吞~ 永允~许引暖烧~；永~，人名 挽懒偷~免勉~力碾辇捻 眼龙~演远永~满两一~；~骹蹻，工具名 养水~培~蠓朗明~仰拢软勇英~ 耳木~榄橄~岭美秒~针五~四运动 午下~语论~已~经每~个某~某 亩塍~牡~丹柳我尾				

（材料来源：张振兴《漳平（永福）方言同音字汇》）

（3）田东（林逢）型

此类型的特点是次浊上声字多数归阳上，少数归阳去和阴去。上声、去声各分阴阳。

平话田东（林逢）1 点属此类型。

本书共收该方言次浊上声字 156 个，有 108 字（约占 68.8%）读阳上，16 字（约占 10.2%）归阳去，10 字（约占 6.4%）归阴去，即有 17.5%的字归入阳去和阴去；其余的 9 字归阴上，9 字归阳平，3 字归阴平，1 字归上阴入。其中“舀”阳上、阴上两读，“揽”阳上、阴去两读。具体情况见表 1-86。

表 1-86　　次浊上声字在田东（林逢）方言中的变化情况

方言区	方言点	总字数	阳上	阳去	阴去	阴上	阳平	阴平	上阴入
平话	田东（林逢）	156	我裸马码雅惹也野努鲁橹滷五伍午女吕稆旅汝语与武舞侮鹉缕乳雨宇禹买奶米礼每儡尔蚁美履你李里裹理鲤耳已以累蕊垒尾脑恼老咬藐渺秒扰绕围~舀了~结某亩拇藕偶配~纽扭柳有友酉览揽榄染冉懒眼免勉娩缅渑~池辇满暖卵晚挽阮远敏忍吻刎朗两~个；斤~养痒猛领岭懵	虏愈病~瞭牡母敛软抿引允壤攘网辋永陇	瓦莠诱揽悯莽蟒往皿蠓	哪擩羽伟舀演撵尹颖	拟唯苇燎俨檩捻拢垅	靡矣篓	攮

（材料来源：李连进《平话音韵研究》）

3.次浊上声字今多数仍读上声，少数归入声

闽语建瓯属于此种类型，本书称之为“建瓯型”。

此类型的特点是次浊上声字今多数读上声，少数归阳入。上声不分阴阳，入声变为阴阳两类。

本书共收该方言次浊上声字134个，有94字（约占70.2%）今读上声，23字（约占17.2%）今读阳入，其余17字分别归进阳去、阴去和阴入。建瓯方言文白异读字较多，其中主要是文读上声、白读阳入，如“野耳米礼鲤揽两痒”；其次是文读上声、白读阳去，如“李卤了~结卵”。其他个别字有文读上声、白读阴去，如“老”；或文读阳入，白读阳去，如“雨”；或文读阳去，白读阳入，如“蚁”。此外，尚有少数其他异读形式，如“拢（上/阳入）扭（上/阳去）奶（上/阴去）垄（阴去/阳入）”均有两种声调，属一般性异读；“两”表“斤两”义读上声，表“两斤”义读阳入，此属别义异读。具体情况见表1-87。

表1-87　次浊上声字在建瓯方言中的变化情况

方言区	方言点	总字数	上声	阳入	阳去	阴去	阴入
闽语	建瓯	134	马雅惹也野耳米礼李里~程;~外理鲤已以母亩牡努鲁橹虏卤乳舞武女吕旅缕语羽买乃奶每美垒蕊花~尾伟苇脑恼老扰绕围~秒了~结舀某篓藕偶配~扭纽柳有友满览	瓦砖~我野耳米你礼鲤蚁午伍五雨卯咬揽两~斤痒网领岭拢垄	李蚁卤雨累积~了~结扭诱敛卵颖	奶老朗陇垄	与及

续表

方言区	方言点	总字数	上声	阳入	阳去	阴去	阴入
闽语	建瓯	134	揽懒染免勉碾眼演暖卵软晚挽远忍敏悯引尹姓允莽蟒两斤~仰养痒往猛冷笼~罩拢永勇涌~现				

（材料来源：北大中文系《汉语方音字汇》第2版重排本）

（三）中古次浊上声字今约半数仍读上声

此类方言包括两种情况：第一，次浊上声字约半数今读上声，约半数或少数归平声，这主要分布于客语，散见于吴语、平话和土话；第二，次浊上声字约半数今读上声，少数归去声，此见于平话、土话的个别点。

1. 次浊上声字约半数今读上声，约半数或少数归平声

根据上声的分合和归入平声的情况，可将此分为两种小类型：梅县型、扶绥（龙头）型。

（1）梅县型

此种方言以客语为主，亦见于个别吴语、土话，其中客语分布于广东省、江西省和广西壮族自治区。该类型方言称之为“梅县型”。

此类型的特点是次浊上声字约半数今读上声或阳上，约半数或少数归阴平。

属于这种类型共有12个点，详见表1-88。

表 1-88　　次浊上声字约半数今读上声（或阳上），约半数或少数归阴平的方言

方言区	方言点
客语	梅县 连南 铜鼓（丰田）陆川 电白（沙琅）阳春（三甲）高州（新垌）井冈山（黄坳） 西河　深圳（沙头角）
吴语	宜兴
土话	连州（星子）

以梅县方言为代表。本书共收该方言次浊上声字 143 个，有 72 字（约占 50.4%）今读上声，59 字（约占 41.3%）归阴平，其余的 9 字归去声，3 字归阳平。其中文白异读字较多，主要是文读上声、白读阴平，如“马惹恼藕”等。具体情况见表 1-89。

表 1-89　　次浊上声字在梅县方言中的变化情况

方言区	方言点	总字数	上声	阴平	去声	阳平
客语	梅县	143	马雅惹野你李理鲤努虏舞武女旅蕊花~伟苇恼扰绕围~秒篓扭纽柳友染勉碾暖晚挽敏悯两~斤；斤~网冷领岭颖拢陇垄永涌~现踊耳揽老垒里了~结缕丝~卯莽蟒米脑藕偶配~瓦五伍午眼舀~水仰已引远勇雨	马惹我也野礼里~程里~外蚁以母亩牡鲁橹卤乳吕语与及羽买乃奶每美累积~尾卯恼咬某藕有友满懒免勉敛演暖软晚挽忍敏尹姓允养痒往猛冷领岭笼~罩拢垄	蚁已奶老诱览染敛朗	我你里~外

（材料来源：北大中文系《汉语方音字汇》第 2 版重排本）

客语深圳（沙头角）次浊上声字约半数今读上声，少数归阴平，另有少量字读阳平调。吴语宜兴近半数左右的次浊上声字今读阳上，少数归入阴平，尚有少量字并入阳去，“午耳纽”阴平、阳上两读，“五”阴平、阳去两读。

（2）扶绥（龙头）型

此类型的特点是次浊上声字约半数今读上声或阳上，少数归阳平。

平话扶绥（龙头）、土话乐昌（长来）属此类型。

以平话扶绥（龙头）为代表。本书共收次浊上声字 139 个，其中 75 字（约占 54%）今读阳上，45 字（约占 32.4%）归入阳平，其余 10 字读阴上，5 字归阳去，3 字今读阴去，1 字读为阴平。具体情况见表 1-90。

表 1-90　次浊上声字在扶绥（龙头）方言中的变化情况

方言区	方言点	总字数	阳上	阳平	阴上	阳去	阴去	阴平
平话	扶绥（龙头）	139	我雅瓦努鲁橹虏滷五伍午吕旅语与武舞鹉缕乳雨宇禹羽买奶礼靡美你李里理鲤唯尾苇脑恼老藐渺秒扰了~结某亩柳有友酉莠敛染懒眼满暖悯引莽蟒两~个;斤~仰网辋车~猛皿领岭懵~懂蠓拢陇垅	马码惹也野女汝米每尔蚁耳拟矣已以蕊咬燎母拇篓藕偶览揽檩免卵软晚阮远敏忍允尹吻刎朗壤养痒永往	履伟纽扭榄冉演挽强颖	侮愈儡累牡	哪裸诱	垒

（材料来源：李连进《平话音韵研究》）

2.次浊上声字约半数今读上声，少数归去声

根据上声、去声的分合情况，可将此类分为乐昌（北乡）型、富宁（剥隘）型两种小类型。

（1）乐昌（北乡）型

此类型的特点是次浊上声字今约半数仍读上声，少数归去声。上声、去声不分阴阳。

土话乐昌（北乡）1 点属此类型。

本书共收该方言次浊上声字 101 个，其中 60 字（约占 59.4%）仍读上声，38 字（约占 37.6%）归入去声，其余 3 字分别归进阴平和阳平。具体情况见表 1-91。

表 1-91　　次浊上声字在乐昌（北乡）方言中的变化情况

方言区	方言点	总字数	上声	去声	阴平	阳平
土话	乐昌（北乡）	101	乃我履李鲤偶藕马女五伍允尹藐渺秒野舀永米亩惹软壤攘尾累儡免勉娩汝你眼悯敏忍演引满懵猛陇垅拢甬勇涌网辋朗纽扭往暖仰缕羽伟碾	买奶礼里理蚁耳拟努吕旅雅午语美牡每缅乳哪卯莽蟒柳有友酉莠诱远武舞鹉雨宇禹以两	卵也	靡

（材料来源：余伟文等《粤北乐昌土话》）

（2）富宁（剥隘）型

此类型的特点是次浊上声字约半数今读阳上，少数归阳去。上声、去声各分阴阳。

本书共收该方言次浊上声字133个，其中71字（约占53.4%）今读阳上，27字（约占20.3%）归阳去，其余的有14字归阳平，7字归阴上，8字归阴去，6字归阴平。具体情况见表1-92。

表1-92　次浊上声字在富宁（剥隘）方言中的变化情况

方言区	方言点	总字数	阳上	阳去	阳平	阴上	阴去	阴平
平话	富宁（剥隘）	133	哪~个我也瓦橹五伍午女旅语乳雨宇禹买奶米每蚁美你耳拟尾伟脑恼老咬藐渺扰舀了~结某亩牡母拇藕偶柳有友酉莠诱揽檩懒眼满暖卵晚远忍引允莽朗两~个；斤~养痒网领岭懵~懂陇垅	马码努吕羽礼儡履李里裹理鲤累蕊垒瞭染免勉娩缅挽壤攘仰往	惹鲁武舞侮鹉愈唯秒燎榄软猛永	与纽扭览演悯敏	雅语尔已以绕撰拢	虏滷篓阮蟒颖

（材料来源：李连进《平话音韵研究》）

二　归去声型

在考察的310个方言点中，有27个点中古次浊上声字归入去声，约占本书所收方言点总数的8.7%。其中包括三类情况：第一类，次浊上声字绝大多数归去声；第二类，次浊上声字多数归去声，少数读上声；第三类，次浊上声字约半数归去声，约半数或少数读上声。

（一）中古次浊上声字今绝大多数归去声

此类方言主要分布在部分北部吴语、少量粤语和个别平话当中。

根据所归入去声阴、阳调类的不同，可将此分为嘉兴型、从化（城内）型、衢州型三种小类型。

（1）嘉兴型

此类型的特点是次浊上声字今绝大多数归入阳去，去声变为阴阳两类。

北部吴语区的部分方言有此类现象，主要分布在太湖片的苏沪嘉小片（嘉兴、平湖、南汇[周浦]、松江、上海）、临绍小片（临安、余姚）和甬江小片（宁波）。徽语、粤语中亦有据点，其中粤语方言区的广宁和四会两地分别是广东省肇庆市下辖县与肇庆市代管的县级市。共有 11 个点，详见表 1-93。

表 1-93　　次浊上声字绝大多数归阳去的方言

方言区	方言点
吴语	嘉兴 平湖 临安 余姚 宁波 南汇（周浦）松江 上海
徽语	遂安（汾口）
粤语	广宁 四会

以嘉兴话为代表。本书共收该方言次浊上声字 88 个，其中 70 字归阳去，占绝大多数（约占 80%），其余的有 9 字今读全清阴上，6 字并入阴去，3 字分别归进阴平和阳平。个别字存在异读：“买ʔmaᵓ/mɑ²”“免ᶜʔmie/mie²”。具体情况见表 1-94。

表 1-94　　次浊上声字在嘉兴方言中的变化情况

方言区	方言点	总字数	阳去	全清阴上	阴去	阴平	阳平
吴语	嘉兴	88	亩五午乳马瓦买也惹美馁儡垒卯脑老咬扰某篓藕览懒眼暖卵满莽网朗猛冷拢垅尔耳米尾礼李蚁你拟野秒了绕纽免染辇演领忍引两仰养母努橹裸我伟蕊旅女软阮远	免永往雨允矣已雅晚	买每舀有诱乃	姆奶	愈

（材料来源：钱乃荣《当代吴语研究》）

（2）从化（城内）型

此类型的特点是次浊上声字今绝大多数归入阴去。去声变为阴阳两类。

该类方言见于个别粤语、平话，共有 3 个点。其中粤语区从化（城内）和高明（明城）两地分别隶属于广东广州市和佛山市，互为近邻。详见表 1-95。

表 1-95　　次浊上声字绝大多数归阴去的方言

方言区	方言点
粤语	从化（城内）　高明（明城）
平话	宁远（清水桥）

此类型以粤语从化（城内）话为代表。该方言书面语用字多归阴

去，如“雅午吕武”；口语用字多读上声，如“瓦五米”。本书共收该方言次浊上声字145个，其中119字（约占82.1%）归入阴去，其余有16字仍读上声，6字归阳去，4字归阳平。具体情况见表1-96。

表1-96　次浊上声字在从化（城内）方言中的变化情况

方言区	方言点	总字数	阴去	上声	阳去	阳平
粤语	从化（城内）	145	哪~个我马码~子雅也~是野鲁橹虏滷午吕旅汝语予给予武舞侮鹉鹦~缕丝~乳雨宇禹羽乃买奶礼每儡傀~靡尔蚁美履你李里裹理鲤拟矣已以蕊垒尾伟苇脑恼老咬藐渺秒扰绕围~舀~水了~结某亩牡母拇篓偶配~纽扭柳有友酉莠诱览揽敛染冉檩懒暖软晚挽阮远悯敏抿忍引允尹吻刎莽蟒曩朗养痒网猛皿领岭永懵~懂陇垅甬~道勇涌	裸惹瓦五伍卯藕演撚卵两仰冗眼米耳	努愈病~累~赘壤攘颖	唯燎火~眉毛瞭俨

（材料来源：詹伯慧、张日昇《珠江三角洲方言字音对照》）

高明（明城）、宁远（清水桥）未发现文白异调现象。

高明（明城）浊去归阳平，今阴去调独立为去声。该方言次浊上声字绝大多数归去声即归入阴去。

（3）衢州型

此类型的特点是次浊上声字今绝大多数归阳去和阴去，其中归阳去的数量略多于归阴去的数量，去声变为阴阳两类。

吴语衢州 1 点属此类型。

本书共收该方言次浊上声字 86 个，有 39 字（约占 45.3%）归阳去，31 字（约占 36%）归阴去，15 字归阴上，1 字归阴平。其中“蚁”阳去、阴去两读。具体情况见表 1-97。

表 1-97　　　次浊上声字在衢州方言中的变化情况

方言区	方言点	总字数	阳去	阴去	阴上	阴平
吴语	衢州	86	五乳瓦买馁傴垒卯脑老咬扰你拟懒览眼暖卵满莽朗拢垅蚁野了舀有染忍仰养裸蕊软阮远网	亩午马每美乃猛冷米礼李蚁你拟绕纽诱领两母努橹我伟旅屦女雨愈尾秒晚	姆奶也某尔耳矣已免辇演永往允雅	引

（材料来源：钱乃荣《当代吴语研究》）

（二）　中古次浊上声字今多数归去声

此类现象主要见于部分北部吴语，散见于个别客语和土话。

根据上声、去声的分合情况，可将此分为河源型、宝山（罗店）型两种小类型。

（1）河源型

此类型的特点是次浊上声字今多数归阴去或阳去，少数仍读上声。去声变为阴阳两类，上声不分阴阳。

客语河源、土话道县（寿雁）和吴语苏州 3 点属此类型。

以河源话为代表。本书共收该方言次浊上声字 54 个，有 35 字（约占 64.8%）归阴去，19 字（约占 35.2%）读上声。其中“两”字读上声调表示“两个”，读阴去调表示“几两”。具体情况见表 1-98。

表 1-98　　　　　　次浊上声字在河源方言中的变化情况

方言区	方言点	总字数	阴去	上声
客语	河源	54	马惹野卤吕语雨买奶礼美以尾伟咬亩藕柳有懒眼免满暖软远敏忍引两几~痒猛领岭永	瓦五女舞李里~面耳脑老秒舀了篓纽染演允两~个网

（材料来源：李如龙、张双庆《客赣方言调查报告》）

苏州话次浊上声字多数归阳去，少数字分别归进上声和阴平。该方言文白异读字较多，其中主要是文读阴平、白读阳去，如“马我也你母”；其次是文读上声、白读阳去，如“猛颖两”。

（2）宝山（罗店）型

此类型的特点是中古次浊上声字今多数归阳去，少数读阴上。上声、去声各分阴阳。

此类方言集中分布于北部吴语，包括宝山（罗店）、宝山（霜草墩）、昆山、富阳、昌化、嘉善 6 个点。

以宝山（罗店）话为代表。本书共收该方言次浊上声字 88 个，其中 68 字（约占 77.3%）归阳去，17 字（约占 19.3%）归阴上，3 字归阳平；个别字存在异读，如“亩꜀ɦm̩/ ꜀mʌɪ/ɦn̩꜕”“卵꜂ʔlu/ lʌɤ꜕”。具体情况见表 1-99。

表 1-99　　次浊上声字在宝山（罗店）方言中的变化情况

方言区	方言点	总字数	阳去	阴上	阳平
吴语	宝山（罗店）	88	亩五午乳瓦买奶也惹馁乃儡垒卯脑老咬某篓藕览懒眼暖卵满莽网朗冷拢垅尔耳米尾礼李野秒了绕舀纽有诱免染辇演领忍引两养努橹裸我伟蕊女雨愈软阮远马	每美卵猛蚁你拟矣已仰永母往旅允晚雅	姆亩扰

（材料来源：钱乃荣《当代吴语研究》）

（三）中古次浊上声字今约半数归去声

此类方言见于吴语、客语、粤语个别点。

根据上声、去声的分合以及归入去声的情况，可将此分为无锡型、惠州型两种小类型。

（1）无锡型

此类型的特点是次浊上声字约半数归阳去，约半数今读阳上。去声、上声各分阴阳。

吴语无锡 1 点属此类型。

本书共收该方言次浊上声字 126 个，有 57 字（约占 45.2%）归阳去，53 字（约占 42.1%）仍读阳上，其余的 9 字今读阴上，7 字归阴入。其中多数字阳去、阳上两读，因人而异。具体情况见表 1-100。

表 1-100　　　　次浊上声字在无锡方言中的变化情况

方言区	方言点	总字数	阳去	阳上	阴上	阴入
吴语	无锡	126	亩五午乳也惹馁儡垒脑咬扰某篓藕览眼暖卵满莽猛网冷拢垅尔耳米礼李蚁拟野秒了舀纽有染辇领忍引两仰养橹裸我伟蕊女雨愈软阮	姆马瓦买奶惹馁乃儡垒卯脑老咬扰藕懒眼暖卵满莽网猛冷拢垅米礼李蚁你野秒了绕舀纽染领忍引两仰养橹裸女雨愈软阮远	朗诱免演永晚往允雅	每美矣已母努旅

（材料来源：钱乃荣《当代吴语研究》）

（2）惠州型

此类型的特点是次浊上声字约半数归阴去或阳去，少数今读上声。上声不分阴阳，去声变为阴阳两类。

客语惠州、粤语恩平（牛江）两点属此类型，称之为“惠州型”。

本书共收该方言次浊上声字 147 个，其中 81 字（约占 55.1%）归阴去，51 字（约占 34.7%）仍读上声，其余的 8 字归阳去，7 字归阳平。具体情况见表 1-101。

表 1-101　　　　次浊上声字在惠州方言中的变化情况

方言区	方言点	总字数	阴去	上声	阳去	阳平
客语	惠州	147	我马码~子雅惹野鲁橹虏滷吕稆旅汝语舞侮鹉鹦~乳买奶礼每尔美	哪裸瓦努五伍午武缕雨宇禹羽米儡蚁履你李里裹耳拟垒	愈病~乃累~赘牡诱敛攘颖	也予给~靡唯燎火~眉毛俨~然曩

续表

方言区	方言点	总字数	阴去	上声	阳去	阳平
客语	惠州	147	理鲤矣已以蕊尾恼卯咬瞭某亩母拇藕偶配~柳有友酉览檩懒眼满暖软晚挽远悯敏抿忍引允尹吻刎莽蟒朗两几~几钱仰养痒网辋车~猛领岭永蠓~虫陇垅	脑老藐渺秒扰绕围~舀了~结篓纽扭莠揽榄演卵阮两~个壤皿懵~懂冗氄甬勇涌		

（材料来源：李如龙、张双庆《客赣方言调查报告》）

粤语恩平（牛江）古清去字归阴平，今阳去调独立为去声。其不到六成的次浊上声字归去声即归入阳去，少数字今读上声。

三　归平声型

在考察的310个方言点中，有12个点中古次浊上声字今多数或约半数归平声，约占本书所收方言点总数的3.9%。其中包括两种情况：第一，次浊上声字今多数归平声，少数读上声或归入声等其他声调；第二，次浊上声字今约半数归平声，约半数或少数读上声。

（一）中古次浊上声字今多数归平声

此方言包括两类情况：第一，次浊上声字多数归平声，少数今读上声，此散见于湘语、吴语、粤语和土话；第二，次浊上声字多数归平声，少数归入声等声调，此见于吴语的个别点。

1.次浊上声字今多数归平声，少数仍读上声

根据上声的分合和今读上声、平声的情况，可将此类方言分为连州（保安）型、太平（仙源）型两种小类型。

（1）连州（保安）型

此类型的特点是次浊上声字多数归阴平或阳平，少数今读上声。上声不分阴阳，平声分为阴阳两类。

该类方言共有 4 个点，详见表 1-102。

表 1-102　次浊上声字多数归阴平（或阳平），少数今读上声的方言

方言区	方言点
湘语	江永（桃川）
粤语	香港（新界锦田）新兴
土话	连州（保安）

以粤北连州（保安）土话为代表。此方言归入阴平的包括口语用字和部分书面语用字，仍读上声的主要是书面语用字。本书共收该方言次浊上声字 86 个，其中 60 字（约占 69.8%）归入阴平，19 字（约占 22.1%）今读上声，其余 7 字分别归到阳去、阴去和阳平。“引”字有阴平、上声两读。具体情况见表 1-103。

表 1-103　次浊上声字在连州（保安）话中的变化情况

方言区	方言点	总字数	阴平	上声	阳去	阴去	阳平
土话	连州（保安）	86	我马惹野瓦努鲁卤五女吕旅语武雨羽买奶米礼尔美你李里五~理耳累~积尾脑老咬舀	雅舞已以伟某亩纽览演敏忍引允蟒仰猛拢勇	秒牡朗壤颖	诱	碾

续表

方言区	方言点	总字数	阴平	上声	阳去	阴去	阳平
土话	连州（保安）	86	了母藕偶柳有友染懒眼免满暖卵软晚远引两~尺；二~养痒网往冷领岭永				

（材料来源：张双庆《连州土话研究》）

粤语新兴次浊上声字多数归阳平，少数今读上声。

（2）太平（仙源）型

此类型的特点是次浊上声字多数归阴平，少数归阴上。平声、上声各分阴阳。

此种类型包括吴语太平（仙源）1 点。

本书共收该方言次浊上声字 141 个，有 87 字（约占 61.7%）归阴平，27 字（约占 19.1%）归阴上，18 字归阳上，6 字归阳去，3 字归阳平。其中“母”文读阴平、白读阴上；“奶”表“祖母、母亲”义读阴平、表“乳房”义读阴上，“扭”表“扭秧歌”义读阴平，表“扭起来”义读阴上。具体情况见表 1-104。

表 1-104　次浊上声字在太平（仙源）方言中的变化情况

方言区	方言点	总字数	阴平	阴上	阳上	阳去	阳平
吴语	太平（仙源）	141	脑老奶祖母/母亲买乃我马码~头卯恼惹牡母米尾女语你蚁矣已以	奶乳房雅藐渺秒眇也掳拟扭~起来母碾辇捻撵览揽榄朗允尹颖	了~结吕旅礼履李里裹理鲤柳蕊冉两~个；几~檩冷领岭	哪~个莠诱缅壤攘	伟苇阮

续表

方言区	方言点	总字数	阴平	阴上	阳上	阳去	阳平
吴语	太平（仙源）	141	乳五伍午武舞侮鹉纽扭~秧歌与雨宇禹羽有酉汝尔耳你每美某努鲁橹卤缕垒篓累~积藕偶满暖卵免勉娩染软演衍远晚白~娘懒莽蟒网仰痒悯敏抿皿忍猛懵拢陇垄冗甬~道	吻刎蠓勇涌			

（材料来源：张盛裕《太平（仙源）方言同音字汇》，载《方言》1991 年第 3 期）

2.次浊上声字多数归平声，少数分归入声等声调

这种类型包括吴语溧阳 1 点，称之为“溧阳型”。

此类型的特点是：次浊上声字多数归阴平，少数归于舒入、阳平等声调。

本书共收该方言次浊上声字 95 个，其中 63 字（约占 66.3%）归入阴平，11 字（约占 11.6%）今读舒入，7 字（约占 7.4%）归进阳平， 5 字归阴上，4 字归阳去，3 字归阴去，2 字归阴入。部分字存在异读，如“午꜀ʔʋu/vu꜔、也꜀ʔie/꜁ɦᴀ、往꜂ʔuᴀŋ/ mᴀŋ꜄”。具体情况见表 1-105。

表 1-105　　次浊上声字在溧阳方言中的变化情况

方言区	方言点	总字数	阴平	舒入	阳平	阴上	阳去	阴去	阴入
吴语	溧阳	95	姆亩五午马瓦买奶也惹馁乃儡垒脑老咬某藕览懒眼暖卵满猛冷拢尔耳米礼李已野秒了舀纽有免染辇演领引两仰养母努橹裸晚旅女雨愈软阮远网雅	午卯篓耳你拟绕围~有忍我伟	乳也扰莽朗垅尾	永伟往允诱	蚁领蕊往	矣允尾	每美

（材料来源：钱乃荣《当代吴语研究》）

（二）中古次浊上声字今约半数归平声

此类方言主要见于客语，亦见于吴语个别点。

根据上声的分合以及归入平声和上声的情况，可将此分为信宜（钱排）型、丹阳（城内）型两种小类型。

（1）信宜（钱排）型

此类型的特点是次浊上声字约半数归阴平，约半数今读上声。上声不分阴阳，平声变为阴阳两类。

此类方言集中分布于客语，包括信宜（钱排）、信宜（思贺）、五华、揭西、奉新（澡溪）5 个点。

以信宜（钱排）话为代表。本书共收该方言次浊上声字 56 个，其中 26 字（约占 46.4%）归阴平，25 字（约占 44.6%）仍读上声，3 字归去声，2 字归阳平。个别字存在异读：“两”表示“几两”义读阴平，表示“两个”义读上声；“语”老派读阴平，新派读去声。具体情况见表 1-106。

表 1-106　　　次浊上声字在信宜（钱排）方言中的变化情况

方言区	方言点	总字数	阴平	上声	去声	阳平
客语	信宜（钱排）	56	马惹野吕语老派买奶美里~面尾脑咬亩母有懒免满暖软忍两几~痒猛领岭	瓦五女舞雨米李耳老秒舀篓藕纽柳染眼演远敏引允两~个网永	语新派以伟	卤礼

（材料来源：李如龙等《粤西客家方言调查报告》）

（2）丹阳（城内）型

此类型的特点是次浊上声字约半数归入阳平和阴平，少数归入阴上。平声、上声各分阴阳。

吴语丹阳（城内）1 点属此类型。

本书共收该方言次浊上声字 93 个，其中 36 字（约占 38.7%）归阳平，14 字（约占 15.1%）归阴平，即二者有 53.8%的字归入阳平和阴平，有 32 字（约占 34.4%）今读阴上；其余的 6 字归阴去，5 字归阳去。少量字存在异读："眼（阳平/阴平）耳（阳平/阳去）染（阳平/阴上）米（阴上/阴去）"，今读两种声调；"奶"读阴平调表"奶奶"义，读阳平调表"牛奶"义。具体情况见表 1-107。

表 1-107　　　次浊上声字在丹阳（城内）方言中的变化情况

方言区	方言点	总字数	阳平	阴平	阴上	阴去	阳去
吴语	丹阳（城内）	93	亩乳瓦买奶牛~也惹脑咬某藕览懒眼暖卵耳	奶奶~儡垒卯篓眼满拟纽母橹蕊往	五午马美馁老吻莽网朗猛冷拢垅米雅绕围~	米矣已诱领永	乃扰尔耳野

续表

方言区	方言点	总字数	阳平	阴平	阴上	阴去	阳去
吴语	丹阳（城内）	93	尾礼李蚁你秒了~结染引两仰努我伟晚旅软阮姆		舀~水有免染辇每演忍养武裸女雨愈远允		

（材料来源：钱乃荣《当代吴语研究》）

四　小结

综合本节内容，列成表 1-108。

表 1-108　　中古次浊上声字在今 310 个方言点中的变化情况总表

<table>
<tr><th>类型</th><th>方言数</th><th>所占%</th><th colspan="2">今调类归属</th><th>方言点举例（代表）</th></tr>
<tr><td rowspan="6">读上声型</td><td rowspan="6">271</td><td rowspan="6">87.4</td><td colspan="2">绝大多数归上声</td><td>济南 佛山 海盐 新会（会城） 兴安（高尚） 神木 银川</td></tr>
<tr><td rowspan="3">多数仍读上声</td><td>少数归平声。</td><td>于都（贡江） 秀篆 金坛（西岗） 马山（乔利） 休宁（溪口）</td></tr>
<tr><td>少数归去声。</td><td>大余 漳平（永福） 田东（林逢）</td></tr>
<tr><td>少数归入声。</td><td>建瓯</td></tr>
<tr><td rowspan="2">约半数仍读上声</td><td>约半数或少数归平声。</td><td>梅县 扶绥（龙头）</td></tr>
<tr><td>少数归去声。</td><td>乐昌（北乡） 富宁（剥隘）</td></tr>
<tr><td rowspan="3">归去声型</td><td rowspan="3">27</td><td rowspan="3">8.7</td><td colspan="2">绝大多数归去声</td><td>嘉兴 从化（城内） 衢州</td></tr>
<tr><td>多数归去声</td><td>少数仍读上声。</td><td>河源 宝山（罗店）</td></tr>
<tr><td>约半数归去声</td><td>约半数或少数仍读上声。</td><td>无锡 惠州</td></tr>
<tr><td rowspan="3">归平声型</td><td rowspan="3">12</td><td rowspan="3">3.9</td><td rowspan="2">多数归平声</td><td>少数仍读上声。</td><td>连州（保安） 太平（仙源）</td></tr>
<tr><td>少数归入声等。</td><td>溧阳</td></tr>
<tr><td>约半数归平声</td><td>约半数或少数仍读上声。</td><td>信宜（钱排） 丹阳（城内）</td></tr>
</table>

根据表 1-108，将中古次浊上声字在 310 个方言点中的演变情况总结如下。

（一）　读上声型

1.绝大多数读上声

（1）次浊上声字绝大多数今读上声，上声不分阴阳

这种现象在官话、湘语、赣语和晋语中最为普遍，部分徽语、闽语和土话次浊上声字的今调类也表现出此类特点。另外，还散见于少量吴语、客语、粤语和平话。

（2）次浊上声字绝大多数今读阳上或者阴上，上声分为阴阳两类

第一，次浊上声字仍然保留阳上调在粤语中体现最为明显，在统计的粤语中有四成以上的粤方言点如此。另外，少数吴语、平话和个别土话中次浊上声字也保留阳上调的面貌。

第二，部分北部吴语和闽语次浊上声字今读阴上调，偶见于个别徽语、赣语和土话。

（3）次浊上声字绝大多数分归阳上和阴上，上声分为阴阳两类

第一，次浊上声字绝大多数分归阳上和阴上，广西平话有较多（约占 40.9%）这样的方言点，其分布于广西东部、南部和北部，绝大多数的情况是保留阳上调的字多于今读阴上的字。

第二，在一部分徽语、粤语（分别约占 23.1%、约占 22.2%）中，次浊上声字有的仍然保留阳上调，有的今读阴上，前者数量多于后者，其中粤语常见于广东省南部。另外，在少量吴语中次浊上声字的今读调类也表现出此类特点。

（4）次浊上声字绝大多数今读阴平上或者阳平上

第一，古平声的清声母字和上声的清声母、次浊声母字合流，这是晋语五台片的共同特征。方言学者将合并后的调类或总称为阴平上。在我们考察的方言中，晋语神木、忻州、定襄、朔县（以上五台片）、沁县（上党片）次浊上声字绝大多数今读阴平上，或阴平上与

上声兼有。

第二，古平声的浊声母字和上声的清声母、次浊声母字合流。方言学者将其合并后的调类总称为阳平上，抑或单称为阳平或上声，此现象多见于兰银官话，冀鲁官话中亦有据点。在我们考察的方言中，银川、乌鲁木齐、博山次浊上声字绝大多数今归入阳平上，或者归入阳平，或者今读上声。

2.多数或约半数读上声

（1）次浊上声字多数或约半数读上声，少数或约半数归平声

第一，次浊上声字多数或约半数读上声，少数或约半数归阴平，这是客语的重要特征，在统计的客语中近七成的客语具有出此类特点。另外，部分赣语也有此种情况。除此之外，在个别吴语和土话中次浊上声字亦呈现出以上发展特点。

第二，客语秀篆方言古清上与清去合调，称之为“阴上去”。次浊上声字今多数归入阴上去，少数归进阴平。

第三，在平话、土话、粤语、吴语和中原官话中均有个别方言点次浊上声字多数或约半数读为阳上抑或上声，少数归入阳平。

第四，徽语休宁（溪口）次浊上声字多数分归阳上和阴上，少数归入阳平和阴平。

（2）次浊上声字多数或约半数读上声，少数归去声

第一，个别客语、土话次浊上声字多数或约半数今读上声，少数归去声。

第二，田东（林逢）、富宁（剥隘）两处平话有一半以上的次浊上声字仍然保留阳上调，田东（林逢）尚有少数次浊上声字分别归入阳去和阴去，富宁（剥隘）少数次浊上声字今读阳去调。

第三，漳平（永福）和海口两处闽语次浊上声字多数今读阴上，少数归入阳去。

（3）次浊上声字多数读上声，少数归入声

闽语建瓯方言次浊上声字多数今读上声，少数归阳入调。

（二）归去声型

1.绝大多数归去声

第一，在一部分北部吴语中次浊上声字绝大多数归入阳去，位于浙江省西部的吴语衢州方言次浊上声字绝大多数分归阳去和阴去，其中今读阳去调的字多于今读阴去调的字。

第二，粤语中有少量方言次浊上声字绝大多数归入阳去或阴去，包括隶属广东省肇庆市的广宁、四会两地次浊上声字绝大多数今读阳去调，隶属广东省广州市和佛山市的从化（城内）与高明（明城）次浊上声字绝大多数今读阴去调。

第三，徽语和平话中亦有个别点次浊上声字绝大多数归阳去或者阴去。

2.多数或约半数归去声

第一，在一部分北部吴语中，多数或约半数的次浊上声字归入方向仍然是阳去，另外一半或少数的次浊上声字归入方向存在差异：苏州尚有少数字今读上声和阴平，宝山（罗店）等 6 处少数字今读阴上，无锡有超过四成的字保留阳上调。除了北部吴语以外，粤语恩平（牛江）次浊上声字约半数归阳去，少数今读上声。

第二，位于广东省中部偏东的河源、惠州两地次浊上声字多数或约半数归入阴去，少数读为上声。湖南土话道县（寿雁）也有多数次浊上声字并入阴去，少数字今读上声。

（三）归平声型

第一，在客语、湘语、吴语、粤语、土话中均有方言点次浊上声字多数或约半数归阴平。其中客语次浊上声字归入阴平的发展特征最为明显，有 5 处客方言今读阴平的次浊上声字数量占到半数左右，读为上声的数量略少之。另外，也有一两处湘语、吴语、粤语、土话多数次浊上声字归入阴平。

第二，粤语新兴、吴语丹阳（城内）有部分次浊上声字归入阳平。新兴方言归入阳平的次浊上声字占到七成以上，另有少数今读上声；丹阳（城内）归入阳平的次浊上声字占少数，另有部分字归入阴平和阴上。

另外，部分方言存在文白异调现象。

1.部分粤方言书面语用字今读阳上，口语用字今读阴上，如斗门（斗门）、江门（白沙）、台山（台城）、新会（会城）、开平（赤坎）、鹤山（雅瑶）；个别粤方言书面语用字归阴去，口语用字仍读上声，如从化（城内）。

2.部分土话读上声的主要是书面语用字，归阴平的包括部分书面语用字和部分口语用字*，如连州（保安）。

3.部分闽语文白异读字的文读音多为上声（或阴上），白读音多归阳去，如福州、仙游、厦门、中山（隆都）、漳平（永福）。建瓯方言主要是文读上声、白读阳入，其次是文读上声、白读阳去。

4.客语梅县话，文白异读字多，其文读音为上声，白读音为阴平。

5.吴语苏州话，主要是文读阴平、白读阳去；其次是文读上声、白读阳去。

第三节　中古清音上声字在现代方言中的演变类型

中古清音上声字在现代方言中的演变情况较为齐整。在我们考察的 310 个方言点中，几乎所有的方言今仍读上声的清音上声字均占到绝大多数；仅个别的方言清音上声字今多数或约半数仍读上声，少数归去声或平声。因此，中古清音上声字在现代方言中的演变类型我们

* 据庄初升在《粤北土话音韵研究》（中国社会科学出版社 2004 年版，第 217—218 页）中考察，除此之外还有多数书面语用字今读上声，口语用字今读阴去；多数书面语用字今读上声，口语用字今读阳平等 7 种类型。

归纳为一个类型：读上声型。

一 读上声型

（一）中古清音上声字今绝大多数读上声

在考察的310个方言点中，有304个点中古清音上声字今绝大多数仍读上声，约占本书所收方言点总数的98.1%。

根据上声的分合情况，可将此分成西安型、常熟型、资源（延东）型、朔县型、乌鲁木齐型、秀篆型六种小类型。

（1）西安型

此类型的特点是中古清音上声字今绝大多数仍读上声，上声不分阴阳。

此类方言主要分布在官话、晋语、湘语、赣语和客语当中，徽语、吴语、粤语、闽语、平话和土话的部分方言如此，共有191个点，详见表1-109。

表1-109　　清音上声字今绝大多数仍读上声的方言

方言区		方言点
官话	北京官话	北京
	东北官话	哈尔滨
	冀鲁官话	济南 利津 广灵 昌黎
	胶辽官话	烟台 牟平 荣成 即墨 平度 莱州
	中原官话	西安 徐州 郑州 运城 武都 乐都 焉耆
	兰银官话	兰州
	西南官话	武汉 成都 柳州
	江淮官话	扬州 南通 如东 如皋 海安 东台 大丰 兴化 泰兴 姜堰 泰州 合肥

续表

方言区	方言点
晋语	太原 清徐 平遥 介休 盂县 汾西 屯留 武乡 天镇 山阴 左权
徽语	绩溪 歙县 祁门（箬坑） 祁门（大坦） 黟县（碧阳） 遂安（汾口） 休宁（流口） 黟县（宏潭）
吴语	金坛（西岗）临海 铜陵
湘语	长沙 湘潭 益阳 望城（城关）岳阳（荣家湾）娄底 双峰 涟源（桥头河） 安化（梅城）湘乡（城关）邵阳 城步（儒林） 会同（林城）衡阳（西渡）泸溪（浦市） 祁阳（白水） 东安（花桥） 东安（石期）江永（桃川）
赣语	南昌 星子 都昌 湖口（双钟）高安 奉新（冯川） 永修（江益）修水（义宁）安义 上高（敖阳） 万载（康乐） 新余（渝水）宜丰 吉安 吉水（螺田）泰和 萍乡 永丰（恩江） 永新 黎川（日峰） 宜黄（凤凰）东乡 临川（上顿渡） 南丰（琴城）南城 波阳（鄱阳）乐平 横峰 余干 弋阳 平江（南江）醴陵（白兔潭）茶陵 建宁 泰宁 邵武 宿松（河塔）岳西 阳新（国和）
客语	于都（贡江）赣县（蟠龙）大余 上犹（社溪）南康（蓉江） 井冈山（黄坳）宁都 安远（欣山）定南（历市）龙南（龙南） 全南（城厢）石城（琴江）铜鼓（丰田） 奉新（澡溪） 深圳（沙头角）中山（南蓢合水）梅县 五华 东莞（清溪） 从化（吕田）河源 惠州 翁源 连南 阳西（塘口）阳春（三甲） 信宜（思贺）信宜（钱排）高州（新垌）电白（沙琅） 化州（新安）廉江（石角）廉江（青平）揭西 陆川 西河 长汀 武平（岩前）宁化 桂东 金华（珊瑚村）
粤语	四会 广宁 新兴 从化（城内）高明（明城）中山（石岐） 珠海（前山） 恩平（牛江）宝安（沙井）阳江 澳门（市区） 香港（新界锦田）
闽语	福州 仙游 厦门 晋江 建瓯 崇安 建阳 明溪 中山（隆都） 台北
平话	临桂（五通）临桂（两江）灵川（三街）全州（文桥）
土话	乐昌（皈塘）乐昌（长来）乐昌（北乡）连州（星子） 连州（保安）连州（西岸）连州（丰阳）道县（寿雁）

此类型以西安方言为代表。本书共收该方言清音上声字 323 个，其中 301 字今读上声，占绝大多数（约 93.2%），其余的有 11 字归去声，10 字归阴平，1 字归阳平。个别字存在异读，如“矿ᶜkuoŋ（旧读）/k^{h}uaŋᵓ”“指꜀tsɿ/ ᶜtsɿ”。具体情况见表 1-110。

表 1-110　　清音上声字在西安方言中的变化情况

方言区	方言点	总字数	上声	去声	阴平	阳平
中原官话	西安	323	把~握打~击洒傻假真~贾姓哑寡者舍~弃簸朵左锁琐所果裹火伙姐解~开写紫姊子死纸旨指止址史使~用驶始彼鄙比底~下抵牴挤己几几个喜倚椅补谱府俯腑斧赌堵肚胃土吐~痰祖组阻煮拄主黍暑鼠数~一~古股鼓虎举许摆宰载年~海矮拐~杖匪土~嘴水诡轨鬼悔毁委宝保堡饱岛捣祷倒倒~早枣扫嫂爪少多~稿搞好~坏袄表外~鸟绞狡搅小晓否斗升~抖陡走肘帚手首守狗苟吼酒九久朽板版反返胆散松~伞斩盏展产陕闪感敢杆笔~秆麦~喊罕贬扁匾点典减碱检简柬拣剪茧险显掩短转~变管馆碗卷~曲癣选本粉枕~席审婶沈姓锦紧谨饮~水隐损笋榫准批~；标~滚稳榜仿~效党嗓长生~掌赏港蒋桨奖讲想享响爽广谎恍枉等	歉纪贿扫颈境把~握苟党矿耸	呕~吐纠~察灸诊拥只~有指缴疹企	髓

续表

方言区	方言点	总字数	上声	去声	阴平	阳平
中原官话	西安	323	整省节~梗耿禀秉丙饼顶鼎景警井省反~醒影董总种~类肿拱~手巩矿旧读估~计扯可妥且此耻齿企起岂普浦土吐吐~楚础处~理苦取彩采~摘楷腿讨草炒吵考烤巧丑口毯坦惨铲坎舔浅喘款犬恳垦啃肯品寝蠢捆纺仿相~躺厂敞抢~夺闯捧请顷~刻桶宠孔恐			

（材料来源：北大中文系《汉语方音字汇》第 2 版重排本）

（2）常熟型

此类型的特点是中古清音上声字绝大多数今读阴上，上声变为阴阳两类。

此类方言多见于吴语、粤语和平话，部分徽语、闽语、土话以及个别赣语有此种现象，共有 104 个方言点，详见表 1-111。

表 1-111　　清音上声字今绝大多数读阴上的方言

方言区	方言点
徽语	屯溪　歙县（和溪）婺源（坑头）婺源（秋口）休宁（溪口）
吴语	常熟 常州 丹阳（城内）溧阳 江阴 靖江 宜兴 无锡 苏州 吴江（黎里）吴江（盛泽）昆山 嘉兴 嘉善 桐乡 平湖 海盐 湖州（双休）海宁 长兴 安吉 德清 余杭 杭州 富阳 昌化 绍兴 诸暨（王家井）嵊县（崇仁）嵊县（太平乡）余姚 宁波 温州 文成 金华 磐安 汤溪 永康 黄岩 云和 龙游 衢州 常山 遂昌 庆元 宝山（霜草墩） 宝山（罗店）南汇（周浦）松江 浦城 广丰 太平（仙源）

续表

方言区	方言点
赣语	莲花（琴亭）
粤语	广州 肇庆（高要） 德庆 怀集 封开 云浮（云城）罗定 郁南（平台）番禺（市桥）花县（花山）增城（县城）佛山 南海（沙头） 顺德（大良） 三水（西南）斗门（上横水上）斗门（斗门）江门（白沙）新会（会城）台山（台城） 开平（赤坎）鹤山（雅瑶）东莞（莞城）香港（市区）
闽语	南安 漳平（永福）沙县 三元 海口 潮州 雷州
平话	马山（乔利）田东（林逢）百色（那毕）南宁（亭子） 扶绥（龙头）横县（横州）宾阳（芦墟）玉林（福绵）钟山 昭平 融水（融水）兴安（高尚）富宁（剥隘）
土话	江华 连州（连州）

该类型以吴语常熟话为代表。本书共收该方言清音上声字239个，其中234字（约占97.9%）仍读阴上，4字今读阳上，1字归阴平。具体情况见表1-112。

表1-112　清音上声字在常熟方言中的变化情况

方言区	方言点	总字数	阴上	阳上	阴平
吴语	常熟	239	纸指止屎始紫姊子死使煮主鼠暑嘴水把哑舍摆假真~解~开矮洒彼改海者宰保饱岛稿绞袄好~坏爪少多~早扫~地否抖狗呕吼肘帚手走叟板反胆掸减拣喊斩盏产伞短敢罕揞展闪本粉等耿枕整审榜党讲嗓打梗长生~掌赏省懂拱种~类总悚比匪底已几~个椅喜挤洗贾姓雅姐写表鸟窃剿小九朽酒扁	脸尽髓桶	颗

续表

方言区	方言点	总字数	阴上	阳上	阴平
吴语	常熟	239	点典简掩险显剪癣禀丙饼顶锦紧景颈饮隐影井省反~醒响奖想补斧睹古虎组数~~字所跛朵裹火左锁寡拐诡鬼委悔毁晚管碗滚稳准损广矿谎爽举许卷选耻此扯腿凯彩采考吵草剖敨口丑醜毯坦铲喘惨逞膀纺躺慷厂捧统孔恐体启企起岂且漂~白巧悄舔歉遣浅品顷请抢普抚土苦楚妥可颗傀款緬蠢忖取犬		

（材料来源：钱乃荣《当代吴语研究》）

（3）资源（延东）型

此类型的特点是中古清音上声字绝大多数今读阴上和阳上，其中归阴上的数量多于归阳上的数量。上声分为阴阳两类。

平话资源（延东）、藤县（藤城）属此类型。

以资源（延东）为代表。本书共收该方言清音上声字340个，有188字（约占55.3%）归阴上，139字（约占40.9%）归上阳上，10字归阴去，2字归阳平，1字归阴平，1字归入声。该方言阴上、上阳上两读字较多，其中又以文读上阳上、白读阴上者居多，如“鬼ᶜkuei（文）/ᶜtɕyei（白）、蒋ᶜtɕiaŋ（文）/ᶜtɕiən（白）、苦ᶜk'u辛~（文）/xu（白）”。具体情况见表1-113。

表 1-113　　清音上声字在资源（延东）方言中的变化情况

方言区	方言点	总字数	阴上	上阳上	阴去	阳平	阴平	入声
平话	资源（延东）	340	比匾扁~桶纸旨指子滓止趾址举几己紧赶~屎牛~使史驶矢始洗喜玺癣~巴椅底抵斧保宝哈~：傻子补谱古估鼓好虎浒府腑俯否主举~手许~愿暑大~鼠把扫~打洒假讲~话哑写剐寡朵火伙绞狡井颈醒锁琐散伞摆者姐剪拣枧笕矮崽姊死改嘴手首守水半醋匪鬼髓斗抖陡走跑嫂大~数动词狗呕倒岛捣肚胃早枣澡祖祖阻组煮九灸小晓板反短选管馆返碗本~地人	挤紫梓屎屎~：垃圾倚椅圃甫脯股古寡所摆~设宰崽~粉：粉丝、米粉水~泥鬼轨诡悔毁委宝~盖头保~护堡岛祷早~稻爪~子嫂嫂~好表老~、~格狗~腿子苟酒~精板拉~车斩展陕闪伞感敢橄减喊贬点典脸倒~：丢人拣茧检简柬枧显险管馆选癣本~来枕诊疹整损婶沈审省耿哽梗鼎景井锦警饮党讲~台蒋总拥耻杞	纪左贿扫~地歉境矿点~啊崽：一点点企	梗逞~能	纠	只~要

续表

方言区	方言点	总字数	阴上	上阳上	阴去	阳平	阴平	入声
平话	资源（延东）	340	本榫笋埂顶尽枕~头讲蒋奖响想享等滚粉枉长长大涨掌种肿磉嗓搡赏耸广港拱巩谎麂齿起体苦处~理杵娶取扯~常：经常彩舔垮毯~呃：毯子请炒吵铲浅且采睬敨吐口讨~饭土款捧桶捅孔碓~仿躺蠢	岂启侈此浦普苦辛~抚取扯~秧呃；~根菜妥椭可颗凯楷海草~稿吵~烦：打扰炒~股票槁巧讨~贱丑醜楚础口坦毯毛~惨铲坎遣浅犬肯恳垦品寝请~贴厂慷抢~劫纺闯敞孔姓				

（材料来源：张桂权《桂北平话与推广普通话研究——资源延东直话研究》）

（4）朔县型

此类型的特点是：古清平和清上、次浊上字合流。此合并后的调类或总称之阴平上，或把根据连读变调能区分开来的古清平字称作阴平、把古清上和次浊上字称作上声，对于那些不能区别出来的字称为阴平上。在这类方言中，中古清音上声字绝大多数归入阴平上或阴平上、上声两调兼有。

属于此类型的方言除沁县属晋语上党片外，其他全部来自晋语五台片，它们是神木、忻州、朔县、定襄。

以朔县话为代表。本书共收该方言全清上声字 322 个，其中 314 字（约占 97.5%）读为阴平上，仅 5 字归去声，3 字归阳平。此外，“左~手”字有阴平上和去声两读；“扯”表“拉扯”义读阴平上声，表“扯了一刮”义读去声。具体情况见表 1-114。

表 1-114　　清音上声字在朔县方言中的变化情况

方言区	方言点	总字数	阴平上	去声	阳平
晋语	朔县	322	梓滓只~有紫纸姊旨止址趾指手~子~孙始死~亡鄙比彼秕底抵~消邸几茶~；~个挤洗喜倚椅谱口~气：很阔气府腑脯果~斧抚否俯堵赌肚猪~子祖组阻暑鼠黍数~说古鼓股虎浒许傻假真~贾姓哑爪耍寡~妇扁版板反婉碗宛斩盏攒产伞散展舒~陕闪敢感赶杆秆喊罕短管馆宰载半~改海贬匾点典脸姐解检简剪捡茧柬险显癣鲜朝~写掩拐选者舍跛簸颠~躲朵左~手锁所~以琐果裹火伙榜绑枉党挡桑磉掌长生~港讲蒋桨耩响享想饷爽~直广谎匪嘴髓水鬼轨诡癸悔毁保宝饱祷倒岛找早枣蚤澡爪~子剿扫嫂少缺稿搞好~坏表外~裱~糊漂~白鸟绞狡搅矫铰缴晓小斗~车陡抖殴呕走叟手首守狗苟吼纠酒久韭灸玖本粉等省反~，~心，~亲诊疹婶审沈耿哽埂丙秉饼禀顶鼎紧锦景井警谨醒影饮颖懂董桶捅总怂损种~猪肿准冢滚巩此齿启岂起杞体土吐呕础杵褚处相娶取垮毯坦惨铲砍款采彩睬凯楷浅遣且舔腆揣摸扯拉~妥椭纺仿躺倘厂抢闯剖讨草吵炒考烤拷巧瞅口捧逞强肯啃恳垦品请寝顷恐	左~手境颈扯~了一刮叩	普侈浦

（材料来源：江荫褆《朔县方言志》）

（5）乌鲁木齐型

此类型的特点是古浊平与古清上、次浊上合流。此合并后的调类，或总称为阳平上，抑或单称之阳平或上声。因此，清音上声字在有的方言中归阳平上，在有的方言中归阳平，在有的方言中今读上声。

兰银官话乌鲁木齐、银川和冀鲁官话博山属此类型。

以乌鲁木齐为代表方言。此方言共有三个声调：阴平、阳平和去声，此阳平实为古阳平与上声的合调。本书共收该方言清音上声字 300 个，有 295 字归入阳平，占绝大多数（约占 98.3%），其余 5 字分别归到阴平和去声。其中“枴”字两读，分别读阳平和去声。具体情况见表 1-115。

表 1-115　　清音上声字在乌鲁木齐方言中的变化情况

方言区	方言点	总字数	阳平	阴平	去声
兰银官话	乌鲁木齐	300	紫姊子梓滓旨止址趾纸指动词死史使驶始屎比秕底抵牴挤几~个己洗喜以已椅倚脯甫浦谱圃府腑俯斧数~钱堵赌肚猪~祖组阻主拄煮古股鼓虎浒许洒傻假真~贾姓爪跛簸姐解写朵左所锁琐火宰载改海枴匪榧水委嘴髓鬼诡轨癸保饱堡宝倒打~岛祷早澡枣嫂扫~地少稿好~坏錶表搅铰狡绞剿侥矫缴鸟小晓杳斗一~米陡走肘手首守狗苟吼呕~吐酒九久韭灸朽板版坂反返斩盏攒散伞展辗闪陕秆杆擀感敢橄赶喊贬扁匾典点减检俭简裥柬拣剪茧趼险显短捲榜绑爽枉党挡阻~嗓搡涨掌长晌赏港蒋奖桨讲耩~地想享响广本等省节~枕诊疹拯整沈审婶梗埂哽耿禀秉丙饼顶鼎境锦尽~前紧井警饮~酒隐影总怂损笋榫准冢种~类肿巩拱此齿耻侈企起杞岂启殍普抚土吐~痰褚础处相~苦取娶侉垮扯可彩采採凯慨楷腿傀吵炒烤考丑口毯坦舔腆款倘躺慷逞恳肯啃捆孔恐	矩殴颗	枴且

（材料来源：周磊《乌鲁木齐话音档》）

（6）秀篆型

此类型的特点是古清上与清去合并，称之为“阴上去”或“阴去”。在该类方言中，清音上声字绝大多数归阴上去或阴去，极少数归阴平等声调。

属此类型的方言有客语秀篆和吴语临安、上海 3 个点。

以秀篆话为代表。秀篆方言把古清上、清去合并后的调类称为“阴上去”。本书共收该方言清音上声字 153 个，其中 146 字（约占 95.4%）今读阴上去，其余的有 5 字归阴平，1 字归阳平，1 字归阳去。具体情况见表 1-116。

表 1-116　　清音上声字在秀篆方言中的变化情况

方言区	方言点	总字数	阴上去	阴平	阳平	阳去
客语	秀篆	153	左朵锁果火把假真~哑姐写舍~不得补赌肚猪~祖鼓虎煮许斧主改海矮洗悔拐紫纸椅比死指动词、名词屎子使止始喜几~个毁水匪鬼宝早嫂稿好~坏袄饱搅搞表小少多~鸟缴晓斗一~走狗呕酒帚手守久九感胆敢喊斩减贬闪检险点沈锦伞盏铲产拣板剪癣展扁短管碗转~身卷~起反紧本滚笋榫准党蒋想长生~爽掌响绑港影饼井颈醒矿懂肿拱可扯土婴体启腿此耻齿起讨草考炒口品浅捆抢厂纺请桶恐	委纠杆谎垮	摆	扫~地

（材料来源：李如龙、张双庆《客赣方言调查报告》）

临安、上海古清上字归阴去，此合流后的调类命名为阴去。在该方言中，中古清音上声字归入阴去。

（二）中古清音上声字今多数仍读上声

在个别方言中，中古清音上声字今多数仍读上声，少数归入去声或平声。在我们考察的方言中，这样的方言仅 5 个，约占本书所收方言点总数的 1.6%。此类方言散见于平话、吴语和粤语。

1. 中古清音上声字今多数仍读上声，少数归去声

此类方言见于个别吴语、平话和粤语，称之为“嘉善型”。

此类型的特点是清音上声字今多数仍读阴上，少数归阴去。上声、去声各分阴阳。

属于这种类型的方言有吴语嘉善、平话龙州（上龙）和粤语广宁白话 3 个点。

以嘉善话为代表。本书共收该方言清音上声字 248 个，有 181 字（约占 73%）仍读阴上，64 字（约占 25.8%）归阴去，其余的 2 字归阴平，1 字归阳去。其中，归阴去的多数是次清上声字，如“此耻齿体启”等。次清上归阴去，是嘉善方言的突出特征。此外，少量字存在异读，例如，“舍”表“产妇（舍姆娘）”义读阴上，表“四舍五入”义读阴去。具体情况见表 1-117。

表 1-117　　清音上声字在嘉善方言中的变化情况

方言区	方言点	总字数	阴上	阴去	阴平	阳去
吴语	嘉善	248	紫姊子纸止址地址嘴使驶始史死水主鼠暑黍数动词比底抵洗几补谱虎火伙府斧浒堵赌肚猪~祖阻组左锁琐所果裹古估股鼓鬼举许摆把~守傻洒矮姐假造~贾解~放哑保堡宝饱祷岛倒颠~早枣蚤爪扫嫂少多~绞铰好袄小狡晓反盏水改减裥拣海典点剪检简柬茧险掩诡否斗抖陡走帚狗呕殴九久韭灸短陕闪感敢杆秆管馆碗卷朵舍~姆娘寡谎挡党爽讲港广枉打掌长省~~叫；反~赏哽梗埂鲠蒋奖桨想鲞响享本粉等枕准沈婶损笋榫耿顶鼎井醒锦紧谨槿景颈头~饮隐影总肿种拱巩拥	址地址纪已椅簸甫谱搅贿悔伞散喊歉苟吼舍四~五入境警褚姓此耻齿体~泰：慢慢儿地启起~子：螺丝刀普浦土吐妥楚苦~脑子：可怜讨草炒~米粉：米糊吵彩采铲舔浅傀敨惨侃款犬可纺仿倘闯慷抢肯恳品请寝捧捅孔恐	斩且	搅打搅：~七廿三

（材料来源：徐越《嘉善方言音系》，载《吴语研究》2001 年第 1 期）

2．中古清音上声字今多数仍读上声，少数归平声

吴语丹阳（城内）、平话平乐（青龙）属此类型，本书称之为“丹阳（城内）型”。

此类型的特点是中古清音上声字今多数仍读阴上，少数归阴平。

上声、平声各分阴阳。

以丹阳（城内）话为代表方言。本书共收该方言清音上声字 241 个，有 185 字（约占 76.8%）仍读阴上，39 字（约占 16.2%）归阴平，其余的 10 字归阴去，7 字归阳去。少数字存在异读，如“哑反草口”阴平、阴上两读，“总匪”阴上、阴去两读。具体情况见表 1-118。

表 1-118　　清音上声字在丹阳（城内）方言中的变化情况

方言区	方言点	总字数	阴上	阴平	阴去	阳去
吴语	丹阳（城内）	241	纸指止屎始紫姊子死使煮主鼠暑嘴水哑捨摆假真~解~开矮洒彼改海保饱岛稿好~坏爪少多~早否抖狗呕吼手走板反胆撣减拣喊斩盏短敢展闪本粉等榜党讲嗓打梗长生~掌赏省懂拱总悚比匪底喜挤洗贾姓雅写表鸟窈剿小九朽酒点典脸简掩险显剪癣禀丙饼顶锦紧景颈饮隐影尽井省反~醒响奖补睹古虎组数~数字所朵裹火锁拐诡鬼委管碗滚稳准损广爽举许卷选耻此腿考	把哑宰袄扫~地肘帚叟反产耿审种~类己几~个扁想斧跛左悔毁凯彩采草口铲惨逞孔恐漂~白品顷抢抚妥蠢	绞总匪姐髓矿谎且歉遣	者伞罕枕整椅寡

续表

方言区	方言点	总字数	阴上	阴平	阴去	阳去
吴语	丹阳（城内）	241	吵草剖敨~开口丑醜毯坦喘纺躺慷厂捧桶统体启企起岂巧悄舔浅请普土苦楚可颗傀款綑忖取犬			

（材料来源：钱乃荣《当代吴语研究》）

平话平乐（青龙）清音上声字除仍读阴上和归入阴平外，还有一小部分字归阴去，如“左躲果写闯捧”等字。

（三）中古清音上声字今约半数仍读上声

在个别平话中，清音上声字今约半数读上声，少数归去声，称之为“宁远（清水桥）型”。

此类型的特点是清音上声字约半数仍读上声，少数归阴去。上声不分阴阳，去声变为阴阳两类。

平话宁远（清水桥）1 点属此类型。

本书共收该方言清音上声字 331 个，其中 184 字（约占 55.6%）仍读上声，114 字（约占 34.4%）归阴去，其余的有 17 字归到平声，9 字归进阴入，4 字今读阳入，3 字并入阳去。个别字上声、阴去两读：如“屎ᶜsɿ /paᵓ、省ᶜɕɿ ~长/ sənᵓ节~”。具体情况见表 1-119。

表 1-119　　　清音上声字在宁远（清水桥）方言中的变化情况

方言区	方言点	总字数	上声	阴去	平声	阴入	阳入	阳去
平话	宁远（清水桥）	331	朵锁火伙假贾哑姐写舍傻耍寡剐补堵赌祖古股鼓虎阻煮暑鼠举府腑俯甫斧数主宰改海摆解矮底抵挤洗悔紫纸秕比姊指矢屎喜蟢嘴髓诡毁水鬼保宝早枣嫂稿好饱爪找绞錶剿沼少矫鸟斗抖陡走吼狗呕酒手守九久韭朽膽敢橄减鰜点禀审伞擀赶盏产板版剪浅蘚展匾典笕短管馆碗选转捲反诊紧本损稳笋榫准粉挡想长涨掌赏享响广讲等打省~长；反~埂警丙秉井影饼颈顶醒哄怂扯垮土苦娶彩腿傀死齿起草考烤炒吵巧铲浅犬龈捆蠢抢厂纺请捧	左簸躲把洒谱肚浒所宰载悔拐玺徙倚椅鄙旨屎子使史驶止趾址始纪委轨匪榧堡祷岛蚤澡扫狡铰搅搞表小晓杳叟吼呕肘纠感斩贬陕闪检险掩沈婶锦散杆秆罕简茧显攒隐准榜当磉蒋奖桨爽谎港拯省节~耿丙秉景警影整鼎董懂总怂普浦吐处杵凯耻款悬垦倘慷闯仿彷肯孔宠	赌只癸矫缴饮扁宛嗓枉矿楚取体悄躺顷	跛矩倒喊境冢颗採漂	子已灸脸	裹枕滚

（材料来源：李连进《平话音韵研究》）

二 小结

综合本节内容，列成表 1-120。

表 1-120　　中古清音上声字在今 310 个方言点中的变化情况总表

<table>
<tr><th>类型</th><th>方言数</th><th>所占%</th><th colspan="2">今调类归属</th><th>方言点举例（代表）</th></tr>
<tr><td rowspan="4">读上声型</td><td rowspan="4">310</td><td rowspan="4">100</td><td colspan="2">绝大多数读上声</td><td>西安 常熟 资源（延东）
朔县 乌鲁木齐 秀篆</td></tr>
<tr><td rowspan="2">多数仍读上声</td><td>少数归去声。</td><td>嘉善</td></tr>
<tr><td>少数归平声。</td><td>丹阳（城内）</td></tr>
<tr><td>约半数仍读上声</td><td>少数归去声。</td><td>宁远（清水桥）</td></tr>
</table>

根据表 1-120，将中古清音上声字在 310 个方言点中的变化情况总结如下。

1. 中古清音上声字今绝大多数仍读上声

九成以上的方言中古清音上声字绝大多数仍读上声，具体情况如下。

第一，清音上声字今绝大多数读上声，上声不分阴阳，多见于官话、晋语、湘语、赣语和客语，亦见于部分徽语、粤语、闽语、平话和土话以及个别吴语。

第二，清音上声字今绝大多数读阴上，上声分阴阳两类，多见于吴语、粤语、平话，亦见于部分徽语、闽语、土话和个别赣语。

第三，由于古调类的合流，所以在少量方言中清音上声字的今读调类相对“特殊”。包括部分五台片晋语和个别上党片晋语，清音上声字绝大多数归入阴平上或阴平上、上声两调兼有；在个别兰银官话（乌鲁木齐、银川）和冀鲁官话（博山）中，清音上声字或归阳平上，或归阳平，或今读上声；客语秀篆和吴语临安、上海三地清音上声字绝大多数归阴上去或阴去，极少数归阴平等声调。

2. 中古清音上声字今多数或约半数读上声

此类情况可见于吴语、平话和粤语，数量很少。

第一，吴语的嘉善和丹阳（城内）清音上声字多数今读阴上，前者还有少数归阴去，后者尚有少数归阴平。

第二，与上述吴语一样，平话龙州（上龙）和平乐（青龙）清音上声字多数读阴上，少数分别归入阴去、阴平。另外，平话宁远（清水桥）今读上声的清音上声字占到五成之多，另有三成多归入阴去。

第四节　中古上声字在现代方言中的演变情况及演变格局

一　中古上声字在现代各方言区中的演变情况

根据前三节的内容，将中古上声字的演变类型在今各方言区中所占的比例情况列成表 1-121。

表 1-121　中古上声字演变类型在今各方言区中所占的比例情况（单位：%）

		官话	晋语	徽语	吴语	湘语	赣语	客语	粤语	闽语	平话	土话
全浊上	归去声型	76.3	93.8	15.4	52.6	94.7	95	69	83.3	58.8	40.9	80
	读上声型			84.6	45.6			28.6	5.6	29.4	36.4	20
	归平声型	23.7	6.3		1.8	5.3	5	2.4	11.1	11.8		
	其他型										22.7	

续表

		官话	晋语	徽语	吴语	湘语	赣语	客语	粤语	闽语	平话	土话
次浊上	读上声型	100	100	92.3	64.9	94.7	100	83.3	80.6	100	95.5	80
	归去声型			7.7	29.8			4.8	13.9		4.5	10
	归平声型				5.3	5.3		11.9	5.6			10
清上	读上声型	100	100	100	100	100	100	100	100	100	100	100

根据 1-121 表，将中古上声字在现代各方言区中的演变情况概述如下。

1.官话

①在官话方言中，归入去声是全浊上声字的主流发展方向。在统计的官话方言中，约有 60%的官话点全浊上声字绝大多数归去声；南通、如东、兴化 3 处江淮官话全浊上声字绝大多数归阳去。个别点有全浊上声字同时归入阴去和阳去的现象，比如昌黎；亦有方言点全浊上声字少数仍读上声，比如荣成。另外，全浊上声字归入阴平是江淮官话泰如片即通泰方言的重要特征。在统计的10处通泰方言中有海安、大丰等6处方言全浊上声字多数或约半数归阴平，少数归去声，泰州1处归入去声和归入阴平的全浊上声字数量几乎相当。另外，莱州、平度、即墨3处胶辽官话全浊上声字多数旧阳平，少数归阴平。

②在官话方言中，统计的全部方言点次浊上声字今读上声型。由于古平声的浊声母字和上声的清声母、次浊声母字合流，银川、博山等兰银官话、冀鲁官话次浊上声字绝大多数或归阳平上，或归阳平，或读上声。个别点有少数次浊上声字归入阳平，比如中原官话焉耆。

③清音上声字与次浊上声字同演变。

2.晋语

①在晋语中全浊上声字的主流发展方向是归入去声，体现出“官话式”的演变。在统计的晋语中，有两个点相对特殊：一是汾西方言，全浊上声字多数归入阳去，另有少数归入阴平；二是屯留方言多数全浊上声字的归并方向为阳平，尚有少数今读上声和去声。

②统计的全部晋语方言点次浊上声字今归读上声型，同样体现出官话方言的演变特点。另外，古平声的清声母字和上声的清声母、次浊声母字合流是晋语五台片的共同特征，在该类方言中次浊上声字绝大多数归入阴平上，或者阴平上与上声兼有，比如神木、忻州等。

③清音上声字与次浊上声字同演变。

3.徽语

①全浊上声字在徽语地区的发展比较保守。在统计的徽语中，绝大多数徽语点至少有约半数的全浊上声字仍读上声或者阳上，只有遂安（汾）口、歙县 2 处有多数以上的全浊上声字归阳去。

②次浊上声字在徽语中的发展或为上声，或为阴上，或为阳上阴上兼而有之。与全浊上声字相比，次浊上声字在徽语地区的发展虽有保守的一面，但更多地体现出“官话式”的演变特征。根据统计，有五成多的徽语点次浊上声字今绝大多数仍读上声，两成多的徽语点次浊上声字绝大多数分归阳上和阴上，个别点次浊上声字绝大多数归入阴上。此外，个别点次浊上声字绝大多数归入阳去，比如遂安（汾口）；另有少数次浊上声字归入阳平和阴平，比如休宁（溪口）。

③清音上声字今读上声或阴上。

4.吴语

①全浊上声字在吴语地区的发展表现为两大走向：一是归入阳去；二是保留阳上调，前者调查点数量略多于后者。由此可以看出，全浊上声字在吴语的发展有保守的一面，但在一定程度上也受到了官

话的影响。首先，根据统计结果，大约37%的吴语点全浊上声字绝大多数并入阳去，10%左右的吴语点全浊上声字至少约半数归为阳去。另外，还有少量调查点全浊上声字至少约半数归入去声。其次，大约35%的吴语全浊上声字绝大多数仍然保留阳上调，10%左右的吴语全浊上声字至少约半数仍读阳上。此外，个别点全浊上声字多数归阳平，少数读上声，比如临海。

②次浊上声字在吴语地区的发展以上声型为主，去声型为辅，既有鲜明的吴语特征，也能看到“官话式”演变的影子。首先，在上声型吴方言中，次浊上声字的主要发展走向有二：一是上声或阴上；二是阳上。其中，近三成的吴语点次浊上声字绝大多数今读上声或阴上；金坛（西岗）1处虽有少数归阳平，但仍有多数字读作上声，以上均体现出“官话式”的演变特征。另外，超过三成的吴语点至少有约半数的次浊上声字保留阳上调，体现出其保守的一面。其次，去声型吴语占到29.8%，表现为至少有约半数的次浊上声字归入阳去，这集中体现于北部吴语，表现出其自身的演变特征。除此之外，个别点次浊上声字多数归入阴平，比如太平（仙源）等；次浊上声字约半数归入阳平和阴平，比如丹阳（城内）。

③绝大多数吴语点清音上声字今读上声或阴上抑或阴上去（古清上与清去合并），个别点清音上声字除了多数读为阴上外，还有少数归入阴去或阴平，比如嘉善、丹阳（城内）。

5.湘语

①全浊上声字在湘语地区的演变趋向是归入阳去或阴去，在很大程度上受到了官话方言的影响。首先，有一半以上的湘语点全浊上声字绝大多数归阳去。其次，有近四成的湘语全浊上声字绝大多数分归阳去和阴去。此外，江永（桃川）全浊上声字演变方向独树一帜，有约半数的字归入阴平，少数归为去声。

②次浊上声字在湘语地区的发展主流是次浊上声字今绝大多数读上声，体现了“官话式”演变的特征。个别点次浊上声字多数归入阴平，少数读为上声，比如江永（桃川）。

③清音上声字今读上声。

6.赣语

①全浊上声字在绝大多数（约占 95%）赣语地区的发展属于归去声型，主要表现为两大趋势：一是绝大多数全浊上声字归入阳去，体现出“官话式”演变的特征；二是全浊上声字除了一部分归入阳去或者去声以外，还有少数归入阴平。部分字归入阴平是赣语的重要特征，赣语都昌、鄱阳两地全浊上声字多数甚至绝大多数归入阴平。

②次浊上声字在赣语地区的发展体现出“官话式”的特征，绝大多数赣方言次浊上声字今读上声，莲花（琴亭）今读阴上。除此之外，南丰（琴城）次浊上声字多数读上声，少数归阴平。

③清音上声字在绝大多数调查点读上声，在个别点读阴上。

7.客语

①部分全浊上声字归入阴平是客语的显著特征。根据统计结果，大约 69%的客语点全浊上声字约半数或少数归阴平，另有约半数或多数的字归入阳去（或去声）。另外，少量客语点全浊上声字分归阳去和阴去、去声和上声、上声和去声等。

②次浊上声字在客语地区发展的主要特征是部分字归入阴平，部分字今读上声。根据统计结果，有八成以上的客方言如此。其中多数调查点今读上声的次浊上声字数量多于归阴平者，只有信宜（钱排）、五华等 5 处反之。另外，少量客语点次浊上声字绝大多数今读上声，河源、惠州两地次浊上声字分归阴去和上声。

③清音上声字今读上声；秀篆方言因古清上与清去合并，所以清上字归入阴上去。

8.粤语

①部分全浊上声字保留阳上调是粤语的显著特征。根据统计结果，大约47%的粤方言全浊上声字约半数或少数仍然保留阳上调，约半数或多数归阳去。另外，开平（赤坎）、封开两地则是多数全浊上声字仍读阳上调，少数归阳去。云浮（云城）、郁南（平台）、罗定三地虽然归入阳平的全浊上声字占约半数抑或多数，但是仍然有少数字保留阳上调。除此以外，有少量调查点全浊上声字绝大多数归入阳去，或者分归阳去和阴去等。

②次浊上声字在粤语地区发展的重要特征同样是保留阳上调。根据统计结果，约有42%的粤方言次浊上声字绝大多数仍读阳上，22%的粤方言次浊上声字分归阳上和阴上，其中读阳上者多于归阴上者，另有云浮（云城）1处次浊上声字多数保留阳上调，少数归阳平。此外，也有少数粤语点次浊上声字的发展呈现出不同的特征，比如，中山（石岐）等5处次浊上声字绝大多数读上声，广宁等3处至少一半的次浊上声字归阳去，从化（城内）等两处次浊上声字绝大多数归阴去，香港（新界锦田）、新兴两处有多数次浊上声字归入阴平或者阳平。

③绝大多数粤语地区清音上声字今读上声或阴上，广宁白话多数仍读阴上，少数归阴去。

9.闽语

①全浊上声字在闽语地区的发展以归入阳去为主，有近六成的闽方言全浊上声字绝大多数或者多数归入阳去，体现出“官话式”演变的特征。另外，有沙县、三元、南安、雷州等4处多数全浊上声字仍然保留阳上调；晋江、中山（隆都）多数全浊上声字归入阴平或者阳平。

②次浊上声字在闽语地区的发展以今读上声或者阴上为主，这样

的方言超过了八成，同样体现出“官话式”演变的特征。另有少量点次浊上声字分归阴上和阳去、上声和阳入，比如漳平、建瓯等。

③清音上声字今读上声或阴上。

10.平话

①全浊上声字在平话地区的发展主要有两大走向，一是归入阳去；二是保留阳上调，表现出既有接受官话影响的一面，又有自我保守的一面。根据统计结果，有超过三成的调查点全浊上声字至少约半数归入阳去调，同时也有超过三成的调查点全浊上声字至少约半数仍然保留阳上调。另外，平话地区尚有一部分据点全浊上声字同时归入几种不同的调类。

②平话地区次浊上声字的发展趋于保留阳上调。表现为近两成的平话方言点次浊上声字绝大多数保留阳上调，五成多的平话方言点有多数或约半数的次浊上声字今读阳上。此外，少量据点绝大多数次浊上声字今读上声，兴安（高尚）1 处次浊上声字分归阴上和阳上，阴上字明显多于阳上字，宁远（清水桥）1 处次浊上声字绝大多数归入阴去。

③平话地区清音上声字绝大多数读上声或阴上，个别点有少数清上字归入阴去或阴平。

11.土话

①在土话地区，阳去是全浊上声字发展的重要方向，表现出“官话式”演变的影响。根据统计结果，有六成的土话调查点全浊上声字至少约半数归入阳去。另外，少量土话有约半数的全浊上声字今读上声或者阴上。

②次浊上声字在土话地区的发展也在一定程度上表现出“官话式”演变的特点。在统计的 10 处土话方言中，有 3 处次浊上声字绝大多数读上声，1 处绝大多数读阳上，1 处绝大多数读阴上，3 处次浊上声字约半数读上声，约半数或少数归入阴平、阳平或者去

声。此外，道县（寿雁）、连州（保安）除了有少数次浊上声字读上声外，尚有多数归入阴去或者阴平。

③清音上声字今读上声或阴上。

二　中古上声字演变类型的主要分布区域

现将中古全浊、次浊、清音上声字在现代方言中演变类型的主要分布区域，分别列成表 1-122—表 1-124。

表 1-122　中古全浊上声字在现代方言中的主要演变类型及其分布区域

类型	主要分布区域
归去声型	官话、晋语、湘语、赣语、粤语、土话，部分吴语、客语、闽语
读上声型	徽语，部分吴语、平话、闽语、客语
归平声型	部分官话
其他型	平话

表 1-123　中古次浊上声字在现代方言中的主要演变类型及其分布区域

类型	主要分布区域
读上声型	各方言区
归去声型	部分吴语，少量粤语
归平声型	少量客语、土话

表 1-124　中古清音上声字在现代方言中的主要演变类型及其分布区域

类型	主要分布区域
读上声	各方言区

三　中古上声字在现代方言中的演变格局

根据上述内容，可把中古上声字在现代方言中的演变格局分为“官话型”和“非官话型”两种。“官话型”方言主要包括官话、晋语，“非官话型”方言包括吴语、徽语、赣语、湘语、客语、粤语、闽语、平话、土话。

中古上声字在“官话型”方言中的演变特点是全浊上声变去声，次浊上声与清上合流同读上声。

中古上声字在“非官话型”方言中的演变特点总起来说是全浊上声读音多样，次浊上声归属不定，清音上声字多读上声或阴上。具体来说，主要表现为以下几点。

①去声多变为阴阳两类，特别是吴语、粤语总体上仍具备平上去入各依阴阳分类的声调格局。“浊上变去”在“非官话型”方言中的演变多是归入去声的阳调类。

②湘语、赣语受官话同化的程度最高。湘语和赣语上声字的发展明显体现出“官话型”方言的特征，特别是湖南的偏东部和江西的北部。这可能与湘语、赣语在地缘上与官话方言相近，从而受影响的时间和程度都较深入有关。[①]

③“官话型”方言与“非官话型”方言的对立正在逐渐消失。“从汉语方言总体情况而言，‘北方化’式最为主要、同时也是最明显的发展趋势”[②]，从中古上声字在现代方言的发展情况来看，东南方言正不同程度地向官话趋同，比如吴语、粤语、闽语等。王莉宁[③]在考

① 王莉宁：《汉语方言上声的全次浊分调现象》，《语言科学》2012 年第 1 期。

② 岩田礼：《汉语方言解释地图》，转引自王莉宁《汉语方言上声的全次浊分调现象》，《语言科学》2012 年第 1 期。

③ 王莉宁：《汉语方言上声的全次浊分调现象》，《语言科学》2012 年第 1 期。

察汉语方言上声的全次浊分调现象时指出，当北方方言的特征向东南方言扩散时，长江以南以江西北部、湖南东北部为中心的“V”字形（漏斗形）地区往往最先发生变化，且变化得最彻底，越远离漏斗中心变化越慢。“漏斗式”是立足于强势方言而命名的，若立足于东南方言，则可将演变模式命名为“折扇式”，随着折扇的打开，“官话式”演变影响的范围将会越来越广。

④“官话式”演变结果不彻底。中古上声字在“官话型”方言中的演变多出于自身语言系统特别是语音系统内部的原因，演变结果具有很强的系统性。在“非官话型”方言中，中古上声字的演变多出于语言系统外部的原因，主要是受到强势方言的冲击，自身演变规律与外来演变规律展开竞争，竞争的结果是受到不同程度的同化，演变结果不彻底：有的地区与官话取得一致的字多些，仍读原调的字少些，比如闽语；有的地区则保持原貌的字多些，与官话同演变的字少些，比如徽语；或者出现文白异调现象，多数方言是书面语用字或字的文读音接受官话的影响，口语用字或字的白读音保留原来的读音。

第二章　中古上声字在现代方言中的演变原因初探

第一节　中古上声字演变的内部原因

一　调值的相似度

调值相似是声调进行合并的最直接原因，调值越接近的调类越容易合并。

第一，官话方言的“浊上变去”符合此规律：浊上和浊去的调值逐渐接近，直到不能区别同声韵的字时，调类发生了变化，浊上调归入了浊去调。

“浊上变去”在唐代既已发生，上声与去声于中古时期是一个怎样的面貌？这需要参考古声调调值的记录。然而，古声调的调值研究是个难题。古代没有记音工具，调值无法得到客观描写，仅有一些文字描述，后人对前人记录的推测自然常常不尽一致。其中可资参考的资料主要有：①域外佛经译音材料；②日本悉昙家对古代声调的记载；③日本“吴音”“汉音”以及反映南方汉语语音情况的“汉越语”等。

下面是悉昙家安然、释明觉、释了尊对声调高低的记录。

安然《悉昙藏》(880年)：

我日本国元传二音：表则平声直低，有轻有重；上声直昂，有轻无重；去声稍引，无重无轻；入声径止，无内无外；平中怒声与重无别；上中重音与去不分。

金则声势低昂与表不殊，但以上声之重稍似相合平声轻重，始重终轻，呼之为异，唇舌之间亦有差升。

承和之末，正法师来；初习洛阳，中听太原，终学长安，声势大奇。四声之中，各有轻重。平有轻重，轻亦轻重，轻之重者，金怒声也。上有轻重，轻似相合金声平轻，上轻，始平终上呼之；重似金声上重，不呼突之。去有轻重，重长轻短。入有轻重，重低轻昂。

元庆之初，聪法师来，久住长安，委搜进士，亦游南北，熟知风音，四声皆有轻重著力。平入轻重同正和上。上声之轻，似正和上上声之重，上声之重似正和上平轻之重。平轻之重，金怒声也，但呼著力为今别也。去之轻重，似自上重；但以角引为去声也。音响之终，妙有轻重；直止为轻，稍昂为重；此中著力，亦怒声也。

释明觉《悉昙要诀》(1073年前后)：

初昂后低为平声之轻，初后俱低为平声之重，初后俱昂为入声之轻，初后俱低为入声之重，当知重音者初低音也。初后俱昂名为上声，是六声之家义也。初低后昂之音可为上声之重。

释了尊《悉昙轮略图抄》（1287年）：

> 平声重初后俱低，平声（脱“轻”字）初昂后低，上声重初低后昂，上声轻初后俱昂，去声重初低后偃，去声轻初昂后偃，入声重初后俱低，入声轻初后俱昂。……四声各轻重八声。上重摄去声之重，轻摄上声之轻，除上重去轻六声。……吴汉音声互相博，平声重与上声轻，平声轻与去声重，上声重与去声轻，入声轻与同声重。

《悉昙藏》中的“元传二音”指流传于日本的两种汉字读音系统。“表”指表信公，他传到日本的汉字读音即“汉音”。“金”指朝鲜学者金礼信，他传到日本的汉字读音即“吴音”。“正”“聪”分别指日本僧人惟正、智聪。《悉昙要诀》是日本僧人明觉用汉文写成的悉昙学著作，此为“弘法家所传六声”而作，“法家”指到长安求法的空海，空海所传汉语为六个声调，被称为“六声家”，了尊所传汉语为八个声调，被称为“八声家”。文中“低”“昂”指调值的高低；“轻”“重”指声调因声母清浊而分为阴阳两类；“怒声”指次浊。

下面主要根据以上材料和今人的拟测，来考察中古上声、去声的调值情况。

（1）关于上声

表信公所传的汉音里，上声已分化为轻重（即清浊）两类，“上中重音与去不分”，表明浊上已并入浊去。表信公把上声（轻）描写为“直昂”，表示是个高调。“昂”若作方位名词“高”解，则是个高平调；若作动词“上升”解，则是个高升调。从六声家和八声家所传方言常以“低”“昂”对举（如“初低后昂之音可为上声之重”“上声重初低后昂”）来看，“昂”应为“高”义，清上是个高平调。[①]由此可以想到，上声重（浊上）因以浊母起头，使调子变低，无法读成高调，调型应是徐徐上升的。

金、正、聪有上声重（浊上）描写，其中金的浊上描写最难懂。“始重终轻，呼之为异，唇舌之间亦有差升”，梅祖麟[②]认为它是升调。潘悟云[③]则认为浊上应是两个高低不同的平调相加而成，由低平徐升至高平。

关于“正”的调值，潘悟云[④]认为是由金的清平和清上合成。“正”的阴上是一个从清平（调值为 33）突然跳至清上（调值为 55）的调形。他的阳上调值似“金”的阳上，不过“不突呼之”，可见阳上应是个从低到高徐徐上升的声调。

关于“聪”的调值，潘悟云[⑤]指出，其阴上调值近似“正”的阳上，是一个普通的升调；阳上调值近似“正”的次阴平，但其调值究竟如何，安然没有作具体的描写。

六声家“初后俱昂名为上声”“初低后昂之音可为上声之重”，八声家“上声轻初后俱昂”“上声重初低后昂”，从这些描写中可以看到，阴上是个高平调，阳上是个升调。

从上述分析来看，对阴上、阳上的调值拟测情况大致分为两类：一类认为阴上是高平调，阳上是升调；另一类认为阴上、阳上皆为升调，前者为高升调，后者为低升调。其共同之处在于，均认可阳上大

① 丁邦新：《平仄新考》，《丁邦新语言学论文集》，商务印书馆 1998 年版，第 81 页。
② 梅祖麟：Tones and Prosody in Middle Chinese and the Origin of the Rrising Tone，《梅祖麟语言学论文集》，商务印书馆 2000 年版，第 438 页。
③ 潘悟云：《汉语历史音韵学》，上海教育出版社 2000 年版，第 97 页。
④ 潘悟云：《汉语历史音韵学》，上海教育出版社 2000 年版，第 97—98 页。
⑤ 潘悟云：《汉语历史音韵学》，上海教育出版社 2000 年版，第 98 页。

致是一升调调型，由于浊母低沉，无法以高调起头，所以音高稍降，徐徐上升。

（2）关于去声

邵荣芬根据遍照金刚《文镜秘府论》对去声的描写，认为去声是一个降调或降升调。梅祖麟根据安然“去声稍引”“重长轻短”“去之轻重，似自上重，但以角引为去声也”的描写，认为去声是一个比较长的高升调。[①]金德平[②]认为“引”的意思是在原音高基础上的延长，而不是音高的升降变化，因此从调型上说去声是个高平调，如果其音高是个低调，则会与低平调——阴平接近，但去声实际和上声接近，所以去声应是略低于上声的高平调。尉迟治平[③]根据了尊“去声重初低后偃，去声轻初昂后偃”的描写，认为“角”“偃”是“曲折”的意思，因而去声是个曲折调。丁邦新[④]则认为去声大概是一个中降调。

从上述各家观点来看，虽然对去声调值的拟测不尽一致，但对上声和去声的相似性还是有所关注的。例如，《悉昙藏》云：“去之轻重，似自上重；但以角引为去声也。音响之终，妙有轻重；直止为轻，稍昂为重；此中著力，亦怒声也。”意即“聪”的阳上、阴去、阳去调值互相接近，其中阴去、阳去以“以角引”区别于阳上，而阳去以末尾稍微扬起区别于阴去。《悉昙藏》之《序》曰：“上去轻重稍近”更是直接指出上、去二声的相似性。另外，前述金德平亦强调上、去声的相似性，将上、去声拟为音高稍有差殊的高平调。此外，如前所述，

① 参见潘悟云《口语历史音韵学》，上海教育出版社 2000 年版，第 98 页。
② 金德平：《唐代长安方音声调状况初探》，《陕西师范大学学报》（哲学社会科学版）1989 年第 4 期。
③ 尉迟治平：《日本悉昙家所传古汉语调值》，《语言研究》1986 年第 2 期。
④ 丁邦新：《平仄新考》，《丁邦新语言学论文集》，商务印书馆 1998 年版，第 80 页。

阳上被拟为升调，亦有学者将去声拟为高升调，若是如此，去声和阳上调型相似，故而容易合并。

以下史料亦可证明上声与去声有着密切的关系。

慧琳《一切经音义》顾齐之序（840）云："又音虽南北，义无差别。秦人去声似上，吴人上声似去。"

根据日本河野六郎的研究，朝鲜汉字音"与日本字音有所不同，它不是反映一定时期、一定地域的中国音，而是各个新旧字音层的混合。这几个层次中有个被称为 b 层的基本语音层，它与如上所述的慧琳音义反切所显示的唐长安音体系相符合，再考虑到朝鲜的中国文化摄取的时期，在朝鲜字音上盖的主要印迹是唐代长安音，这也就是很自然的了"[①]。在朝鲜汉字读音中，汉语平声字以中期朝鲜语的平声表示（不注声点），入声以中期朝鲜语的去声表示（注一个声点），上声与去声一起以中期朝鲜语的上声表示（注两个声点），朝鲜汉字音上去混读的状态很可能也表现了唐长安音上去读音的接近。[②]

综上所述，我们可以认为，全浊声母上声字由于受声母的影响，使音高稍降，音长稍延，与去声接近起来，最终合并到一起，从而发生"浊上归去"的变化。

第二，在现代方言中上声字所发生的"非官话"式演变，调值相似往往也是促进调类合并的条件之一。举例如下。

①晋江的上声包括古清声母和次浊声母上声字，古全浊声母上声

① 参见金德平《唐代长安方音声调状况初探》,《陕西师范大学学报》(哲学社会科学版) 1989 年第 4 期。
② 金德平：《唐代长安方音声调状况初探》，《陕西师范大学学报》（哲学社会科学版）1989 年第 4 期。

字多数归入阴平。但混入阴平的全浊上声字作为连读前字时调值要变为 22，与阴平 33 调有所区别，例如：

社交 sia$^{阴平33-22}$kau^{阴平33}　　社长 sia$^{阴平33-22}$tiū^{上55}

社会 sia$^{阴平33-22}$hue^{去41}　　社学 sia$^{阴平33-22}$hak^{阳平24}

在汉语方言里，两个调类合并（或读同）为一个调类，在连续变调中又往往会按各自的面貌重新分开以示区别。①据此推测，调值为 22 的可能即为原来的阳上调，现在的上声 55 调实为阴上。

泉州、南安与晋江地理位置邻近且声调调值较为接近，三地调值比较如下。

	阴平	阳平	阴上	阳上	去声	阴入	阳入
晋江	33	24	55		31	43	24
泉州	33	24	544	22	31	4	13
南安	33	24	44	22	31	32	13

泉州、南安阴阳上各自独立，其阴上调值与晋江上声调值相近，阳上调值恰为 22。这就进一步呼应了我们的推测：晋江原来阴阳上概各自独立，调值分别为阴上 55、阳上 22。阳上 22 因与阴平 33 调型相同、调值接近而混同于阴平。因此，晋江全浊上声归入阴平的原因概与阳上、阴平的调型相同、调值相似有关。

②吴语临海方言全浊上字多数归入阳平，今上声调主要包括阴上和次浊上。本书统计的临海方言材料来源于黄晓东 2007 年 1 月发表于《方言》杂志的《浙江临海方言音系》一文。该文记录的临海声调及调值情况如下。

① 周长楫：《泉州话早期调类及其调值构拟》，《厦门大学学报》（哲学社会科学版）1989 年第 1 期。

阴平 31　阳平 22　上声 53　阴去 44　阳去 113　阴入 5　阳入 23

而在 1997 年游汝杰的调查中，该方言的上声则是阴阳分立的，游先生所记录的临海各声调及其调值情况如下。[①]

阴平 33　阳平 22　阴上 42　阳上 21　阴去 55　阳去 13　阴入 5　阳入 12

从游先生所记调值来看，其阴上 42 即为黄文中的上声 53（调查者不同，调值微有差殊），阳上 21 与阳平 22 调值接近。并且，在两字组连调中，如果前字为阴平或阳平，后字是阳平或阳上，那么处于后字位置的阳平或阳上调值皆变读 42 调。[②]阳平与阳上单字调接近，连读调中调值相同的语言事实说明阳平与阳上合并是可能的。正是基于阳平与阳上的合并，因此，那些原来保持阳上调不变的全浊上声字也随之归到阳平。

③神木等五台片晋语，古平声的清声母字和上声的清声母、次浊声母字合流，次浊上字和清上字今归阴平上声调。来源于古清平和清上、次浊上的字单字调相同，这是晋语方言五台片的共同特征。

王临惠[③]对秦晋两省沿河方言的声调情况进行了详细的比较分析，现将其中记录的晋语五台片和吕梁片方言的声调调值情况摘录如表 2-1 所示。

① 参见张燕春《临海方言双音节连读变调实验研究》，《首都师范大学学报》（哲学社会科学版）2006 年第 2 期。
② 张燕春：《临海方言双音节连读变调实验研究》，《首都师范大学学报》（哲学社会科学版）2006 年第 2 期。
③ 王临惠：《秦晋两省沿黄河方言声调比较研究》，第四届官话方言国际学术研讨会 2007 年。

表 2-1　　晋语五台片和吕梁片部分方言声调调值情况表

<table>
<tr><th>片</th><th>地点</th><th>浊平</th><th>清平</th><th>清、次浊上</th><th>全浊上</th><th>清去</th><th>浊去</th><th>清入</th><th>次浊入</th><th>全浊入</th></tr>
<tr><td rowspan="6">五台片</td><td>偏关</td><td>33</td><td colspan="2">213</td><td colspan="3">52</td><td colspan="3">ʔ3</td></tr>
<tr><td>河曲</td><td>44</td><td colspan="2">24</td><td colspan="3">52</td><td colspan="3">ʔ4</td></tr>
<tr><td>府谷</td><td>44</td><td colspan="2">213</td><td colspan="3">53</td><td colspan="3">ʔ3</td></tr>
<tr><td>保德</td><td>33</td><td colspan="2">212</td><td colspan="3">53</td><td colspan="3">ʔ21</td></tr>
<tr><td>神木</td><td>44</td><td colspan="2">213</td><td colspan="3">53</td><td colspan="3">ʔ4</td></tr>
<tr><td>绥德</td><td>33</td><td colspan="2">213</td><td colspan="3">53</td><td colspan="3">ʔ30</td></tr>
<tr><td rowspan="9">吕梁片</td><td>兴县</td><td>44</td><td>324</td><td>213</td><td colspan="3">52</td><td>ʔ3</td><td colspan="2">ʔ212</td></tr>
<tr><td>临县</td><td>44</td><td>24</td><td>312</td><td colspan="3">53</td><td>ʔ44</td><td colspan="2">ʔ24</td></tr>
<tr><td>佳县</td><td>44</td><td>214</td><td>412</td><td colspan="3">53</td><td>ʔ44</td><td colspan="2">ʔ214</td></tr>
<tr><td>吴堡</td><td>33</td><td>213</td><td>412</td><td colspan="3">53</td><td>ʔ3</td><td colspan="2">ʔ213</td></tr>
<tr><td>柳林</td><td>33</td><td>214</td><td>314</td><td colspan="3">52</td><td>ʔ3</td><td colspan="2">ʔ314</td></tr>
<tr><td>永和</td><td>44</td><td>423</td><td>213</td><td colspan="3">51</td><td>ʔ3</td><td colspan="2">ʔ213</td></tr>
<tr><td>清涧</td><td>24</td><td>213</td><td>512</td><td colspan="3">53/44</td><td colspan="2">ʔ423</td><td>ʔ54</td></tr>
<tr><td>石楼</td><td>44</td><td>214</td><td>413</td><td colspan="3">52</td><td colspan="2">ʔ4</td><td>ʔ23</td></tr>
<tr><td>大宁</td><td>24</td><td>42</td><td>31</td><td colspan="3">54</td><td colspan="2">ʔ21</td><td>ʔ214</td></tr>
</table>

由表 2-1 看出，晋语吕梁片清平和清、次浊上大都是两个不同值的曲调，晋语五台片清平和清、次浊上合流，今调值也是一个曲调。一种方言中调型相同、调值相近的两个声调是最容易合并的。据王临惠考察，吴堡、柳林、永和、清涧、石楼等方言阴平、上声未合调，但是调型一样，这些方言中都不同程度地存在着阴平、上声混读的现象。因此，晋语五台片清平和清、次浊上大致经历了这样一个过程：由原来调型相同、调值相近的两个声调逐渐合并成了一个声调，今晋语吕梁片阴平、上声分立的状态可能是晋语五台片某个历史时期曾经存在的状态。晋语五台片普遍存在连读变调中区别阴平和上声的现象，如邢向东[①]在描写神木方言的连读变调时指出："清平和清上作为前字，除了在清上前面外，都不同调。……清平和清上作为后字，除了在清上和入声后面外，都同调。"阴平和上声在连读调中可以分开，进一步说明五台片晋语在某历史时期阴平与上声是分立的，由于调型相同，调值相似，二者逐渐合流为一个声调，这当是声调晚期演变的结果。

二　连读变调的影响

连读调和单字调紧密相连。一般来说，连读调的调值由单字调所决定，但连读调在确立后，同样对单字调具有较强的反作用。

以我们调查的莱州驿道镇东赵村方言为例。该地方言共有三个声调：阴平 213、阳平 42、上声 55。古全浊上声、去声、次浊入声分归阴平、阳平，其中清去、次浊入多归阴平，全浊上、浊去多归阳平；此外，其古清平今读阴平，古浊平、全浊入今读阳平，古清上、次浊上、清入今读上声。

---

① 邢向东：《神木方言研究》，中华书局 2002 年版，第 113 页。

根据 20 世纪 50 年代山东方言普查记录，莱州的三个声调原为平声、上声、去声，今将去声改称阳平，平声随之改为阴平，去声字包括全浊上声和次浊入声。[①]由此可见，在莱州话中，应该是古全浊上、去声、次浊入声先合并为去声一类，然后再分归阴阳平。但是，它们分属阴平、阳平两类并没有什么严格规律，而是在阴平、阳平之间处于摇摆不定的状态，有些字有阴平、阳平两种读法更说明了这一点，如“妇꜀fu ꜁fu|善꜀ʂã ꜁ ʂã|咎꜀tɕiəu ꜁tɕiəu”。

胶莱河以东的胶东方言特别是东莱片方言，去声与阳平合并已经成了本地方言较强的一种方言趋势。[②]莱州驿道镇属于东莱片，不可避免也会受此影响，发生类似的音变。那么，是什么原因导致去声的与阳平合并的过程中部分字转归阴平，从而造成读音的混乱呢？我们从连读变调中似可找到一些线索。

驿道镇两字组变调情况见表 2-2[*]。

表 2-2　　驿道镇两字组变调表

前字 后字	阴平 213	阳平 42	上声 55
阴平 213	213+213→45+213	42+213（不变）	55+213（不变）
阳平 42	213+42（不变）	***42+42→213+42*** 42+42（不变）	55+42→213+42 55+42→45+42
上声 55	213+55（不变）	***42+55→213+55*** 42+55（不变）	55+55→213+55 55+55→42+55

① 钱曾怡等：《莱州方言志》，齐鲁书社 2005 年版，第 9 页。
② 吴永焕：《山东方言声调研究》，博士学位论文，山东大学，2001 年，第 69 页。
* 该表在个人调查的基础上参照了《莱州方言志》（齐鲁书社 2005 年版）第 66 页上的“两字组变调表”。

由表 2-2 可见，当阳平字分别作连读调的前字和后字时，前字有的由阳平 42 调变读阴平 213 调（表中第三行加粗斜体）；当阳平字作连读调前字，上声字作连读调后字时，前字有的由阳平 42 调变读阴平 213 调（表中第四行加粗斜体）。例如：

头皮 tʰəu$^{42-213}$pʰi^{42}　上学 ʂɑŋ$^{42-213}$ɕyə^{42}　红糖 xuŋ$^{42-213}$tʰɑŋ^{42}

财神 tsʰɛ$^{42-213}$ʂẽ^{42}

下雨 ɕiɑ$^{42-213}$y^{55}　第一 ti$^{42-213}$i^{55}　牛角 niəu$^{42-213}$tɕiɑ^{55}

洋火 iɑŋ$^{42-213}$xuə^{55}

在两字组后字轻声变调中，也存在阴平、阳平互相转换的现象。表 2-3 是驿道镇两字组后字轻声变调表*。

表 2-3　驿道镇两字组后字轻声变调表

后字＼前字	阴平 213		阳平 42		上声 55	
轻声	213	<u>42</u>	42-55	3	55-45	3
	213-42	***2***	42	2	55-42	2

表 2-3 显示，当后字为轻声，前字为阴平时，前字有的由阴平 213 调变读为阳平 42 调（表中加粗斜体）。例如：

舅母 tɕiəu$^{213-42}$mu^{2}　掖县 iə$^{213-42}$ɕiã^{2}　热闹 iə$^{213-42}$nɔ^{2}

担杖 tã$^{213-42}$tʂəŋ^{2}

另外，驿道镇方言中儿化韵很多，在儿化音节中亦存在阴阳平互相变读的情况。例如：

舅儿 tɕiˤəur$^{213-42}$　棱儿 ɭə̃r$^{213-42}$　（大）个儿 kər$^{213-42}$

（壶）盖儿 kɛr$^{213-42}$

* 该表在个人调查的基础上参照了《莱州方言志》（齐鲁书社 2005 年版）第 69 页上的“两字组后字轻声变调表”。

灶码儿 tsɔ$^{213-42}$mɑr^{2}　星儿星儿 siˤə̃r^{213}siˤə̃r$^{213-42}$　做茧儿 tsəu$^{42-213}$tɕiˤɛr^{55}

年景儿 niã$^{42-213}$tɕiˤ ə̃r^{55}

连读调和单字调不是各自孤立的，而是有着密切的联系。一般来说，连读调的调值由单字调所决定，但在连读调确立后，对单字调也有较强的反作用。阴平和阳平在连读调中的合并程度高，使去声在与阳平调合并的路途中不可避免地受到连读调的干扰，从而产生或归阳平或归阴平的不稳定状态，导致去声的无秩序分化。

三　声母的影响

“汉语的音节是声母、韵母和声调三者构成的，共处在一个整体之中，声韵调是相互依存、相互制约的，是对立的统一。”①中古上声字在现代方言中的发展亦受到声母的影响作用。下面，我们分别从声母的清浊、送气不送气以及声母的紧喉作用与声母的稳定性等四方面来说明声母对上声字的演变所带来的影响。

1. 声母清浊的影响

声母清浊对上声字演变的影响表现在：第一，阴阳分化，即按声母清浊分为阴阳两调，清声母在阴调，浊声母在阳调；第二，调类的合并，包括阳声调类之间的合并、阳声调归入阴声调、阴声调归入阳声调。

下面我们按照每个方言中多数字的变化情况（归入两种调类字数相当的方言，按字数稍多的调类算），将统计的 310 个方言点中中古上声字依声母清浊分调的大致情况列成表 2-4。

① 李如龙：《声母对韵母和声调的影响》，载《声韵论丛》（第 5 辑），台湾学生书局 1996 年版，第 59 页。

表 2-4　　　　　中古上声字依声母清浊分调情况表

<table>
<tr><th rowspan="2" colspan="2">类型</th><th colspan="2">清</th><th colspan="2">浊</th><th rowspan="2">方言</th></tr>
<tr><th>全</th><th>次</th><th>次</th><th>全</th></tr>
<tr><td rowspan="2">第Ⅰ类</td><td>1</td><td colspan="3">上</td><td>去</td><td>官话：北京 哈尔滨 济南 广灵 昌黎 利津 烟台 牟平 荣成 郑州 徐州 运城 西安 武都 乐都 扬州 合肥 泰州 武汉 成都 柳州 兰州 银川 乌鲁木齐 焉耆
晋语：太原 清徐 平遥 介休 盂县 武乡 天镇 山阴 左权 忻州 神木 沁县 定襄 朔县
吴语：铜陵 金坛（西岗）
赣语：上高（敖阳）醴陵（白兔潭）泰和 萍乡 永新 南丰（南城）
客语：桂东 化州（新安）深圳（沙头角） 中山（南蓢合水）南康（蓉江）井冈山（黄坳） 梅县 连南 廉江（石角）廉江（青平） 铜鼓（丰田）陆川 西河
粤语：中山（石岐） 珠海（前山）
土话：乐昌（长来）乐昌（皈塘）</td></tr>
<tr><td>2</td><td colspan="3">上</td><td>阳去</td><td>官话：南通 如东 兴化
晋语：汾西
湘语：益阳 岳阳（荣家湾）娄底 双峰 涟源（桥头河） 安化（梅城） 湘乡（城关）邵阳（市区） 城步（儒林） 会同（林城） 衡阳（西渡） 泸溪（浦市） 祁阳（白水） 东安（石期）东安（花桥）
吴语：金华
徽语：歙县
赣语：南昌 星子 湖口（双钟）高安 奉新（冯川）永修（江益）修水（义宁）安义 平江（南江）万载（康乐）新余（渝水）宜丰 吉安 永丰（恩江）茶陵 东乡 乐平 余干 阳新（国和）宿松（河塔）岳西 建宁 泰宁 邵武 吉水（螺田）黎川（日峰） 宜黄（凤凰） 临川（上顿渡）南城 横峰 弋阳
客语：安远（欣山）宁化 金华（珊瑚村） 于都（贡江）赣县（蟠龙） 上犹（社溪） 长汀 宁都 定南（历市）龙南（龙南） 全南（城厢）石城（琴江）
闽语：福州 仙游 厦门 台北 明溪 建瓯
平话：临桂（五通）灵川（三街）
粤语：澳门（市区） 宝安（沙井） 阳江
土话：连州（西岸） 连州（丰阳） 连州（星子）</td></tr>
</table>

续表

类型		清		浊		方言
		全	次	次	全	
第Ⅰ类	3	阴上			去	**赣语**：莲花（琴亭）
	4	阴上			阳去	**吴语**：常州 江阴 靖江 余杭 杭州 黄岩 **闽语**：漳平（永福） 海口
	5	上			阴去	**湘语**：长沙 湘潭 望城（城关） **闽语**：崇安 建阳
	6	阴上			阴去	**平话**：兴安（高尚）
	7	阴上			阳上	**吴语**：桐乡 海盐 长兴 安吉 德清 磐安 云和 **闽语**：潮州 南安 沙县 三元 雷州
	8	上			阴平	**官话**：如皋 海安 东台 大丰 姜堰 **赣语**：都昌 波阳（鄱阳） **客语**：大余 **闽语**：晋江
	9	上			阳平	**官话**：即墨 平度 莱州 **晋语**：屯留 **吴语**：临海 **闽语**：中山（隆都）
第Ⅱ类	10	阴上	上阳上		阳去	**平话**：资源（延东）
第Ⅲ类	11	阴上		阳去		**吴语**：南汇（周浦）松江 上海 临安 余姚 宁波 苏州 昆山 宝山（霜草墩） 宝山（罗店） 富阳 昌化 衢州 无锡 **粤语**：四会　广宁 恩平（牛江）
	12	阴上		阳上		**徽语**：屯溪　婺源（坑头） 婺源（秋口） 休宁（溪口） **吴语**：常熟 海宁 湖州（双休） 绍兴 诸暨（王家井） 嵊县（崇仁） 嵊县（太平） 温州 文成 汤溪 永康 龙游 常山 广丰 遂昌 庆元 **粤语**：封开白话 开平（赤坎） **平话**：宾阳（芦墟）玉林（福绵） 藤县（藤城） 钟山 昭平 平乐（青龙） 富宁（剥隘）（云南）
	13	上		阳去		**徽语**：遂安（汾口）
	14	上		阴去		**平话**：宁远（清水桥） **土话**：道县（寿雁）
	15	上		阴平		**湘语**：江永（桃川）

续表

类型		清		浊		方言
		全	次	次	全	
第Ⅳ类	16	阴上		阳上	阳去	**吴语：** 浦城 宜兴 **平话：** 百色（那毕）南宁（亭子）龙州（上龙）横县（横州）马山（乔利）扶绥（龙头）田东（林逢） **粤语：** 广州 肇庆（高要） 德庆 香港（市区）番禺（市桥）花县（花山）增城（县城）佛山（市区）南海（沙头）顺德（大良）三水（西南）斗门（上横水上）斗门（斗门）江门（白沙）新会（会城）台山（台城）鹤山（雅瑶） **土话：** 连州
	17	阴上		阳上	去	**粤语：** 东莞（莞城）
	18	阴上		阳上	阴去	**平话：** 融水（融水）
	19	阴上		阴去	阳去	**粤语：** 怀集
	20	上		阴去	阳去	**粤语：** 从化（城内） **客语：** 河源 惠州
	21	阴上		阴平	阳去	**吴语：** 溧阳
	22	上		阴平	阳去	**粤语：** 香港（新界锦田） **土话：** 连州（保安）
	23	上		阴平	去	**客语：** 澡溪（奉新）
	24	上		阳平	阳去	**粤语：** 新兴
	25	阴上		阳平	阳去	**吴语：** 丹阳
	26	阴上		阴平	阳上	**吴语：** 太平（仙源）
	27	上		阴平	上	**客语：** 五华 信宜（思贺） 信宜（钱排）揭西
	28	阴上		阳上	阳平	**粤语：** 罗定 郁南（平台）云浮（云城）
	29	上		阴去	阳平	**粤语：** 高明（明城）

续表

<table>
<tr><th colspan="2" rowspan="2">类型</th><th colspan="2">清</th><th colspan="2">浊</th><th rowspan="2">方言</th></tr>
<tr><th>全</th><th>次</th><th>次</th><th>全</th></tr>
<tr><td rowspan="3">第Ⅴ类</td><td>30</td><td>阴上</td><td>阴去</td><td colspan="2">阳去</td><td>吴语：嘉善</td></tr>
<tr><td>31</td><td>全阴上</td><td>次阴上</td><td colspan="2">阳去</td><td>吴语：嘉兴</td></tr>
<tr><td>32</td><td>全阴上</td><td>次阴上</td><td colspan="2">阳上</td><td>吴语：吴江（黎里）　吴江（盛泽）</td></tr>
<tr><td>第Ⅵ类</td><td>33</td><td>阴上</td><td colspan="3">阳去</td><td>吴语：平湖</td></tr>
<tr><td rowspan="2">第Ⅶ类</td><td>34</td><td colspan="4">上</td><td>徽语：绩溪　祁门（箬坑）祁门（大坦）黟县（碧阳）休宁（流口）黟县（宏潭）
客语：东莞（清溪）从化（吕田）翁源　阳西（塘口）阳春（三甲）　高州（新垌）　电白（沙琅）武平（岩前）
平话：临桂（两江）全州（文桥）
土话：乐昌（北乡）</td></tr>
<tr><td>35</td><td colspan="4">阴上</td><td>徽语：歙县
土话：江华</td></tr>
</table>

根据古今调类的对应关系，表 2-4 将中古上声字依声母清浊分调的情况归为以下七种大类型。

第Ⅰ类：全清上、次清上与次浊上为一类，全浊上独立为一类。这样的方言数量最多，遍及各大方言区。

第Ⅱ类：全清上为一类，次清上与次浊上为一类，全浊上为一类。平话资源（延东）属此情况。

第Ⅲ类：全清上、次清上为一类，全浊上、次浊上为一类。这样的方言主要见于吴语、平话，在部分徽语、少量粤语等和个别湘语、土话中亦有分布。

第Ⅳ类：全清上、次清上为一类，全浊上、次浊上各独立成类。此类情况多见于粤语，在部分平话、客语和少量吴语、土话中亦可见到。

第Ⅴ类：全清上、次清上独立成类，全浊上、次浊上合为一类。少量吴方言属于这种情况。

第Ⅵ类：全清上为一类，次清上、次浊上、全浊上为一类。吴语平湖如此。

第Ⅶ类：全清上、次清上与次浊上、全浊上合为一类。此类方言主要见于部分徽语和客语，少量平话和土话中亦有分布。

由表 2-4 可见，中古全清、次清、全浊、次浊上声字在今调类中的归派并非全部都按照古声母的清浊整齐划分。其中既有按声母清浊分调保持相应的阴阳两个独立调类的，即清上字归入阴上、浊上字归入阳上；也有发生调类合并的，包括：①阳声调类之间的合并，如全浊上归阳去；②阳声调归入阴声调，如次浊上归阴上；③阴声调归入阳声调，如次清上归阳去。现对古清上字、全浊上字、次浊上字的情况分述如下。

（1）中古清音上声字

在绝大多数方言中，中古全清、次清上声字或独立为阴上调，或再与阳上调合并为上声。**（除第Ⅱ类、第Ⅴ类、第Ⅵ类，其他类型均如此）**

在少量吴语和个别平话中，中古清音上声字依声母全清、次清分为两种调类，如平话资源（延东）全清上今读阴上，次清上归上阳上；吴语嘉善全清上今读阴上，次清上归阴去；吴语平湖全清上今读阴上，次清上归阳去。**（见第Ⅱ类、第Ⅴ类、第Ⅵ类）**

（2）中古全浊上声字

在多数方言中，中古全浊上声字归入阳去调，或继而与阴去调合并为去声。其中有的方言全浊上声字归入阳去后，再同浊去字一起并入阳平，粤语中少数方言如此，像罗定、高明（明城）等**（见第Ⅳ类 28、29 小类）**；或者归进阳去后，再随浊去字一同并入上声，客语中部分方言如此，像五华、东莞（清溪）等（**见第Ⅳ类 27 小类、第Ⅶ类 34 小类**[*]）。

在部分方言中，古全浊上字今读阳上调，此类方言主要分布在吴语、闽语、徽语、平话和粤语当中，如吴语桐乡、常熟，闽语潮州、南安，徽语屯溪，平话宾阳（芦墟）、玉林（福绵）以及粤语封开白话等（**见第Ⅰ类 7 小类、第Ⅲ类 12 小类、第Ⅳ类 26 小类、第Ⅴ类 32 小类**）。还有的方言古全浊上字独立为阳上调后，继而与阴上调合并为上声，如徽语屯溪、平话临桂（两江）等。（**见第Ⅶ类 34 小类，客语除外**）。

在少数方言中，古全浊上字归入阴调类，或是阴去调，或是阴平调[**]，个别为阴上调。如湘语长沙、闽语崇安、平话融水（融水）全浊上字多数归阴去，官话海安、湘语江永（桃川）全浊上字多数或约半数归阴平，江华寨山土话全浊上字约半数归阴上，等等。（**见第Ⅰ类 5、6、8 小类，第Ⅲ类 14、15 小类，第Ⅳ类 18 小类，第Ⅶ类 35 小类**）

（3）古次浊上字

在多数方言中，古次浊上字跟清上字走归入阴上或读上声。（**见第Ⅰ类、第Ⅵ类**）

在部分方言中，古次浊上字与全浊上字一起演变，或同归阳去，或均独立为阳上，此类方言主要见于部分吴语、徽语、平话以及少量粤语。如吴语南汇（周浦）、粤语四会全浊上、次浊上同归阳去；吴语海宁、徽语屯溪、粤语封开白话、平话藤县（藤城）全浊上、次浊上均独立为阳上。（**见第Ⅲ类 11、12 小类，第Ⅴ类、第Ⅵ类**）还有个别方言全浊、次浊上同归阴去、阴平、阴上等阴调类，如平话宁远（清

---

[*] 仅指该类的“客语”。

[**] 这里是就方言中绝大多数或多数全浊上字的变化情况而言。如前所述，在多数客语和部分赣语里，尚有少数全浊上字今归阴平调。

水桥）全浊、次浊上同归阴去，湘语江永（桃川）全浊、次浊上同归阴平，江华寨山土话全浊、次浊上同归阴上。**（见第Ⅲ类 14、15 小类，第Ⅶ类 35 小类）**。

在部分方言中，唯次浊上字独立为阳上调，与清上、全浊上字今调类相区别。此类现象主要出现于粤语和部分平话，如粤语广州、平话百色（那毕）等。**（见第Ⅳ类 16、17、18 小类）**

在少数方言中，次浊上字归到阴去、阴平*或阳平，与清上、全浊上字今调类不同，此类方言主要见于客语、吴语和粤语。如客语河源次浊上多数归阴去，吴语溧阳次浊上字多数归阴平，粤语新兴白话次浊上字多数归阳平。**（见第Ⅳ类 19—27、29 小类）**

与全浊声母相比，次浊声母有其特殊的语音性质。次浊声母都是带声的流音，从带声说，它是浊音；从流音说，它又没有浊的塞音、塞擦音强。浊音的这种中间特性决定了它对声调的制动作用弱于清音和全浊音，处于一种中间的不稳定状态。因此，次浊上字既可以跟随清上字的步伐归入阴上，在部分方言中又可以凭借与"全浊"相似的身份和全浊上字同步演变。

2. 声母送气不送气的影响

上声调的演变与声母送气不送气有关。其中包括两方面内容：上声调的调类归属与声母送气与否相关；调值高低与声母是否送气相关。

（1）上声调的调类归属与声母送气不送气的关系

其中分两种情况：第一，依古声母是否送气（即全清和次清的分别），上声调从而归属不同的调类；第二，上声调归派的不同调类，其声母的送气情况亦有相应的不同。

---

* 这里同样是以方言中绝大多数或大部分次浊上字的变化情况而言。在多数客语和少量赣语里，尚有少部分次浊上字今归阴平调。

①按照古声母全清（不送气）次清（送气）的分别，上声调派入不同的调类。

首先，在声调格局中按清声母的送气与否分全阴、次阴，中古全清上和次清上字故而归入相应的全（清）阴上和次（清）阴上。[*]吴语吴江（黎里）、吴江（盛泽）和嘉兴三地属此情况。举例见表 2-5。

表 2-5　吴江（黎里、盛泽）、嘉兴古全清、次清上字的分调情况举例

吴江（黎里）	全清上（全清阴上）	纸ᶜʦɿ^{51} 使ᶜsɿ^{51} 摆ᶜpɑ^{51} 改ᶜkᴇ^{51} 岛ᶜtᴀɔ^{51} 爪ᶜʦᴀɔ^{51} 抖ᶜtieɯ^{51} 狗ᶜkieɯ^{51} 喊ᶜhᴇ^{51} 展ᶜʦɵ^{51} 本ᶜpəɲ^{51} 讲ᶜkɑ^{51} 掌ᶜʦã^{51} 比ᶜpij^{51} 喜ᶜçij^{51} 反ᶜfᴇ^{51}
	次清上（次清阴上）	耻ᶜʦ^{h}ɿ^{334} 腿ᶜt^{h}ᴇ^{334} 凯ᶜk^{h}ᴇ^{334} 吵ᶜʦ^{h}ᴀɔ^{334} 敨ᶜt^{h}ieɯ^{334} 口ᶜk^{h}ieɯ^{334} 坦ᶜt^{h}ᴇ^{334} 逞ᶜʦ^{h}əɲ^{334} 慷ᶜk^{h}ɑ^{334} 捧ᶜp^{h}oŋ^{334} 体ᶜt^{h}ij^{334} 企ᶜʨ^{h}ij^{334}
吴江（盛泽）	全清上（全清阴上）	指ᶜʦɿ^{51} 始ᶜsɿ^{51} 主ᶜʦɥ^{51} 哑ᶜʔo^{51} 彼ᶜpij^{51} 改ᶜkᴇ^{51} 饱ᶜpᴀɑ^{51} 肘ᶜʦiəʉ^{51} 板ᶜpᴇ^{51} 耿ᶜkəɲ^{51} 党ᶜtɑ^{51} 拱ᶜkoŋ^{51} 挤ᶜʨij^{51} 姐ᶜʦiɑ^{51} 典ᶜtiɪ^{51} 景ᶜʨɪɲ^{51}
	次清上（次清阴上）	耻ᶜʦ^{h}ɿ^{334} 腿ᶜt^{h}ᴇ^{334} 考ᶜk^{h}ᴀɑ^{334} 厂ᶜʦ^{h}æ̃^{334} 孔ᶜk^{h}oŋ^{334} 岂ᶜʨ^{h}ij^{334} 浅ᶜʦ^{h}iɪ^{334} 品ᶜp^{h}ɪɲ^{334} 顷ᶜʨ^{h}ɪɲ^{334} 土ᶜt^{h}ɜu^{334} 可ᶜk^{h}o^{334} 蠢ᶜʦ^{h}əɲ^{334} 剖ᶜp^{h}u^{334} 躺ᶜt^{h}ɑ^{334}
嘉兴	全清上（全清阴上）	止ᶜʦɿ^{44} 鼠ᶜsɥ^{44} 摆ᶜpɑ^{44} 海ᶜhᴇ^{ε44} 稿ᶜkɔ^{44} 否ᶜfe^{44} 帚ᶜʦe^{44} 掸ᶜtᴇ^{ε44} 敢ᶜkɤə^{44} 展ᶜʦɤə^{44} 等ᶜtən^{44} 讲ᶜkᴀ^{44} 悚ᶜsoŋ^{44} 底ᶜti^{44} 表ᶜpiɔ^{44} 朽ᶜçi^{ə}u^{44}
	次清上（次清阴上）	此ᶜʦ^{h}ɿ^{324} 凯ᶜk^{h}ᴇ^{ε324} 妥ᶜt^{hə}u^{324} 慷ᶜk^{h}ᴀ^{324} 扯ᶜʦ^{h}ɤə^{324} 捧ᶜp^{h}oŋ^{324} 起ᶜʨ^{h}i^{324} 普ᶜp^{h}u^{324} 土ᶜt^{h}əu^{324} 傀ᶜk^{h}ue^{324} 蠢ᶜʦ^{h}əɲ^{324} 考ᶜk^{h}ɔ^{324}

[*] 赵元任先生早在 1928 年调查吴语时就已经注意到声母送气不送气会引起声调分化这一语音现象，赵先生因此把配不送气声母的声调称为全阴调，把配送气声母的声调称为次阴调。并在《现代吴语的研究》中留下了江苏溧阳、吴江（黎里、盛泽）和浙江嘉兴四地送气分调的最早记录：溧阳：全清入为全阴入、次清归阳入；吴江黎里：全清去为全阴去、次清去为次阴去，全清入为全阴入、次清入为次阴入；吴江盛泽：全清上为全阴上、次清上为次阴上，全清去为全阴去、次清去为次阴去；嘉兴：全清上为全阴上、次清上为次阴上。本书我们按照钱乃荣先生《当代吴语研究》，将吴江（黎里）的阴上也分为全阴上和次阴上。

其次，有的方言全清上保持阴上调不变，次清上则归入其他调类。在统计的方言中，吴语的嘉善和平湖次清上字分别归到阴去和阳去，平话资源（延东）次清上声字多数归入上阳上。举例见表 2-6。

表 2-6　嘉善、平湖和资源（延东）古全清、次清上字的分调情况举例

<table>
<tr><td rowspan="4">吴语</td><td rowspan="2">嘉善</td><td>全清上（阴上）</td><td>紫ᶜtsɿ 比ᶜpi 几ᶜtɕi 堵ᶜtu 祖ᶜtsu 果ᶜku 举ᶜtɕy 许ᶜɕy 摆ᶜpa 姐ᶜtsia 保ᶜpɔ 祷ᶜtɔ 改ᶜkɛ 抖ᶜtə 灸ᶜtɕiə 枕ᶜtsən 狡ᶜtɕiɔ 典ᶜtiɪ 诡ᶜkuɛ</td></tr>
<tr><td>次清上（阴去）</td><td>此 tsʰɿᵓ体 tʰiᵓ启 tɕʰiᵓ普 pʰuᵓ苦 kʰuᵓ草 tsʰɔᵓ讨 tʰɔᵓ舔 tʰiɪᵓ 犬 tɕʰiøᵓ可 kʰoᵓ闯 tsʰɑ̃ᵓ肯 kʰənᵓ品 pʰinᵓ孔 kʰoŋᵓ惨 tsʰøᵓ 敨 tʰəᵓ浅 tsʰiɪᵓ</td></tr>
<tr><td rowspan="2">平湖</td><td>全清上（阴上）</td><td>左ᶜtsu 火ᶜhu 写ᶜsia 举ᶜtɕy 改ᶜkɛ 椅ᶜi 保ᶜpɔ 晓ᶜɕiɔ 纠ᶜtɕiəɯ 胆ᶜtɛ 敢ᶜkø 斩ᶜtsɛ 贬ᶜpiᴇ梗ᶜkã本ᶜpin 转ᶜtsø 短ᶜtø 显ᶜɕiᴇ 检ᶜtɕiᴇ</td></tr>
<tr><td>次清上（阳去）</td><td>取 tsʰy꜅齿 tsʰɿ꜅巧 tɕʰiɔ꜅品 pʰin꜅犬 tɕʰiø꜅捧 pʰoŋ꜅肯 kʰən꜅</td></tr>
<tr><td rowspan="2">平话</td><td rowspan="2">资源（延东）</td><td>全清上（阴上）</td><td>纸ᶜtsɿ 洗ᶜsɿ 底ᶜti 鼓ᶜku 许ᶜʂʮ打ᶜta 剐ᶜkua 绞ᶜtɕio 左ᶜtsuo 醒ᶜɕio 走ᶜtsau 苟ᶜkəu 短ᶜtẽĩ感ᶜkan 反ᶜxuẽĩ贬ᶜpian 剪ᶜtɕian 埂ᶜkən 顶ᶜtiən</td></tr>
<tr><td>次清上（上阳上）</td><td>耻꜂tsʰɿ 巧꜂tɕʰiau 抚꜂xu 丑꜂tsʰəu 犬꜂tɕʰyan 肯꜂kʰəu 品꜂pʰiən 恐꜂kʰoŋ 体꜂tʰi 普꜂pʰu 妥꜂tʰo 颗꜂kʰo 楚꜂tsʰəu 坦꜂tʰan 遣꜂tɕʰian 垦꜂kʰən</td></tr>
</table>

②上声调归派于不同的调类，各调类声母的送气情况亦相应有所不同。

（a）中古全浊上声字今多数或约半数归阳去（或去声），少数仍读阳上（或上声）。其中仍读阳上（或上声）的逢塞音、塞擦音声母送气，归阳去（或去声）的逢塞音、塞擦音声母不送气；若有文白异读，白读为阳上（或上声），声母多送气，文读为阳去（或去声），声母多不送气。

此类情况多见于粤方言，举例见表 2-7，其中前五字（有的是该字的白读音）多读阳上（或上声），为送气音；后五字（有的是该字的文读音）多归阳去（或去声），读不送气音。

表 2-7　　粤方言全浊上声字今读阳上（或上声）送气，归阳去（或去声）不送气举例

	柱	近	倍	舅	挺	弟	技	序	笨	淡
广州	ᶜ̱ʧʰy	ᶜ̱kʰøy	ᶜ̱pʰui	ᶜ̱kʰɐu	ᶜ̱tʰɛŋ	tɐiᵓ̱	keiᵓ̱	ʧøyᵓ̱	pɐnᵓ̱	tam
肇庆（高要）	ᶜ̱tsʰy	ᶜ̱kʰɐn	ᶜ̱pʰoi	ᶜ̱kʰɐu	ᶜ̱tʰeŋ	tɐiᵓ̱	keiᵓ̱	tsœyᵓ̱	pɐnᵓ̱	ᶜ̱tʰam
香港（市区）	ᶜ̱tsʰy	ᶜ̱kʰɐn	ᶜ̱pʰui	ᶜ̱kʰɐu	ᶜ̱tʰeŋ	tɐiᵓ̱	keiᵓ̱	tsœyᵓ̱	pɐnᵓ̱	tam
番禺（市桥）	ᶜ̱tsʰy	ᶜ̱kʰɐn	ᶜ̱pui	ᶜ̱kʰɐu	ᶜ̱tʰen	tɐiᵓ̱	keiᵓ̱	tsœyᵓ̱	pɐnᵓ̱	tam
花县（花山）	ᶜ̱tsʰoi	kɐnᵓ̱	ᶜ̱pʰui	ᶜ̱kʰɐu	ᶜ̱tʰəŋ	tɐiᵓ̱	keiᵓ̱	tsoiᵓ̱	pɐnᵓ̱	tam
增城（县城）	ᶜ̱tsʰi	kɐŋᵓ̱	ᶜ̱pʰui	ᶜ̱kɐu	ᶜ̱tʰɛŋ	tɐiᵓ̱	keiᵓ̱	sœᵓ̱	pɐŋᵓ̱	ᶜ̱tʰam
佛山（市区）	—	ᶜ̱kʰɐn	ᶜ̱pʰui	ᶜ̱kʰɐu	ᶜ̱tʰeŋ	tɐiᵓ̱	keiᵓ̱	tsœyᵓ̱	pɐnᵓ̱	tam
南海（沙头）	ᶜ̱tsʰy	ᶜ̱kʰɐn	ᶜ̱pʰy	ᶜ̱kʰɐu	ᶜ̱tʰeŋ	tɐiᵓ̱	kʰiᵓ̱	tœyᵓ̱	pɐnᵓ̱	ᶜ̱tʰam
顺德（大良）	ᶜ̱tsʰy	ᶜ̱kʰɐn	ᶜ̱pʰui	ᶜ̱kʰɐu	ᶜ̱tʰen	tɐiᵓ̱	kiᵓ̱	tsœyᵓ̱	pɐnᵓ̱	tamᵓ̱
三水（西南）	ᶜ̱tsʰy	ᶜ̱kʰɐn	ᶜ̱pʰui	ᶜ̱kʰɐu	ᶜ̱tʰeŋ	tɐiᵓ̱	keiᵓ̱	tsœyᵓ̱	pɐnᵓ̱	tamᵓ̱
斗门（上横水上）	ᶜ̱tsʰi	ᶜ̱kʰɐn	ᶜ̱pʰui	ᶜ̱kʰɐu	ᶜ̱tʰeŋ	tɐiᵓ̱	keiᵓ̱	tsuiᵓ̱	pɐnᵓ̱	tamᵓ̱
斗门（斗门）	ᶜ̱tʰui	ᶜ̱kʰɐn	ᶜ̱pʰui	ᶜ̱kʰɐu	ᶜ̱heŋ	tɐiᵓ̱	keiᵓ̱	tsuiᵓ̱	pɐnᵓ̱	tamᵓ̱
江门（白沙）	ᶜ̱tsʰi	ᶜ̱kʰɐn	ᶜ̱pʰui	ᶜ̱kʰeu	ᶜ̱heŋ	teiᵓ	keiᵓ	tsuiᵓ	pɐnᵓ	tamᵓ

续表

	柱	近	倍	舅	挺	弟	技	序	笨	淡
新会（会城）	꜃tsʰui	꜃kʰæn	꜃pʰui	꜃kʰæu	꜃heŋ	tæi꜄	kei꜄	tsui꜄	pæn꜄	tam꜄
澳门（市区）	꜂tsʰy	꜂kʰɐn	꜂pʰui	꜂kʰɐu	꜂tʰeŋ	tɐi꜅	kei꜅	tsœy꜅	pɐn꜅	tam꜅
中山（石岐）	꜂tsʰy	꜂kʰɐn	꜂pʰui	꜂kʰɐu	꜂tʰeŋ	tɐi꜄	ki꜄	tsy꜄	pɐn꜄	tam꜄
珠海（前山）	꜂tsʰy	꜂kʰɐn	꜂pʰui	꜂kʰɐu	꜂tʰɐŋ	tɐi꜄	ki꜄	tsœy꜄	pɐn꜄	tam꜄

粤语云浮（云城）全浊上声字多数归阳平，少数读阳上。其中今读送气声母的多为阳上调，今读不送气声母的多归阳平。该方言归阳平的全浊上声字实际是先归进阳去，继而再随同浊去字一起归入阳平。因此，云城方言今读阳上和阳平的全浊上声字与上表各方言今读阳上（或上声）和阳去（或去声）的全浊上字大致相同。例如，“柱꜃tsʰy|拒꜃kʰœy|倍꜃pʰu|舅꜃kʰɐu|怠꜃tʰu，弟꜁tɐi|技꜁kei|序꜁tsy|笨꜁pɐn|淡꜁tam”。

平话横县（横州）与上表各粤方言基本相同，全浊上声字约半数归阳去，其声母多为不送气音；少数读阳上，其声母多为送气音。例如，“序 tsœi꜅|巨 ky꜅|待 tai꜅|婢 pɛi꜅|俭 kim꜅，坐꜃tsʰy|拒꜃kʰy|柱꜃tsʰy|被被子꜃pʰi|淡꜃tʰam”。

（b）中古全浊上声字今多数或约半数归阴平，少数或约半数归去声。其中归阴平的逢塞音、塞擦音声母送气，归去声的逢塞音、塞擦音声母不送气；若有文白异读，白读为阴平，声母多送气，文读为去声，声母多不送气。

此现象主要见于六调区通泰方言。举例见表 2-8，其中前五字（有的是该字的白读音）归阴平，读送气音；后五字（有的是该字的文读音）归去声，读不送气音。

表 2-8　　六调区通泰方言全浊上声字归阴平送气，归去声不送气举例

	坐	道	跪	棒	近	巨	倍	断	静	罢
如皋	꜀tsʰɤɯ	꜀tʰɔ	꜀kʰuei	꜀pʰɑ̃	꜀tɕʰiŋ	tɕy꜄	pei꜄	tʊ̃꜄	tɕiŋ꜄	pɑ꜄
海安	꜀tsʰo	꜀tʰɔ	꜀kʰuei	꜀pʰɑ̃	꜀tɕʰĩ	tɕy꜄	pei꜄	tʊ̃꜄	tɕĩ꜄	pɑ꜄
东台	꜀tsʰo	꜀tʰɔ	꜀kʰuei	꜀pʰɑŋ	꜀tɕʰiŋ	tɕy꜄	pei꜄	tʊ̃꜄	tɕiŋ꜄	pɑ꜄
大丰	꜀tsʰo	꜀tʰɔ	꜀kʰuei	꜀pʰaŋ	꜀tɕʰiŋ	tɕy꜄	pei꜄	tʊ̃꜄	tɕiŋ꜄	pɑ꜄
泰兴	꜀tsʰɤɯ	꜀tʰɔ	꜀kʰuəi	꜀pʰɑŋ	꜀tɕʰiŋ	tɕy꜄	pəi꜄	tʊ̃꜄	tɕiŋ꜄	pɑ꜄
姜堰	꜀tsʰo	꜀tʰɔ	꜀kʰuəi	꜀pʰɑŋ	꜀tɕʰiŋ	tɕy꜄	pəi꜄	tʊ̃꜄	tɕiŋ꜄	pɑ꜄
泰州	꜀tsʰu	꜀tʰɔ	꜀kʰuəi	꜀pʰɑŋ	꜀tɕʰiŋ	tɕy꜄	pĩ꜄	tʊ̃꜄	tɕiŋ꜄	pɑ꜄

（c）中古全浊上声字多数归阳去，少数归阴去。其中归阴去的，逢塞音、塞擦音声母送气；归阳去的，逢塞音、塞擦音声母不送气。若有文白异读，白读为阴去，声母多送气，文读为阳去，声母多不送气。

粤语从化（城内）属于该种情况。举例见表 2-9。

表 2-9　　从化（城内）全浊上声字归阴去送气，归阳去不送气举例

阴去	坐 tsʰɔ꜄ 拒 kʰy꜄ 倍 pʰui꜄ 徛立 kʰi꜄ 似 tsʰi꜄抱 pʰou꜄ 舅 kʰɐu꜄ 淡 tʰam꜄ 践 tsʰin꜄ 断断绝 tʰyn꜄ 近 kʰɐn꜄ 囤 tʰɐn꜄ 盾矛盾 tʰɐn꜄ 窘 kʰuɐn꜄ 强勉强；倔强 kʰœŋ꜄ 棒 pʰɔŋ꜄ 艇 tʰɛŋ꜄ 重轻重 tsʰoŋ꜄
阳去	惰 tɔ꜅ 部 pu꜅ 杜 tu꜅ 序 tsœy꜅ 巨 ky꜅ 聚 tsœy꜅ 待 tɔi꜅ 罢 pa꜅ 陛陛下 pɐi꜅ 弟 tɐi꜅ 罪 tsœy꜅技 ki꜅ 雉雉鸡 tsi 祀祭祀 tsi꜅ 巳 tsei꜅ 跪 kuɐi꜅ 道 tou꜅ 皂 tsou꜅ 赵 tsiu꜅ 纣桀纣 tsɐu꜅ 淡 tam꜅渐 tsim꜅ 俭 kim꜅ 诞 taŋ꜅ 件 kin꜅ 拌 pun꜅ 断断绝 tyn꜅ 撰 tsaŋ꜅ 笨 pɐn꜅ 荡放荡 tɔŋ꜅ 丈 tsœŋ꜅静 tseŋ꜅

此外，粤语香港（新界锦田）全浊上声字多数归去声，少数归阴平。其中归阴平的，逢塞音、塞擦音声母多送气；归去声的，逢塞音、塞擦音声母、

塞擦音声母多不送气。其实，该方言今读阴平的全浊上声字是先归进阴去，然后再跟阴去字一起并入阴平；由于阴去归进阴平，故而此去声实为阳去。因此，该方言的送气情况与从化（城内）实际上是相同的。举例见表 2-10。

表 2-10　香港（新界锦田）全浊上声字归阴平送气，归去声不送气举例

阴平	坐꜀tsʰɔ　肚腹肚꜀tʰʊ　苎苎麻꜀tsʰy　柱꜀tsʰy　被被子꜀pʰei　婢꜀pʰei　雉꜀tsʰi　似꜀tsʰi　抱꜀pʰəu　鳔꜀pʰiu　窘꜀kʰuəŋ　棒꜀pʰæŋ　蚌꜀pʰɔŋ　艇꜀tʰɛŋ　挺꜀tʰɛŋ　重轻重꜀tsʰoŋ
去声	惰 tɔ꜄ 部 pʊ꜄ 杜 tʊ꜄ 序 tsy꜄ 巨 ky꜄ 聚 tsy꜄ 待 tɔy꜄ 罢 pᴀ꜄　陛陛下 pəi꜄ 弟 təi꜄ 罪 tsɵy꜄ 技 kei꜄ 祀 tsi꜄ 巳 tsi꜄ 跪 kuəi꜄ 道 təu꜄ 皂 tsəu꜄ 赵 tsiu꜄ 纣桀纣 tsəu꜄ 臼 kəu꜄ 淡 tʌm꜄ 渐 tsim꜄ 俭 kim꜄ 诞 tæŋ꜄ 件 kiŋ꜄ 辫 piŋ꜄ 拌 pʊŋ꜄ 断断绝 tyŋ꜄ 撰 tsæŋ꜄ 近 kəŋ꜄ 笨 pəŋ꜄ 荡放荡 tɔŋ꜄ 象 tsœŋ꜄ 丈 tsœŋ꜄ 静 tsəŋ꜄

（d）中古全浊上声字多数归阳去，少数归阳平。其中归阳平的，逢塞音、塞擦音声母多送气；归阳去的，逢塞音、塞擦音声母多不送气。

粤语新兴白话属于此种情况，举例见表 2-11。

表 2-11　新兴白话全浊上字归阳平送气，归阳去不送气举例

阳平	舵꜁tʰɔ 坐꜁tsʰɔ 肚腹肚꜁tʰu 苎꜁tsʰy 距꜁kʰy 柱꜁tsʰy 荠꜁tsʰɐi 倍 pʰoi꜃ 被被子꜁pʰi 似꜁tsʰi 抱꜁pʰɐu 蕈꜁tsʰɐm 囤꜁tʰɐn 盾矛盾꜁tʰɐn 强勉强；倔强꜁kʰiaŋ 蚌꜁pʰɔŋ 挺꜁tʰɐn 重轻重꜁tsʰoŋ
阳去	惰 tɔ꜅ 部 pu꜅ 杜 tu꜅ 序 tsy꜅ 巨 ky꜅ 聚 tsy꜅ 竖 sy꜅ 待 toi꜅ 怠 tɔ꜅ 在 tsoi꜅ 陛 pɐi꜅ 弟 tɐi꜅ 罪 tsoi꜅ 技 ki꜅ 祀 tsi꜅ 巳 tsi꜅ 跪 kui꜅ 道 tɐu꜅ 皂 tsɐu꜅ 赵 tsiu꜅ 臼 ku꜅ 淡 tam꜅ 渐 tsim꜅ 俭 kim꜅ 辨 pin꜅ 践 tsin꜅ 件 kin꜅ 伴 pʊn꜅ 断断绝 tyn꜅ 尽 tsɐn꜅ 近 kɐn꜅ 笨 pɐn꜅ 荡放荡 tɔŋ꜅仗 tsiaŋ꜅ 静 tsɐn꜅ 动 toŋ꜅

（e）中古全浊上声字有少数字分别归进阴去和阴入。其中归阴去的，逢塞音、塞擦音声母多送气；归阴入的，逢塞音、塞擦音声母多不送气。

平话宁远（清水桥）有此语音现象。举例见表 2-12。

表 2-12　宁远（清水桥）全浊上声字归阴去送气，归阴入不送气举例

阴去	舵 tʰɯ꜄ 坐 tsʰɯ꜄ 部 pʰu꜄ 肚腹肚 tʰɔ꜄ 柱 tsʰɔ꜄ 待优待 tʰia꜄ 罪 tsʰoi꜄ 被被子 pʰa꜄ 舐 tʰia꜄ 徛立 tsʰɿ꜄ 跪 kʰuɯ꜄ 鳔 pʰio꜄ 舅 tɕʰiou꜄ 淡 tʰu꜄ 践 tsʰã꜄ 伴 pʰᴇ꜄ 断断绝 tʰiᴇ꜄ 菌 tɕʰyᴇ꜄ 象 tɕʰin꜄ 丈 tsʰən꜄ 艇 tʰin꜄ 重轻重 tɕʰiᴇ꜄
阴入	罢 pa꜆ 技 tɕɿ꜆ 巳 tɕɿ꜆ 抱 pao꜆ 渐 tsyn꜆ 辨 piɛn꜆ 辩 piɛn꜆ 善 ɕiɛn꜆ 件 tɕiɛn꜆ 键 tɕiɛn꜆ 尽 tɕin꜆ 盾矛盾 tən꜆ 荡放荡 taŋ꜆ 橡 ɕiɛ̃꜆ 棒 paŋ꜆ 幸 ɕin꜆ 静 tɕin꜆

（2）调值高低与声母送气不送气的关系

声母是否送气往往与声调调值的高低密切相关。通过对上述方言的考察，我们发现，中古上声今所派入的不同调类，其不送气声母音节的声调调值多数高于送气声母音节的调值（或者是不送气声调的起始部分高于送气声调的起始部分）。*我们在上述每类方言中选取几个有代表性的方言点，列成表 2-13，以说明声母送气与否和声调调值的关系。

表 2-13　不送气声调调值高于送气声调调值的方言举例

		吴江（黎里）	嘉兴		平湖		番禺（市桥）	顺德（大良）	珠海（前山）	中山（石岐）	江门（白沙）		海安	大丰		新兴
不送气	全阴上	51	44	阴上	44	阳去/去	22	21	33	33	31	去	33	44	阳去	42
送气	次阴上	334	324	阳去	112	阳上/上	13	13	13	213	21	阴平	21	21	阳平	22

* 这是就多数情况而言。有的方言并非如此，如嘉善、资源（延东）、广州、肇庆（高要）、从化（城内）、香港（新界锦田）和宁远（清水桥）不送气声调的调值要低于送气声调的调值。

赵克刚[①]对“送气”的含义进行过界定，他认为所谓送气是在破裂成音后拖了个气流速度下降时的吸尾音。关于为何声母送气会影响声调变低，亦有学者做过探讨。何大安[②]从发音学上做出分析，认为这是送气声母所引起的喉头下降所造成的连带现象。丁邦新[③]指出，与全清声母相比，次清声母会略使声调降低，换句话说送气的声母有一点使整个音节的声调“泄气”。王福堂[④]发现，声母的清与浊、送气与不送气等区别对声调的分化具有相似性，进而指出，发音时声母的送气成分会消耗较多的力量，使送气音节的音高低于不送气音音节的音高，从而导致声调的分化。送气成分所起的作用和浊声母是相似的。根据赵先生对送气的定义，以及何、丁、王三位先生的分析，我们看到，送气成分所伴随的应该是个能量逐渐减少、气流速度逐渐下降的过程。因此，整个音节的声调在送气成分的影响下，变得较为低沉。

3. 紧喉音声母的影响

吴语中次浊声母有两套，一套是带喉塞音 ʔ-系列，一套是带浊喉擦音（即带浊流）ɦ-系列，前者见于阴调类，后者见于阳调类。

次浊上声字在吴语中的归派主要有三种走向，分别是阳上、阴上和阳去。下面在每一类中选择一处方言为代表，以展示阴阳调类不同，声母有“紧喉”和“带浊流”的情况也不相同。

第 1 类，次浊上声字多数或绝大多数读阳上，少数或极少数读阴上，以常熟为例：

---

① 赵克刚：《浊上变去论》，《重庆师范大学学报》1986 年第 3 期。

② 何大安：《送气分调及相关问题》，《史语所集刊》1989 年第 4 期。

③ 丁邦新：《吴语声调之研究》，载《丁邦新语言学论文集》，商务印书馆 1998 年版，第 270 页。

④ 王福堂.：《原始闽语中的清弱化声母和相关的“第九调”》，《中国语文》2004 年第 2 期。

阳上：亩 ɦm/mᴇ/mu 五 ɦŋ 午 hŋ 乳 ʐʯ 马 mu 瓦 ŋu 买 mɑ 奶 nɑ 也 ɦiɑ/ʔie/ɦɑ 惹 dʐɑ 美 mᴇ 馁 nᴇ 儡 lᴇ 脑 nɔ 老 lɔ 咬 ŋɔ 某 mᴇ 篓 lᴇ 藕 ŋᴇ 览 læ 懒 læ 眼 ŋæ 暖 nʏ 满 mʏ 莽 mᴀ 朗 lᴀ 冷 lᴀ 垅 luŋ 尔 ɦar 耳 ȵi/ɦar 米 mi 尾 ȵi/vi 礼 li 李 li 蚁 ȵi 拟 ʔni 野 ɦiɑ 了 liɔ 绕 ȵiɔ 舀 ɦiɔ 纽 ȵiɯ 有 ɦiɯ 诱 ɦiɯ 染 ȵie/zʏ 领 lĩɲ 忍 ʐẽɲ/ȵĩɲ 两 liᴀ 养 ɦiᴀ 我 ŋɯ 伟 ɦuᴇ 蕊 dzᴇ 往 muᴀ 女 ȵy̩ 雨 ɦy̩ 愈 ɦy̩ 软 ɦiʏ 阮 ɦiʏ 远 ɦiʏ

阴上：每 ʔmᴇ 乃 ʔnᴇ 垒 ʔlᴇ 卵 ʔl 猛 ʔmᴀ 拢 ʔluŋ 秒 ʔmiɔ 免 ʔmɨe 演 ʔie 引 ʔĩɲ 仰 ʔiᴀ 永 ʔiuŋ 母 ʔmu/ʔm 努 ʔnɯ 橹 ʔlɯ 裸 ʔlɯ 往 ʔuᴀ 旅 ʔly̩ 允 ʔiuŋ 雅 ʔiɑ

第 2 类，次浊上声字绝大多数读阴上，以靖江为例：

阴上：亩 ʔmʌʏ 五 ʔu/ʔwu 午 ʔu/ʔwu 乳 ɕy̩ɥ 马 ʔmo 瓦 ŋo 买 ʔmæ 奶 ʔnæ 也 ʔiæ/ʔæ 惹 ʔȵiɑ 每 ʔme 美 ʔme 馁 ʔne 乃 ʔnæ 儡 ʔle 垒 ʔle 卯 ʔmɒ 脑 ʔnɒ 咬 ʔŋɒ 某 ʔmʌʏ 篓 ʔløʏ 藕 ʔŋøʏ 览 ʔlæ̃ 懒 ʔlæ̃ 眼 ʔŋæ̃ 暖 ʔnũ 卵 ʔlũ 满 ʔmũ 莽 ʔmaŋ 网 ʔmaŋ/ʔuaŋ 朗 ʔlaŋ 猛 ʔmoŋ 冷 ʔləŋ 拢 ʔloŋ 垅 ʔloŋ 尔 ʔər 耳 ʔər 米 ʔmij 尾 ʔue 礼 ʔlij 李 ʔlij 蚁 ʔij 你 ʔȵij 拟 ʔij 已 ʔij 野 ʔiɑ 秒 ʔmiɒ 了 ʔliɒ 绕 ʔȵiɒ 舀 ʔiɒ 纽 ʔŋøʏ 有 ʔøʏ 免 ʔmĩ 染 ʔȵĩ/ɕy̩ũ 辇 ʔȵĩ 演 ʔĩ 领 ʔliŋ 忍 ʔiəŋ 引 ʔiŋ 两 ʔlĩ 仰 ʔȵĩ 养 ʔĩ 母 ʔmʌʏ 努 ʔnʌʏ 橹 ʔlu 裸 ʔlʌʏ 我 ʔŋʌʏ 伟 ʔue 往 ʔuaŋ 旅 ʔly̩ɥ 女 ʔȵy̩ɥ 雨 ʔy̩ɥ 软 ʔȵy̩ũ 阮 ʔȵy̩ũ 远 ʔy̩ũ 允 ʔioŋ/ʔy̩ɪŋ 晚 ʔuæ̃ 雅 ʔiɑ 诱 ʔøʏ 永 ʔioŋ/ʔy̩uŋ

第 3 类，次浊上声字多数归阳去，少数归阴上，以宝山（霜草墩）为例：

阳去：亩 ɦn/mʌɪ 五 ɦn 午 vu 乳 zʅ 马 m^ʏ 瓦 ŋ^ʏ/ɦua 买 mɑ 奶 nɑ 也 ɦɑ/ɦiᴇ 惹 zɑ 乃 nᴇ 儡 lʌɪ 垒 lʌɪ 卯 mɔ 脑 nɔ 老 lɔ 咬 ŋɔ 某 mʌɪ 篓 lʌɪ 藕 ŋʌɪ 览 lᴇ 懒 lᴇ 眼 ŋᴇ 暖 n^ʏ 卵 l^ʏ 满 mɪ 莽 mɒ 网 moᵑ 朗 lɒ 冷 la

拢 loŋ 垅 loŋ 尔 ɦɛl 耳ȵi/ɦɛl 米 mi 尾ȵi/vi 礼 li 李 li 蚁ȵi 你ȵi 拟ȵi 野 ɦiɑ 秒 miɔ 了~结 liɔ 绕围~ȵiɔ/zɔ 舀~水 ɦiɔ 纽ȵy̩ 有 ɦy̩ 诱 ɦy̩ 免 mɪ 染 zɪ 辇ȵɪ 演 ɦɪ 领 lĩ 忍 zɛ̃/ȵĩ 引 ɦĩ 两 lia 养 ɦia 母 mu 努 nᵊu 橹 lᵊu 裸 lᵊu 我 ŋᵊu 伟 ɦuʌɪ 蕊 zʌɪ 女ȵy̩ 雨 ɦi/ɦy̩ 愈 ɦy̩ 软 ŋɪ 阮ȵi^ɤ 远 ɦi^ɤ

阴上：每 ʔmʌɪ 美 ʔmʌɪ 卵 ʔlu 猛 ʔma 矣 ʔi 已 ʔi 仰 ʔȵia 永 ʔioᵑ 母 ʔmu 往 ʔuɒ 旅 ʔly̩ 允 ʔy̩ĩ/ʔɪ 雅 ʔiɑ

李荣[①]先生在《温岭方言语音分析》一文中指出温岭方言鼻音声母和边音声母，就发音方法说各有两套：一套有紧喉作用；另一套带浊流。在声母和声调的配合关系上，紧喉的鼻音、边音声母，跟喉塞音[ʔ]相同，也跟其他不带音声母相同；带浊流的鼻音、边音声母跟浊喉擦音[ɦ]相同，也跟其他带音声母相同。

郑张尚芳[②]先生在《温州音系》一文中把温州方言次浊声母分为两类。

甲：不带流的鼻音、边音、浊擦音、元音：m¯ n¯ ȵ¯ ŋ¯ l¯ z¯ ĭ¯ ʋ O

乙：带浊流的鼻音、边音、浊擦音：m n ȵ ŋ l z j v ɦ

以上甲类各母则发音时略紧，不带浊流。乙类各母为浊音浊流，实际上是 mɦ nɦ ȵɦ ŋɦ lɦ 等；带浊流的乙类 m n ȵ ŋ l z 各母常见，因此将 ɦ 省去不标（单用的[ɦ]声母不能省略）；不带浊流的甲类 m n ȵ ŋ l z 各母出现较少，因此右上角加上短横（¯），以示区别。

经我们考察，多数吴语次浊声母有[ʔ-]和[ɦ-]的对立（除[ɦ]单用外，ɦ 常省略）。[ʔ-]表示字音开始时带紧喉作用，[ɦ-]表示整个音节带浊流，[ʔ-]多出现在阴调类当中，[ɦ-]多出现在阳调类当中，上举常熟、靖江、宝山（霜草墩）即是如此。

北宋邵雍《皇极经世天声地音图》把次浊分为两类，上声的归入

① 李荣：《温岭方言语音分析》，《中国语文》1966 年第 1 期。
② 郑张尚芳：《温州音系》，《中国语文》1964 年第 1 期。

清类，其他三声归入浊类。次浊声母上声归清类的现象引起不少学者的注意，李荣[①]先生在《切韵音系》中引吴语黄岩等处上声字声母紧喉现象来解释此现象："在邵康节的时候，鼻音字边音字的读法一定依上声或非上声而有所不同。吴语黄岩、温岭的鼻音字边音字平去入三声带浊流，上声字声门紧缩，不带浊流，可以引为旁证。"上声为何会有阻抗浊流的作用？郑张尚芳[②]指出，吴语的平阳话和黄岩话为此提供了线索，这些方言的上声同时带有紧喉作用以及喉塞音尾。吴语浊母的浊流实际是贯穿韵母元音的气嗓音，紧喉尾往往使元音读为紧元音，改变了喉部发声状态，对响音声母所带的浊流起到了影响，阻抗的作用，促使它们读成不带浊流的甲类声母，从而使次浊上读为阴上。除了平阳、黄岩两地方言之外，郑张尚芳进一步指出，吴语中温州各县方言，台州黄岩、三门等县方言，福建浦城方言，徽语屯溪、祁门等许多方言上声均带有喉塞，以此说明上声带-ʔ 的现象并非限于一隅方言。冯蒸[③]《北宋邵雍方言次浊上声归清类现象试释》一文即是从喉塞音尾的作用出发，立足于丰富的吴语材料，将李荣先生的观点进一步具体化：古代次浊声母原来只有一类浊流系列，但因上声韵尾带喉塞-ʔ，由于逆行同化作用，影响其声母也产生紧喉作用，变成 ʔm- ʔn- ʔŋ- ʔl-等而不带浊流。这种带喉塞音的上声声母，在邵雍所记汴洛方言既已存在，所以邵雍方言次浊上声归清类。从我们考察的常熟、靖江、宝山（霜草墩）等方言中可以看到，今读为阴上的次浊上声字都以ʔ-起头；若是多音字，那么读阴上的有紧喉作用，归阳调类的则带浊流，如"母ᶜʔmu/ muᶾ（宝山〔霜草墩〕）"。这以实例进一步说明，次浊上之

① 李荣：《切韵音系》，科学出版社 1956 年版，第 171 页。

② 郑张尚芳：《汉语方言声韵调异常语音现象的历史解释》，载《语言》（第 2 卷），首都师范大学出版社 2001 年版，第 95—96 页。

③ 冯蒸：《北宋邵雍方言次浊上声归清类现象试释》，《北京师范学院学报》（社会科学版）1987 年第 1 期。

所以归阴上，是因为归阴上的次浊上声母属 ʔm 系列，而非带浊流声母。

前辈学者征引的是吴语材料，我们考察的也是吴语材料，而邵雍方言则是官话方言，那是否能说上声在吴语中出现的特点，在官话中也同样如此呢？其实，在古代上声就是一个音长较短的调类。唐后期经师不空、慧琳、空海等使用唐代的秦方音对梵文佛经进行翻译，考察其梵汉译音，可以发现前期经师在译梵文的短元音 a、i、u 时多在汉字旁注“短”，很少用上声字。后来慧琳等人则改以上声来译，或直接选用上声字（u—“坞”），或在对译字后加注“上”（a—“阿上”，i—“伊上”），或在对译字后加注上声调反切（a—“阿可反”i—“伊以反，伊字上声”）。[①]用汉字的上声读法代替原来的“短”字作注，据此可知唐代长安话是个短调。唐释处忠《元和韵谱》“上声厉而举”，明释真空《玉钥匙歌诀》“上声高呼猛烈强”，明王骥律《曲德・论平仄》：“盖平声声尚含蓄，上声促而未舒，去声往而不返，入声则逼侧而调不得自转矣。”这些都说明从唐代到明代，上声具有高昂、猛烈、突呼的特点，可看作是对强烈紧喉特征的描述。由此可见，宋代邵雍的方言中，上声带有紧喉特征也是很自然的事了，而吴语正是上声此种特征的集中体现者。

总之，由于紧喉的制约作用，后面鼻音、边音、浊塞音的带音特性遭到削弱，整个声母带有清化的特征，从而使次浊上声字归于阴上成为可能。

4. 声母稳定性的影响

在今部分东南方言中，全浊上声字或次浊上声字有的仍然保持阳上调不变，表现出稳定性的特点。声韵调共处于一个结构整体，相互依存、相互制约，形成互动关系。声调发展的稳定性与声母的稳定性

---

① 金德平：《唐代长安方音声调状况初探》，《陕西师范大学学报》（哲学社会科学版）1989年第4期。

应该有所关联。

（1）全浊上声字的发展与声母稳定性的关系

我们把在吴语、粤语、平话、闽语和徽语中凡是有全浊上声字今读阳上的方言一并摘列出来，*继而将仍读阳上调的全浊上声字按其中古声组进行归组和排列，统计结果如表 2-14 所示。

表 2-14　吴、粤、平、闽、徽各方言今读阳上调的全浊上声字古声母情况表

声母＼方言区	吴语	粤语	平话	闽语	徽语	总计
並 双唇音/塞音	217	170	102	77	30	596
定 舌尖中音/塞音	200	135	86	44	29	494
匣 舌根音/擦音	155	114	105	55	29	458
群 舌根音/塞音	152	146	70	41	21	430
禅 舌面前音/擦音	142	104	81	33	18	378
从舌尖前音/塞擦音	176	54	72	30	19	351
澄 舌面前音/塞音	109	74	56	40	20	299
奉 唇齿音/塞擦音	97	80	41	25	14	257
邪 舌尖前音/擦音	53	50	50	28	18	199
崇 舌叶音/塞擦音	23	18	11	8	6	66
船舌面前音/塞擦音	2	26	3	1	1	33

表 2-14 显示，吴、粤、平、闽、徽五种方言总起来看，今仍读阳上调的全浊上声字其古声母的数量由多到少依次是：並、定、匣、群、禅、从、澄、奉、邪、崇、船。其中，在多数方言里，並母上声字的数量要明显多于其他声母字，船母上声字的数量要明显少于其他声母字。

以上情况应该与並母、船母本身稳定性的强弱有关。胡安顺师在

* 其中吴语 30 处，粤语 24 处，平话 17 处，闽语 5 处，徽语 4 处。

《汉语声母的稳定性》[①]一文中对于声母的稳定性总结道："在发音方法相同或相近的条件下，发音部位靠前的声母稳定性相对强于发音部位居中或靠后的声母，原因在于发音部位靠前的声母成阻面相对较小，且除阻后气流的动程较短，迅速冲出共鸣器；发音部位靠后的舌面、舌根音声母成阻面相对较大，且除阻后气流的动程较长，未能迅速冲出共鸣器。前者音色相对响亮、清晰；后者音色相对低沉或模糊。"这一点虽然对清音来说更为明显，但仍然可以用来解释並母和船母稳定性的强弱。並母属双唇音，发音部位最靠前，气流可以最迅速地冲出共鸣器，音色因之清晰、响亮；同时，並母又是塞音，塞音的稳定性一般要强于塞擦音和擦音。两种因素集于一身，使得並母的稳定性比较强，不容易发生变异。船母与並母刚好相反，它属舌面前音，发音部位较为靠后，气流冲出共鸣器的速度较慢，音色显得低沉、模糊；而且，船母又是塞擦音，其稳定性要弱于塞音。因此，船母的稳定性比较差，容易发生变异。与並母和船母的稳定性相对应，並母上声字今保留阳上调的字最多，船母上声字今保留阳上调的字最少。"从历时的发展说，声韵调之间是互动的，因而许多音类的演变都是声韵调互为条件的。"[②]在现代方言的发展中，並母上声字的稳定性强，船母上声字的稳定性弱，这概与並母、船母不同的稳定性对声调产生的影响有关。

（2）次浊上声字的发展与声母稳定性的关系

与全浊上声字一样，我们把在吴语、粤语、平话、闽语和徽语中，凡是有次浊上字今读阳上的方言全部摘列出来，[*]然后将读作阳上调的次浊上字按其中古声组进行归纳和排列，结果如表 2-15 所示。

① 胡安顺：《汉语声母的稳定性》，《方言》2007 年第 4 期。

② 李如龙：《声母对韵母和声调的影响》，载《声韵论丛》（第 5 辑），台湾学生书局 1996 年版，第 59 页。

* 其中吴语 28 处，粤语 24 处，平话 17 处，闽语 4 处，徽语 4 处。

表 2-15　　　　吴、粤、平、闽、徽各方言今读阳上调的次浊上字古声母情况表

声母＼方言区	吴语	粤语	平话	闽语	徽语	总计
来 舌尖中音/边音	42	48	43	15	50	198
明 双唇音/鼻音	26	31	31	0	34	122
微 唇齿音/鼻音	25	34	24	4	12	99
以 半元音	18	25	23	3	21	90
泥 舌尖中音/鼻音	14	19	16	3	19	71
疑 舌根音/鼻音	15	13	12	4	19	63
日 舌面鼻擦音/鼻擦音	12	19	15	2	15	63
云 半元音	11	11	11	3	17	53

表 2-15 显示，在吴、粤、平、闽、徽五种方言中，今保留阳上调的次浊上声字其古声母的数量由多到少依次是来、明、微、以、泥、疑、日、云，疑母、日母所计总数一样。

无论是各个方言还是全部方言，来母上声字的数量均明显多于其他声母字的数量。由表 2-15 可见，除来母外，其他声母多为鼻音。发来纽时，气流从口腔通过（舌头两边的空隙），受到发音部位的阻碍，对其产生一定冲击，音色显得清晰、响亮，不易发生变异。发鼻音时，气流从鼻腔通过，没有遇到阻碍，而且通道较长，音色显得低沉、模糊，容易发生变异。从这个角度讲，来母的稳定性要强于明、微、泥、疑等鼻音声母。来母上声字较多地保留阳上调不变，应与来母自身的稳定性有关。

就全部方言来看，明、微、泥、疑四母上声字的数量依声母发音部位的由前而后逐渐递减。明、微、泥、疑均为鼻音声母，其稳定性特点正如胡安顺师所讲，在发音方法相同或相近的条件下，发音部位靠前的声母稳定性相对强于发音部位居中或靠后的声母。因此，明、微、泥、疑四母的发音部位逐渐靠后，故其稳定性逐渐减弱，其上声字的稳定性亦随之逐渐减弱。

四　词汇语法的影响

除了语音条件外，中古上声字的演变也常常受到词汇、语法方面的影响。

1. 口语用字和书面语用字归属于不同的调类

口耳相传的一般都是口语常用字，它是父传子、子传孙，一代一代传下来的，因而口语常用字易于保存旧读，不易被其他方言同化。书面语用字则不同，由于其书面化，接受官话方言的影响比较明显，常常遵从官话而变。因此，在同样的语音条件下，口语用字和书面语用字往往归入不同的调类。

全浊上声字的变化我们以粤语广州话为例。

广州方言口语常用字多数保持阳上调不变，例如：

①蟹　ᶜhai　蟹柳：蟹肉，拆下来一条一条的；

②舅　ᶜkʰɐu　舅仔：称妻之弟。|舅奶奶：丈夫的舅母；

③似　ᶜtsʰi　似模似样：相似，像。例，佢扮起上来似模似样噃；

④旱　ᶜhɔn　旱天：（较长时间）没有降水或降水太少的天气，跟“雨水天”相对；

⑤抱　ᶜpʰou　用手臂围着。例，抱唔起。

书面语用字则按官话“浊上变去”的模式读为阳去，例如：

①待　tɔiᵓ　待客，招待；

②件　kinᵓ　量词：三件行李，几件事；

③聚　tsøyᵓ　聚集；

④受　sɐu꜅　受灾，受苦；

⑤士　si꜅　士巴拿：拧螺丝用的扳手，外来词，英语 spanner 的音译。

次浊上声字的变化以粤北土话连州（保安）为例。

连州（保安）口语常用字多归阴平，例如：

①雨　꜀vu　微雨仔：毛毛雨；

②卵　꜀lɔŋ　□（꜀mɔŋ）卵牯（石）：鹅卵石；

③冷　꜀la　□（lai꜅）冷：（把开水）摊凉；

④脑　꜀nau　脑毛：头发。

部分书面语用字今读上声，例如：

①已　꜂i　已经；

②伟　꜂vei　伟大；

③允　꜂vʌn　允许。

2．字的文读音和白读音分属不同的调类

字的白读音往往见于口语的基本词汇，文读音则见于后起的书面语词，文白读异调也是以词汇历史层次为条件的声调分化。

全浊上声字以赣语南城为例。南城话全浊上声字今白读为阴平，文读为阳去。例如：

是　（白）꜀ɕi　是不是　（文）sɿ꜅　实事求是

伴　（白）꜀pʰon　做伴　（文）pʰon꜅　伴侣

近　（白）꜀tɕʰin　好近　（文）tɕʰin꜅　近来

动　（白）꜀hŋ　动不得　（文）tʰuŋ꜅　动员

在　（白）꜀tʰɛi　在许得（在哪里）　（文）tʰai꜅　现在

次浊上声字以闽语福州为例。福州话次浊上字白读归阳去，文读归上声。例如：

两　　（白）laŋ꜅　两只　　　　　（文）꜂luoŋ　两全
远　　（白）huɔŋ꜅　远　　　　　（文）꜂uoŋ　永远
瓦　　（白）ŋua꜅　瓦　　　　　（文）꜂ŋua　弄瓦
卵　　（白）lɒuŋ꜅　生卵　　　　（文）꜂luoŋ　卵生
有　　（白）ɔu꜅　有　　　　　（文）꜂iu　有关

3．以不同的调类区分不同的词义

方言中有的词由于词义发生引申和转移，便用不同的声调来表示不同的词义或义项。例如：

全浊上字：

莱州：　技　꜀tɕi　口技　　꜁tɕi 技术
临海：　部　꜁bu 部队　　bu꜅一部车
桂东：　丈　꜂tsʰɔ̃十尺　　tsʰɔ̃꜄丈夫

次浊上字：

屯溪：　理　꜂li 道理　　꜃li 理睬
长来：　满　꜁mɔŋ 水满　　mɔŋ꜄小满
丰阳：　朗　꜂laŋ 明朗　　laŋ꜅朗读

全清上字：

利津：　损　꜀suẽ　损失　　꜂suẽ损人
嘉善：　舍　꜂so　舍姆娘　　so꜄四舍五入
仙源：　挤　꜀tɕɿ 挤一点出来　꜂tɕɿ 拥挤

次清上字：

西安：　可　꜀kʰɤ副词　　꜂kʰɤ　可口
武都：　挎　꜀kʰua 挎油水　　꜂kʰua　挎打
朔县：　扯　꜂tsʰə　拉扯　　tsʰə꜄　扯了一刮

五　文字的影响

文字对语言有反作用，文字本身也影响字音。《广韵》中的全浊上声字，在今官话方言中有少数没有变为去声，成为“浊上归去”这条规律的例外，这些例外字的形成有些与文字本身的影响有关。举例如下。[*]

1．形声字读音受声符读音或同声符其他字音影响而保持不变

（1）辅、腐

辅、腐《广韵》扶雨切，虞韵奉母，上声，今音fǔ，均未变成去声。辅、腐之所以保留去声，概受其声符影响。首先，声符在形声结构中处于主导和核心地位[①]，二字的声符分别是甫、府，甫、府在《广韵》中虞韵非母，上声，今音fǔ ，声符的读音影响到整字上声的保留。其次，声符“甫”“府”属常用字，在《中国基本古籍库》[**]中检索二字在隋、唐时期出现的古籍条目，“甫”共出现9082条，“府”共出现31739条。二字的使用频率之高，不仅使其本身的读音保持稳定，而且也会使其构成形声字的读音受到影响，与声符读音趋同。最后，以“甫”“府”为声符的形声字多读上声。如：脯、黼、俌、盙、䩉，皆音fǔ；捕、哺，音bǔ；俯、腑、捬、椨、焤，皆音fǔ。辅、腐受到同声符形声字的影响，亦读fǔ。

（2）迥

迥，《广韵》户顶切，迥韵匣母，上声，今音jiǒng。迥以“冋”为声符，“冋”在《广韵》中的语音面貌与“迥”完全相同，今亦音jiǒng。首先，如上文所言，声符在形声结构中处于主导地位，“迥”

---

[*] 以下分类参考：田范芬《几组全浊上声字未变去声探因》，《古代汉语研究》2003年第2期。

① 黄德宽：《古汉字形声结构声符初探》，《安徽大学学报》（哲学社会科学版）1989年第3期。

[**] 《中国基本古籍库》由北京大学教授刘俊文总策划、总编纂、总监制，北京爱如生数字化技术研究中心开发制作。共收录自先秦至民国（公元前11世纪至公元20世纪初）历代典籍1万种、17万卷，选用版本12500个、20万卷。

应受其声符“同”的影响，仍然保留上声。另外，以“同”为声符的字多念jiǒng，如炯、泂、絅，皆读jiǒng，受其他同声符形声字的影响，“迥”亦维持上声，读为jiǒng。

（3）俭

俭，《广韵》巨险切，琰韵群母，上声，今音jiǎn。其声符为“佥”，以“佥”为声符的字多读上声，如险、猃、崄，皆读xiǎn；检、捡、睑，皆读jiǎn。“俭”亦被其同声符的字所同化保留上声。

2．与相关字有假借或字义交叉等关系，读音也被同化

（1）殄

殄，《广韵》徒典切，铣韵定母，上声，今音tiǎn，“殄”通“腆”，意为“善、美好”。清段玉裁《说文解字注·歺部》：“殄，古文假殄为腆。”《诗·北风·新台》：“燕婉之求，籧篨不殄。”汉郑玄笺：“殄，当作腆，善也。”《仪礼·燕礼》“寡君有不腆之酒”，汉郑玄注：“古文腆皆作殄。”腆，《广韵》他典切，铣韵透母，上声，今音tiǎn。“殄”因与“腆”通用，故而也读作上声。

（2）挺

挺，《广韵》徒鼎切，迥韵定母，上声，今音tǐng。挺，挺出，《说文·手部》：“拔也。”由“拔出”义引申为伸直、直立。《周礼·考工记·弓人》：“於挺臂中有柎焉，故剽。” 汉郑玄注：“挺，直也。”另外有些字亦以“廷”为声符，今念tǐng，表示“直”义。如“颋”头挺直貌，后引申为正直。《尔雅·释诂》：“颋，直也。”清郝懿行义疏：“训直者，头容直也。”《说文·页部》段玉裁注：“颋，假借为挺直之挺。”脡，本义为长条的干肉，后引申为挺直。《礼记·曲礼下》：“凡祭宗庙之礼……稾鱼曰商祭，鲜鱼曰脡祭。”汉郑玄注：“脡，直也。”《仪礼·士虞礼》：“馔笾豆，脯四脡。”汉郑玄注：“古文为挺。”侹，挺直。《广雅·释诂三》：“侹，直也。”汉服虔《通俗文》：“平直曰侹。”《说文·人部》段玉裁注：“侹，与挺音义略同。”颋、脡、侹《广韵》他鼎切，迥韵透母，上声，今皆读tǐng。“挺”与“颋、脡、侹”均可表“直”义，且有假借关系，故读音与之同化，保持上声不变。

（3）夥

夥，《广韵》胡果切，果韵匣母，上声，今音huǒ。《说文·多部》：“夥，齐谓多为夥”，由此引申为“由同伴组成的集体”。《水浒传》第十八回：“吴用道：‘我等有的是金银，送献些与他，便入夥了。” 火，《广韵》呼果切，果韵晓母，上声，今音huǒ，其义项之一为“指若干人结合的一群”。北魏 《大监刘阿素墓志》：“同火人典御监秦阿女等。”唐段成式 《酉阳杂俎·支诺皋下》：“成都乞儿严七师 ……居西市悲田坊，常有帖衙俳儿干满川、白迦 、叶珪 、张美 、张翱等五人为火。”此义与“夥”之“由同伴组成的集体”义项相同，因此文献中既有“ 火伴”一词，也有“夥伴”一词，例如唐元稹 《估客乐》诗“出门求火伴，入门辞父兄”，明叶宪祖《鸳锟记·挫权》“小弟昨因送行醉酒，今日起迟，恐怕赶不上夥伴”。张相《诗词曲语词汇释》：“火，即夥也，古曰火伴，今曰夥伴。”由此我们可以认为，“夥”字音huǒ，保留上声，概因其字义与“火”字字义有交叉，故其读音受到了“火”字字音的同化。

第二节　中古上声字演变的外部原因

一　移民的影响

“语言演化的原因是多方面的，人口变迁是其中的重要原因之一”，[①]移民是影响中古上声字演变的外部原因之一。

（一）北方移民的影响

全浊上变去，次浊上跟清上同归阴上，这是分别在唐代、宋代自北方方言开始的两种语音演变现象。*此种演变势力强大，以至今天的多数方言中都有它的影响痕迹。若追溯历史，这或与历次北方移民所带来的北方汉语的影响有关。

1.北方移民对吴语的影响

在唐代以前，已有北方人士因躲避战乱等原因迁徙至吴地。唐天宝年间发生安史之乱，历时八载，战祸遍及黄河中下游地区，其再度引起北方人民的向南流徙，北方话亦随之进入吴地。唐后期与五代北方移民在江南的分布相当广泛，其中杭州、苏州、润州（治今江苏镇江市）、常州（治浙江今市）、越州（治今浙江绍兴市）、婺州（治今浙江金华市）和衢州（治浙江今市）等州移民较为密集。[②]例如，梁肃在安史之乱时自北方迁入苏州一带，他说苏州治所吴县：“当上元之际，中夏多难，衣冠难避，寓于兹土，叁编户之一，由是人俗桀杂，号为难治。”（《吴县令厅壁记》，载《全唐文》）[③]北方移民竟占到当地

---

① 周振鹤、游汝杰：《方言与中国文化》，上海人民出版社 2006 年版，第 13 页。

* 多数学者通过对不同史料的论证认为“浊上变去”始于唐代，如黄淬伯《慧琳一切经音义反切考》（1928）、周祖谟《关于唐代方言中四声读法的一些资料》（1958）、王力《汉语史稿》（1981）、赖江基《从白居易诗用韵看浊上变去》（1982）、李荣《论李涪对切韵的批评及其相关问题》（1985）等。材料涉及的韩愈、白居易、慧琳、李涪等人活动区域都在北方，从他们的身世可以推断出韩愈、白居易说的是某种洛阳方言，慧琳一定深谙长安方言，李涪在批评《切韵》的吴语成分时正是拿洛阳音作标准的。（参见王士元、连金发：《语音演变的双向扩散》，载《中国语言学论丛》[第三辑]，北京语言大学出版社 2004 年版，第 120 页）由此可见，当时盛行于中国北部洛阳、长安一带的方言都已经发生了浊上归去的演变。

北宋邵雍（1011—1077）的《皇极经世书・声音倡和图》次浊分为两类，上声的归入清类，其他三声归入浊类。邵雍祖籍范阳（今河北涿州），30 岁以后迁居河南洛阳。可见他所说的宋初汴洛方言里，次浊上字已经读为阴上了。

② 详见吴松弟《中国移民史》（第三卷），福建人民出版社 1997 年版，第 270—283 页。

③ 参见吴松弟《中国移民史》（第三卷），福建人民出版社 1997 年版，第 270 页。

人口的三分之一，可见移民数量之多。

北宋末年，金人南侵，宋室由汴梁（河南开封）迁至临安（今浙江杭州），吴语再次受到北方汉语的强烈冲击和影响，特别是杭州城里的杭州话更是如此。李心传《建炎以来系年要录》说："且见临安府自累经兵火之后，户口所存，裁十二三，而西北人以驻跸之地，辐辏骈集，数倍土著。"[①]由于外来人口高出当地土著数倍之多，他们带来了北方话，结果使杭州原来使用的吴方言逐渐变成一种跟北方话很接近的"半官话"。明人郎瑛《七修类稿》在谈及杭州时说："城中语音好于他郡，盖初皆汴人，扈宋南渡，遂家焉。故至今与汴音颇相似。"[②]

其实，从地域上讲，南宋时北人南迁所到之处不限于杭州。建炎三年（1129）"平江、常、润、湖、杭、明、越，号为士大夫渊薮，天下贤俊多避于此"。(《建炎以来系年要录》)[③]北人所到之地，除临安府外，还有平江府（治今苏州市）、建康府（治今南京市）、镇江府（原称润州，治今镇江市）、绍兴府（原称越州，治今绍兴市）、常州（治今市）、湖州（治浙江今市）、明州（治今宁波市）、秀州（后改名嘉兴府，治今嘉兴市）、台州（治今临海市）、其他还有婺州（治今浙江金华市）、温州（治今浙江温州市）、衢州（治今浙江衢州市）、江阴军（治今江苏江阴市）等等，这些府州以及所属各县均有不同数量的移民迁入。[④]

清咸丰十年（1860），太平军进军浙江西北部的昌化、於潜、临安、孝丰、安吉、长兴六县。同治元年（1862）瘟疫暴发，战乱、逃亡之时又加之瘟疫，使此六县人口锐减，骤然变得"百里无人烟""田皆荒废"。为改变这种状况，清政府实行"招垦、招佃""轻徭薄赋"

① 参见吴松弟《中国移民史》(第四卷)，福建人民出版社1997年版，第279页。
② 参见吴松弟《中国移民史》(第四卷)，福建人民出版社1997年版，第518页。
③ 参见吴松弟《中国移民史》(第四卷)，福建人民出版社1997年版，第276—277页。
④ 详见吴松弟《中国移民史》(第四卷)，福建人民出版社1997年版，第276—317页。

的政策，于是随之而来的又是一次移民浪潮，豫、皖、鄂等省和浙江宁、绍、台、温府民纷纷迁入。[①]

下面，根据中古浊上字在吴语中的发展情况，具体说明北方移民对吴语浊上字的演变所带来的影响。

首先，全浊上声字在吴语中归阳去或去声的情况见表2-16。

表2-16　全浊上声字在57个吴方言点中归阳去（或去声）的情况

类型	方言点	方言数（个）	所占百分比（%）
绝大多数归阳去或去声	杭州 余杭 临安 富阳 昌化 苏州 昆山 常州 江阴 靖江 余姚 宁波 衢州 嘉兴 嘉善 平湖 黄岩 上海 宝山（霜草墩） 宝山（罗店镇） 南汇（周浦镇） 松江 铜陵	23	40.4
多数归阳去或去声	金华 浦城 溧阳 丹阳（城内） 金坛（西岗）	5	8.8
约半数归阳去	无锡 宜兴	2	3.5
少数归阳去	绍兴 常山 永康 诸暨（王家井） 广丰 太平（仙源）临海	7	12.3
极少数归阳去	温州 文成 磐安 汤溪 云和 龙游 遂昌 庆元 桐乡 海盐 海宁 长兴 安吉 德清 湖州（双休）嵊县（崇仁） 嵊县（太平）常熟 吴江（黎里） 吴江（盛泽）	20	35.1

"浊上变去"最早发生于唐代的北方地区。表2-16显示，吴语中受这一演变规律的影响，全浊上声字绝大多数归阳去或去声的方言有杭州、余杭、临安等23个点，约占40.4%；全浊上声字多数归阳

① 徐越：《浙北杭嘉湖方言语音研究》，中国社会科学出版社2007年版，第15页。

去或去声的方言有金华、溧阳等 5 个点，约占 8.8%；有约半数的全浊上声字归阳去的方言为无锡、宜兴 2 个点，约占 3.5%；全浊上声字少数归阳去的方言有绍兴、常山等 7 个点，约占 12.3%。

如前所述，唐后期和五代北方移民的分布区域包括今吴语区的杭州、苏州、润州、常州、越州、婺州、衢州，另外，嘉兴县唐末也有北方移民迁入。以上所述受“浊上变去”这一演变规律影响的方言多为这些州府的当时所辖之地：杭州治今杭州市，余杭、临安、富阳、昌化为其辖属县；苏州治今苏州市，昆山为其辖属县；润州治今镇江市，丹阳、金坛为其辖属县；常州治今常州市，宜兴、靖江、无锡、江阴为其辖属县；越州即绍兴府，余姚、宁波为其辖属县；婺州治今金华市；衢州治今衢州市，常山为其辖属县，等等。因此我们推测，这些点全浊上声字归去声或阳去，似与此次移民所带来的北方汉语的影响有所关联。

此外，温州、文成等 20 个方言点仅极少数全浊上声字归阳去，几乎没有受到北方汉语的影响，这样方言约占 35.1%。

其次，次浊上声字在吴语中归阴上或读上声的情况见表 2-17。

表 2-17　次浊上声字在 57 个吴方言点中读阴上（或上声）的情况

类型	方言点	方言数（个）	所占百分比（%）
绝大多数归阴上或读上声	杭州　余杭　常州　靖江　江阴　桐乡　海盐　长兴　安吉　德清　磐安　云和　黄岩　临海　金华铜陵	16	28.1
多数读上声	金坛（西岗）	1	1.8
少数归阴上或读上声	丹阳　常熟　吴江（黎里）吴江（盛泽）湖州（双休）海宁　宝山（罗店）宝山（霜草墩）富阳　昌化　嘉善　衢州　昆山　苏州　太平（仙源）	15	26.3

续表

类型	方言点	方言数（个）	所占百分比（%）
极少数归阴上	温州 文成 汤溪 永康 龙游 常山 遂昌 庆元 绍兴 诸暨（王家井） 嵊县（崇仁）嵊县（太平乡）上海 浦城 嘉兴 平湖 临安 余姚 宁波 南汇（周浦）松江 溧阳 广丰 无锡 宜兴	25	43.9

北宋初年，北方汉语里次浊上声字已经归入阴上。表 2-17 显示，受北方汉语的影响，次浊上声字绝大多数归阴上或读上声的方言有杭州、余杭、常州等 16 个点，约占 28.1%；次浊上声字多数读作上声的方言有金坛（西岗）1 个点，约占 1.8%；次浊上声字少数归阴上或读上声的方言有丹阳、苏州、湖州（双休）等 15 个点，约占 26.3%。

如前所述，宋室南迁，建都杭州，导致带官话色彩的杭州方言形成，在此背景下，杭州府及所属各县（杭州、余杭等）次浊上绝大多数归入阴上。此次移民所及之地非止杭州一处，还有平江府、镇江府、常州、湖州、秀州、台州、婺州、衢州、江阴军等地皆吸引了众多的北方士族和百姓。上述受北方汉语影响的方言点多为这些州府当时所辖之地：平江府治今苏州市，昆山为其辖属县；镇江府原称润州，金坛、丹阳为其辖属县；常州治今常州市，宜兴、靖江为其辖属县；湖州治今湖州市；台州治今临海市，黄岩为其辖属县；婺州治今金华市；衢州治今衢州市；江阴军治今江阴市，等等。据此推测，这些地区次浊上字归阴上或读上声，或是受到了北方汉语南下的影响。至于桐乡、海盐、长兴、安吉、德清等地次浊上归阴上的变化，徐越[①]认为或与

① 徐越：《浙北杭嘉湖方言语音研究》，中国社会科学出版社 2007 年版，第 137 页。

清代北方移民的影响有所关联。我们从吴松弟“靖康乱后南迁的北方移民实例（江南部分）”列表中看到，德清（属湖州）、海盐（属秀州）亦有北方移民踪迹，但数量很少，表中湖州移民共 29 人，迁入德清的仅 2 人；秀州移民共 51 人，迁入海盐的仅 4 人[①]。由此看来，南宋时期进入德清、秀州的移民数量大概并不很多，北方汉语的影响并不那么显著，认为其次浊上归阴上的演变发生于清代移民之时不无道理。

温州、文成等 25 处方言仅有极少数次浊上字归阴上，几乎没有受到北方汉语的影响，这样的方言约占 43.9%。

总体而言，在移民所带来的北方汉语的影响下，中古浊上字在吴语中的演变呈现出以下四个特点。

第一，多数吴语在一定程度上受到了北方汉语的影响：其中 65%的方言点有一定数量（至少有少数字如此）的全浊上声字归阳去或去声，56%的方言点有一定数量的次浊上声字归阴上或读上声。

第二，北方汉语对北部吴语的影响大于对南部吴语的影响。在北部吴语中，部分方言至有约半数的全浊、次浊上声字发生官话式演变，而在南部吴语中则很少方言如此。根据统计结果，全浊上声字至少约半数归阳去或去声的方言共 30 处，除衢州、黄岩、金华 3 处为南部吴语外，其他 27 处均属北部吴语；次浊上声字绝大多数或多数归阴上抑或读上声的方言共 17 处，除磐安、云和、黄岩、金华 4 处为南部吴语外，其他 14 处皆属北部吴语。

第三，“全浊上归去”“次浊上归阴上”分别是北方汉语全浊上、次浊上的两条语音演变规律。其中，“全浊上归去”对吴语的影响大于“次浊上归阴上”对吴语的影响。在统计的 57 个吴方言点中，近 53%的方言至少有约半数的全浊上声字归阳去或去声，约 47%的方言

---

① 吴松弟：《中国移民史》（第四卷），福建人民出版社 1997 年版，第 293—317 页。

全浊上声字少数或极少数归阳去；与之相反，约 30%的方言次浊上声字至少约半数归阴上或读上声，约 70%的方言归阴上或读上声的次浊上声字仅占少数或极少数。由此可见，官话“全浊上归去”对吴语的影响大于“次浊上归阴上”。

第四，中古浊上字在吴语中的演变尚表现出一定的保守性。虽历经北方汉语的几次冲击，但仍有一部分地区浊上字几乎没有受到北方汉语的影响。由表 3-16 和表 3-17 可以看出，分别约有 35%的吴语点全浊上声字极少数归阳去，约有 44%的吴语点次浊上声字极少数归阴上。由此看出，在吴语中仍有部分地区尚为顽固，对北方汉语的抵抗性较强。

2.北方移民对闽语的影响

西晋灭亡，中原大乱，北人纷纷南逃，其中中原东部的清徐移民和中原西部的司豫移民与闽方言的形成有所关联。缘于与江东世家大族的经济利益冲突，北人只得再度南迁，闽地即是其抵达地之一。司豫移民带来的中原西部方言和清徐移民带来的已染江东吴语的中原东部方言随之传播至闽地。[①]

唐代中叶，河南固始人陈政、陈元光父子率军入闽来镇压当地畲民的士兵。这“是一次具有移民性质的进军，对汉民在闽南地区的开发作用甚巨”，[②]随陈氏父子入闽的中原将士、眷属约有七八千人之多，可说是一支庞大的移民队伍。待战事减少后，他们便在闽地开疆拓土，建立漳州，充实泉州户口；他们把工具、语言文字等中原文化带到闽地加以传播，深受当地老百姓的拥护，被称为开漳始祖。

唐代末年，当外族入侵、政治分裂、军阀混战之际，又有河南固始人王潮及其弟王审知率兵南下，在福建境内转战八载，结果这一大

① 张光宇：《论闽方言的形成》，《中国语文》1996 年第 1 期。
② 林国平、邱季端、张贵明：《福建移民史》，方志出版社 2005 年版，第 31 页。

批军队也在福建定居下来。王氏入闽后，在闽采取保境安民的政策，发展福建经济文化，“作四门义学，还流亡，定赋敛，潜吏劝农，人皆安之”。[①]由于唐末五代移民较多，福建人口迅速增长，北宋太平兴国时户数较唐开元增加三倍之多。[②]

唐代两次大批入闽的北方汉人，以河南固始人为主体，带来了河洛一带的方言。当年的河洛方言，正是形成闽方言的最重要的基础成分。今福州、厦门、仙游、明溪、建瓯、漳平等福建闽语至少有约半数的全浊上声字归入去声，或是受当年河洛方言影响的结果。

到了宋代，金、元相继迫境，中原动荡，皇室南下。一些忠义之士自北南来，后来中原沦丧，其不忍北返，便寓居闽、赣、粤等地，闽方言区的福州、泉州、漳州等地，有大量宋室移民定居。当时这些宋室移民所说的北方汉语次浊上已归阴上，闽地的福州、厦门、仙游、晋江、崇安、建阳、明溪、南安、沙县、三元、漳平等地次浊上字读为阴上或当时受其影响所致。

两宋以后，闽南方言陆续向广东省扩展，播散到潮汕平原、雷州半岛以及海南岛。

关于闽语有以下两点需要强调和解释。

其一，在多数福建闽语中，全浊上字今绝大多数或多数归阳去，次浊上口语用字的白读音也常常归阳去。也就是说，次浊上字中的口语用字常常跟全浊上字一同变化。这说明，当北方汉语“浊上归去”的影响到来时，闽人仍将次浊上与全浊上归于一类，所以全浊上字归阳去时，次浊上字也归阳去。直到北宋以后，在北方汉语次浊上字归阴上的影响下，次浊上字的书面语用字归入阴上；口语用字的文读音也随之读为阴上，但与阳去的读音并存，形成文白异调。

---

① 参见吴松弟《中国移民史》（第三卷），福建人民出版社 1997 年版，第 302 页。

② 吴松弟：《中国移民史》（第三卷），福建人民出版社 1997 年版，第 305 页。

其二，潮汕闽语与福建闽语有所不同，其全浊上字绝大多数读阳上；次浊上书面语用字归阴上，口语用字文读为阴上，白读为阳上。次浊上口语字白读与全浊上字保持一致读为阳上调而非阳去调。

唐宋时代，是潮州话从闽语进一步分化出来的年代。唐宋时期，中原汉人不断进入潮州，这对本地区接受北方文化和语言的影响产生了重要的作用：潮州方言除了从闽语分化出来的一套语言系统之外，还大量地接受了中原汉语的读音，形成一套“读书音”。[①]当次浊上归阴上的影响到来之时，次浊上书面语用字和口语用字文读音随主流变读阴上，口语用字白读音保持阳上调不变，构成文白异调。问题是，全浊上字为何仍然读作阳上调？北方汉语的影响应该不只波及次浊上字，全浊上字也应在其影响范围之内。据林伦伦[②]考察，在潮汕方言中，《广韵》浊声母去声字有一半读归阳上。由此，我们推测，读为阳上调的全浊上字中大概包括两类字：一类是保留阳上调不变的字；还有一类字是受中原汉语的影响，发生了“浊上归去”的演变，后来又随阳去字一同归到阳上。

3.北方移民对赣语、客语的影响

赣语、客语有着密切的历史渊源联系，因此我们放到一起来讨论。

东晋“永嘉丧乱”以后，中原第二支逃难的汉族，向南迁徙，已达至江西省中部。[③]到了唐代中叶的“安史之乱”，又有大量移民再次迁入江西境内。吴松弟在《中国移民史》第三卷中，根据新旧《唐书》《全唐文》《唐代墓志资料》等文献资料，对“安史之乱”期间北方移民迁入南方的个案进行了全面统计，统计结果显示，“安史之乱”期间，有文献可征的北方移民迁入南方者，共 133 例，其中 25 例分

---

① 李新魁：《广东闽方言形成的历史过程》，《广东社会科学》1987 年第 4 期。
② 林伦伦：《潮汕方言声调研究》，《语文研究》1995 年第 1 期。
③ 罗香林：《客家研究导论》，上海文艺出版社 1992 年版，第 45 页。

布在江西，占全部移民样本数的 19%，仅次于江南地区（35%）。这一事实表明，江西是该阶段移民的重要迁入区。同时强调，移民在江西的分布很不均衡，25 位移民分布在洪、饶（治今波阳县）、信（治今上饶市）、吉（治今吉安市）、江（治今九江市）等五州，赣江上游的虔州（治今赣州市）、抚河流域的抚州（治今临川市）和袁水流域的袁州（治今宜春市）都没有移民定居。[①]由此可见，此次移民主要集中在赣北和赣中地区，赣西、赣南地区迁入者则很少。

唐末，黄巢起义爆发，江西引起巨大震动。由于战乱的影响，原先居住在赣北和赣中的居民，开始大规模地向较为安全的赣南地区迁徙，并陆续由赣南再分迁到闽西和粤东北。周振鹤[②]强调，从江西北中部进入赣闽粤山区的短距离移民运动是具有决定性意义的一步，因为若没有这一短距离的迁徙过程，中唐以后来到江西北中部的移民方言，充其量只会演变为北方方言的一支次方言，或与北方方言差别不太大的一种南方方言，如赣方言。赣方言与客方言的差异，极有可能就是有无短距离再移民的差异。也就是说，中唐以后留在江西北中部的北方移民，其语言在经过与当地土著的交融以及变迁后，逐步发展成今天的赣语。而徙入赣南、闽西和粤东北的居民，由于环境闭塞等原因，使得自己的语言与赣语逐渐分开，形成与赣语有所不同的客语。

下面是唐末黄巢起义后徙入赣南、闽西和粤东北的移民情况。

赣南地区在地缘上与赣中毗邻，赣北的移民也可以溯赣江直达赣南，故而，这里接纳的赣北、赣中移民，占有相当比重。据《太平寰宇记》记载，北宋太平兴国年间（976—984），赣南境内主客户合计 85146，差不多是元和年间户数的 3 倍。[③]北宋太平兴国年间距五代不远，因此，

① 吴松弟：《中国移民史》（第三卷），福建人民出版社 1997 年版，第 291 页。
② 周振鹤：《客家源流异说》，《学术月刊》1996 年第 3 期。
③ 王东：《那方山水那方人——客家源流新说》，华东师范大学出版社 2007 年版，第 119 页。

这一数字应该能说明唐末五代时期赣南境内的人口增长情况。

此次移民除大量涌入赣南外，还流播于闽西地区。周振鹤[①]曾将宋初太平兴国年间和唐后期元和年间有关各州的户口进行比较，进而发现，江西北中部的人口在唐末宋初明显地往南部与福建西部迁移。

由唐末农民战争所引起的赣北和赣中部分人口向赣南以及再进一步向闽西的迁移，一直延续到五代十国时期。直到南北宋之交，赣中北一带的第二波移民再次进入赣南和闽西。

南宋以来，赣南和闽西人口向粤东北一带迁移，直至宋末元初，元人侵扰，客家先民辗转流入广东东部、北部，使这次迁移达到高潮。吴松弟[②]曾对 209 个广东客家氏族的家谱进行分析，据此得出结论：今客家人的祖先主要是在宋元之际和元代这八九十年中迁入广东，正是这些氏族对广东客家的形成和发展产生重大作用。

明清之际，客语远播至台湾、广西、四川、湖南等，成为那里的“客方言岛”。

纵观客赣地区移民的历史，我们看到，江西中北部是北方移民的重要迁入地和中转站。通行于江西中北部一带的早期赣语，是在安史之乱引发的北方人口大规模南徙的基础上形成的。由于江西中北部一带与江、淮流域连成一气，因此其境内的语言很容易受到北方汉语的影响。北宋靖康之乱曾再次引起北方人口大规模南迁，江西中北部一带成为继江南之后接纳北方移民最多的地区。[③]大量北方移民在短时期的集中迁入，使得通行于江西中北部一带的语言逐渐发生变化，即形成于唐代中叶的早期赣语跟北方汉语越来越接近。在我们统计的 40 个赣方言点中，25 个点全浊上声字绝大多数归阳去或去声，13 个点

---

① 周振鹤：《客家源流异说》，《学术月刊》1996 年第 3 期。

② 吴松弟：《中国移民史》（第四卷），福建人民出版社 1997 年版，第 187—188 页。

③ 王东：《那方山水那方人——客家源流新说》，华东师范大学出版社 2007 年版，第 206 页。

全浊上声字多数或约半数归阳去抑或去声、少数归阴平抑或上声，另在都昌 1 个点各有约半数的全浊上声字归阴平和阳去，在波阳（鄱阳）1 个点全浊上声字绝大多数归阴平（如前所述，该点今读阴平的字，一部分是全浊上归阳去后，再同浊去字一起归入阴平）。次浊上声字在 39 个点中，绝大多数读上声或归阴上；仅南丰（琴城）1 个点次浊上字多数今读上声、少数归阴平。由此可见，赣语在很大程度上受到北方方言的影响，这与大量北方移民的迁入是分不开的。在这 40 个赣方言中，有 29 个点位于江西省，特别是南昌、湖口（双钟）、高安、奉新（冯川）、永修（江益）、安义、东乡、余干、吉安、宜黄（凤凰）、临川（上顿渡）、吉水（螺田）等赣中、赣北地区，其全浊、次浊上声字的变化或是受唐、宋两代北方移民的影响所致。

在我们统计的 42 个客方言中，有 27 个点全浊上声字多数或约半数归阳去抑或去声，少数归阴平或读上声；在河源、惠州 2 个点多数归阳去、少数归阴去；另有大余 1 个点各有近半数的字归阴平和去声。此外，有 12 个点全浊上声字多数或约半数仍读上声（实为全浊上变去后，再随浊去字归上声）、少数归阴平。有 4 个点次浊上声字绝大多数入清上今读上声，有 26 个点多数读上声、少数归阴平或阴去，有 10 个点读上声和归阴平的次浊上声字各为一半左右，河源、惠州 2 个点次浊上声字多数或约半数归阴去、少数读上声。由此可见，多数客方言尚有少数或约半数浊上字的演变与官话不同，这是由于受地理环境等因素的制约，客语在后来的发展中渐渐与赣语有所区别。但总体而言，客方言受北方汉语的影响还是比较明显的，在多数客方言中，至少有约半数的浊上字发生了官话式演变。根据移民史，于都（贡江）、赣县（蟠龙）、宁都、南康（蓉江）等赣南客语，长汀、宁化、武平（岩前）等闽西客语，其“全浊上归去”的变化多数应发生于唐末到五代十国，即赣中北居民第一次迁入赣南、闽西的时期。当南北宋之交，赣中北一带的第二波移民再次进入赣南和闽西的时候，“次浊上归阴上”的变化也随之进入，从而使该地区的次浊上字归入阴上。梅县、连南、廉江、五华等粤东北客语，全浊、次浊上声字的变化开始相对较晚。南宋以来，赣南、闽西人口向粤东北一带迁移，直至宋末元初，这次迁移达到高潮，梅县等地浊上字的变化或受到了此时期移民的影响。

4. 北方移民对粤语的影响

今粤语区古代称为“南越”，为百越族的分支之一。秦始皇以前即有中原汉人向南越迁徙。[①]这种迁徙的规模随着百越被北方汉人征服、归并的过程而逐渐扩大。秦始皇二十五年，王翦平定江南及百越。二十九年，越人叛，秦始皇又派任嚣、赵佗前去平定，随后谪戍五十万据守。[②]魏晋之际，八王之乱、五胡乱华，中原动荡，中原人民纷纷南逃，其中一部分即迁徙至今粤语地带。

唐玄宗开元四年（716），张九龄开凿大庾岭，使五岭南北畅通，北方移民从赣南经大庾岭进入岭南者越来越多，广东人口由此剧增，广州一带尤为繁荣。与此同时，那些被朝廷贬谪的文人学士也往往来到岭南，他们兴办教育，传播文化，北方汉语的读书音随之在岭南广为传播。唐五代时，韶州、广州、桂州、连州成为接受北方移民最多的州。从当时迁入广东的移民来看，主要是河南、陕西一带的人。

北宋末年和南宋末年，金人和元人相继南侵，为躲避战乱，大量北方移民经过赣南翻越大庾岭，来到南雄县珠玑巷，再从珠玑巷迁至珠江三角洲。今天的广府人主要分布在以珠江三角洲为中心的广东中部和西南部，在其族谱中几乎都称在南宋初年或南宋末年迁自珠玑巷。吴松弟[③]曾对外省迁入广东和从南雄迁入广东各地的情况做过分类统

① 詹伯慧：《现代汉语方言》，湖北教育出版社 1985 年版，第 161 页。
② 詹伯慧：《现代汉语方言》，湖北教育出版社 1985 年版，第 162 页。
③ 吴松弟：《中国移民史》（第四卷），福建人民出版社 1997 年版，第 180 页。

计，结果显示，北宋末南宋初和南宋末迁移的氏族分别为 23 族和 8 族，各占已知迁移时间的 58 族的 39.7%和 13.8%。自南雄迁出的氏族，虽然从五代到明代都有，而以北宋末南宋初和南宋末最多，北宋末南宋初有 33 族，占已知迁出时间 156 族的 21%；南宋末有 88 族，占 56%。由此可见，两宋之际和南宋末是广府系移民南迁的重要时期。

浊上字在粤语中的变化比较复杂，特别是全浊上字常有文白异调现象。现在，我们把浊上字在 36 个粤方言点中的变化情况列成表 2-18，继而说明北方移民对全浊上、次浊上字及其文白读所带来的不同影响。

表 2-18　　　　浊上字在粤方言中的变化情况

类型	方言点	全浊上		次浊上	
		书面/文读	口语/白读	书面/文读	口语/白读
1	封开	阳上(多)/阳去（少）	阳上	阳上	阳上
2	开平（赤坎）	阳上(多)/去（少）	阳上	阳上	阴上
3	广州 肇庆（高要） 德庆 番禺（市桥）花县（花山） 增城（县城）佛山（市区） 南海（沙头）顺德（大良） 三水（西南）斗门（上横水上） 新会（会城）香港（市区）	阳去	阳上	阳上	阳上
	郁南（平台）　罗定	随阳去字入阳平	阳上	阳上	阳上
	云浮（云城）	随阳去字入阳平	阳上	阳上（多）/阳平（少）	阳上
	怀集	阳去	阳上	阳上（多）/阴上（少）	阳上（多）/阴上（少）

续表

类型	方言点	全浊上		次浊上	
		书面/文读	口语/白读	书面/文读	口语/白读
4	东莞（莞城）	去	阳上	阳上	阳上
5	斗门（斗门）江门（白沙） 新会（会城）台山（台城） 鹤山（雅瑶）	阳去	阳上	阳上	阴上
6	宝安（沙井） 阳江 澳门（市区）	阳去	上	上	上
7	中山（石岐） 珠海（前山）	去	上	上	上
8	恩平（牛江）	阳去	阳去	阳去	上(多)/阳去（少）
9	广宁 四会	阳去	阳去	阳去	阳去
10	新兴	阳去	随阳去字入阳平	随阳去字入阳平(多)/上（少）	随阳去字入阳平
	从化（城内）	阳去	阴去	阴去	阴去（多）/上(少)
	高明（明城）	随阳去字入阳平	阴去	阴去	阴去
11	香港（新界锦田）	阳去	随阴去字归阴平	随阴去字归阴平	随阴去字归阴平

由表 2-18 可见，粤方言全浊上书面语用字或文读音多数归阳去，或者和阴去字合流为去声；有的则归入阳去后再同浊去字一同归进阳平；仅封开白话、开平（赤坎）多数保留阳上调不变。全浊上口语用字或白读音的变化则较为多样：或读阳上，或读上声，或归阳去，或

归阴去，有的归阳去后再同浊去字一同归到阳平，或者是归阴去后再同清去字一同归到阴平，其中以仍读阳上调的方言数量居多。次浊上书面语用字或文读音往往与全浊上口语用字或白读音调类归属相同。次浊上口语用字或白读音的演变比较复杂：或读阳上（有的多数读阳上，少数读阴上），或读上声（有的多数读上声，少数归阳去），或归阳去，或归阴去（有的多数归阴去，少数读上声），有的归阳去后再同浊去字一同归到阳平，或者归阴去后再同清去字一起归入阴平，其中以读阳上调者居多。

根据移民史，粤方言的浊上归去应该在唐宋时即已完成，最迟不会晚于北宋末年大移民时期。接受其影响的大概只有全浊上书面语用字，也就是说全浊上书面语用字首先发生变化。到南宋末年，随着又一次大批量的入粤移民，某些方言点的全浊上口语用字也慢慢发生了改变，即归入去声，如恩平（牛江）、广宁、四会、新兴等。但总体说来，这样的方言数量不多，多数方言全浊上口语用字仍保持阳上调不变。与此同时，随着北方移民的到来，次浊上归阴上的影响也在一些地方引起变化，这首先反映在次浊上口语用字上，如开平（赤坎）、斗门（斗门）、江门（白沙）、鹤山（雅瑶）、宝安（沙井）、中山（石岐）等地次浊上口语用字归阴上或读上声。同样地，此类方言数量也并不很多，多数方言次浊上口语用字仍读阳上。次浊上书面语用字与全浊上口语用字今归调趋向大致相同。值得一提的是，宝安（沙井）、阳江、澳门（市区）、中山（石岐）、珠海（前山）次浊上字与全浊上口语用字均读上声。这大概是次浊上字在受北方汉语的影响归入阴上后，全浊上口语用字也逐渐跟次浊上字一起变化读为上声。

整体来看，北方移民的到来对粤语浊上字的发展产生了一定的影响，但这种影响并没有彻底改变浊上字的面貌，一些古老的成分仍继续保留下来。其原因有二：第一，汉人进入南越后，山川阻隔，交通闭塞，难免与北方汉语日益疏远；第二，粤语区原非汉人住地，汉人南下后，跟当地土著民族杂居在一起，汉语在影响当地语言的同时，当地语言的些许因素也难免会影响汉语，为汉语所吸收。

5. 北方移民对平话的影响

平话是一种主要由秦朝后历代军事移民（征卒屯兵等）带来并融汇叠合，同时又与当地少数民族语言（主要是壮侗语族）发生接触和影响而逐渐形成的一种汉语方言。①

广西地理位置偏僻，地形复杂，多山多丘陵，交通不便，与中原的交流较少。中原的政治文化是随着历代用兵在广西由北而南发展的。后来征戍的士兵又多留守当地，这样由这些兵士带来的北方汉语便也逐渐由桂北向桂南传播开来。如前文所述，“永嘉之乱”“安史之乱”造成大量汉人南迁，但其前锋多只到达广东的广州、广西的桂北桂东，桂南则很少波及。所以，在初唐前只在广西的桂林郡、苍梧郡有汉语社团的存在。直至咸通三年（862），南诏进犯，唐政权认识到邕州一带的战略重要性，把岭南划分为“岭南东道”（今广东、治今广州）和“岭南西道”（今广西，治邕州即今南宁市）两个并列的政治中心。从此以后，广西、广东开始在政治上保持各自独立，平粤两地方言也由此逐渐分化开来。②

中原汉族军民大量迁入桂南地区主要发生在宋皇祐四年（1052）狄青平侬之后。在平定侬智高事件后，一大批以山东籍屯戍兵士为主体的汉人进入桂南的邕、宾、永（淳）等地长期屯戍、繁殖，北方移民不断进入广西。如宋人周去非的《岭外代答》里“沿边兵”记云：“祖宗分置将兵。广西得二将焉。边州邕管为上。宜次之。钦次之。融又次之。……邕屯全将五千人，以三千人分戍横山、太平、永平、古万四寨及迁龙镇，其二千人留州更戍。”③戍屯军队不断得到加强，

① 李连进：《平话音韵研究》，广西人民出版社 2000 年版，第 25 页。
② 李连进：《平话音韵研究》，广西人民出版社 2000 年版，第 41 页。
③（宋）周去非著，杨武泉校注：《岭外代答校注》，中华书局 1999 年版，第 129 页。

使得当地北方移民人口连年增长。民国《田西县志》第二编“人口”：“至宋仁宗嘉祐四年，狄将军率兵剿侬智高平定后，表奏岑仲淑留守邕州，子孙分守各地，是为汉人留居之始，此项军人及其家属渐次繁殖，谓之初盛时期。”①

到了元代，由于汉人南来数量骤减加之广西偏处一隅的特殊地理条件，平话与中原汉语在各自的发展进程中日益拉开了距离，而且随着时间的推移，两者距离越拉越远。

下面，我们根据全浊上、次浊上声字在平话中的变化情况，具体说明北方移民对平话所带来的影响。

首先，全浊上声字在平话中归阳去或去声的情况如表 2-19 所示。

表 2-19　全浊上声字在 22 个平话方言点中归阳去（或去声）的情况

类型	方言点	方言数（个）	所占百分比（%）
多数或约半数归阳去	南宁（亭子）田东（林逢）百色（那毕）扶绥（龙头）横县（横州）资源（延东）临桂（五通）	7	31.8
少数归阳去或去声	宾阳（芦墟）玉林（福绵）藤县（藤城）钟山 昭平 富宁（剥隘）龙州（上龙）平乐（青龙）临桂（两江）融水（融水）灵川（三街）全州（文桥）马山（乔利）	13	59.1
极少数归阳去	兴安（高尚）宁远（清水桥）	2	9.1

由表 2-19 可见，受北方汉语“浊上变去”的影响，全浊上声字多数或约半数归阳去的方言有南宁（亭子）、资源（延东）等 7 个方言点，约占 31.8%；全浊上声字少数归阳去或去声的方言有宾阳（芦墟）、玉

① 黄旭初修，岑启沃纂：《田西县志》，成文出版社 1938 年版，第 32 页。

林（福绵）、平乐（青龙）等 13 个点，约占 59.1%。其中资源（延东）、临桂（五通）、平乐（青龙）、临桂（两江）、融水（融水）、灵川（三街）、全州（文桥）属桂北平话，其他为桂南平话。

唐中期安史之乱以后，即有北方汉人进入桂北地区。资源（延东）、临桂（五通）等桂北平话全浊上归去的变化大概是受到了此时北方移民所带来的中原汉语的影响。北宋皇祐四年（1052）狄青平侬之后中原汉族军民开始大量迁入桂南地区，北方汉语亦随之而入。南宁（亭子）、宾阳（芦墟）等桂南平话（富宁〔剥隘〕除外，其位于云南省）全浊上声字归去声的变化，应多是此时北方汉语影响的结果。

兴安（高尚）全浊上声字仅极少数归阳去，几乎没有受到北方汉语的影响。宁远（清水桥）无全浊上声字归阳去，该方言位于湖南省，其变化情况当与进入桂地的北方移民无关。

其次，次浊上声字在平话中归阴上或读上声的情况见表 2-20 所示。

表 2-20　次浊上声字在 22 个平话方言点中归阴上（或读上声）的情况

类型	方言点	方言数（个）	所占百分比（%）
绝大多数读上声	临桂（五通）临桂（两江） 灵川（三街）全州（文桥）	4	18.2
多数或约半数归阴上	兴安（高尚）融水（融水）	2	9.1
少数归阴上	南宁（亭子）百色（那毕） 龙州（上龙）横县（横州） 宾阳（芦墟）玉林（福绵） 藤县（藤城）钟山　昭平 平乐（青龙）资源（延东）	11	50
极少数归阴上	田东（林逢）富宁（剥隘） 马山（乔利）　扶绥（龙头） 宁远（清水桥）	5	22.7

由表 2-20 可见，受北方汉语的影响，次浊上声字绝大多数入清上读作上声的方言有临桂（五通）、临桂（两江）、灵川（三街）、全州（文桥）4 个点，约占 18.2%；次浊上声字多数或约半数归阴上的方言有兴安（高尚）、融水（融水）2 个点，约占 9.1%，前述 6 点皆属桂北平话；有少数次浊上声字归阴上的方言有南宁（亭子）、百色（那毕）、平乐（青龙）等 11 个点，约占 50%，其中平乐（青龙）、资源（延东）为桂北平话，其他属桂南平话。

北宋初年，中原地区次浊上已归阴上。宋代正是北方移民进入广西的高峰期，上述地区次浊上声字所发生的官话式演变，应多是宋代入桂移民所带来的北方汉语影响的结果。

桂南平话田东（林逢）、富宁（剥隘）、马山（乔利）、扶绥（龙头）仅极少数次浊上声字归阴上，几乎没有受到北方汉语的影响。宁远（清水桥）有极少数次浊上字归阴上，其属湖南省，与入桂移民带来的影响无关。

综上所述，在北方汉语的影响下，浊上字在平话方言中的发展呈现出以下几个特点。

①在多数平话中，均能看到北方汉语影响的痕迹。由表 3-19 看出，约 91%的平话方言点有或多或少的全浊上声字归阳去或去声；表 3-20 显示，约 77%的方言点有或多或少的次浊上声字归阴上或读上声。也就是说，多数平话方言在不同程度上受到了北方汉语的影响，浊上字由此发生了一定的变化。

②浊上字在各平话方言中的演变速度不尽一致，在桂北地区的发展速度相对快于桂南地区。浊上字在各方言中的演变速度有快有慢，有的方言变去或归阴上的字多，有的方言变去或归阴上的字少，也就是说，各地受北方汉语影响的程度并不相同。桂北与桂南地区比较而言，浊上字在桂北地区的发展速度相对更快一些。次浊上字对

此体现得更为明显：有至少约半数的次浊上字今读上声或归阴上的方言皆属桂北平话；桂南平话归入阴上的次浊上字仅占少数或极少数。这种发展速度的不平衡，当与历史上北方汉语由桂北向桂南逐渐传播有关。

③总体来说，在北方移民所带来的中原汉语的影响下，浊上字在平话中的发展仍显保守。表 2-19 显示，约有 32%的方言点全浊上声字多数或约半数归阳去，68%的方言点今归阳去或去声的全浊上声字仅占少数或极少数；表 2-20 显示，约有 27%的方言次浊上声字至少约半数归阴上或读上声，73%的方言归阴上的次浊上声字仅占少数或极少数。由此看出，多数平话方言只是少数字发生了官话式演变；甚至有的方言几乎没有接受北方汉语的影响，仅个别字发生改变，这种保守性应与平话地区相对闭塞的地理环境等因素有关。

6.北方移民对徽语的影响

徽语俗称“徽州话”集中分布于黄山以南，新安江流域的安徽旧徽州府全部，浙江旧严州府大部及江西旧饶州府小部分地区。自宋以后的六七百年间，徽州未曾有过大的人口变迁的记录，这使得相对原始的徽语面貌在近六七百年间未曾受到明显的“整容”。[①]宋以前，曾有过三次较大的北人入徽的记载：第一次发生于晋永嘉之乱，南迁的北人一部分入徽地避难，第一次完成了北方文化的输入；第二次发生于唐末黄巢起义；第三次为宋靖康之乱后北人的南迁。

徽州的正式开发始于唐末，黄巢起义迫使大批的北方衣冠大族携家入徽避难，此次迁入的人口最多。据明代程尚宽《新安名族志》记载：唐末入徽的北方大族有戴、夏、臧、陈、竹、葛、赵、盘、施、齐、抗、王、毕、州、江、梅、刘、罗、金十九姓。皖南的宣州（治

① 伍巍：《论徽州方音》，博士学位论文，暨南大学，1994 年，第 1 页。

今市）、歙州（治今歙县）位居或靠近长江南岸，当移民渡江南下，自然吸引了不少北方移民。如李白一家流落江南，曾在秋浦（治今贵池市）居住数年，最后定居在宣州当涂。[①]据《新安名族志》，歙州有明确迁入时间、地点的 56 姓中，28 姓系唐后期五代迁入，其中唐末迁入的又占 2/3 以上。[②]在吴松弟“唐后期五代南迁的北方移民实例（江南部分）”列表中，歙州移民 11 人，在江南仅次于苏、升、杭三州。[③]

我们共统计了 13 个徽语方言点。其中歙县受北方汉语的影响最为明显：全浊上声字多数归阳去，少数仍读上声；次浊上声字跟清上字同演变读作上声。如前所述，唐末黄巢起义后，有不少北方移民迁入歙县，全浊上声字多数归阳去，或是受此时移民所带来的北方汉语影响所致。宋靖康之乱后，北方移民再次进入徽地，歙县虽不在交通要道上，但也有北方移民的分布。[④]这时北方汉语随之而来，在北方汉语的同化下，歙县的次浊上声字入清上今读上声。

总体而言，中古上声字在徽语中的发展比较缓慢，多数方言仍以保留上声为主。究其原因，主要有二：第一，民国石国柱《歙县志・与地志・风土》记载：“邑中各以程、汪为最古，族亦最繁，忠壮越国之遗泽长矣。其余各大族半由北迁南。”[⑤]今天徽州多数地区仍以程、汪、胡三姓的人口最多，分布最广，此三姓并不在郑氏所载唐末入徽十九姓之列，可见当时南迁的北人在总体上仍属少数，北方汉语的影响毕竟有限。第二，徽语区是中低山、丘陵地区，地势崎岖，土壤贫瘠，交通不便，文化闭塞。世代以耕伐为主，偏居一隅，往来甚少。

---

① 吴松弟：《中国移民史》（第三卷），福建人民出版社 1997 年版，第 275 页。
② 吴松弟：《中国移民史》（第三卷），福建人民出版社 1997 年版，第 277 页。
③ 吴松弟：《中国移民史》（第三卷），福建人民出版社 1997 年版，第 278—283 页。
④ 吴松弟：《中国移民史》（第四卷），福建人民出版社 1997 年版，第 291 页。
⑤ 参见伍巍《论徽州方音》，博士学位论文，暨南大学，1994 年，第 2 页。

正因为这种特殊的地理条件，分散的自耕方式，落后的交通面貌以及封闭的深层文化，使得北方汉语很难形成规模之势，“原始面貌”的东西容易得以保存下来，徽语中古上声字多以保留上声为主即是其例。

（二）周边移民的影响

上声字在不同方言特别是邻近方言中的演变常常会出现相似的语音特征，在一定程度上与周边地区的移民所带来的影响有关。

在历史上，粤北土话区的居民是直接或间接从今天的江西赣语区迁移而来的，从而造成粤北土话和赣语在语音上存在诸多相似之处，其中之一就是全浊上声字在部分粤北土话和部分赣语中均有两个走向：书面语用字多归去声，口语用字多归阴平。现举例如表 2-21 所示，其中连州（星子）、连州（保安）为粤北土话，黎川（日峰）、吉水（螺田）为赣语；前六字是书面语用字，后四字是口语用字。

表 2-21　　粤北土话、赣语全浊上字演变情况举例

	部	户	件	罪	象	道	坐	被被子	厚	上上山
连州（星子）	pu꜅	u꜅	k^{h}ãi꜅	ts^{h}y꜅	ts^{h}iaŋ꜅	tɑu꜅	꜀ts^{h}ʌu	꜀pi	꜀hau	꜀ʃiaŋ
连州（保安）	pu꜅	vu꜅	k^{h}ien꜅	ts^{h}ʌu꜅	ts^{h}ɛn꜅	tau꜅	꜀ts^{h}ɔu	꜀pei	꜀hɑu	꜀ʃɛi
黎川（日峰）	p^{h}u꜅	fu꜅	k^{h}iɛn꜅	tɕ^{h}y꜅	ɕiɔŋ꜅	hon꜅	꜀t^{h}o	꜀p^{h}i	꜀hɛu	꜀sɔŋ
吉水（螺田）	p^{h}u꜄	fu꜄	tɔ^{h}iɛn꜄	ts^{h}ui꜄	ɕiɔŋ꜄	hau꜄	꜀ts^{h}ɔ	꜀p^{h}i	꜀hɛu	꜀sɔŋ

粤北土话区的许多居民称自己的祖上来自“江西大码头”。根据

收集到的一些族谱，粤北土话地区的居民是历史上直接或间接从江西赣语区迁移而来的。如曲江县白土镇上乡刘姓族谱“白土初世至四世图”称，“首仁公即名以仁，字子高，由江西广信府贵溪县于宋理宗宝祐二年（1254）十一月内丙子来至广东省韶州府曲江县隶籍玉田都白土上乡安居。”[①]另外，土话区的星子、清江等地名很有可能是历史上的江西移民带来的。今天，江西境内尚有星子县和清江县，前者建于北宋初年，后者建于五代南唐之时。

随着唐代以后大量移民的涌入，江西中部和北部的开发程度较高，到唐末五代河谷地带已经人满土满，于是逐步向西邻的湖南地区转移。而赣南开发程度尚低，向湖南移民相对较少。所以《宋史·地理志》说：“而（荆湖）南路有袁（今江西宜春）、吉（今吉安）接壤者，其民往往迁徙自占，深耕溉种，率先富饶。”这一移民活动由宋至元渐具规模，至明代达到高潮，其结果使得湘东地区的百姓几乎都为江西原籍，甚至在偏僻的湘西也有江西移民的足迹，这就是历史上所说的“江西填湖广”移民运动。

庄初升[②]认为，粤北的江西移民，很可能是历史上“江西填湖广”的移民运动的余波。粤北和湖南之间尽管有五岭山脉阻隔，但仍无法阻隔两地之间的联系。周去非《岭外代答·地理门》卷一云：“自福建之汀，入广东之循梅，一也；自江西之南安，逾大庾入南雄，二也；自湖南之郴入连，三也；自道入广西之贺，四也；自全入静江，五也。”[③]西京古道于江代修筑，其连接了长安和岭南，越过湘、粤边界的骑马岭，成为湖南进入粤北以至整个岭南地区的另一通道。另外，有武水从湘南流入粤北，其是两地自然的交通路径。历史上

① 庄初升：《粤北土话中类似赣语的特点》，《韶关大学学报》（社会科学版）1999 年第 5 期。
② 庄初升：《粤北土话中类似赣语的特点》，《韶关大学学报》（社会科学版）1999 年第 5 期。
③ 参见庄初升《粤北土话中类似赣语的特点》，《韶关大学学报》（社会科学版）1999 年第 5 期。

江西人迁入湖南，进而沿着上述交通孔道扩散至粤北地区，乃是十分自然的事情。[①]此外，据嘉靖《广东通志》记载："（南雄）语言多与韶（州）同，而杂江右、荆湘之语，郡城常操正音，而始兴则多蛮声。"此书又记载："（韶州）地杂流移，楚越不一，周回山隔，乡音随异。曲江邻南雄，仁化邻南安，乐昌、乳源接郴州，翁源接惠州，各于近者大同小异。惟英德、曲江相同。"南雄、韶州话杂以荆湘之语，乐昌、乳源话近于郴州之语，这同样说明粤北地区有湖南移民的迁入，否则当地语言中不会有湘语的掺入。

正是由于这种特殊的移民历史，才决定了粤北土话与赣方言有着不可分割的联系，全浊上声字在粤北土话中的演变类似于赣方言正是这种历史联系的反映。

二　邻近方言的影响

多数方言都不会孤立地发展，往往是与周边地区的方言因地缘接触，产生横向间的相互影响，从而引起方言本身的变化。中古上声字在不同方言中的发展，有的即受到周边方言的影响和渗透。以下是由于邻近方言的影响，而使上声字发生特殊演变的几个方言实例。

①平话兴安（高尚）的西部和南部处在势力强大的西南官话包围之中。如前所述，该方言有少数全浊上声字今读阳平，而且主要是部分书面语用字和字的文读，如"是氏似拒距厦键|序叙绪夏社（文读）"，这往往是受西南官话影响的结果。

《广西汉语方言概要》一书收录了桂林、柳州、平乐等10个西南官话方言点，此10处方言点皆与兴安（高尚）邻近，位于其西部和南

① 庄初升：《粤北土话中类似赣语的特点》，《韶关大学学报》（社会科学版）1999年第5期。

部。现将其四声调值分列如下。

	阴平	阳平	上声	去声*
桂林	33	21	55	35
柳州	33	21	55	35
平乐	33	21	55	35
恭城	33	21	55	35
荔浦	33	21	55	35
阳朔	33	21	55	35
永福	33	21	55	35
鹿寨	33	21	55	35
临桂	33	21	55	35
贺县	33	21	55	35

兴安（高尚）各调值为：

	阴平	阳平	阴上	阳上	阴去	阳去	入声
高尚	35	13	55	41	22	11	51

由上可见，桂林等西南官话的去声为高升调 35（或中升调 24），与高尚话阳平调 13 调型相同、调值接近。桂北地区教育开发很早，西南官话在几百年来对桂北地区产生了重大影响。[①]高尚话中部分全浊上书面语用字和字的文读遵从官话“浊上变去”的规律，跟随官话读为去声 35（或 24），刚好和本身的阳平调趋同，进而把这些全浊上声字读入阳平了。

平话全州（文桥）跟兴安（高尚）邻近（比高尚偏东北一些）。其各调值如下。

---

* 也有学者将桂柳官话的去声调值记为 24，如林亦：《桂北平话与推广普通话研究——兴安高尚软土话研究》，广西民族出版社 2005 年版，第 62 页。

① 林亦：《桂北平话与推广普通话研究——兴安高尚软土话研究》，广西民族出版社 2005 年版，第 116 页。

	阴平	阳平	上声	去声	入声
文桥	55	21	24	33	5

文桥平话上声调24与桂林等西南官话的去声调35（或24）调型相同，调值十分接近（或相同）。该方言全浊上字多数今读上声，其原因当与高尚相似：在官话的影响下，全浊上声字跟随官话读如去声35（或24），此去声与文桥之上声的调值相近、调型相同，故而逐渐把这些全浊上声字也读成本身的上声调了。

②粤北土话与粤方言同处广东省，地理位置相邻近。粤方言是广东省内的强势方言，粤方言对周边方言的影响是显而易见的，粤北土话当然也不例外。

在我们统计的8处粤北土话中，有4处方言（乐昌〔皈塘〕、连州、连州〔西岸〕、连州〔丰阳〕）全浊上字多数或约半数归阳去抑或去声，少数仍读阳上抑或上声，这与粤方言的影响应该不无关联（统计的36个粤方言中，有24个方言如此，约占2/3）。

我们对这4处粤北方言点的全浊上字进行统计，按照各字阳上或上声读法出现在方言点中的多寡排出一个序列，括号中的数字为该字读阳上或上声的方言点数：

被（4）伴（4）婢（4）淡（4）断（4）近（4）舅（4）菌（4）社（4）艇（4）丈（4）柱（4）坐（4）蚌（3）簿（3）弟（3）肚（3）跪（3）旱（3）厚（3）上（3）挺（3）重（3）苎（3）很（2）缓（2）践（2）强（2）蟹（2）杖（2）待（1）犯（1）范（1）腐（1）骇（1）撼（1）后（1）沪（1）晃（1）混（1）祸（1）俭（1）件（1）肾（1）柿（1）限（1）

以上共计46字，除“范犯后沪”4字外，其余42字在上述24个粤方言点中也读为阳上或上声，只是出现的次数多少不等而已。其中“被伴婢”等19字，土、粤两方言出现次数都比较多；“待腐撼”

等8字，土、粤两方言出现次数都比较少，如表2-22和表2-23所示（表中数字分别表示该字在土、粤方言中出现的次数）。

表2-22　　土、粤方言读阳上（或上声）较多的全浊上字

	被	伴	婢	淡	断	近	舅	社	艇	柱	坐	蚌	肚	旱	厚	上	挺	重	苎
土	4	4	4	4	4	4	4	4	4	4	4	3	3	3	3	3	3	3	3
粤	22	11	21	13	15	18	22	21	20	22	21	24	18	22	21	19	20	19	18

表2-23　　土、粤方言读阳上（或上声）较少的全浊上字

	待	腐	骇	撼	祸	俭	件	肾	限
土	1	1	1	1	1	1	1	1	1
粤	1	2	9	1	2	1	1	9	1

由表2-22和表2-23可见，乐昌（皈塘）等4处粤北土话全浊上字的走向在很大程度上受到粤方言的影响。

第一，乐昌（皈塘）等粤北土话与多数粤方言全浊上字的归派趋向基本相同，即多数或约半数归阳去抑或去声，少数仍读阳上抑或上声；

第二，在粤北土话中仍读阳上或上声的全浊上字，基本上在粤方言中也出现该读法；

第三，土、粤两方言共有的42字当中，有27字即近2/3的字在各自方言点中出现的多寡特征相同。

总之，土、粤两方言紧密的地缘联系，使得粤方言的语音特征向粤北土话进行渗透成为可能。

③惠州方言属于客语，但根据统计结果，其次浊上字今不读阴平，却有一半以上归入阴去。有部分次浊上字归阴平，这是客语的语音特征之一，惠州的情况显然与多数客方言不同。探其缘由，此当与其地

理位置相关。惠州地处粤语的包围之中，受强势方言的影响，客家方言的语音特征变得模糊即应是顺理成章之事。

在统计的粤方言中，从化（城内）、高明（明城）的次浊上字今绝大多数归阴去，而且它们离惠州都不远。这进一步说明，惠州次浊上字今天阴去的读法与粤方言的影响不无关联。下面，我们对惠州和从化（城内）、高明（明城）今念阴去调的次浊上字做一具体比较。

惠州今归阴去的次浊上字共76字，其中与从化（城内）、高明（明城）均相同的有62字，它们是“尔懒朗礼理鲤岭领柳虏鲁滷橹吕旅马码买莽蟒每美猛抿敏某母亩拇奶恼暖偶汝乳软挽晚网尾刎吻我侮舞鹉雅养痒咬野已以矣尹引永友有语远允”。

惠州与从化（城内）相同的除以上62字外，还有“览垄悯忍蕊”5字。

惠州与高明（明城）相同的除以上62字外，还有“两满藕惹眼”5字。

由上可见，惠州归入阴去的次浊上字基本上都在粤方言今读阴去的次浊上字范围之内（76字中有72字与粤方言同）。因此，我们可以认为，惠州次浊上字今阴去调的读法或与邻近粤方言的影响有关。

④客语大余、河源地处赣南和粤北，在地域上接近粤北土话地区，所以在声调演变上与粤北土话很相近。大余、河源亦有部分次浊上字今读阴去调，据庄初升[①]考察，粤北土话乌迳、白沙、周田、上窑、腊石、犁市等地同样有次浊上字归入阴去的现象，二者不无关联。

---

① 庄初升：《粤北土话音韵研究》，中国社会科学出版社2004年版，第216—217页。

例如，大余和乌迳地理位置尤为接近，乌迳话今读阴去的次浊上字全部为口语用字，如“马买你咬有懒暖软两几~痒岭领”等；大余归到阴去的次浊上字包括“野里~面有懒暖两几~痒领岭”等，多数字在乌迳话中具有相同的读法。粤北土话对邻近的大余等客方言带来的影响由此可见一斑。

第三章　中古上声字在不同方言中的发展情况比较

第一节　中古上声字在赣语和客语中的发展情况比较

汉语方言学的研究成果表明，在今天汉语的各南方方言分支中，赣方言与客方言的关系最为接近。罗常培在《临川音系》一书中就认为：

当我把这个（赣方言）音系的概略整理出来以后，我觉得它有几点颇和客家话的系统接近。……所以我颇怀疑他们是同系异派的方言，并且从客家迁徙的历史上也可以找出一些线索来。①

中古上声字在赣语和客语中的演变情况亦表现出密切的相关性，当然，二者之间的差异也是实际存在的。

---

① 罗常培：《临川音系》，科学出版社 1958 年版，第 2 页。

一　中古上声字在赣语、客语中的调类归属情况比较

（一）中古全浊上声字在赣语、客语中的调类归属情况比较

中古全浊上声字在赣语、客语中的调类归属情况见表3-1。

表3-1　　中古全浊上声字在赣语、客语中的调类归属情况

<table>
<tr><th colspan="3">类型</th><th>方言区</th><th>方言点</th></tr>
<tr><td rowspan="6">第
I
类</td><td rowspan="2">1</td><td rowspan="2">绝大多数归去声</td><td>赣语</td><td>南昌 星子 湖口（双钟） 高安
奉新（冯川）永修（江益）
修水（义宁） 安义 东乡 乐平
余干 万载（康乐） 新余（渝水）
宜丰 吉安 永丰（恩江）平江（南江）
茶陵 宿松（河塔）岳西 阳新（国和）
上高（敖阳）泰和 萍乡 醴陵（白兔潭）</td></tr>
<tr><td>客语</td><td>惠州 河源</td></tr>
<tr><td rowspan="2">2</td><td rowspan="2">多数归去声</td><td>赣语</td><td>临川（上顿渡） 横峰 弋阳 吉水（螺田）
永新 莲花（琴亭）泰宁</td></tr>
<tr><td>客语</td><td>于都（贡江） 赣县（蟠龙） 宁都
宁化 金华（珊瑚村） 秀篆 梅县
连南 奉新（澡溪）陆川 西河 桂东</td></tr>
<tr><td rowspan="2">3</td><td rowspan="2">约半数归去声</td><td>赣语</td><td>南城 宜黄（凤凰）黎川（日峰）建宁
邵武</td></tr>
<tr><td>客语</td><td>化州（新安）深圳（沙头角）
中山（南蓢合水）安远（欣山）
廉江（石角）廉江（青平）
南康（蓉江）井冈山（黄坳）
定南（历市） 龙南（龙南镇）
全南（城厢）上犹（社溪）
石城（琴江） 长汀</td></tr>
</table>

续表

类型			方言区	方言点
第Ⅱ类	4	绝大多数归平声	赣语	波阳（鄱阳）
			客语	——
	5	约半数归平声	赣语	都昌
			客语	大余
第Ⅲ类	6	多数仍读上声	赣语	——
			客语	东莞（清溪）从化（吕田）阳西（塘口）阳春（三甲）高州（新垌）电白（沙琅）揭西 信宜（钱排）
	7	约半数仍读上声	赣语	——
			客语	翁源 五华 信宜（思贺）武平（岩前）

全浊上声字在赣语、客语中的调类归属情况既有相同点，也有不同点。

相同点表现在以下几点。

①赣、客两地多数方言全浊上声字今至少约半数归去声（**见第Ⅰ类**）。

②全浊上声字多数或约半数归去声，少数归平声（阴平），这是赣语、客语重要的语音现象。赣语中部分方言如此，客语中多数方言如此。上表第Ⅰ类中2、3小类方言多数属此情况。

③在赣语和客语中，均有少量方言全浊上声字多数或约半数归去声，少数仍读上声。此类方言包括上表第Ⅰ类2、3小类中赣语的莲花（琴亭）、泰宁、建宁、邵武，客语的桂东、安远（欣山）、化州（新安）、深圳（沙头角）、中山（南蓢合水）。它们中相当一部分方言点不位于江西省，例如赣语的泰宁、建宁、邵武属福建省，客语的化州

（新安）、深圳（沙头角）、中山（南萌合水）属广东省，桂东属湖南省。这些方言有少数全浊上声字仍保留上声调，大概与周围方言（主要是闽语、粤语）的影响有关。

④赣、客两地均有个别方言全浊上声字约半数归平声（阴平），约半数归去声，如赣语的都昌、客语的大余。**（见第Ⅱ类 5 小类）**

不同点表现在以下几点。

①官话“浊上归去”的演变对赣语带来的影响大于对客语的带来的影响。

其一，多数赣方言全浊上声字绝大多数归去声，与官话同走向。客方言仅有惠州、河源两点，而且它们只是多数全浊上声字归阳去，此与官话同；尚有少数字归阴去，此与官话不同。

其二，多数客方言全浊上声字除多数或约半数归去声外，尚有少数字归平声（阴平）；此类方言在赣语中数量较之少些，且多见于江西境内，在江西东部和中部靠近客家话的区域。

②赣语波阳（鄱阳）绝大多数全浊上声字归平声（阴平），在统计的客方言中无此现象。**（见第Ⅱ类 4 小类）**

客语中有部分方言全浊上声字多数或约半数今读上声（实际是归阳去后，继而随浊去字一同归入上声），少数归平声（阴平），这样的方言主要集中于闽粤两省境内，如东莞（清溪）、武平（岩前）等，在统计的赣方言则没有此类情况。**（见第Ⅲ类）**

（二）中古次浊上声字在赣语、客语中的调类归属情况比较

中古次浊上声字在赣语、客语中的调类归属情况见表 3-2。

表 3-2　　　中古次浊上声字在赣语、客语中的调类归属情况

类型			方言区	方言点
第Ⅰ类	1	绝大多数仍读上声	赣语	南昌 星子 湖口（双钟） 高安 奉新（冯川） 永修（江益） 修水（义宁） 安义 东乡 乐平 余干 万载（康乐） 新余（渝水） 宜丰 吉安 永丰（恩江）平江（南江）茶陵 宿松（河塔）岳西 阳新（国和）上高（敖阳） 泰和 萍乡 醴陵（白兔潭）黎川（日峰） 宜黄（凤凰） 临川（上顿渡） 南城 横峰 弋阳 吉水（螺田）永新 建宁 泰宁 邵武 都昌 波阳（鄱阳） 莲花（琴亭）
			客语	安远（欣山）宁化 金华（珊瑚村）桂东
	2	多数仍读上声	赣语	南丰（琴城）
			客语	于都（贡江） 赣县（蟠龙） 宁都 定南（历市） 龙南（龙南镇） 全南（城厢）上犹（社溪） 石城（琴江）南康（蓉江）廉江（石角） 廉江（青平）东莞（清溪）从化（吕田）翁源 阳西（塘口）化州（新安）深圳（沙头角） 中山（南蓢合水）武平（岩前）长汀 秀篆 大余
	3	约半数仍读上声	赣语	——
			客语	井冈山（黄坳）阳春（三甲）高州（新垌） 电白（沙琅）西河 铜鼓（丰田）梅县 连南 陆川
第Ⅱ类	4	约半数归平声	赣语	——
			客语	奉新（澡溪）五华 揭西 信宜（思贺） 信宜（钱排）
第Ⅲ类	5	多数归去声	赣语	——
			客语	河源
	6	约半数归去声	赣语	——
			客语	惠州

中古次浊上声字在赣语和客语中的演变既有相同之处，也有不同

之处。

相同点表现在：赣、客两地均有大部分方言次浊上声字今绝大多数或者多数读上声（**见第Ⅰ类 1、2 小类**）。

不同点表现在以下几点。

①官话对赣语带来的影响大于对客语带来的影响。

其一，除少数点外，赣方言次浊上声字绝大多数跟清上字走今读上声，体现出官话式演变。统计的客语中这样的方言则很少，仅安远（欣山）、宁化、金华（珊瑚村）、桂东 4 处。（**见第Ⅰ类 1 小类**）

其二，在多数客语中，次浊上声字除多数仍读上声外，还有少数字归平声（阴平）。赣语里此类方言数量少之，我们考察的赣语点中仅南丰（琴城）1 处。（**见第Ⅰ类 2 小类**）此外，部分客方言有约半数的次浊上声字今读上声或者归入平声即阴平（**见第Ⅰ类 3 小类、第Ⅱ类 4 小类**）。在统计的赣语中未见此类情况。

②客语的个别方言如河源、惠州有多数或约半数的次浊上声字归去声，与其他客赣方言截然不同，大概是受周边方言影响的结果。

总体而言，在多数赣语、客语中皆能看到官话影响的痕迹，即全浊上归去、次浊上入清上今读上声。相比之下，赣语受官话影响的程度更深，其中古上声字（主要指浊上字）发生“官话式”演变的数量往往要多于客语，多数客方言尚有少数浊上字归阴平，仍保持着古老的面貌。如前所述，这是由于地处江西中北部的赣语在地缘上与北方一脉相承，容易受到北方汉语的冲击；而位于江西南部等地的客语区交通不便，山川阻隔，难以与北方地区交流往来，加之本地少数民族语言的影响，使得客、赣两地某些原有的共同特征，在赣语区逐渐褪色，而在客语区却依然较为鲜亮。

二 赣语、客语归阴平的浊上字比较

（一）赣语、客语归阴平的全浊上字比较

在我们统计的方言中，有全浊上字归阴平的方言点赣语区 26 处，客语区 42 处。

归入阴平的全浊上字为客、赣两地共有的是：

辫弟动苎坐簿在厚断下~面淡是重伴被肚~腹柱上~山荡妇舐竖舅菌舵抱部倍待道旱后柿受蟹绪罪辩稻杜惰犯浩丈汇件尽静绍户社士肾近象祸（共 56 字）

赣语独有的是：笨像造赵（共 4 字）

客语独有的是：鲍臼距蚌徛巨圈猪~婢拒鳔很荠强倔~雉妓技咎挺艇限辨市（共 22 字）

其中，在客赣两地阴平读法出现次数都比较多的字是（括号内前面的数字是在赣语中出现的次数，后面的数字是在客语中出现的次数，下同）：

辫（13/29）弟（12/26）动（12/18）苎（11/27）坐（10/34）断（10/31）厚（10/23）簿（10/14）淡（9/32）重（9/27）下~面（9/24）被（8/35）柱（8/30）上~山（7/30）在（6/12）（共 15 字）

阴平读法出现次数都比较少的字是：

部（3/2）后（2/2）柿（2/2）倍（2/1）待（2/1）道（2/1）浩（1/4）户（1/4）蟹（1/2）绪（1/2）罪（1/2）士（1/2）肾（1/2）祸（1/2）受（1/1）辩（1/1）杜（1/1）惰（1/1）犯（1/1）汇（1/1）件（1/1）尽（1/1）静（1/1）象（1/1）（共 24 字）

由上面的统计来看，赣语归阴平的全浊上字共 60 字，客语共 78 字，其中客赣两地均有的共 56 字，分别占 93%和 72%；在客赣两

地阴平读法出现次数都比较多的共15字，出现次数都比较少的共24字，亦即总共39字在两地区出现的多寡特点相一致，占56个共有字的70%。

由此看来，赣语、客语归阴平的全浊上字相同者占多数，有共同特点的也占多数。

（二）赣语、客语归阴平的次浊上字比较

赣语中有部分次浊上字归阴平的方言较客语少之，在我们统计的赣语点中仅南丰（琴城）一处如此。该方言归阴平的次浊上字是：

野五女雨买李里~程/~面鲤耳尾脑老咬懒眼满暖软忍两~个/斤~痒领岭（共23字）

其他赣方言如南昌、湖州（双钟）、高安、万载（康乐）、新余（渝水）、吉水（螺田）、泰和、萍乡、永新、茶陵、宜黄（凤凰）、临川（上顿渡）、南城、波阳（鄱阳）、弋阳、岳西也有零星的次浊上字归入阴平，在这些方言中归入阴平的字有：

奶老扭哪冷尾鲤岭女痒咬卵野（共13字）

而客语中绝大多数方言都有部分次浊上字归入阴平，这些归入阴平的次浊上字是：

尔懒磊累冷礼李里理理鲤敛两岭领柳笼陇垄拢篓卤虏鲁滷橹吕旅稆履裸马码买满莽蟒卯每美猛免勉娩秒渺皿悯敏某母亩牡拇哪乃奶恼脑你扭纽暖藕冉惹忍氄汝乳阮软挽晚往伟尾我武侮鹉舞演养痒咬也野以蚁尹永友有酉诱与羽禹语允耳卵染瓦引篓（共107字）

将赣语和客语归阴平的次浊上字进行比较，我们发现，“五女雨老眼”在赣方言南丰（琴城）中读阴平，而在客方言中是不读阴平的；刘纶鑫[①]的调查显示，像“米远网伍”等字在客方言中也不读阴平，

① 刘纶鑫：《江西客家方言概况》，江西人民出版社2001年版，第108页。

在赣方言中却要读阴平。但总体而言，赣方言今读阴平的次浊上字在客方言中多数也是读作阴平的。

综上所述，客赣两地今读阴平的浊上字相同之处要多于不同，显示出客赣方言的联系性。

三 客赣方言“浊上归阴平”相关问题的探讨

客赣方言浊上字读阴平的现象多年来一直是方言研究者所关注的焦点。在此我们尝试讨论以下三个问题。*

浊上归阴平是否是客赣方言的分区标准；

浊上归阴平是客赣方言共同的发展还是其中一种方言影响另一种方言的结果；

浊上归去与浊上归阴平在时间上孰先孰后。

针对以上三个问题，笔者谈一下个人粗浅的看法。

1. 浊上归阴平不是客赣方言的分区标准

所谓分区标准，是指某种语言特征为某个方言所独有，从而成为这个方言与其他方言相区别的界限。通过我们的统计以及有关学者的调查研究**，结果显示，无论是赣方言还是客方言，都存在浊上（全浊上、次浊上）归阴平的现象，只是数量多少不同而已，客方言此特征显得更为突出。因此，浊上归阴平不能算作客赣方言分区的标准。

2. 浊上归阴平是客赣方言未分家之前即有的语音特征

如前所述，安史之乱后大量的北方移民迁入江西北部和中部，北

---

* 问题的设计参考孙宜志《江西赣方言语音研究》，语文出版社 2007 年版，第 227 页。

** 刘纶鑫通过十几年来全面的调查研究发现，在客、赣方言中均有浊上归阴平的现象。参见刘纶鑫：《客赣方言的声调系统综述》，《南昌大学学报》2000 年第 4 期。

方移民带来的语言在与当地语言的交融互动后，渐成为江西境内的统一语言——原始赣语。唐末黄巢起义又迫使赣中、赣北的居民开始涌向赣南，随后陆续分迁到闽西、粤东北。由于赣、闽、粤交界的山区地理环境闭塞，使移民语言与北方语言逐渐分开，最终形成了较为独特的客方言；而一直居住在赣北和赣中的居民，其所说的赣方言在北方汉语的影响下，则变得与北方汉语越来越相似。所以说，赣方言和客方言共同渊源于“原始赣语”，二者具有同源异流的关系。从“浊上归阴平”为客赣两地共有的语音现象来看，它应该是客赣方言未分家之前即有的语音特征，此特征在赣语中由于受到北方汉语的影响而逐渐淡化，在客语较为封闭的语言环境中则保存得相对完整，而并非是一种方言影响另一种方言的结果。

3. “浊上归阴平”早于“浊上归去”的发生时间

第一，客赣方言归入阴平的全浊上字多为口语常用字和字的白读，归入去声的全浊上字多是书面语用字和字的文读。口语用字和白读音代表的往往是方言自身的历史层次，书面语用字和字的文读音代表的往往是在权威方言的影响下后起的历史层次，前者比后者更古老。从这点来看，“浊上归阴平”发生的年代应早于“浊上变去”。

第二，严修鸿《客赣方言浊上字调类演变的历史过程》一文发现，保留独立阳上调的三个赣语方言安福、莲花、遂川的阳上调是升调，保留独立阳上调的其他汉语方言如吴语、粤语、徽语等其阳上调调型也多为升调。而客赣方言的阴平调也大面积地读升调，一些阴平调读平调的客赣方言，在作为前字时的连读变调也常为升调。在我们统计的 82 个客赣方言点中，有 27 个点阴平读升调，约占 1/3，占比较高。严氏由此认为，客赣方言早期阳上与阴平应该都是升调调型，二者因调型相同，调值接近而趋于混同。

因此，可以认为，在唐朝安史之乱前，客赣方言的全浊上声和吴语、粤语一样，一般读阳上，由于调型调值的趋同，促使阳上归阴平的变化率先发生，并且这种变化以离散式的音变方式进行，口语常用字先变。安史之乱后的历次北方移民带来了“浊上归去”的变化，将客赣方言浊上归阴平的音变规律打断，变了阴平的全浊上声字，成为白读；还没有来得及变阴平的全浊上声字受北方汉语的影响归入去声，成为文读，二者构成文白异读的关系。莲花、安福、遂川等点阳上归阴平的音变没有发生，因而这些点口语常用字归阳上，与由于受北方汉语的影响而归入去声的读音形成文白异读。[①]

第二节　中古上声字在平话和粤语中的发展情况比较

广西、广东古时皆属“百越”之“南越”，地处岭南。秦始皇先后征发数十万军民于岭南，这些人当是平话人和粤语人最早的共同祖先。一直到中唐以前，由于平、粤两方言共处于“交州”或“广州”或“岭南节度使”的大行政区内[②]，因而它们仍然基本维持着早期的紧密联系。这种情形到了唐代咸通年间以后才发生改变，当时南诏进犯，促使唐政权认识到邕州一带的战略重要性，把岭南划分为“岭南东道”和“岭南西道”，广西、广东由此在政治上各自独立，从而使得平、粤两方言逐渐分化，各自朝着自己的方向发展。正是在这种历史背景下，中古上声字在平话和粤语中的演变，既有相同的地方，也有不同的方面。

① 孙宜志：《江西赣方言语音研究》，语文出版社 2007 年版，第 228 页。
② 李连进：《平话音韵研究》，广西人民出版社 2000 年版，第 41 页。

一　中古上声字在平话、粤语中的调类归属情况比较

（一）中古全浊上声字在平话、粤语中的调类归属情况比较

中古全浊上声字在平话、粤语中的调类归属情况见表3-3。

表3-3　　　中古全浊上声字在平话、粤语中的调类归属情况

类型			方言区	方言点
第Ⅰ类	1	绝大多数归去声	平话	融水（融水）
			粤语	广宁　恩平（牛江）　四会　从化（城内）
	2	多数归去声	平话	百色（那毕）资源（延东）
			粤语	广州番禺（市桥）　花县（花山）增城（县城）佛山（市区）　南海（沙头）　三水（西南）斗门（上横水上）斗门（斗门）香港（市区）阳江　澳门（市区）东莞（莞城）中山（石岐）珠海（前山）新兴　香港（新界锦田）
	3	约半数归去声	平话	田东（林逢）　南宁（亭子）　扶绥（龙头）横县（横州）临桂（五通）兴安（高尚）肇庆（高要）顺德（大良）江门（白沙）新会（会城）
			粤语	德庆　怀集　鹤山（雅瑶）　台山（台城）宝安（沙井）
第Ⅱ类	4	多数仍读上声	平话	昭平　全州（文桥）
			粤语	——
	5	约半数仍读上声	平话	宾阳（芦墟）　玉林（福绵）　藤县（藤城）钟山　平乐（青龙）富宁（剥隘）
			粤语	开平（赤坎）封开

续表

类型			方言区	方言点
第III类	6	多数归平声	平话	——
			粤语	云浮（云城）郁南（平台）
	7	约半数归平声	平话	——
			粤语	罗定 高明（明城）
第IV类	8	分归于不同的调类	平话	临桂（两江）龙州（上龙）马山（乔利）宁远（清水桥）灵川（三街）
			粤语	——

全浊上声字在平话、粤语中的调类归属情况既有相同点，也有不同点。

相同点表现在以下几点。

第一，多数粤语、部分平话均至少有约半数的全浊上声字归去声。**（见第Ⅰ类）**

第二，有少数全浊上字今仍读上声，这是粤语、平话所共有的重要语音特征。表 3-3 中第Ⅰ类 2、3 小类的方言除粤语的新兴、香港（新界锦田）有少数全浊上字归平声外，其他点均属此种情况。

第三，平话、粤语中均有方言全浊上声字约半数仍读上声。**（见第Ⅱ类 5 小类）**

不同点主要表现在以下几点。

1. 官话对粤语带来的影响大于对平话的影响。

其一，粤语中有少数方言全浊上声字绝大多数归去声（阳去），遵循官话式演变，如广宁、恩平（牛江）、四会*。平话中仅融水（融水）1 点全浊上声字绝大多数归去声，但其中多数归阴去，少数字归阳去，与官话方言又有所差异。**（见第Ⅰ类 1 小类）**

* 从化（城内）全浊上声字多数归阳去，少数归阴去。

其二，多数粤语归去声的全浊上声字占大部分，多数平话归去声的全浊上声字占一半左右，全浊上声字在粤语中归去声的比例大于平话。**（见第Ⅰ类2、3小类）**

其三，部分平话有约半数的全浊上声字今仍读上声，而粤语中仅少数点如此。**（见第Ⅱ类5小类）**

2. 某些归调类型在平话中有，粤语中无；或反之，在粤语中有，平话中无。

第一，平话中有个别点全浊上声字多数仍读上声，少数归去声，如昭平、全州（文桥），在统计的方言中未发现此类粤方言。**（见第Ⅱ类4小类）**

第二，平话中个别方言有全浊上声字分归于几种不同的调类，粤语中未发现此类方言。**（见第Ⅳ类）**

第三，粤语中有少数方言全浊上声字多数或约半数归平声，少数仍读上声或归去声，如云浮（云城）、罗定。平话中则未见到此类现象。**（见第Ⅲ类）**

（二）中古次浊上声字在平话、粤语中的调类归属情况比较

中古次浊上声字在平话、粤语中的调类归属情况见表3-4。

表3-4　　中古次浊上声字在平话、粤语中的调类归属情况

类型			方言区	方言点
第Ⅰ类	1	绝大多数仍读上声	平话	临桂（五通）临桂（两江）灵川（三街）全州（文桥）兴安（高尚）百色（那毕）南宁（亭子）龙州（上龙）横县（横州）宾阳（芦墟）玉林（福绵）藤县（藤城）钟山 昭平 融水（融水）平乐（青龙）资源（延东）

续表

类型			方言区	方言点
第Ⅰ类	1	绝大多数仍读上声	粤语	中山（石岐）珠海（前山） 宝安（沙井） 阳江 澳门 佛山 广州 肇庆（高要） 德庆 封开 罗定 郁南（平台）番禺（市桥） 花县（花山）增城（县城）南海（沙头） 顺德（大良） 三水（西南）斗门（上横水上） 斗门（斗门）江门（白沙）台山（台城） 新会（会城）开平（赤坎）鹤山（雅瑶） 东莞（莞城）香港（市区）
	2	多数仍读上声	平话	马山（乔利） 扶绥（龙头）
			粤语	云浮（云城）
	3	约半数仍读上声	平话	富宁（剥隘） 田东（林逢）
			粤语	——
第Ⅱ类	4	绝大多数归去声	平话	宁远（清水桥）
			粤语	广宁 四会 从化（城内）高明（明城）
	5	多数归去声	平话	——
			粤语	怀集
	6	约半数归去声	平话	——
			粤语	恩平（牛江）
第Ⅲ类	7	多数归平声	平话	——
			粤语	香港（新界锦田）新兴

次浊上声字在平话、粤语中的调类归属情况有同有异。

相同点表现在以下几点。

①在多数平话和粤语中，均有绝大多数的次浊上声字今读上声。**（见第Ⅰ类 1 小类）**其中多数点次浊上声字读阳上，如平话南宁（亭子）、粤语佛山；少数点次浊上字入清上读作上声，如平话

临桂（五通）、粤语中山（石岐）；个别点次浊上字归阴上，如平话兴安（高尚）。

②有两类语音现象为平、粤两地的少数方言所共有。

其一，次浊上声字多数仍读上声，少数归平声，如平话马山（乔利）、粤语云浮（云城）。**（见第Ⅰ类2小类）**

其二，次浊上声字绝大多数归去声，如平话宁远（清水桥）、粤语广宁。**（见第Ⅱ类4小类）**

不同点表现在以下几点。

①次浊上声字今约半数读上声，少数归去声，此类方言见于平话，如富宁（剥隘），而不见于粤语。**（见第Ⅰ类3小类）**

②次浊上声字多数或约半数归去声，少数读上声，如粤语怀集、恩平（牛江），此不见于平话；次浊上声字多数归平声，少数读上声，如粤语香港（新界锦田）、新兴，此亦不见于平话。**（见第Ⅱ类 5、6小类，第Ⅲ类）**

清音上声字在绝大多数平话和粤语中今读上声，两地区仅有个别方言尚有少数字归去声，如平话的龙州（上龙）、宁远（清水桥），粤语的广宁白话。此外，平话平乐（青龙）有少数清音上声字归入平声，在粤语中未发现此类方言。

总体来说，中古上声字在平话、粤语中的发展相对保守，多数平话和粤语均有一定数量的浊上字仍然保留阳上调。而相比之下，中古上声字在平话中的发展更加缓慢。究其原因，与平话方言岛式的分布形式有关。李连进[①]指出方言岛式的分布形式，是平话有别于吴、粤、湘、闽、赣、晋、徽和北方诸汉语方言的一个独有的地理特点。平话社团呈方言岛状态分布在铁路线（古官道）两侧，或郁江、邕江、桂

① 李连进：《平话音韵研究》，广西人民出版社 2000 年版，第 42 页。

江、融江等江河沿岸，外面则为壮语或其他少数民族语言所包围。平话凭着政治、文化的优势，壮语则依借人口优势各自保持相对独立的语言地位（当然相互间也有影响和融合）。这种既是方言岛又是民族岛的状况便使平话的发展缓慢而保守，独特的语言特征易于沉积下来。而粤语社团虽地处南端，但凭借其强大的经济优势，与其他方言发生着密切的接触和影响，发展速度自然要比平话快一些。

二　平话、粤语今读阳上的浊上字比较

（一）平话、粤语今读阳上的全浊上字比较

在我们统计的方言中，有全浊上字今读阳上调的方言点平话 17 处，粤语 24 处。

今读阳上的全浊上字中为平、粤两地共有的是：

罢伴拌蚌棒抱鲍倍被笨婢辫辩辮並部簿待怠淡荡道弟动杜肚断囤沌盾垛舵犯忿愤奉腐父妇阜汞跪骇旱撼浩很后厚户沪缓晃混祸徛俭件舰渐践解尽近靖静窘臼舅巨拒距聚菌荠强上绍肾士氏仕市恃是柿舐受竖巳似祀俟挺艇皖下夏厦限项象像橡蟹杏幸序叙绪在造丈仗杖赵痔重苎柱罪坐撰（共 123 字）

平话独有的是：陛稻锭范负槛葛善鳝皂雉纣（共 12 字）

粤语独有的是：鳔殆惰釜辅汇妓技迥圈猪~甚蕈兆篆（共 14 字）

其中，在平、粤两地阳上读法出现次数都比较多的字是（括号内前面的数字是在平话中出现的次数，后面的数字是在粤语中出现的次数，下同）：

被（15/21）断（15/14）抱（14/22）上（14/19）柱（14/22）坐（14/21）重（13/16）淡（12/18）肾（12/13）旱（11/22）厚（11/21）肚（11/16）徛（11/15）市（10/24）舅（10/22）蚌（8/22）倍（8/22）

绪（8/16）伴（8/12）妇（7/21）棒（6/21）愤（6/20）距（6/19）蟹（6/16）（共 24 字）

在平、粤两地阳上读法出现次数都比较少的字是：

祀（3/5）辨（3/3）舰（3/3）渐（3/3）士（3/2）杖（3/2）解姓（3/1）氏（3/1）並（2/4）囤（2/4）部（2/2）荡（2/2）很（2/2）仕（2/2）鲍（2/1）道（2/1）夏（2/1）厦（2/1）晃（1/5）阜（1/4）辫（1/3）腐（1/3）笨（1/2）沌（1/2）跪（1/2）窘（1/2）荠（1/2）杏（1/2）撰（1/2）罢（1/1）待（1/1）垛（1/1）汞（1/1）撼（1/1）混（1/1）绍（1/1）俟（1/1）幸（1/1）痔（1/1）（共 39 字）

从上面的统计来看，平话今读阳上的全浊上字共 135 字，粤语共 137 字，其中平、粤两地均有的共 123 字，分别占 91%和 90%；在平、粤两地阳上读法出现次数都比较多的共 24 字，出现都比较少的共 39 字，亦即总共 63 字在两地区出现的多寡特点相一致，占 123 个共有字的 51%。

由此看来，平话、粤语今读阳上的全浊上字相同的占绝大多数，多寡特点一致的也占到半数以上。

（二）平话、粤语今读阳上的次浊上字比较

在我们统计的方言中，有次浊上字今读阳上调的方言点平话 17 处，粤语 24 处。

今读阳上的次浊上字中为平、粤两地共有的是：

尔耳览揽榄懒朗老了垒儡累冷礼李里理鲤裹敛两檩岭领柳陇垅拢篓卤虏鲁橹滷吕卯裸旅稆履缕马码买满莽蟒卯每美猛懵蠓靡米免勉娩渑缅渺秒藐皿抿悯敏某母牡亩拇哪乃奶恼脑拟你辇撵碾扭纽努暖女偶藕冉染壤攘扰绕惹忍汝乳阮软蕊瓦挽晚网辋唯伟苇尾刎吻我五伍午武鹉侮舞雅眼演仰养痒咬舀也野已以蚁尹引颖永勇涌有友酉

莠诱与宇羽雨禹语远允（共 153 字）

平话独有的是：凛掳侣（共 3 字）

粤语独有的是：燎瞭笼瘰曩攮撚冗氄俨究予（共 12 字）

其中，平、粤两地阳上读法出现次数都比较多的字是：

两（25/16）里（18/21）脑（18/18）老（18/17）领（17/21）暖（17/21）理(17/20) 岭（17/20）鲤（16/21）买（16/20）懒（16/19）忍（16/19）有（16/19）染（16/18）李（16/17）满（16/16）雨（15/23）友（15/22）恼（15/21）语（15/21）你（15/20）养（15/20）伍（15/19）了（15/18）五（15/18）耳（15/17）远（15/15）午（14/23）奶（14/22）猛（14/21）引（14/21）米（14/17）柳（14/12）美（14/12）橹（13/23）吕（13/23）母（13/23）亩（13/23）仰（13/23）旅（13/22）马（13/22）秒（13/22）武（13/22）禹（13/22）码（13/21）渺（13/21）藐（13/21）晚（13/20）软（13/19）咬（13/16）尾（13/15）野（12/23）敏（12/22）乳（12/22）宇（12/22）藕（12/21）我（12/20）舞（12/17）蚁（12/17）鲁（12/13）舀（12/13）每（12/12）虏（11/23）某（11/23）也（11/23）羽（11/23）拇（11/22）雅（11/22）偶（11/21）痒（11/21）儡（11/20）滷（11/19）莽（11/19）永（11/19）裹（11/16）礼（11/13）览（10/21）以（10/21）朗（10/20）鹉（10/20）履（10/19）蟒（10/19）努（10/18）瓦（10/17）揽（10/14）累（10/12）（共 86 字）

平粤两地阳上读法出现次数都比较少的字是：

冷（5/8）檩（3/7）拢（6/8）卤（3/1）裸（3/7）靡（3/6）渑（4/3）辇（2/2）撵（1/5）碾（1/2）壤（2/1）攘（2/5）唯（1/1）颖（4/5）（共 14 字）

从上面的统计来看，平话今读阳上的次浊上字共 157 字，粤语共 166 字，其中平粤两地均有的共 153 字，分别占 97.5%和 92.2%；在平、粤两地阳上读法出现次数都比较多的共 86 字，出现次数都比较少的共 14 字，亦即总共 100 字在两地区出现的多寡特点相一致，占 153 个共有字的 65.4%。

由此看来，平话、粤语今读阳上的次浊上字相同的占绝大多数，有共同特点的也占到近 2/3。

根据以上比较结果，今读阳上调的无论是全浊上字还是次浊上字，为平、粤两地共有的字均占绝大多数，出现频次多少相一致的字也占到半数以上。

综上所述，平、粤两地在上声字的调类归属、辖字范围等方面都表现出诸多一致性，这与其历史上的渊源联系是分不开的；同时，二者在各自发展的道路上，由于地理环境等因素的不同，上声字的演变在两地又表现出一定的差异性。总体来说，仅就上声字在平、粤两地区的发展而言，同要大于异。

第三节　中古上声字在客赣语和粤语中的发展情况比较

一　客赣语和粤语关系的发现

何大安《“浊上归去”与现代方言》是全面研究汉语方言上声字演变的一篇重要论文，该文最早注意到广州话一部分阳上字与客方言之间的关系：

广州有一部分浊上读阳去，如“健、杜、户、臣、待、在、弟、罪、汇、技”；另一部分读阳上，如“柱、倍、瓦、距、蟹、婢、舅、苧、厚”；另一部分字两读，如“近、坐、淡”；而次浊上仍读阳上。

台山一部分次浊上声字入阴平，例如“我、你、买、有”，是很特殊的现象。它分读的原因，是不是受到客语的影响，暂时存疑。

受何大安先生的启发，刘镇发《中古浊上字的演变与粤客赣方言》提出，客赣粤等南方方言浊上字可以分为两类，一类为浊上 A 字，一类为浊上 B 字：

浊上 A 字和浊上 B 字在赣东、嘉应话和粤语各个方音中保持高度的一致性。汉语其他方言都没有象这些方音中的表现（LAU，1998）这是中国方言发展中，在地域上连成一片的一个共同创新，是它们在发展过程中经历过一个共同阶段的遗迹。因此，客家话并不是一个超然于赣、粤的方音，而是和赣东和广东方言一样，是由同一个方言声调始祖发展的结果。这个始祖的特点是，浊上字有三分之二归了浊去，还有三分之一（A 字）保持在上声。这些浊上 A 字主要有：

坐社下苧拒柱妇被婢徛市抱臼舅淡旱伴断近上蚌重

绪蟹倍似践盾愤棒艇薄巨户丈在弟技稻后犯汤动

其中第一行字保留得最好。在赣东和粤东，浊上 A 字多数归了阴平，在韶关和惠州的本地话中归了阴去，而在珠江三角洲一带大都保持独立为阳上。

二　客赣语和粤语中的中古上声字发展情况比较

何、刘两位先生的发现是相当重要的。为此，我们分别将所统计的客赣方言中今读阴平的全浊上字与粤方言中今读阳上的全浊上字进行比对，将客赣方言中今读阴平的次浊上字与粤方言中今读阳上的次浊上字进行比对。比较结果分述如下。

（一）客赣、粤方言全浊上字比较

客赣方言中有全浊上字归阴平的方言点 68 处，粤方言中有全浊上字读阳上的方言点 24 处。

①客赣方言归阴平、粤方言读阳上的全浊上字是：

辫弟动苎坐簿在厚断下~面淡是重伴被肚~腹柱上~山荡妇舐竖舅菌舵抱部倍待道旱后柿受蟹绪罪辩杜惰犯浩丈汇件尽静绍户士肾近象祸笨像造赵鲍臼距蚌徛巨圈猪~婢拒鳔很荠强倔~妓技挺艇限辨市（共78字）

客赣方言归阴平，粤方言不读阳上的全浊上字是：

社雉咎稻（共4字）

粤方言读阳上，客赣方言不归阴平的全浊上字是：

罢拌棒並怠囤沌盾垛忿愤奉腐父阜汞跪骇撼沪缓晃混俭舰渐践解尽靖窘聚氏仕恃巳似祀俟皖夏厦项橡杏幸序叙仗杖痔撰殆釜辅迥甚蕈兆篆（共59字）

②客语、赣语中阴平读法出现较多、粤语中阳上读法出现也较多的全浊上字是（括号内前面的数字是在客语、赣语中出现的次数，后面的数字是在粤语中出现的次数，下同）：

坐（44/21）被（43/21）淡（41/18）断（41/14）柱（38/22）苎（38/19）上（37/19）舅（36/22）重（36/16）旱（33/22）厚（33/21）近（23/17）妇（14/21）肚（13/16）伴（11/12）抱（8/22）（共16字）

客语、赣语中阴平读法出现较少，粤语中阳上读法出现也较少的全浊上字是：

浩（5/5）户（5/4）部（5/2）后（4/2）祸（3/5）罪（3/3）士（3/2）笨（3/2）待（3/1）道（3/1）杜（2/5）象（2/5）像（2/5）

鳔（2/4）辩（2/3）汇（2/2）尽（2/2）很（2/2）荠（2/2）技（2/2）受（2/1）惰（2/1）犯（2/1）件（2/1）静（2/1）限（1/4）妓（1/2）造（1/1）赵（1/1）（共29字）

由以上比较来看，客赣方言归阴平的全浊上字共82个，粤方言今读阳上的全浊上字共137个，其中为二者共有的字78个，分别占95%和57%；在客赣方言中阴平读法出现较多，在粤语中阳上读法出现也较多的全浊上字16个；反之，两种读法在两地出现都比较少的全浊上字29个，亦即总共45字在两地区出现的多寡特点相一致，占78个共有字的58%。

（二）客赣、粤方言次浊上字比较

客赣方言中有次浊上字归阴平的方言点42处，粤方言中有次浊上字读阳上的方言点24处。

①客赣方言归阴平、粤方言读阳上的次浊上字是：

尔耳懒累冷礼李里理鲤裹敛两岭领柳陇垅拢篓卤虏鲁橹滷吕卵裸旅稆履马码买满莽蟒卯每美猛免勉娩渺秒皿悯敏某母牡亩拇哪乃奶恼脑你扭纽暖藕冉染惹忍汝乳阮软瓦挽晚伟尾我武鹉侮舞演养痒咬也野以蚁尹引永有友酉诱与羽雨禹允氄五女老眼米远网伍（共111字）

客赣方言归阴平，粤方言不读阳上的次浊上字是：

磊往（共2字）

粤方言读阳上，客赣方言不归阴平的全浊上字是：

览揽榄朗了垒儡檩搂缕懵蠓靡渑缅藐抿拟辇撵碾努偶壤攘扰绕蕊辋唯苇刎吻午雅仰舀已颖勇涌莠宇语燎瞭笼瘰曩攮撚冗俨宄予（共55字）

②客语、赣语阴平读法出现较多、粤语阳上读法出现也较多的次浊上字是：

暖(35/21)懒(35/19)尾(35/15)岭(34/20)痒(32/21)软(32/19)两(32/16)买(31/20)有(31/19)马(29/22)领(28/21)忍(28/19)咬(28/16)里(26/21)满(24/16)美(22/12)吕(20/23)惹(18/19)野(17/23)礼(17/13)亩(16/23)奶(15/22)母(14/23)鲤(14/21)也(13/23)语(13/21)猛(12/21)养(10/20)(共28字)

客语、赣语阴平读法出现较少、粤语阳上读法出现也较少的次浊上字是：

裸(1/7)女(1/6)垒(3/1)氄(1/3)(共4字)

由以上比较来看，客赣方言归阴平的次浊上字共113个，粤方言今读阳上的次浊上字共166个，其中为二者共有的字111个，分别占98%和67%。在客赣方言中阴平读法出现较多，在粤语中阳上读法出现也较多的次浊上字28个；两种读法在两地出现均较少的次浊上字4个，亦即总共32字在两地区出现的多寡特点相一致，占111个共有字的29%。

综合各项比较结果，我们看到，客赣方言归入阴平、粤方言读作阳上的全浊、次浊上声字都具有一定的一致性，为二者共有的字占客赣方言的绝大多数、粤方言的多数。两地区出现多寡特点相同的全浊上字数量多于次浊上字，原因在于客赣方言多是少数次浊上字归阴平，而粤方言今读阳上的次浊上字基本占到绝大多数或多数，从而造成二者在出现频次上有所差异。但总体而言，客赣方言和粤方言今读阴平、阳上的全浊和次浊上字在归字范围上表现出较高的一致性，在属字特点上具有一定的趋同性，由此可以看出客赣方言与粤方言之间的密切联系。

客赣与粤方言为何会表现出这种较高的一致性，我们认为，二者在源头上即是密切相关的。

首先，语言底层接近。上古时期，长江流域和黄河流域各自分布着东夷、南蛮等氏族，今江西省客赣地区乃属南蛮之地的“三苗”部落，《战国策》有“三苗之居，左有彭蠡之波，右有洞庭之水。文山在其南，而衡山在其北”之说。有学者认为，“三苗”乃是今壮、苗、瑶、侗等少数民族的祖先。据此推测，客赣地区上古时代的土著语言应属壮侗、苗瑶系统。而根据民族学方面的资料，两广地区早期的土著大都说壮侗系统的语言，现代粤方言中恰好存在着某些与现代壮语等壮侗语接近的特点，不妨可以看作早期壮侗语在粤方言中留下的痕迹。①

其次，皆受楚语的影响。楚语形成以后，不断向四面传播，范围播及湖南、江西和广东。西周初，南方地区相继出现了楚、吴、越等诸侯国，赣地区北部有干越（约在今余干一带）、艾（约在今修水一带）的几个小国。西周春秋时期，干越、艾国皆为楚国所灭，赣地区多数被吴、楚分割，楚语渐成为当时江西地区流行的语言。广东本属南越，为少数民族地区，后来楚人在广东地区建立统治权，楚方言也随之流入广东。“楚语南移的结果，造成了粤方言的分化。”②

由此看来，早期的客赣和粤方言其土著居民所持语言皆属壮侗等少数民族语言系统；二者所在地又均为古楚语的通行区域。因此，二者在源头上应都是当地土著语言和古楚语相互融合而形成的一种特殊方言。上声字在两地演变的一致性，与二者的渊源联系大概不无关联。同时，这也印证了前面的说法：客赣方言跟粤方言一样，全浊上

① 詹伯慧：《现代汉语方言》，湖北教育出版社 1985 年版，第 163 页。
② 李新魁：《汉语各方言的关系和特点》，《学术研究》1991 年第 2 期。

字一般读阳上，后来由于调型调值的趋同，使得阳上归入阴平。从客赣方言今读阴平、粤方言今读阳上的次浊上字同样存在对应关系来看，客赣方言的次浊上与全浊上一样，开始读阳上调，随后才归进阴平。

余　论

中古上声字在现代方言中的发展主要表现为三个特点：①演变类型繁杂多样；②演变过程具有渐变性；③演变过程中受到多种因素的制约。现在分述如下。

一　演变类型繁杂多样

方言声调的结构类型反映出方言在声调上的区域特征。官话区与非官话区之间，官话区或非官话区内部各方言之间，由于行政区划、历史联系、地理环境等因素的影响，使得中古上声字在不同区域中往往表现出不同的发展特点，从而形成数种不同的演变类型。

1.官话区与非官话区之间

中古上声字在官话区方言中的演变较为整齐，多数情况是全浊上声变去声，次浊上声入清上读作上声，清音上声今读上声。

中古上声字在非官话区方言中的演变则复杂多样，总起来说是全浊上声读音多样，次浊上声归属不定，清音上声今多读上声或阴上。

2.官话区内部各方言之间

在多数官话区方言中，上声字的演变符合主流的规律性演变，但也有局部方言与主流走向不同，表现出某一区域的特点，形成不同的演变类型。例如，六调区通泰方言全浊上声字多数或约半数归阴平，少数或约半数归去声；在莱州、即墨、平度等去声分混于阴阳平的胶辽官话中，全浊上声字多数归阳平，少数归阴平。

3.非官话区内部各方言之间

中古上声字在各个非官话区的发展有异有同，发展成数种不同的演变类型。首先，湘语和赣语是接受官话影响最强的方言区，“官话式”演变特征最为明显。其次，吴语、徽语、粤语、客语、闽语、平话、土话等非官话区方言一方面都不同程度地接受了官话方言的影响，表现出“官话式”演变的特征，使得“官话区”与“非官话区”之间的差异逐渐减小；另一方面也不同程度地保留了自身的原始面貌，表现出顽固性和抵抗性的特点。最后，某些非官话方言由于地理位置邻接、历史上存在渊源联系等原因，使上声字在此相关方言中的发展往往呈现出近似的特征。比如客语和赣语，均有方言部分浊上字归阴平，只是两地区这样的方言数量多少不同而已；再如粤语和平话，有少数全浊上字、多数次浊上字今读阳上调，这是平粤两地共有的语音现象，而且此种情况在两地区都较为普遍。

二 演变过程具有渐变性

上声字的演变进程体现出渐变性特征，一是时间上的渐变性；二是地域上的渐变性。

1. 时间上的渐变性

无论是全浊上声字还是次浊上声字，在多数方言中都不会一下子按照语音演变的规律全部归入相应的调类，即全浊上归去声、次浊上归阴上。同一方言各个字的变化速度有快有慢，变化时间有先有后，是一个逐渐演变的过程。这种差异可以用词汇扩散理论来解释。“一个音变在发生时，所有符合音变条件的词是在时间推移中逐个地变化的，这也就是说，整个音变是一个在时间上以变化词汇的多寡为标志的一个连续过程。”[①]这种渐变性的演变过程，应该是以一个一个的字为单位，以一批批字音的变化反映出来，并从少数到多数，从个别到一般，新音逐渐排除旧音，最后完成质的飞跃。所以，在此过程中，总会出现未变的、变化中的、已经变了的三种上声字，新旧音并行不悖、交错使用。

我们以广州话的全浊上声字为例。本书共收该方言全浊上声字119个，有76字归入阳去，约占63.9%；37字仍读阳上，约占31.2%；另有6字归入阴平等其他声调，约占5%。其中有“坐怠伴淡断肾近重”等8个字的文白异读形式是文读阳去、白读阳上。广州话的这76字即为已经完成变化的字，37字即为尚未发生变化的字，具有文白两读的8字即为处于变化之中的字。该方言所征引的语料来自2003年第2版（重排本）《汉语方音字汇》，其中“肾”字有阳去、阳上文白两读，而在1962年第1版的《汉语方音字汇》中，“肾”字仅阳上一读。这表明，广州话的全浊上字处于逐渐变化的过程当中，未发生变化的字在外界环境的影响下正向“阳去”这一目标逐步前进。

2. 地域上的渐变性

上声字的变化总是从个别地方开始，逐渐扩展到其他地区，不同区域。上声字在各方言中的演变速度不尽一致，有的方言变的字多，有的方言变的字少。上声字的变化开始于北方中原官话，因此大致说来，上声字的演变由官话区逐步扩展到非官话区，由北方地区逐步扩展到南方地区，呈现出由非官话区到官话区、由北方到南方地区上声字变化速度逐渐加快的态势。例如像吴语、粤语、平话等非官话区方

① 王士元、沈钟伟：《词汇扩散的动态描写》，《语言研究》1991年第1期。

言尚有部分甚至绝大多数全浊上字今读阳上调不变，而官话地区方言多数全浊上字已经完成归入去声的变化。就同一方言而言，其北部地区的发展速度一般要快于南部地区。如次浊上字今多数归阴上或读上声的方言，在吴语中主要分布于北部地区（如杭州、余杭、常州等），南部地区则很少；在平话中多见于桂北地区（如临桂两江、全州文桥、兴安高尚等），桂南地区却不常见。另外，如前文所述，“官话式”演变特征以江西北部、湖南东北部为中心，以漏斗形形态向东南方言扩散；在东南方言地区，这种“官话式”的演变如同一把折扇逐渐影响扩散到各个方言点。

三　演变过程受到多种因素的影响

中古上声字在现代方言中的演变类型多样，在演变的过程中受到多种因素的影响，其中既有内部的，也有外部的。内部因素涉及整个语言文字系统，包括调值的相似度、连读变调的影响、声母的影响、词汇语法的影响、文字对语言系统的反作用等。外部因素与移民、地域、行政区划等有关，包括移民带来的北方官话的影响、周边方言的渗透作用等。

举例来说，调类合并的原因之一是调值的相似性，调值越接近的调类常常越容易合并。浊上变去就符合这种规律：浊上和浊去的调值逐渐接近，直到其差别可以忽略不计时，调类发生了变化，浊上调归入了浊去调。次浊上归阴上则是由于声母紧喉的制约作用，后面鼻音、边音、浊塞音的带音特性遭到削弱，整个声母带有清化的特征，从而使次浊上声字归于阴上成为可能。此外，今许多东南方言上声字也发生了“官话式”演变，这与历次北方移民所带来的中原官话的影响不无关联。另如河源、大余、惠州本属客语区，却有部分次浊上字归阴去，显然与客方言次浊上归阴平的主流趋势不符。河源等三地客语语音特征变得模糊，或是分别受到邻近粤北土话（河源、大余受粤北土话影响）和粤语（惠州受粤语影响）影响与渗透的结果。

参考文献

一　著作

（宋）周去非著，杨武泉校注：《岭外代答校注》，中华书局 1999 年版。

鲍厚星：《湘方言概要》，湖南师范大学出版社 2006 年版。

北京大学中国语言文学系语言学教研室：《汉语方音字汇》（第二版重排本），语文出版社 2003 年版。

曹志耘：《南部吴语语音研究》，商务印书馆 2002 年版。

陈晖：《湘方言语音研究》，湖南师范大学出版社 2006 年版。

高葆泰、林焘：《银川方言志》，语文出版社 1993 年版。

高葆泰：《兰州方言音系》，甘肃人民出版社 1985 年版。

高本汉：《中国音韵学研究》，商务印书馆 2014 年版。

顾黔：《通泰方言音韵研究》，南京大学出版社 2001 年版。

河北昌黎县志编委会，中国社会科学院语言所：《昌黎方言志》，上海教育出版社 1984 年版。

侯精一主编：《现代汉语方言概论》，上海教育出版社 2002 年版。

侯精一主编：《现代汉语音库》（哈尔滨、乌鲁木齐、屯溪、歙县、台北），上海教育出版社 1992—1999 年版。

黄旭初修，岑启沃纂：《田西县志》，成文出版社 1938 年版。

李连进：《平话音韵研究》，广西人民出版社 2000 年版。

李荣：《切韵音系》，科学出版社 1956 年版。

李荣：《现代汉语方言大词典》，江苏教育出版社 2002 年版。

李如龙、张双庆：《客赣方言调查报告》，厦门大学出版社 1992 年版。

李如龙：《福建县市方言志 12 种》，福建教育出版社 2001 年版。

李如龙：《粤西客家方言调查报告》，暨南大学出版社 1999 年版。

李申：《徐州方言志》，语文出版社 1985 年版。

李新魁：《古音概说》，广东人民出版社 1982 年版。

林国平、邱季端、张贵明：《福建移民史》，方志出版社 2005 年版。

林伦伦、陈小枫：《广东闽方言语音研究》，汕头大学出版社 1996 年版。

林亦：《桂北平话与推广普通话研究——兴安高尚软土话研究》，广西民族出版社 2005 年版。

刘俐李：《焉耆汉语方言研究》，新疆大学出版社 1994 年版。

刘纶鑫：《江西客家方言概论》，江西人民出版社 2001 年版。

刘纶鑫：《客赣方言比较研究》，中国社会科学出版社 1999 年版。

卢甲文：《郑州方言志》，语文出版社 1992 年版。

罗常培：《临川音系》，科学出版社 1958 年版。

罗美珍、邓晓华：《客家方言》，福建教育出版社 1995 年版。

罗香林：《客家研究导论》，上海文艺出版社 1992 年版。

潘悟云：《汉语历史音韵学》，上海教育出版社 2000 年版。

钱乃荣：《当代吴语研究》，上海教育出版社 1992 年版。

钱曾怡：《莱州方言志》，齐鲁书社 2005 年版。

钱曾怡：《山东方言志丛书（利津、荣成、即墨、平度）》，语文出版社 1990—2000 年版。

钱曾怡：《烟台方言调查报告》，齐鲁出版社 1982 年版。

任崇岳：《中原移民简史》，河南人民出版社 2006 年版。

邵荣芬：《切韵研究》，中华书局 2008 年版。

孙宜志：《江西赣方言语音研究》，语文出版社 2007 年版。
唐昌曼：《桂北平话与推广普通话研究——全州文桥土话研究》，广西民族出版社 2005 年版。
万波等：《连州土话研究》，厦门大学出版社 2004 年版。
王东：《那方山水那方人——客家源流新说》，华东师范大学出版社 2007 年版。
王福堂：《汉语方言语音的演变和层次》，语文出版社 2005 年版。
王莉宁：《汉语方言声调分化研究》，语文出版社2016年版。
王力：《汉语史稿》，中华书局2001年版。
温端政：《忻州方言志》，语文出版社1985年版。
温端政主编：《山西省方言志丛书（汾西、沁县、武乡、天镇、清徐、山阴、屯留、左权、盂县、介休、朔县、运城、广灵、定襄）》，山西高校联合出版社1982—1997年版。
吴松弟：《中国移民史》（第三、四卷），福建人民出版社 1997 年版。
谢留文：《客家方言语音研究》，中国社会科学出版社 2003 年版。
谢重光：《客家形成发展史纲》，华南理工大学出版社2001年版。
辛世彪：《东南方言声调比较研究》，上海教育出版社 2004 年版。
邢向东：《神木方言研究》，中华书局 2002 年版。
徐越：《浙北杭嘉湖方言语音研究》，中国社会科学出版社 2007 年版。
余伟文：《粤北乐昌土话》，广东高等教育出版社 2001 年版。
曾毓美：《湖南江华寨山话研究》，湖南师范大学出版社 2005 年版。
詹伯慧、张日升：《粤西十县市粤方言调查报告》，暨南大学出版社 1998 年版。
詹伯慧、张日升：《珠江三角洲方言字音对照》，广东人民出版社 1987 年版。
詹伯慧：《现代汉语方言》，湖北教育出版社 1985 年版。

张桂权：《桂北平话与推广普通话研究——资源延东直话研究》，广西民族出版社 2005 年版。
张维佳：《演化与竞争：关中方言音韵结构的变迁》，陕西人民出版社 2005 年版。
张振兴：《台湾闽南方言记略》，福建人民出版社 1983 年版。
赵元任：《现代吴语的研究》，科学出版社 1956 年版。
周振鹤、游汝杰：《方言与中国文化》，上海人民出版社 2006 年版。
周振鹤：《中国历史文化区域研究》，复旦大学出版社 1997 年版。
庄初升：《粤北土话音韵研究》，中国社会科学出版社 2004 年版。

二　论文

曹志耘、邵朝阳：《青海乐都方言音系》，《方言》2001 年第 4 期。
曹志耘：《汉语方言声调演变的两种类型》，《语言研究》1998 年第 1 期。
曹志耘：《浙江金华珊瑚客家话音系》，《方言》2004 年第 3 期。
陈立中：《汉语方言声调送气分化现象初探》，《汉语学报》2005 年第 4 期。
陈瑶：《安徽黄山祁门大坦话同音字汇》，《方言》2005 年第 4 期。
陈忠敏：《宁波方言声调变异》，《中国语文》1993 年第 5 期。
陈忠敏：《上海南汇方言全浊上声的变异》，《中国语文》1990 年第 3 期。
陈忠敏：《上海市区话舒声阳调类合并的原因》，《方言》2007 年第 4 期。
储诚志：《安徽岳西方言同音字汇》，《方言》1987 年第 4 期。
崔振华：《桂东方言同音字汇》，《方言》1997 年第 1 期。
邓玉荣：《广西钟山方言音系》，《方言》2000 年第 4 期。

丁邦新:《汉语声调的演变》,《丁邦新语言学论文集》,商务印书馆 1998 年版。
丁邦新:《平仄新考》,《丁邦新语言学论文集》,商务印书馆 1998 年版。
丁邦新:《吴语声调之研究》,《丁邦新语言学论文集》,商务印书馆 1998 年版。
丁邦新:《吴语中的闽语成分》,《史语所集刊》1988 年第 59 期。
杜依倩:《海口方言(老派)同音字汇》,《方言》2007 年第 2 期。
范峻军:《论声调语言音节结构成分的互动关系——声母对声调的制动作用》,《西北大学学报》(哲学社会科学版)2004 年第 3 期。
范新干:《浊上变去始于三国时代考》,载《汉语史研究集刊》(第二辑),巴蜀书社 2000 年版。
冯蒸:《北宋邵雍方言次浊上声归清类现象试释》,《北京师范学院学报》(社会科学版)1987 年第 1 期。
何大安:《"浊上归去"与现代方言》,《史语所集刊》1988 年第 59 期。
何大安:《论赣方言》,《汉学研究》1986 年第 5 期。
何大安:《送气分调与相关问题》,《史语所集刊》1989 年第 60 期。
贺凯林:《湖南道县寿雁平话音系》,《方言》2003 年第 1 期。
胡安顺:《汉语声母的稳定性》,《方言》2007 年第 4 期。
黄淬伯:《慧琳一切竟音义反切考》,《史语所集刊》1928年第61期。
黄德宽:《古汉字形声结构声符初探》,《安徽大学学报》(哲学社会科学版)1989年第3期。
黄群:《广西昭平方言音系》,《方言》2006年第2期。
黄晓东:《浙江临海方言音系》,《方言》2007年第1期。
黄雪贞:《客家方言声调的特点》,《方言》1988 年第 4 期。
黄雪贞:《客家方言声调的特点续论》,《方言》1989 年第 2 期。

江灏：《长沙方言去声字的文白异调》，《中国语文》1981 年第 2 期。
金德平：《唐代长安方音声调状况初探》，《陕西师范大学学报》（哲学社会科学版）1989 年第 4 期。
赖江基：《从白居易诗用韵看浊上变去》，《暨南学报》（哲学社会科学版）1982 年第 4 期。
蓝小玲：《客方言声调的性质》，《厦门大学学报》（哲学社会科学版）1997 年第 3 期。
李荣：《汉语方言的分区——〈中国语言地图集〉图[A2]与图[B8]的说明稿》，《方言》1989 年第 4 期。
李荣：《论李涪对切韵的批评及其相关问题》，《中国语文》1985 年第 1 期。
李荣：《温岭方言语音分析》，《中国语文》1966 年第 1 期。
李如龙：《福建方言声调分化的模式》，《汉语方言论集》，北京语言学院出版社 1997 年版。
李如龙：《声母对韵母和声调的影响》，《声韵论丛》（第 5 辑），台湾学生书局 1996 年版。
李思敬：《切韵音系上去二声全浊声母字和部分去声次浊声母字在河北宁河方言中的声调表现》，《中国语言学报》1995 年第 5 期。
李新魁：《广东闽方言形成的历史过程》，《广东社会科学》1987 年第 4 期。
李新魁：《汉语各方言的关系和特点》，《学术研究》1991 年第 2 期。
李新魁：《吴语的形成和发展》，《学术研究》1987 年第 5 期。
栗华益：《安徽黟县碧阳方言同音字汇》，《方言》2018 年第 1 期。
林伦伦：《潮汕方言声调研究》，《语文研究》1995 年第 1 期。
林伦伦：《古浊声母上声、去声字汕头话今读考察》，《汕头大学学报》（人文社会科学版）2001 年第 1 期。

刘广和：《唐代八世纪长安音的韵系和声调》，《河北大学学报》1991年第3期。

刘俐李：《焉耆音系记略》，《方言》1988年第1期。

刘纶鑫：《浊上变去见于南宋考》，《中国语文》1997年第1期。

刘纶鑫：《客赣方言的声调系统综述》，《南昌大学学报》（人文社会科学版）2000年第4期。

刘镇发、张群显：《中古浊上字的演变与粤客赣方言》，《香港客粤方言比较研究》，暨南大学出版社2001年版。

卢继芳、李军等：《赣语昌都片方言古上声字今读类型及演变特点》，《龙岩学院学报》2017年第6期。

卢今元：《吕四方言里的阳上字》，《方言》1990年第4期。

陆志韦：《记邵雍皇极经世的"天声地音"》，《燕京学报》1946年第31期。

梅祖麟：《说上声》，《梅祖麟语言学论文集》，商务印书馆2000年版。

梅祖麟：Tones and Prosody in Middle Chinese and the Origin of the Rrising Tone，《梅祖麟语言学论文集》，商务印书馆2000年版。

那宗训：《全浊上声字是否均变为去声》，《中国语文》1995年第1期。

钱曾怡：《从汉语方言看汉语声调的发展》，《语言教学与研究》2000年第2期。

瞿建慧：《湖南泸溪（浦市）方言音系》，《方言》2005年第1期。

沈建民：《古全浊上声字今仍读上声的问题》，《中国语文》1997年第2期。

时建国：《甘肃省武都方言同音字汇》，《方言》1992年第1期。

覃远雄：《平话和土话》，《方言》2007年第2期。

覃远雄：《桂北平话古上声字的今读》，《方言》2013年第4期。

谭其骧：《湖南人由来考》，《长水粹编》，河北教育出版社2002年版。

田范芬：《几组全浊上声字未变去声探因》，《古汉语研究》2003 年第 2 期。

王福堂：《关于客家话和赣方言的分合问题》，《方言》1998 年第 1 期。

王福堂：《原始闽语中的清弱化声母和相关的"第九调"》，《中国语文》2004 年第 2 期。

王莉宁：《汉语方言上声的全次浊分调现象》，《语言科学》2012 年第 1 期。

王临惠：《秦晋两省沿黄河方言声调比较研究》，第四届官话方言国际学术研讨会论文，2007 年。

王士元、连金发：《语音演变的双向扩散》，《中国语言学论丛（第三辑）》，北京语言大学，2004 年。

王士元、沈钟伟：《词汇扩散的动态描写》，《语言研究》1991 年第 1 期。

王士元：《声调发展方式一说》，《兰州学刊》1987 年第 5 期。

王太庆：《铜陵方言记略》，《方言》1983 年第 2 期。

尉迟治平：《"上声厉而举" 解》，《音韵学研究》1994 年第 4 期。

尉迟治平：《日本悉昙家所传古汉语调值》，《语言研究》1986 年第 2 期。

尉迟治平：《周、隋长安方音再探》，《语言研究》1984 年第 2 期。

魏宇文：《五华方言同音字汇》，《方言》1997 年第 3 期。

谢留文：《赣语古上声全浊声母字今读阴平调现象》，《方言》1998 年第 1 期。

徐越：《嘉善方言音系》，《吴语研究》，上海教育出版社 2005 年版。

许彬彬：《闽语全浊上声字的地理分布问题》，《厦大中文学报》2019 年1月第六辑。

严修鸿：《客赣方言浊上字调类演变的历史过程》，《中国语学研究》

2004 年第 23 期。
颜森：《江西方言的分区（稿）》，《方言》1986年第1期。
杨耐思：《北方话“浊上变去”来源试探》，《学术月刊》1958 年第 2 期。
杨世文：《浊上变去例外探因》，《语文研究》2001 年第 2 期。
曾毓美：《湖南益阳方言同音字汇》，《方言》1995 年第 4 期。
曾毓美：《湘潭方言同音字汇》，《方言》1993 年第 4 期。
张安生：《银川话阳平、上声合并史新探》，《河北大学学报》（哲学社会科学版）2005 年第 1 期。
张光宇：《论闽方言的形成》，《中国语文》1996 年第 1 期。
张光宇：《送气与调类分化》，《中南民族学院学报》（哲学社会科学版）1989 年第 4 期。
张琨：《客家方言中〈切韵〉上声字读法》，《王力先生纪念论文集》，商务印书馆 1990 年版。
张盛裕：《太平（仙源）方言同音字汇》，《方言》1991 年第 3 期。
张世方：《汉语方言三调现象初探》，《语言研究》2000 年第 4 期。
张双庆 万波：《赣语南城方言古全浊上声字今读的考察》，《中国语文》1996 年第 5 期。
张燕春：《临海方言双音节连读变调实验研究》，《首都师范大学学报》（社会科学版）2006 年第 2 期。
张振兴：《漳平（永福）方言同音字汇》，《方言》1982 年第 3 期。
赵克刚：《浊上变去论》，《重庆师范大学学报》（哲学社会科学版）1986 年第 3 期。
赵日新：《古清声母上声字徽语今读短促调之考察》，《中国语文》1999 年第 6 期。
赵媛：《桂北平话、湘南土话、粤北土话古上声字的今读》，《语言研究集刊》第十五辑。

郑张尚芳:《汉语方言声韵调异常语音现象的历史解释》,《语言》(第2卷),首都师范大学出版社 2001 年版。

郑张尚芳:《温州音系》,《中国语文》1964 年第 1 期。

周长楫:《泉州话早期调类及其调值构拟》,《厦门大学学报》(哲学社会科学版)1989 年第 1 期。

周静芳:《赣方言的形成与发展初论》,《南昌大学学报》(哲学社会科学版)1998年第3期。

周振鹤:《客家源流异说》,《学术月刊》1996 年第 3 期。

周祖谟:《关于唐代方言中四声读法的一些资料》,《问学集》,中华书局2004年版。

周祖谟:《宋代汴洛语音考》,《问学集》,中华书局2004年版。

庄初升:《粤北土话中类似赣语的特点》,《韶关大学学报》(社会科学版)1999 年第 5 期。

[日]平山久雄:《日僧安然〈悉昙藏〉里关于唐代声调的记载》,《王力先生纪念论文集》,三联书店香港分店 1987 年版。

三 学位论文

董佳:《婺源(紫阳镇)方言词汇研究》,硕士学位论文,江西师范大学,2009 年。

方岚:《歙县(和溪)方言语音研究》,硕士学位论文,苏州大学,2007年。

黄燕:《婺源(坑头)方言语音研究》,硕士学位论文,北京语言大学,2011年。

李蓝:《西南官话内部声调与声母的异同》,博士学位论文,中国社会科学院语言研究所,1995 年。

刘丽丽：《休宁（溪口）方言语音研究》，硕士学位论文，北京语言大学，2007 年。

刘泽民：《客赣方言历史层次研究》，博士学位论文，上海师范大学，2004 年。

王琳：《祁门（箬坑）方言语音研究》，硕士学位论文，北京语言大学，2007年。

吴春亮：《婺源（秋口）方言语音研究》，硕士学位论文，福建师范大学，2014 年。

吴永焕：《山东方言声调研究》，博士学位论文，山东大学，2001 年。

伍巍：《论徽州方音》，博士学位论文，暨南大学，1994 年。

徐小燕：《淳安威坪方言语音研究》，硕士学位论文，上海师范大学，2012年。

原娟：《黟县（宏潭）方言语音研究》，硕士学位论文，北京语言大学，2011年。

张月婷：《休宁（流口）方言语音研究》，硕士学位论文，北京语言大学，2011 年。

周汪融：《徽语遂安汾口方言语音研究》，硕士学位论文，杭州师范大学，2016 年。

附录　中古浊上字在现代方言中的变化情况统计表

说明：

1. 由于篇幅所限，本表仅包括中古浊上字演变情况的统计。

2. 正文中已经出现的方言点，在本表中不再重复出现。

3. 为节省篇幅，本表以方言区为单位，在每个方言区中，将共同字多的方言点划为一组，把相同的字放在左栏，把不同的字放在右栏。

4. 异读字若为几个方言点所共有，则在共同字一栏（左栏）中以不同的异读符号标出；若仅为其中某几点所有，则只在非共同字一栏（右栏）中以不同的异读符号分别标出，共同字一栏中不再标出。

5. 表中“——”表示无此调类。

中古全浊上声字在北京型方言中的变化情况

方言区	方言点	总字数	去声		上声	平声		入声	
						阴平	阳平	阴入	阳入
官话	哈尔滨	69	犯在件亥杜杖杏旱囤近坐肚弟奉抱拌苧待受並柱柿厚是待後叙造被动笨舵象痔混项棒肾厦善道祸竖舅像静聚崭尽橡罢稻澥荠蟹辫鳝士下丈上巳		在挺奘腐缓徧		亥	——	
	济南	115	罢社坐祸似祀士柿市弟部~队父~母负杜柱户拒待怠倍罪赵厚后先~；皇~舅伴拌搅~范姓淡善旱辩辫笨愤盾人名；矛~仗依~像橡象静杏动棒上~山	下山~舵堕惰蟹是妓簿妇肚~量竖巨距聚序叙绪在口语被~子跪汇~合抱道稻皂造建~兆绍受臼辨舰渐践件限断~绝篆甚~至肾尽~力近混蚌河~荡浩~丈杖强倔~项奉锭幸	辅在挑~战俭缓很晃~眼艇挺	技妓鲍姓	腐绍范模~强勉~艇	——	
	利津	124		下夏厦~门舵堕巳痔仕抱簿妇肚竖沪聚绪叙序巨距殆在蟹姓稻鳔汇纣鳝辨渐舰件限断撰篆圈猪~忿甚葚肾尽囤混蚌荡丈项奉靖幸重	釜辅皖崭践俭缓很晃挺铤汞窘迥	鲍兆浩很	惰负~责；正~亥骇范师~艇	腐柱~儿	
	博山	132		下夏惰堕舵峙痔仕是恃氏舐俟巳妓技荠~菜簿妇肚~子苧竖沪巨距聚叙序绪在件蟹解姓被忿跪汇抱鲍道稻皂造兆肇鳔纣受臼咎犯诞蟮鳝撼辨舰渐断撰篆甚尽近混丈杖项奉靖幸重轻~	腐辅釜负~担；正~在骇绍介~皖崭俭很窘晃挺艇迥			——	
	广灵	135		痔雉是仕恃氏巳技簿负阜肚腹苧竖沪巨距聚序叙绪夏下蟹舵惰堕在亥汇抱道稻兆造皂浩鳔受犯诞崭鳝辨件键舰践渐断篆撰圈羊~蚌荡丈杖强倔~项奉忿甚肾葚桑~儿锭靖近囤粮食~重混峙撼尽~量	腐釜辅臼皖俭缓强勉~晃~眼很挺艇幸汞窘迥菌	婢鲍咎	痞绍	——	
	郑州	147		巳辰~雉~鸡痔舐以舌取物是氏仕俟恃陛~下技妓肚腹~苧~麻竖沪聚序叙绪拒下底~夏姓厦~门舵惰垛解姓蟹殆被~卧，~子汇抱鲍姓；~鱼道稻皂造建~兆鳔~胶纣桀~受臼犯诞辨簟席渐践舰件键限断~绝撰篆圈猪~忿葚桑~甚肾尽近囤沌蚌荡放~丈杖强倔~项奉靖幸重在	簿釜腐辅阜俭缓皖很混相~；~沌强勉~晃挺汞窘迥	艇皓	巨距骇惊~绍浩范撼缓~慢	——	
	西安	113		下山~堕惰蟹是技妓簿辅妇肚~量竖巨距聚序叙绪在被~子跪汇~合抱道皂造建~兆受臼旱辨舰渐践件限断~绝篆甚~至肾尽~力近混蚌河~荡浩~丈杖强倔~项晃~眼奉锭幸重~量	似腐稻挑~战俭缓很强勉~艇挺	鲍挑~战	舵绍棒	——	
	焉耆	106		恃是在抱鲍稻道皂造兆浩纣受犯诞撼甚肾荡下夏辨践件限近幸项妇肚舵堕汇囤重混聚巨距圈尽	奉很俭挺艇辅腐惰缓汞	绍崭丈杖痞蟹鳔序叙绪		——	

续表

方言区	方言点	总字数	去声		上声	平声		入声	
						阴平	阳平	阴入	阳入
	兰州	97		辨並篆重~量竖妇犯奉忿肚~子惰道稻断~绝在皂造兆丈杖恃是受技妓巨距渐圈羊~近尽菌香~序叙绪夏限幸跪混	腐辅挺俭窘缓很晃~眼	鲍姓；~鱼鳔鱼~艇	绍	—	
	合肥	113		下山~舵堕惰是技妓簿妇竖巨距聚序叙绪在被~子跪汇~合抱鲍姓道稻皂造兆绍受臼辨舰渐践件限断~绝篆甚~至肾尽~力近混蚌河~荡浩~丈杖强倔~项晃~眼奉锭幸重~量	蟹腐辅肚~量挑~战俭断~绝缓很强勉~艇挺	挑~战	绍	—	
	武汉	111		下山~舵惰堕是技妓簿妇肚~量竖巨距聚序叙绪在被~子跪汇抱鲍姓道稻皂造兆绍受臼辨舰渐践件限断~绝篆甚~至肾尽~力近混蚌河~荡放~丈杖依~强倔~项奉锭幸重~量	蟹腐辅肚~量舰旧断~绝缓很盾人名；矛盾旧混强勉~艇挺	挑~战	艇	—	
	成都	118		下舵堕惰蟹是氏技妓簿妇肚竖巨距聚序叙绪在被~子跪汇~合抱鲍姓道稻皂造建~兆绍受臼辨舰渐践件限断~绝篆甚~至肾尽~力近混蚌河~荡浩~丈杖强倔~项奉锭幸重~量	腐辅后先~臼俭舰旧践断~绝缓很盾人名；矛~强勉~晃~眼艇挺	抱挑~战		—	
	扬州	107		下山~肚~量绍舰缓旧混舵惰堕是技妓簿妇竖巨距聚序叙绪在被~子跪汇抱鲍姓道稻皂造兆受臼辨断~绝篆甚~至肾尽~力近蚌河~荡放~丈杖强倔~项奉锭幸重~量	挑~战缓艇蟹腐辅断~绝很强勉~挺		绍	—	
	烟台	112	罢惰弟部簿负杜肚~子户柱怠待被倍罪汇稻道皂造兆赵厚后受舅旱辨辩辫件限甚近棒丈杖仗项幸杏重~量	社坐祸似士恃父妇腐辅序叙绪竖距拒巨蟹鲍~鱼；姓鳔绍渐圈猪~忿肾像象橡上~山奉艇静是市柿祀在善篆愤盾矛~尽动蟮强	鳝俭缓很菌晃~眼挺窘	妓技抱~起来		—	
	牟平	125		厦~门下夏舵堕巳仕荠痔聚殆亥骇解姓~澥伴拌搅~犯淡诞断蟮舰撰笨囤~子遁混~日子蚌渐圈猪~是市柿祀在善篆愤盾矛~尽动	辅釜负~责俭缓肾吮混~合菌晃~眼迥炯窘践	技妓妇	是父巨拒距范旱似象	—	
	运城	109		下~头夏堕坐~下上~山祸新读强脾气~社锭蟹螃~氏抱抱妇巨拒距序叙绪殆亥解姓囤沌跪肇纣臼范犯诞撼限~三天舰渐践键俭圈羊~肾蚌荡仗强~嘴像象橡晃~眼奉锭惰辅混撰篆断善尽~量	釜腐负~责缓很强勉~迥窘挺艇		舵祀巳陛~下痔技妓绍菌	—	

续表

<table>
<tr><th rowspan="2">方言区</th><th rowspan="2">方言点</th><th rowspan="2">总字数</th><th rowspan="2" colspan="2">去声</th><th rowspan="2">上声</th><th colspan="2">平声</th><th colspan="2">入声</th></tr>
<tr><th>阴平</th><th>阳平</th><th>阴入</th><th>阳入</th></tr>
<tr><td rowspan="6"></td><td>徐州</td><td>136</td><td rowspan="3">祀士是市柿氏似部父妇杜肚柱户巨拒距叙序绪夏造皂赵兆社在亥骇受舅犯淡善鳝旱舰件限断撰篆圈猪~笨肾仗项像杏</td><td>峙痔陛被弟荠~菜技妓下稻肇惰堕舵后厚柏涎鳝撼颔渐沌囤盾遁菌荡重~要已仕倍簿负沪聚厦~门道纣臼伴拌辩辨辫愤忿甚尽近混丈杖上象橡幸</td><td>辅釜垛蟹崭俭缓吮强勉~奘晃挺铤艇窘炯迥</td><td>咎</td><td>拒回绝或顶撞绍</td><td colspan="2">—</td></tr>
<tr><td>乐都</td><td>137</td><td>陛被~儿弟技妓痔釜腐辅竖阜待怠殆罪跪汇解姓坐祸抱浩咎范範践键棒奉静靖巳仕倍簿负沪聚厦~门道纣臼伴拌辩辨辫愤忿甚尽近混丈杖上象橡幸动</td><td>婢鲍稻後厚后皖诞渐撼俭缓强勉~葚很並艇挺囤沌盾汞菌炯</td><td colspan="2">惰舵绍</td><td colspan="2">—</td></tr>
<tr><td>武都</td><td>91</td><td>痔俟待对~怠肇绍浩厚后范渐棒蚌槛弟下静惰舵坐祸罪跪汇上</td><td>稻吮很荡奘粗大婢挺艇负缓汞晃菌</td><td>陛</td><td></td><td colspan="2">—</td></tr>
<tr><td>银川</td><td>120</td><td rowspan="2">静动盾愤像貌~象橡~树仗上棒辩旱善舅伴拌凉~菜范姓后厚赵倍士市柿柱部弟坐父负杜户社</td><td>重~量靖近远~幸囤~子杏~子甚肾~脏忿气~丈棍~子蚌文，~埠，荡断撰~文馔篆件舰践~踏渐键关~诞撼犯受鳔兆肇造汇道稻被~褥跪在亥骇巳祀仕氏序叙绪妇~女肚小腹沪惰堕夏厦~门下汞吮~吸蚌奉淡怠殆待雉痔峙巨拒距簿陛~下婢祸</td><td></td><td>似技妓咎</td><td>迴炯很艇挺奘粗大缓俭崭挑~战辅釜舵社</td><td colspan="2">—</td></tr>
<tr><td>乌鲁木齐</td><td>124</td><td>痔似氏是仕被婢陛技妓荠妇肚腹~沪巨距聚序叙绪罢夏厦解蟹惰舵殆在骇亥跪汇鲍稻道造皂兆浩鳔纣受臼犯诞撼辩舰渐践件键断撰篆圈蚌荡丈杖项忿肾甚尽近靖幸沌遁重混窘</td><td></td><td></td><td>腐辅釜皖缓晃很艇挺菌炯迥</td><td colspan="2">—</td></tr>
<tr><td>柳州</td><td>55</td><td colspan="2">犯在件亥杜杏旱坐弟社奉抱受柱柿厚重待後怠蚌造部被菌动舵象痔妇项棒道祸竖跪舅像腐尽罢锭辫鳝士下丈上巳葚</td><td>拌艇崭蟹痞</td><td></td><td></td><td colspan="2">—</td></tr>
</table>

续表

方言区	方言点	总字数	去声（共有）	去声	上声	平声 阴平	平声 阳平	入声 阴入	入声 阳入
晋语	太原	115	抱倍笨辨道怠稻动杜肚~量盾人名；矛~父~母妇负厚后先~；皇~混渐舅静巨拒善士是市柿似竖下象项像杏在皂丈杖仗依~赵兆坐	罢山~社舵堕惰祸蟹祀技妓部簿柱竖户距聚序叙绪待被~子罪跪汇~合造建~绍受臼伴拌搅~范姓；模~淡旱辩辫舰践件限断~绝篆愤甚~至肾尽~力近棒蚌河~荡浩~上~山强倔~橡奉锭幸重~量	腐辅稻挑~战俭缓很强勉~晃~眼艇挺	鲍绍挑~战限艇旧读			
	清徐	148		痔氏恃祀仕俟婢技妓部簿~记柱苎户距聚罪得~绪叙序跪罢棒蚌荡上夏强倔~厦~门橡社惰堕祸伴拌范犯淡诞旱辩辫键舰践蟹限断撰篆圈猪~待殆亥解姓骇罪受~汇造制~绍~兴浩鳔纣受臼咎奉愤忿甚肾锭近尽~心靖幸囤沌混~重轻~上荷负~件	挺腐辅釜阜晃~眼俭缓皖旧读稻很挺菌迥窘撼遁炯	沪蚌海~绍介~			
	盂县	136		痔祀仕氏巳恃陛~下技妓柱距聚序绪叙蟹解姓被~子跪汇罪待殆骇亥罢夏鲍姓浩造肇鳔荡强脾气~舵惰堕祸晃~眼纣受范犯淡诞荡放~撼旱上辩辫舰践件键限橡撰圈猪~奉愤忿甚文读 桑~肾锭尽近幸囤重轻~	挺伸腿釜腐辅挑~战臼皖俭缓晃~眼很挺菌	阜婢伴拌蚌窘	绍舵艇		
	神木	135		痔氏祀巳仕俟恃雉陛技妓部簿阜柱户沪距聚序叙绪夏厦社舵惰祸伴拌范範犯撼限~下甚是~ 辩辫舰俭勤~践件键断撰篆圈猪~待殆亥解姓鲍浩鳔罪跪纣受後臼棒蚌上~山橡愤忿奉甚肾尽近幸囤沌重轻~	釜腐辅诞俭蟹缓婢咎强勉~很艇挺汞迥		妇媳~子绍窘		
	朔县	132		氏祀仕恃痔雉技妓部簿阜柱苎户沪距聚序叙罢夏厦~门伴拌范犯诞撼旱断撰篆待亥解姓辩辫舰践件限圈猪~社堕惰舵棒蚌荡上橡罪跪汇鲍造肇绍浩鳔纣受咎奉愤忿甚肾锭近尽靖幸囤沌重~量菌迥	腐辅皖缓~期俭鲍道~歉：聊天臼很汞窘		舵旧读		
	天镇	133		巳祀仕恃氏俟雉陛技妓部簿柱户距叙序绪罢夏惰堕祸亥骇罪汇鲍造浩鳔纣受咎拌伴范犯淡旱辨辩践件键舰解姓蟹断圈猪~棒蚌荡橡奉甚肾並锭近重轻~被聚待等~诞撼践撰篆上愤囤遁迥	阜釜辅腐厦臼俭缓皖挺幸窘菌炯	绍	舵		
	山阴	120		巳仕氏技部簿柱聚序绪叙社堕祸罢夏罪跪汇待~人亥造浩鳔纣咎拌伴范犯淡旱辩辫件舰践限解姓断篆圈猪~棒蚌荡橡忿奉甚肾近尽~力囤被蟮上愤	陛腐~烂辅臼崭俭缓皖强勉~很挺艇幸汞菌锭	舵绍腐豆~父外~			

续表

<table>
<tr><th rowspan="2">方言区</th><th rowspan="2">方言点</th><th rowspan="2">总字数</th><th rowspan="2" colspan="2">去声</th><th rowspan="2">上声</th><th colspan="2">平声</th><th colspan="2">入声</th></tr>
<tr><th>阴平</th><th>阳平</th><th>阴入</th><th>阳入</th></tr>
<tr><td rowspan="8"></td><td>左权</td><td>109</td><td rowspan="2"></td><td>仕恃氏祀技解姓部柱名词户距聚序叙绪罢夏厦~门社惰祸伴拌淡旱辩件限断圈羊~棒荡强脾气~橡造绍浩鳔受臼亥骇跪汇奉甚葚桑~ 锭近尽幸囤上待忿愤范犯</td><td>腐辅俭挺艇窘崭缓炯</td><td></td><td></td><td colspan="2"></td></tr>
<tr><td>定襄</td><td>118</td><td>陛部簿阜柱苎聚距氏巳祀仕恃俟罢夏厦~门待殆亥骇蟹解姓社棒堕惰造肇浩纣受咎跪汇辨件践键伴拌断撰篆蚌棒范犯淡诞荡上旱限甚肾靖幸杏囤重</td><td>痞~积腐~蚀釜稻~谷缓~期圈猪~很~多挺</td><td></td><td>技妓舵绍艇</td><td colspan="2"></td></tr>
<tr><td>平遥</td><td>92</td><td colspan="2">下夏姓厦~门社辨辩辫渐件键践杏~核 白读坐圈猪~丈~人强项倍待怠殆在罪汇抱棒道皂造绍鳔鱼~痔雉陛~下弟部簿杜肚腹~巨拒距序叙是氏柱竖纣受后厚淡诞荡上范範犯笨甚肾锭静靖幸动重混愤忿像被断篆撰</td><td>舵亥稻腐辅釜缓很艇挺菌迥窘俭晃</td><td></td><td></td><td></td><td></td></tr>
<tr><td>介休</td><td>134</td><td rowspan="5">下道皂赵兆丈杖象是士市妇肚杜竖巨拒似善渐后厚舅坐笨杏盾在弟部夏待亥骇柱序绪旱断伴拌范诞户沪受祸奉重~量橡妓件键篆跪汇舰上恃幸</td><td>罢厦~门社解姓蟹惰堕仕柿巳祀氏舐陛技簿抱负怠殆痔聚造浩鳔~胶纣臼蚌棒荡仗撼辨辩辫践限撰奘圈肾锭靖甚杏动囤混愤峙尽~量沌</td><td>痞釜腐辅稻俭缓晃很挺菌迥窘炯</td><td colspan="2">舵肇艇愤</td><td></td><td></td></tr>
<tr><td>沁县</td><td>129</td><td>解姓蟹社抱鲍肇绍鳔惰倍圈猪纣臼咎婢陛~下痔技氏柿巳祀俟仕辫辨辩限簿蚌荡仗强~嘴甚並锭近尽囤粮~混稻像项父被距叙淡犯罪忿肾舵造棒</td><td colspan="2">俭践阜腐辅撼缓晃很挺艇菌窘</td><td>愤</td><td></td><td></td></tr>
<tr><td>武乡</td><td>106</td><td>绍荡强倔~祀近尽动静聚愤罢践撰堕浩靖稻像项父被距叙淡犯罪忿肾舵造棒</td><td>晃腐皖缓俭惰很挺艇汞迥</td><td>抱</td><td>倍辫辫辨</td><td></td><td></td></tr>
<tr><td rowspan="2">忻州</td><td rowspan="2">137</td><td rowspan="2">婢陛~下技簿负阜祀巳柿仕峙氏雉厦~门殆解姓社蟹像惰肇皓鳔纣臼咎辨辫辩限往仗蟮甚囤沌混动静聚愤罢践撰堕浩靖稻像项父被距叙淡犯罪忿肾舵造棒圈猪~晃~眼</td><td>辅腐俭~仆缓很~多挺</td><td></td><td rowspan="2">绍艇</td><td rowspan="2"></td><td rowspan="2"></td></tr>
<tr><td colspan="2">痞釜鲍迥撼</td></tr>
</table>

续表

方言区	方言点	总字数	去声		上声	平声		入声	
						阴平	阳平	阴入	阳入
赣语	上高（敖阳）	55	被~子笨待部道动犯后件尽静舅菌菇社肾是下底~、~面像重~量苧坐厚绍受妇旱伴荡断祸	舵惰簿肚腹户绪柱在弟倍罪汇造浩淡辫象上~山	蟹舐混挺		舰丈	弟	
	泰和	55		舵惰肚腹户绪柱待在倍罪汇浩后淡辫尽混丈动	蟹舐上~山挺	下底~簿弟妇	造舰象	——	
	萍乡	59		在亥杏皂近抱受並柞待蚌造徛舵象项棒竖聚橡士	吮肚拌挺垛痞跪像崭尽罢上	艾辫		——	
	醴陵（白兔潭）	61		簿杜肚腹~户柱竖待弟倍罪汇自士柿市抱稻造赵淡舰限辩善辫近混象丈上~山	蟹跪				
吴语	铜陵	128	待在下夏厦惰似祀巳痔士陛婢部父妇负肚腹杜序叙绪巨拒距聚柱汇跪抱道	怠殆亥解姓罢堕舵坐祸雉~鸡是氏峙俟弟技妓簿户沪苎~麻竖倍鲍姓皂造建~肇绍浩阜纣受舅践键圈猪~範荡上项限强倔~伴豢笨愤忿葚杏~子並~排菌遁辨辩辫渐旱俭件范犯丈杖仗像象善盾肾甚尽近静幸混奉动重轻~稻赵兆臼咎	蟹痞釜腐辅强勉~缓皖很艇挺梃迥汞			骇	
土话	乐昌（长来）	125		祀祭~恃仕市俟柿社后厚腐辅罪被~子妓技垛柴~项拌诞渐撼笨断~绝橡篆靖限汞辨辩辫渐旱俭件范犯丈杖仗像象善盾肾甚尽近静幸混奉动重轻~稻赵兆臼咎氏纣淡	亥践缓皖上~山强勉~迥挺釜沪愤忿很	鲍姓；~鱼	弟舅鳔簿殆窘菌囤沌柱苎~麻杏舵倍怠	舅户骇艇	

中古全浊上声字在苏州型方言中的变化情况（1）

方言区	方言点	总字数	阳去		阴去	上声	阴平	阳平
江淮官话	南通	75	舵垛柴~坐部簿肚~脐柱竖厚妇受舅抱道稻皂造鲍赵待在罢解姓弟罪汇被~单是痔市跪淡犯旱限善件伴断圈猪~荡丈上~山棒动奉重轻~肾近笨愤幸静	户序浩绍渐范社象大~	巨拒倍断象大~並	巨辅舰旱缓强勉~晃很		
	如东	75		巨社象~样	序拒道浩罢倍渐范象大~笨並	辅舰缓强勉~晃很	户	绍
	兴化	75		浩范象~样	序巨拒道社罢倍渐象大~静並	辅舰缓强勉~晃很	绍	
湘语	双峰	137		罢舵堕惰蟹似祀技妓部~队簿腐妇肚~量柱竖巨拒距叙绪怠在被~子罪跪汇~合造建~绍臼伴拌搅~犯范姓淡善辫俭渐件断~绝篆甚~至肾尽~力近盾人名；矛~新派棒荡浩~丈杖仗依~上~山像象项锭杏幸象	造建~舰践断~绝愤强倔~橡	蟹腐辅肚~量跪缓笨很盾人名、矛~棒强勉~晃~眼艇挺	鲍姓挑~战	强倔~
	涟源（桥头河）	119		氏似巳痔仕柿陛簟技妓徛站俭件社善鳝部簿~子妇苧~麻巨柱叙绪竖淡诞蟹范犯在亥断~绝汇篆鲍造菌~头绍罢厦夏舵惰肚~腹臼纣甚肾幸並~排尽菌混相~荡丈仗杖项象	键距拒舰葚盾愤忿棒橡	痞釜辅腐崭解姓~很皖挺~起只肚子笨艇囤禾晃	辫艰圈猪~	
	泸溪（浦市）	112		仕柿被~卧技妓徛站立部竖拒巨距夏堕犯~人；~规 淡社公~簟断~开旱亥罪序叙绪跪造~孽：可怜浩肚~皮伴范诞淡冷~践舰渐件笨尽杏近幸沌盾混棒荡丈仗杖上像象项~链	痔妇鳝造绍善键篆忿愤肾	痞辅腐缓很挺笔~艇强勉~晃禾窘	辫咎	舵囤
	娄底	102	是氏祀巳状痔士柿市被~床~婢弟簟技妓俭徛~站善鳝件部簿户父腐妇负苧巨拒距柱序叙绪聚竖范犯倍伴拌在杏断亥汇旱道~理稻皂造赵兆菌~头厚后罢下底~夏姓~舵坐祸舅臼受践杜肚~腹近並~排甚肾幸混动重轻~荡丈仗~势项上象像		键愤棒仗打~	痞辅崭解姓~蟹很缓皖挺跪笨艇锭		辫

续表

方言区	方言点	总字数	阳去		阴去	上声	阴平	阳平
	湘乡（城关）	69	坐祸下底~社部户柱在罪汇被是柿道赵兆后前~厚妇受舅犯限善伴断~绝尽近菌像丈上~山蚌动奉	苎~麻蟹范模~象杖强勉~幸静肚腹~皂造建~辫伴肾仗杏待弟淡旱混~沌项	盾愤象棒並	肚腹~跪缓很晃~眼挺		
	邵阳	69		蟹跪造辫象棒並范模~伴杖杏静苎~麻幸待弟淡旱混~沌项	肾盾愤仗	肚腹~蟹跪缓很晃~眼挺	皂强勉~	
	城步（儒林）	67		皂仗范模~伴杖杏静苎~麻幸待弟淡旱混~沌项	造建~肾盾愤象棒並	肚腹~蟹跪缓很强勉~晃~眼挺	辫	
	衡阳（西渡）	67		跪造建~范模~伴象杖棒杏並皂苎~麻幸待弟淡旱混~沌项	肾盾愤仗静	肚腹~蟹缓很晃~眼挺	辫	强勉~
	岳阳（荣家湾）	67		造建~杖辫伴范模~肾盾象杏幸静待弟淡旱混~沌项	苎~麻愤仗棒並	肚腹~蟹跪皂缓很强勉~晃~眼挺		
	祁阳（白水）	68		肚腹~苎~麻蟹跪皂伴棒並范模~肾盾象杏幸静待弟淡旱混~沌项	造建~愤仗杖	跪缓很强勉~晃~眼挺	辫	
赣语	南昌	116	下山~社惰坐祸似是士柿弟部~队簿序待在倍被~子罪道稻拌搅~范姓；模~旱辨辩肾件丈杖橡象奉静幸动汇~合兆杏父~母上~面伴近受柱厚重~量蚌河~笨混善尽荡浩~像辫技妓聚妇户赵俭断~绝淡项	罢舵堕祀市腐负杜肚~量竖巨拒距叙绪怠抱鲍姓皂造建~绍后先~；皇~臼舅渐践限篆愤甚~至盾人名；矛~棒仗依~山强倔~锭	罢道舰像	蟹腐辅跪挑~战断~绝缓很强勉~晃~眼挺艇		
	岳西	96		犯亥囤後纣厦仕氏夏限圈猪~	痔罢跪造浩键舰盾菌仗棒	痞腐辅腐豆~蟹缓很艇挺		
	星子	54	舵惰祸下底~、~面社部绪苎柱待在倍罪汇被~子道造厚后受舅淡犯旱伴尽象像上~山动	舰混弟是浩绍妇件辫断肾笨菌菇荡丈静重~量坐		肚腹蟹舐挺		
	湖口（双钟）	53		弟是浩绍妇件辫断肾笨菌菇荡丈静重~量坐	舰	肚腹蟹舐混挺		

续表

方言区	方言点	总字数	阳去		阴去	上声	阴平	阳平
	高安	54		坐簿肚腹户弟舐是浩绍妇件辫断肾笨菌菇荡丈静	蟹舰混重~量	挺		
	奉新（冯川）	51		坐簿弟是浩绍妇件辫断肾笨混菌菇荡丈静重~量	舰	肚腹蟹挺		
	永修（江益）	54		坐簿肚腹户弟浩绍妇件辫断尽肾笨菌菇荡丈静重~量	舰	蟹舐是混挺		
	修水（义宁）	53		坐簿肚腹弟是浩绍妇件辫断尽肾笨菌菇荡丈静重~量	舰	蟹混挺	舐	
	东乡	54		簿户弟是浩绍妇件断尽混菌菇荡丈静重~量	舰肾	肚腹蟹舐挺	坐辫笨	
	乐平	54		坐簿户弟是浩绍妇件辫断尽肾菌菇荡丈静重~量	舰笨	肚腹蟹舐混挺		
	余干	60	坐祸社部簿杜户竖待弟倍罪汇被~子是士柿市道稻造赵绍后前~厚妇受舅犯限辩善件伴断折~尽肾近象像~不~丈静动重轻~	下方位肚腹~蟹淡旱笨荡	混上~山	跪舰菌	苎柱抱辫	
	平江（南江）	59		下方位肚腹~苎柱抱辫混上~山淡旱笨荡	舰	跪	蟹	
	茶陵	59		下方位肚腹~苎柱混菌上~山	跪抱淡舰笨荡		辫	蟹
	宿松（河塔）	58		下方位柱抱淡旱辫混上~山	舰笨菌荡	肚腹~跪		
	安义	59		下方位肚腹~苎柱抱淡旱辫笨混荡上~山	舰	跪菌		
	阳新（国和）	60		下方位肚腹~苎柱蟹抱淡旱辫笨混荡上~山	舰菌	跪		
粤语	广宁	150	惰下底~夏姓厦~门部簿杜户沪序叙绪巨父腐辅聚竖待怠殆在亥罢弟罪是氏技祀祭~巳士仕柿跪道稻造建~浩赵兆绍後厚后阜受淡渐范範犯甚限辨辩件键拌断~绝缓篆尽肾笨混相~荡放~象像橡~树丈杖项杏幸静锭动奉坐祸社肚腹~苎~麻距柱蟹倍被~子舐以舌取物徛立似俟市恃抱妇负臼舅旱践善伴近沌盾赵~；矛~菌愤忿上~山强勉~；倔~棒蚌並艇重轻~骇惊~陛~下妓纣桀~舰俭撼		解姓咎诞撰窘仗汞婢	釜皖安徽很囤晃~眼挺	拒荠雉皂鲍辫圈猪~	舵 汇 鳔葚靖

续表

方言区	方言点	总字数	阳去		阴去	上声	阴平	阳平
闽语	福州	116	罢伴拌搅~倍笨动辨辩辫部~队簿道稻淡断~绝父~母负妇范姓；模~奉厚后先~；皇~旱户混汇~合尽~力静臼舅聚社善肾士市是柿似限受象项像序在丈杖赵重~量柱罪坐	下山~舵堕惰祸蟹祀弟技妓腐辅杜竖叙绪待怠被~子跪抱皂兆绍俭渐件篆缓甚~至近棒蚌河~荡浩~仗依~上~山橡锭杏幸	巨拒距造建~挺	辅肚~量跪舰践断~绝愤很盾人名；矛~强勉~晃~眼艇挺	挑~战	舵鲍姓挑~战强倔~
	仙游	135		夏惰堕舵下~面厦~门巳仕俟弟蟹罪~过婢痔雉~鸡氏舐恃技妓阜柱叙巨拒距徛站立怠殆亥骇解姓抱怀~肚沪纣咎兆肇绍诞重轻~；~量犯棒蚌荡涮锭践鳝辫~头发尽靖肾甚近渐俭撰缓愤忿仗键橡被巳妇新~待跪被馔上	造苎鲍撼柿量词，块强倔~键篆~书	陛釜腐苎晃挺艇很盾囤强勉~痞绪挑~战崭		荠颔
	台北	170		婢被痔峙弟雉舐恃氏妓拒下祸厦~门蟹夏徛肚沪舵惰堕皂造浩鳔仕俟叙祀绪竖拒巨距腐辅釜阜纣咎待怠迨祀亥骇鲍兆肇绍件诞上橡甚葚舰槛渐近践蟮鳝件键诞篆断撰犯缓盾沌囤菌窘混並靖杏幸棒蚌动荡奘仗巳荠锭颔俭遁	陛造舰诞篆范愤忿锭	痞腐釜辅崭甚盾艇挺迥晃吮		妓技
	厦门	117		下舵堕惰祸蟹祀弟技妓腐杜肚~量竖巨拒距叙绪待怠被~子跪抱鲍姓皂造建~兆绍淡俭舰渐践件篆甚~至近棒蚌河~荡浩~仗依~上~山强倔~像橡锭杏幸	篆	腐辅肚~量践断~绝愤很盾人名；矛~强勉~晃~眼艇挺	技挑~战	

中古全浊上声字在苏州型方言中的变化情况（2）

<table>
<tr><th rowspan="3">方言区</th><th rowspan="3">方言点</th><th rowspan="3">总字数</th><th colspan="3">去声</th><th rowspan="3">阴上</th><th rowspan="3">阴平</th><th rowspan="3">阳平</th></tr>
<tr><th colspan="2">阳去</th><th rowspan="2">阴去</th></tr>
<tr><th></th><th></th></tr>
<tr><td rowspan="9">吴语</td><td>杭州</td><td>85</td><td rowspan="9">是市士似竖社倍待在抱鲍稻赵受范犯限断~绝旱拌善笨肾棒丈动重~轻婢弟妓辨俭件渐践並近静像部腐妇肚~皮户祸跪聚</td><td>柱忿舅强勉~坐混亥后篆项杏辫下底~幸拒罪绍甚荡放~舵惰序囤蚌尽</td><td>罢纣槛序圈猪~菌</td><td>蟹很挺迥母努缓</td><td>造</td><td></td></tr>
<tr><td>嘉兴</td><td>84</td><td>罢造后纣亥后篆项杏辫下底~幸拒罪绍甚荡放~舵惰序囤蚌尽</td><td></td><td>全清阴上：下底~蟹槛很缓菌
次清阴上：挺强勉~圈猪~</td><td>柱迥</td><td>坐混</td></tr>
<tr><td>嘉善</td><td>94</td><td>氏士柿祀祭~巳辰~柱被技簿沪杜巨距拒罢道皂造绍兆汇淡罪亥辫辩负纣后厚舅臼伴下~底：~面夏姓荡扫~上~海象橡强倔~混愤盾遁尽幸</td><td>下~流诞厦~门仗杏~花强勉~窘</td><td>蟹皖很汞</td><td></td><td></td></tr>
<tr><td>黄岩</td><td>82</td><td>罢造纣奉舅坐混下底~幸拒罪绍甚荡放~舵惰序囤蚌尽</td><td>篆</td><td>蟹亥后槛限很项杏挺强勉~迥缓菌</td><td>——</td><td>辫</td></tr>
<tr><td>衢州</td><td>87</td><td>亥造后纣篆项杏奉舅辫坐混圈猪~罪绍甚荡放~舵惰序囤蚌尽</td><td>下底~善幸像跪</td><td>罢蟹槛忿很挺强勉~迥缓聚序菌</td><td></td><td></td></tr>
<tr><td>常州</td><td>84</td><td>罢下底~亥造后纣篆项杏奉舅辫坐混拒圈猪~绍甚荡放~舵惰序囤蚌尽</td><td>幸</td><td>蟹槛忿很挺强勉~迥罪缓菌</td><td>在</td><td></td></tr>
<tr><td>昆山</td><td>85</td><td>罢下底~忿甚舵惰绍荡放~奉柱造后纣篆项杏舅辫幸坐罪混拒囤蚌尽</td><td colspan="2">蟹槛很挺幸强勉~缓序菌</td><td>迥圈猪~</td><td></td></tr>
<tr><td>宝山（霜草墩）</td><td>84</td><td>荡放~圈猪~罢下底~亥忿甚舵惰序柱造后纣篆项杏舅辫幸坐罪混拒囤蚌尽</td><td colspan="2">蟹槛很挺强勉~缓</td><td>迥菌</td><td>绍奉</td></tr>
<tr><td>宝山（罗店镇）</td><td>84</td><td>惰囤蚌杏圈猪~柱罢下底~亥绍造后纣篆忿甚荡放~项舅辫幸舵坐罪混拒序</td><td colspan="2">蟹槛很挺强勉~缓</td><td>迥菌</td><td>限奉尽</td></tr>
</table>

续表

方言区	方言点	总字数	去声			阴上	阴平	阳平
			阳去		阴去			
	松江	85		限奉尽惰柱罢下底~亥绍造后纣篆忿甚荡放~项舅辫幸舵坐罪混拒序	柱槛	蟹很杏挺强勉~迥绥圈猪~菌		囤蚌
	平湖	29	坐祸簿柱在倍罪是市跪道妇受舅俭犯件断近象棒静动奉重	厚杏幸限				
	临安	29		厚杏幸限				
	富阳	29		厚幸杏限				
	昌化	29		厚杏限		幸		
	余杭	29		幸		厚限杏		
闽语	漳平（永福）	96	痔市序是氏柿妇似相~士父负罢社徛站立夏姓厦厦门道造赵倍被棉~坐罪汇解会跪在亥厚后落~；皇~柱部簿户纣聚受淡无味俭尽静靖肾杏幸笨囤混范模~；姓旱限~制辨辩践善鳝键断~绝犯丈像象重沉~动项杖上~山奉辫静件拌伴待等~；在家弟兄~巳坐沉淀兆绍介~甚~至舰军~棒			绪肚腹~杜姓挺~直盾晃~眼蟹		雉似熟~鲍~鱼淡范有~：有榜样限紧也腐豆~

中古全浊上声字在苏州型方言中的变化情况（3）

方言区	方言点	总字数	阳去		阴去	阴上	阴平
吴语	余姚	85	是市士似竖社倍待在抱鲍稻赵受范犯限断~绝旱拌善笨肾棒丈动重~轻婢弟妓辨俭件渐践并近静像部腐妇肚~皮户祸跪聚	奉圈猪~罢柱造纣忿舅坐混下底~幸拒罪绍甚荡放~舵惰序囤蚌尽	幸	蟹槛很挺强勉~迥绥	
	宁波	84		强勉~努罢柱造纣忿舅坐混下底~幸拒罪绍甚荡放~舵惰序囤蚌尽	蟹很雉挺迥绥		菌

续表

方言区	方言点	总字数	阳去		阴去	阴上	阴平
	江阴	83		罢下底~亥序圈绍荡放~奉柱造后纣篆项杏舅辫幸坐罪混拒囤蚌尽	甚	下底~蟹槛忿很挺强勉~迥缓菌	
	上海	93		绍拟罢下底~亥忿甚舵惰序柱造后纣篆项杏舅辫幸坐罪混拒囤蚌尽	蟹槛忿很荡放~挺强勉~努缓		你迥母序圈猪~菌
	南汇（周浦）	84		限奉尽囤蚌杏圈猪~柱罢下底~亥绍造后纣篆忿甚荡放~项舅辫幸舵坐罪混拒序		蟹槛很挺强勉~迥缓菌	菌

中古全浊上声字在苏州型方言中的变化情况（4）

方言区	方言点	总字数	去声		上声	阴平	阳平	阴入	阳入
			阳去						
赣语	万载（康乐）	54	舵惰祸下底~、~面社部绪苧柱待在倍罪汇被~子道造厚后受舅淡犯旱伴尽象像上~山动坐肚腹户是肾重~量	簿弟浩绍妇断尽笨混菌菇荡丈静	蟹挺	辫	舰		件
	新余（渝水）	55		簿弟浩绍妇件断尽笨混荡丈静	蟹舐菌菇挺	辫	舰		
	永丰（恩江）	51		绍件尽笨菌菇丈静	蟹舐挺	簿弟辫	舰断		
	吉安	54		簿弟浩妇件断尽近笨	蟹混菌菇荡挺	辫	绍舰静	——	
	宜丰	61	坐祸社部簿杜户竖待弟倍罪汇被~子是自士柿市道稻造赵绍后前~厚妇受舅犯限辫善件伴断折~尽肾近象像~不~丈静动重轻~	苧柱抱辫混上~山淡旱笨荡	下方位肚腹~蟹跪菌		舅舰		

续表

方言区	方言点	总字数	去声	上声	阴平	阳平	阴入	阳入
			阳去					
粤语	恩平（牛江）	148	惰下底~夏姓厦~门部簿杜户沪序叙绪巨父腐辅聚竖待怠殆在亥罢弟罪是氏技祀祭~巳士仕柿跪道稻造建~浩赵兆绍後厚后阜受淡渐范範犯甚限辨辩件键拌断~绝缓篆尽肾笨混相~荡放~象像橡~树丈杖项杏幸静锭动奉坐祸社苧~麻拒距柱倍汇被~子似俟市恃抱皂妇负臼舅旱践伴撰近盾赵~；矛~囤愤艇挺善忿仗並棒靖釜婢痔辫骇撼	肚腹~蟹皖圈猪~很窘菌晃~眼迥	陛妓雉鲍鳔纣舰俭诞仗上~山强勉~；倔~蚌汞重轻~	舵荠		强勉~；倔~

中古全浊上声字在苏州型方言中的变化情况（5）

方言区	方言点	总字数	去声		上声		平声	
			阳去	阳上	阴上	阴去	阴平	阳平
粤语	四会	151	惰下底~夏姓厦~门部簿杜户沪序叙绪巨父腐辅聚竖待怠殆在亥罢弟罪是氏技祀祭~巳士仕柿跪道稻造建~浩赵兆绍後厚后阜受淡渐范範犯甚限辨辩件键拌断~绝缓篆尽肾笨混相~荡放~象像橡~树丈杖项杏幸静锭动奉坐祸社苧~麻拒距柱倍汇被~子似俟市恃抱皂妇负臼舅旱践伴撰近盾赵~；矛~囤愤艇挺善忿仗並棒靖肚腹~解姓蟹陛~下荠舐待立妓纣桀~舰俭葚桑~沌上~山强勉~；倔~蚌重轻~		釜咎撼诞皖很窘菌晃~眼迥汞		雉鲍舅辫圈猪~	雉鲍舅辫

中古全浊上声字在苏州型方言中的变化情况（6）

方言区	方言点	总字数	阳去	阴去	阳平	阴平
徽语	遂安（汾口）	79	犯件杏旱近坐肚猪~弟辫拌苧柱柿厚是被动笨象痔混项棒厦善道舅像静尽橡稻士下丈上社部户罪赵后伴范淡辩愤盾辨限断荡项重绍臼践夏仕特鲍氏菌	罢鳝愤拒距舰键	父挺腐艇蟹	负妇皂蟮

中古全浊上声字在安化（梅城）型方言中的变化情况（1）

<table>
<tr><th>方言区</th><th>方言点</th><th>总字数</th><th colspan="2">阳去</th><th>阴去</th><th>上声</th><th>阴平</th><th>阳平</th></tr>
<tr><td>湘语</td><td>益阳</td><td>117</td><td colspan="2">蚌河~抱倍辨辩道稻待~客弟动杜奉父~母负厚后~背旱户祸舅静聚是士市受限下山~序皂兆重~量坐氏姓~似巳辰~午未痔~疮仕柿~子被~窝聚~钱徛立妇苎~麻柱屋~罢~休夏姓舵~手垛草~子在亥罪犯~汇后~背奉~承辫簟~子践莫在草里头~践实~篆~刻笨葚桑~並靖近混~账鬼伴纣~王件尽~力丈一~杖象大~像橡断砍~</td><td>陛沪叙记~绪光~厦~门惰懒~社待对~怠~工殆骇惊~造绍介~浩臼~齿诞~生舰军~撼渐逐~键关~愤忿盾矛~肾甚杏幸~运棒木~道能说会~后皇~项技妓荡</td><td>腐解姓跪艇快~挺辅缓皖强勉~很</td><td></td><td></td></tr>
<tr><td></td><td>会同（林城）</td><td>69</td><td colspan="2">坐祸下底~社部户柱在罪汇被~子是柿道赵兆后前~厚妇受舅犯限善件断~绝尽近菌像丈上~山蚌动奉重轻~蟹皂苎~麻幸待弟淡旱混~沌项</td><td>弟跪造建~舅范模~辫肾盾愤象仗杖晃~眼棒杏並奉</td><td>肚腹~伴缓很强勉~挺</td><td></td><td></td></tr>
<tr><td></td><td>东安（石期）</td><td>67</td><td colspan="2">坐祸下底~社部户柱在罪汇被~子是柿道赵兆后前~厚妇受舅犯限善件断~绝尽近菌像丈上~山蚌动奉重轻~苎~麻范模~辫伴肾盾象棒杏幸</td><td>待造建~淡旱混~沌愤仗杖晃~眼项静並</td><td>肚腹~蟹弟跪缓很强勉~挺</td><td></td><td>皂</td></tr>
<tr><td rowspan="2">客语</td><td>河源</td><td>63</td><td rowspan="2">祸部簿杜户竖待罪汇是士跪道稻造赵绍后前~妇犯限善件伴尽肾笨混荡象像~不~丈静动弟受</td><td>柱倍自厚</td><td>坐下方位社被~子柿柱市抱舅倍舰旱辫断折~近菌上~山重轻~</td><td>肚腹~蟹</td><td>苎淡辫</td><td></td></tr>
<tr><td>惠州</td><td>153</td><td>下底~夏姓厦~门沪序叙父腐辅聚怠殆在亥陛~下氏技妓祀祭~痔仕柿恃皂浩兆後负阜纣桀~撼淡渐俭范範葚桑~甚辨辩件键缓撰篆近沌盾赵~；矛~橡~树仗杖项杏幸靖挺锭奉</td><td>惰坐社绪苎~麻巨拒距柱蟹荠倍被~子舐以舌取物徛立似巳市抱鳔厚臼舅咎舰诞旱践断~绝愤忿上~山棒蚌並艇重轻~</td><td>垛肚腹~釜骇惊~解姓皖安徽很菌强勉~晃~眼汞</td><td>婢鲍姓；~鱼辫圈猪~雉</td><td>舵罢囤沌窘强倔~迥~然不同</td></tr>
<tr><td>粤语</td><td>从化（城内）</td><td>148</td><td colspan="2">惰下底~夏姓厦~门部簿杜户沪序叙绪巨父腐辅聚竖待怠殆在亥罢弟罪是氏技祀祭~巳士仕柿跪道稻造建~浩赵兆绍後厚后阜受淡渐范範犯甚限辨辩件键拌断~绝缓篆尽肾笨混相~荡放~象像橡~树丈杖项杏幸静锭动奉釜汇雉~鸡痔跪皂葚桑~诞撰仗靖善骇惊~陛~下妓纣桀~舰俭撼</td><td>坐祸社苎~麻拒距柱蟹倍被~子婢徛立似市恃抱妇负臼舅咎淡旱践断~绝皖安徽很近囤盾赵~；矛~窘菌愤忿上~山强勉~；倔~棒蚌並艇挺汞重轻~</td><td>肚腹~晃~眼迥~然不同</td><td>鲍姓；~鱼辫</td><td>舵伴</td></tr>
</table>

中古全浊上声字在安化（梅城）型方言中的变化情况（2）

方言区	方言点	总字数	阳去	阴去	阴上	阴平	阳平	阴入	阳入
吴语	靖江	85	柱倍待在抱鲍稻赵范断~绝拌篆笨棒荡放~蚌丈奉动重~轻弟妓舅辨辫俭件幸尽静部舵惰跪拒聚犯囤婢並近腐混圈猪~	是市士似竖下底~亥绍造后受限旱善甚肾项杏渐践像户祸坐罪序	罢蟹槛忿很挺强勉~迥腐妇肚~皮缓	菌	社纣		
闽语	海口	57	是弟舐士象棋棋子名巳市部妇舅徛站立鳝静下与“上”相对社坐被~子上~楼象待倍罪断跪造道厚后前~；皇~簿受甚淡~水鱼辩善和顺件近笨犯重~量像录~奉	杜姓像画~；~~：很像肾断辩杏	腐~败强勉~艇挺	夏下量词	腐~竹幸	下贫~中农舰菌像~话	

中古全浊上声字在长沙型方言中的变化情况

方言区	方言点	总字数	阴去		阳去	上声		阴平	阳平	入声	
						阴上	阳上			阴入	阳入
冀鲁官话	昌黎	176	舵惰垛坐祸下底~夏姓社部簿杜肚腹~户序叙绪苧~麻巨拒距聚柱竖待怠在亥蟹弟罪汇是氏技妓似祀祭~痔士柿跪抱浩鳔绍负受咎撼范範甚诞旱限辨辩践笨窘愤忿上~山棒蚌项杏幸	罢堕解姓；懂巳辰~俟市恃雉婢妇沪殆倍鲍姓；~鱼道稻皂造赵兆纣厚後后臼舅伴拌犯淡崭~新鳝黄~辫渐件断~绝篆圈猪~肾尽近囤盾混胡~荡丈杖仗像象橡奉静靖动重	下~巴舵掌~垛柴火~坐是杜~梨儿肚~子柱竖~起来被~卧罪有~、犯~跪~下抱~上去道知不~；~上赵姓~鳔鱼~厚~的後~年舅大~范~家淡贰~鳝~鱼辫~子圈猪~近~处混~子棒~槌丈~人杖柴火~子仗打~橡~子树静~的邪火靖~安杏~树动~咧稻~子	痞辅腐阜崭~新俭缓很混~合；~乱强勉~奘粗大晃~眼艇挺汞		骇		——	
平话	融水（融水）	147		厦~门沪父腐徛立仕俟阜舰菌锭汞陛~下	罢被~子婢市恃道稻皂造建~赵兆後厚后妇纣桀~舅淡渐俭犯善件键辫伴拌断~绝篆尽肾盾人名，矛~混相~荡放~象像橡~树丈仗杖静靖並动奉重轻~	釜辅解姓缓皖安徽晃	很艇挺强勉~；倔~	雉~鸡鲍姓，~鱼	殆荠倍蕈囤沌迥~然不同		骇惊~

续表

方言区	方言点	总字数	阴去		阳去	上声		阴平	阳平	入声	
						阴上	阳上			阴入	阳入
湘语	湘潭	132	待造建~范旱限~制伴棒仗杖社~会受愤奉肾静像户妇善~良盾	似祀祭~士仕怠汇鲍绍诞~生撼摇~惰杜后皇~盾矛~甚葚桑~陛~下技妓辨辩渐键靖杏幸臼咎沪父负阜巨拒距序叙绪篆窘	柿西红~痔~疮是氏姓~市下在亥倍汇~报抱稻~子道皂造~孽赵兆~头浩犯淡拌蚌断扯~丈上舵坐祸纣~王後~来厚笨动重轻~被~窝弟聚徛立辫簟~子件尽~是灰近夏舅部簿苎菌巳菖象柱	蟹螃~撰晃混~合汞很践俭艇挺强勉~辅~导釜腐跪盾矛~迥~然不同缓		婢奴~			
湘语	望城（城关）	105		坐祸社部苎~麻柱在弟罪汇被~子是柿道皂赵兆后前~厚舅淡犯件辫断~绝尽菌象近丈蚌项杏幸並动重轻~	坐祸下底~部肚腹~户柱在弟罪汇被~子是柿道皂兆后前~厚受舅淡犯旱限善件辫伴断~绝尽近混~沌菌像丈蚌项静动重轻~	蟹跪缓很混~沌强勉~晃~眼挺					
闽语	崇安	131	下~面社祸是氏部簿肚苎似巳祀妇在怠解会兆赵受倍罪序绪巨拒距厚淡棒蚌仗重轻~动辩辨辫俭件静忿伴诞鲍	罢坐父被棉~殆舵雉荠纣渐撼近范姓尽陛弟肇颔像	夏厦市技妓士仕腐负阜户沪竖蟹亥婢痔恃抱鳔舅臼柱汇后厚忠~舰杏荡项柿丈杖奉甚葚肾盾断限幸缓范键惰稻象上善笨混近鳝	苎釜舰强勉~挺汞迥菌很皖艇挺		舰	绍舰		
闽语	建阳	124		肇绍杜户沪弟亥徛立抱道造皂後后柱纣舅咎臼柿聚柱叙犯范模~荡项丈杖上~山善撰奉混柏並旱鳝笨	罢夏厦士仕腐负骇蟹痔堕汇市恃技妓舰杏锭渐近幸限肾甚盾上	釜稻践皖很艇挺棒囤强勉~		篆	鳔舵窘	舐	

中古全浊上声字在乐昌（皈塘）型方言中的变化情况

方言区	方言点	总字数	去声		上声	阳平	阴平
胶辽官话	荣成	127	士柱罢倍待在抱鲍赵造后范犯旱篆善笨囤甚棒荡放~项杏丈动重轻~弟舅辨辫件渐近幸尽静像部肚~皮户舵惰祸坐罪混序	厦~门下似痔市柿是簿父杜竖沪叙绪社待怠蟹澥道稻皂肇鳔受厚伴淡诞断辩舰键限撰圈愤沌肾汇仗杖上象橡靖	痞腐辅兆纣崭撼践俭缓盾尽到~很菌混弄~了奘大晃挺铤汞窘迥	巨拒距浩像艇	技妓妇距老~远臼尽~力奉
吴语	金坛（西岗）	84		亥绍纣拌蚌践並妇拒聚	下底~社蟹槛限忿很肾奉婢俭挺强勉~迥腐缓菌		是市似稻受断~绝动妓跪圈猪~

续表

<table>
<tr><th>方言区</th><th>方言点</th><th>总字数</th><th colspan="2">去声</th><th colspan="2">上声</th><th>阳平</th><th>阴平</th></tr>
<tr><td>客语</td><td>桂东</td><td>137</td><td colspan="2">惰户序叙聚竖待罪是氏祀祭~巳 似俟柿市恃陛婢技妓父沪绪怠殆在亥骇社夏
痔士仕道赵兆后妇负阜纣桀~受 厦~门倍汇抱鲍稻皂造绍部祸咎舅辨俭件践断
舰渐范範犯诞限辩键伴拌撰篆 旱棒蚌上~山笨愤忿甚杏近靖幸混
尽肾荡放~象像橡~树丈杖静动
奉善</td><td colspan="2">被~子弟釜腐辅苎跪柱厚蟹下底~垛柴~浩坐臼簟撼缓皖丈十尺仗强勉~晃盾很挺艇窘菌汞</td><td>舵囤沌</td><td>巨拒距鳔辫</td></tr>
<tr><td rowspan="2">粤语</td><td>中山（石岐）</td><td>158</td><td rowspan="2">惰坐祸下底~夏姓厦~门部簿杜户沪序叙巨父腐辅聚竖待在亥罢解姓陛~下弟罪汇是氏技妓雉~鸡祀祭~巳痔士仕俟跪道稻皂造建~浩赵兆绍後后负纣桀~受臼咎撼淡舰渐俭范範犯葚桑~甚诞限辨辩件键伴拌断~绝撰篆尽肾近笨沌混相`窘荡放~象像橡~树丈仗杖项杏幸静靖並锭动汞奉善</td><td>厚妇缓</td><td rowspan="2">垛坐社肚腹~绪苎~麻拒距釜柱怠殆骇惊~蟹倍被~子婢舐以舌取物徛立似柿市恃抱厚舅淡旱践断~绝皖安徽很近盾赵~；矛~菌愤忿上~山强勉~；倔~晃~眼棒蚌艇挺迥~然不同重轻~</td><td>伴</td><td>舵荠阜囤</td><td>鲍姓；~鱼鳔辫圈猪~</td></tr>
<tr><td>珠海（前山）</td><td>156</td><td>阜囤</td><td>妇</td><td>舵荠缓</td><td>鲍姓；~鱼鳔辫圈猪~</td></tr>
</table>

中古全浊上声字在歙县型方言中的变化情况

方言区	方言点	总字数	阳去	上声	阴去	阴平	阳平	入声
吴语	金华（城里）	92	市士似社倍赵绍造后受范犯限断~绝旱篆善笨忿甚肾棒荡放~项蚌丈动弟妓舅辨辫俭件渐践並近幸尽静像部腐妇肚~皮户舵惰祸跪罪混拒	是竖罢下底~蟹待抱稻赵造后槛拌很奉动重轻~婢弟挺静强勉~迥坐跪缓聚圈猪~菌	亥在纣笨囤杏渐序	鲍		
赣语	泰宁	119	罢夏厦社舐坐浩惰稻道祸祀痔士仕柿巳市恃技妓弟倍罪跪汇部簿户沪腐妇杜受舅臼咎聚竖巨拒距柱厚后後在蟹亥绍赵兆限辩辫辨践鳝善伴撰幸杏尽静肾近混动渐淡范犯蚌项荡象丈~人杖仗~势奉重轻~	下~面徛站立弟在是臼苎柱厚坐旱很近挺囤盾~牌菌窘项牛轭像上~山强勉~丈量	造柿地名序绪诞件俭盾矛~舰棒汞	动	舵	

续表

方言区	方言点	总字数	阳去	上声	阴去	阴平	阳平	入声
粤语	阳江	123	祸下底~杜户序叙巨父腐辅在罢是士跪道稻赵兆后受舰渐俭范犯甚限辨辩件尽近笨荡放~象像橡~树丈杖杏静动善断罪皂造簿聚奉绍负待堕惰坐似祀柿弟技妓部~队妇竖树~立怠汇~合厚后先~，皇~臼舅伴拌搅~淡篆缓愤仗依~项并~且锭幸重~量	舵坐蟹似市弟妇肚~量柱拒绪在倍被~子抱厚舅伴淡旱践断~绝愤肾很近盾棒蚌河~上~山强勉~晃~眼艇挺重~量	鲍姓	挑~战 辫	强倔~	
闽语	明溪	128	范犯撼限罢夏厦受柱序叙坐祸部簿妇户沪父杜混尽静肾近骇缓辩辨渐篆善鳝道稻惰赵皂兆绍荡丈杖仗奉动重~量陛汇弟技后厚後象像橡倍亥堕罪幸杏似士恃巳是市柿怠在社亥淡件峙	旱重轻~下~面舅苧绪肚盾艇挺菌窘弟舐徛早断截~皖辩抱晃项下颚柱厚丈坐很柱是蟹解会妇新~辅近上~山	舰巨距拒笨伴伴~工拌棒	辫~子 雉被棉~	迥挺	

中古全浊上声字在莲花（琴亭）型方言中的变化情况

方言区	方言点	总字数	去声	阳上	阴上	阴平	阳平
粤语	东莞（莞城）	151	惰坐祸下底~夏姓厦~门部杜户沪序叙绪苧~麻巨拒距父腐辅聚竖待怠殆在亥骇惊~罢解姓陛~下弟倍罪汇舐是氏技妓祀祭~巳痔士仕俟恃跪道稻皂造建~浩赵兆绍後厚后妇负阜纣桀~受臼舅咎淡渐俭范範犯葚桑~甚诞旱限践善件铤伴拌断~绝缓撰篆圈猪~尽肾近笨囤沌混相~窘愤忿荡放~象像橡~树丈仗杖项杏幸静靖並动汞奉	坐社肚腹~柱被~子婢徛立似柿市抱鲍姓；~鱼鳔淡盾矛~；赵~上~山强勉~棒蚌重轻~	簿釜蟹皖安徽很菌晃~眼艇挺迥~然不同	辫	舵荠舰强倔~

中古全浊上声字在广州型方言中的变化情况

方言区	方言点	总字数	阳去	阳上	阴去	阴平	阳平	阴上	阴入	阳入
吴语	溧阳	61	市士纣范犯篆善蚌丈俭件户祸跪拒聚序似社亥旱拌甚项辫渐並幸妇惰柱倍断~绝忿囤杏婢辨践近尽混静像部			菌	绍肾挺腐舵	蟹在槛限很强勉~迥混圈猪~菌		
吴语	浦城	106	雉恃氏妓倍仕弟罪绪叙巨罢夏厦在骇抱鲍道稻皂造后厚浩鳔赵兆肇受簿部杜沪伴诞辩撰笨肾近盾尽混荡象杖奉动市士纣范犯篆善蚌丈俭件户祸跪拒聚序	是厚后被~子柿弟社坐徛立也柱下~面解会也臼舅抱父辫鳝菌上~楼重	似巳祀弟阜舰汞	苎践稻	舵	蟹缓皖挺艇丈强勉~迥		
粤语	番禺（市桥）	156	惰坐祸簿父辅怠殆罢解姓汇舐以舌取物是氏雉~鸡俟皂浩绍阜纣桀~撼淡葚桑~键伴拌撰篆肾囤靖並奉善	坐社肚腹~绪苎拒距柱骇蟹倍被~子婢徛似市恃抱厚妇臼舅淡旱践伴断~绝皖安徽近盾愤忿上~山强勉~晃~眼棒蚌艇挺重轻~	咎诞窘汞	鲍姓；~鱼鳔辫	舵荠强倔~	釜柿很菌迥皖安徽		
粤语	花县（花山）	153	惰祸簿父辅聚怠殆罢汇是氏雉~鸡俟皂浩绍厚阜纣桀~臼撼淡葚桑~键伴拌皖徽撰篆肾靖奉重轻~善	社绪拒距柱蟹倍被~子婢徛似柿市恃抱妇舅淡旱践断~绝囤沌盾愤忿强勉~；倔~晃~眼棒蚌艇挺	咎诞窘菌並汞	鲍姓；鲍鱼辫圈猪圈	舵骇惊~解姓荠鳔上~山	坐肚腹~苎釜很菌迥		
粤语	增城（县城）	156	惰坐祸簿绪辅待怠殆汇俟恃皂浩绍阜纣桀~撼葚桑~诞践断~绝撰肾囤沌靖並奉善	坐社肚腹~苎拒距父柱骇惊~罢蟹倍被~子婢是氏立似柿市抱厚妇臼舅淡旱伴拌断~绝皖安徽篆盾愤忿上~山强勉~棒蚌艇挺重轻~	咎键汞	雉~鸡鲍姓；~鱼鳔辫圈猪~	舵荠强倔~迥	垛釜解姓、舐很窘菌晃~眼		

续表

<table>
<tr><th>方言区</th><th>方言点</th><th>总字数</th><th colspan="2">阳去</th><th>阳上</th><th>阴去</th><th>阴平</th><th>阳平</th><th>阴上</th><th>阴入</th><th>阳入</th></tr>
<tr><td rowspan="4"></td><td>佛山（市区）</td><td>151</td><td rowspan="4">部户序叙聚竖待陛~下弟技妓祀祭~痔士仕稻造建~赵後后负受渐俭范範犯甚限辨辩件缓尽近笨混相~荡放~丈杖项杏锭动下底~夏姓厦~门杜沪巨腐在亥罪已跪道兆舰肾象像橡~树仗幸静</td><td>惰祸簿绪父辅怠殆骇惊~罢解姓汇是氏俟皂浩绍阜纣桀~撼淡葚桑~键伴拌篆肾靖奉善</td><td>坐社肚腹~苎拒距蟹倍被~子婢徛似市恃抱厚妇臼舅淡旱践断~绝近盾愤忿上~山强勉~棒蚌艇挺重轻~</td><td>咎诞撰窘並汞</td><td>鲍姓；~鱼辫圈猪~</td><td>舵荠雉~鸡囤强倔~</td><td>釜柿皖安徽很菌晃~眼迥</td><td></td><td></td></tr>
<tr><td>南海（沙头）</td><td>140</td><td>惰坐祸父辅殆罢汇是氏浩绍纣桀~撼舰葚桑~键伴拌篆肾囤並奉善</td><td>坐社肚腹~绪苎拒距柱怠蟹倍被~子婢徛似市恃抱厚妇臼舅淡旱践断~绝近盾愤忿上~山强勉~；倔~棒蚌艇挺重轻~</td><td>咎诞汞</td><td>鲍姓；~鱼辫</td><td>舵雉~鸡</td><td>簿釜解姓、柿很菌晃~眼迥</td><td></td><td></td></tr>
<tr><td>三水（西南）</td><td>155</td><td>惰坐拒距父殆罢汇是氏俟皂浩阜纣桀~撼淡键伴拌撰篆肾囤沌靖並奉善</td><td>坐社肚腹~绪苎距柱怠蟹倍被~子婢徛似柿市恃抱鳔厚妇舅淡旱践伴断~绝皖安徽近盾愤忿上~山强勉~；倔~晃~眼棒蚌挺重轻~</td><td>辅臼咎诞窘汞</td><td>鲍姓；~鱼辫圈猪~</td><td>舵祸骇惊~荠雉~鸡绍艇</td><td>部簿釜很菌迥</td><td></td><td></td></tr>
<tr><td>斗门（上横）</td><td>152</td><td>祸簿父辅怠殆骇罢汇是氏雉~鸡柿皂浩绍妇阜纣桀~撼淡诞键拌断~绝撰篆圈猪~肾囤沌盾靖並奉善</td><td>坐社肚腹~绪苎~麻拒柱蟹倍被~子婢徛立似市恃抱鳔厚臼舅旱践伴皖安徽近愤忿上~山强勉~；倔~晃~眼棒蚌艇挺重轻~</td><td>荠咎窘汞</td><td>鲍姓；~鱼辫</td><td>舵惰距荠</td><td>釜解姓舐很菌迥</td><td></td><td></td></tr>
</table>

续表

方言区	方言点	总字数	阳去	阳上	阴去	阴平	阳平	阴上	阴入	阳入
平话	斗门（斗门）	155	惰祸簿父辅怠殆骇罢是氏徛立俟皂绍纣桀~臼撼淡践键伴拌断~绝撰篆沌盾赵~靖善	坐社绪苎~麻拒距柱倍被~子婢舐以舌取物似柿市恃抱浩厚妇阜舅旱肾近盾矛~愤忿上~山强勉~；倔~棒蚌並艇挺奉重轻~	荠雉~鸡鲍姓；~鱼咎葚桑~诞辫窘汞		舵骇汇鳔	肚釜解姓、蟹皖安徽圈猪~很囤菌晃~眼迥		
	香港（市区）	162	惰坐祸簿父辅罢汇是氏俟皂浩鲍姓绍厚阜纣桀~淡葚桑~键拌断~绝撰篆肾囤沌窘忿靖並奉重轻~	坐社肚腹~绪苎拒距柱殆骇蟹倍被~子婢徛似市恃抱鳔厚妇舅淡蕈席旱践伴断~绝近盾愤忿上~山强勉~；倔~棒蚌艇挺重轻~	解姓臼咎撼诞仗汞	雉~鸡鲍~鱼辫	舵荠	簿釜舐柿皖安徽很菌晃~眼迥垛		
	百色（那毕）	145	惰下底~夏姓厦~门部簿杜聚待技士仕柿跪赵後受渐犯甚限辩件笨盾赵~；矛~象像橡~树丈杖动奉序叙巨拒父怠在罢婢是妓雉~鸡祀祭~巳辰~道稻皂造建~浩兆负阜纣桀~撼舰范範辨键缓圈猪~沌仗棒蚌讲韵幸静靖父腐竖善汇痔绍祸户沪亥罪氏妇俭尽项	舵垛坐社肚腹~苎~麻柱蟹弟倍被~子舐徛立市抱厚后臼舅淡旱伴拌断~绝肾菌愤忿锭重轻~	绪距似恃咎诞辫篆上上山杏蚌耿韵並汞撰	鲍姓；鲍鱼	骇惊骇囤荡放~	釜辅解姓、陛~下践皖很混强勉~；倔~艇挺		
	资源（延东）	136	陛婢痔技妓件量词案件徛站立似祀巳士仕柿市是氏鳝蟮弟簟部妇负户沪父巨拒距聚柱序苎~麻竖叙绪序竖罢下方位词；低三~四厦~门舵堕惰祸坐怠亥倍罪汇跪一指节的长度道皂造兆赵肇绍受后皇~厚舅~爷诞善旱辨辩践键舰限无~笨范犯肾尽静像幸杏混忿棒蚌笨盾象~棋橡项奉丈仗杖	上阳上：痞釜腐~竹蟹缓很艇挺 下阳上：被~窝是抱簿坐柱~树：屋~杜肚腹造赵伴拌断~绝肾鸡肫近动重蚕~：很~菌丈上动词	苎肚肚脐窟象盾矛~辫静靖	舅阿~父阿~妇新~：媳~		腐豆~	技	

续表

方言区	方言点	总字数	阳去	阳上	阴去	阴平	阳平	阴上	阴入	阳入
土话	连州（连州）	112	惰下山~厦~门夏姓~部杜户序叙绪巨距拒腐辅聚竖待亥弟罪汇是氏祀士仕柿市道稻皂造浩赵兆肇绍后皇~；前~妇负受舰渐范师~犯诞限辩辨善件缓篆尽肾笨混荡象像丈~量仗杖项杏幸静动奉	坐祸社簿肚腹~苎~麻柱被~子婢厚舅淡俭旱伴断~绝近菌丈一~上~山蚌艇重轻~	倍妓痔纣键並~排	蟹辫	舵技	跪践撰很盾愤强勉~晃挺	——	

中古全浊上声字在梅县型方言中的变化情况

方言区	方言点	总字数	去声		阴平	上声	阳平
赣语	永新	60	祸社户待倍罪汇自道造绍后前~受舅犯旱件辫伴尽肾笨混荡象像~不~丈静	坐下方位杜肚腹~柱竖被~子士柿市抱稻赵妇限辩善断折~上~山	部簿苎弟厚淡近动重轻~	蟹是跪舰	
赣语	南丰（琴城）	57		惰簿部绪浩舰菌菇重~量	舵坐下底~、~面肚腹苎柱在弟舐是厚伴断上~山动重~量被~子	蟹淡挺	妇
客语	连南	60	祸待罪是道造后前~妇受舰犯件尽笨象像~不~静	社倍绍辩混荡丈重轻部~竖汇士柿市稻赵限善肾杜户	坐下方位簿苎柱弟被~子抱厚舅淡旱辫断折~近菌上~山动	肚腹~蟹跪	
客语	铜鼓（丰田）	56		社簿弟厚后旱辫舵惰部绪倍汇浩绍伴肾荡丈	坐下底~、~面苎柱在蟹弟被~子舐舅淡断菌菇上~山动重~量	肚腹混挺	
客语	奉新（澡溪）	54		下底~、~面社户旱辫混重~量舵惰部绪倍汇浩绍伴肾荡丈	坐簿苎柱在蟹弟被~子厚舅淡断上~山动	肚腹菌菇挺	
客语	陆川	61		簿户士稻厚混菌部杜竖弟汇自柿市抱赵限善肾丈	坐下方位社苎柱被~子舅淡旱辫断折~近上~山重轻~	肚腹~蟹倍跪辩伴荡动	绍
客语	西河	62		倍绍辩辫伴荡重轻~部杜竖弟汇自柿市抱赵限善肾丈	坐下方位社簿户苎柱蟹弟被~子士稻厚舅淡旱断折~近菌上~山动	肚腹~跪混	

中古全浊上声字在横峰型方言中的变化情况（1）

<table>
<tr><th>方言区</th><th>方言点</th><th>总字数</th><th colspan="2">阳去</th><th>阴平</th><th>阴去</th><th>上声</th><th>阳平</th></tr>
<tr><td>晋语</td><td>汾西</td><td>112</td><td colspan="2">静象蚌惰堕坐祸聚序罢~官下夏弟技妓部肚柱户父竖是氏士仕市恃丈~人待对~在解姓倍笨社杏跪汇道赵兆肇皂造纣后厚舅伴辨棒拌犯范淡杖丈善旱辩簟践强脾气~件象项圈牛~笨锭近尽静杏幸动囤重上肇断忿愤</td><td>巨拒陛妓巳似祀殆抱鲍稻皂仗键像肾混</td><td></td><td>挺釜腐怠渐俭缓挺</td><td>舵骇绍浩皖艇</td></tr>
<tr><td rowspan="2">赣语</td><td>临川（上顿渡）</td><td>54</td><td rowspan="2">祸社部户待倍罪汇道造绍后妇受犯旱件尽肾象丈静</td><td>下底~、~面绪浩笨像混舅荡舵惰</td><td>坐簿苎柱在弟被~子是厚淡辫伴断上~山动重~量</td><td>舰</td><td>肚腹蟹舐菌菇挺</td><td></td></tr>
<tr><td>弋阳</td><td>60</td><td>坐下方位簿杜肚腹~竖蟹弟被~子是士柿市稻赵厚舅淡限辩善伴断折~近笨荡像~不~动重轻~</td><td>苎柱抱辫</td><td>混上~山</td><td>跪舰菌</td><td></td></tr>
<tr><td rowspan="6">客语</td><td>于都（贡江）</td><td>52</td><td colspan="2">犯市在件亥杏囤近坐奉抱拌受柿待後怠动象痔善道竖静橡锭簟辫士上巳</td><td>旱肚弟社苎柱厚被菌徛舵妇舅下丈</td><td>艾坐混腐</td><td>臼皖</td><td></td></tr>
<tr><td>赣县（蟠龙）</td><td>61</td><td rowspan="4">祸部户待倍罪汇是道造绍后前~妇受犯旱伴尽混荡象静动重轻~</td><td>杜竖士柿市稻赵限辩善件肚腹~厚舰肾下方位丈笨断折~</td><td>坐簿苎柱被~子抱舅淡辫断折~近菌上~山</td><td></td><td>社蟹弟跪</td><td></td></tr>
<tr><td>宁都</td><td>63</td><td>社杜士柿市抱稻赵限辩善辫近像~不~断折~</td><td>坐下方位簿肚腹~苎柱竖弟被~子厚妇舅淡伴肾菌丈上~山</td><td>社舰笨</td><td>跪</td><td>蟹</td></tr>
<tr><td>宁化</td><td>70</td><td>社簿杜肚腹~竖弟柿市稻赵厚淡限辩善件肾近象像~不~丈</td><td>坐下方位社苎柱弟被~子是抱厚妇舅淡旱辫断折~近菌上~山动重轻~</td><td>笨</td><td>蟹跪舰</td><td></td></tr>
<tr><td>秀篆</td><td>60</td><td>下方位社簿杜肚腹~苎竖士柿市跪抱稻赵厚淡限辩善件肾笨象像~不~丈</td><td>坐柱弟被~子舅旱辫断折~近上~山重轻~</td><td>蟹舰菌</td><td></td><td>倍</td></tr>
<tr><td>金华（珊瑚村）</td><td>70</td><td colspan="2">痔雉巳士仕柿市弟徒~部簿腐妇寡~臼绪光~聚在绍倍待怠亥後受道造汇罪犯~跪拌范範犯旱辨辩善限像象丈杖静混~进去氏荡</td><td>被名词鲍在荷挑下底~罪过：可怜厚舅坐妇新~：媳~弟老~徛站立伴断绳子~了淡上动词近重轻~舐</td><td>皂仗</td><td>辅肚</td><td>苎柱</td></tr>
</table>

续表

方言区	方言点	总字数	阳去	阴平	阴去	上声	阳平
粤语	香港（新界锦田）	150	惰祸下底~夏姓部簿杜序叙巨拒距父腐辅聚竖待怠殆在亥罢陛~下弟倍罪汇是氏技妓祀巳痔士仕俟恃跪道稻皂造浩赵兆後厚后负阜纣受臼舅撼淡舰渐俭蕈范範犯甚诞限辨辩践件键辫伴拌断~绝撰篆尽近笨沌盾混荡放~象像橡丈仗杖项杏静靖锭动奉善	坐厦~门社肚腹~户沪绪苧柱蟹被~子婢舐雉似市抱鲍姓；~鱼鳔绍妇咎旱缓圈猪~肾窘愤忿上~山棒蚌幸艇挺汞重轻~		釜骇解姓皖很菌晃~眼迥	舵柿葚强勉~；倔~並
土话	连州（保安）	109	惰下山~厦~门夏姓~部杜户序叙绪巨腐聚竖待亥弟罪汇是氏士仕柿市道稻祸社距拒辅妓舰渐辨盾像妇负受俭范师~犯诞限辩善件缓篆尽笨混荡象丈仗杖项杏幸静动奉造赵兆肇绍后皇~；前~	簿肚腹~苧~麻柱被~子婢柿厚舅旱辫伴~绝肾近菌上~山蚌重轻~坐纣	倍痔皂浩键愤並~排	蟹跪淡践很强勉~艇挺	舵技

中古全浊上声字在横峰型方言中的变化情况（2）

方言区	方言点	总字数	阳去	阴平	阴去	阳平	上声
赣语	吉水（螺田）	59	祸社部户待倍罪汇道造绍后妇受犯旱件尽肾象丈静杜柱士市抱稻赵限辩善辫笨混像~不~	坐下方位簿肚腹~苧竖弟被~子是厚妇舅淡伴断折~近荡上~山动重轻~	蟹舰		跪菌

全浊上声字在新兴白话型方言中的变化情况

方言区	方言点	总字数	阳去	阳平	阴去	阴平	阴上
吴语	丹阳（城内）	86	市士似柱竖罢社倍待亥在抱鲍赵绍造受范犯限断~绝旱篆善笨囤甚肾荡放~项蚌杏丈~人奉动婢弟舅辨辫俭件並尽静部妇肚~皮户跪混拒聚圈猪~	稻纣囤丈妓近像舵惰祸坐罪序	拌棒重轻~渐践幸强勉~	挺腐菌	后槛忿很动迥缓是蟹

中古全浊上声字在化州（新安）型方言中的变化情况

方言区	方言点	总字数	去声		上声	阳平	阴平
	深圳（沙头角）	150	惰户序叙聚竖待罪是氏祀祭~巳痔士仕道赵兆后妇负阜纣桀~受舰渐范範犯诞限辩键伴拌撰篆尽肾荡放~象像橡~树丈杖静动奉善	下底~夏姓厦~门绪怠殆亥骇惊~汇舐以舌取物似市恃皂造建~鳔辨践件断~绝很菌沪腐辅罢弟後厚窘仗项並汞	祸社杜肚腹~巨父釜柱在解姓蟹弟倍被~子技妓跪抱撼淡俭葚桑~甚缓皖安徽近笨盾赵~；矛~混愤忿强勉~晃~眼蚌杏幸靖艇挺锭迥~然不同重轻~	舵柿绍囤沌	坐部簿拒距荠婢徛立雉稻浩鲍臼舅咎旱辫圈猪~强倔~
	中山（南荫合水）	155		部杜巨父在陛~下技妓雉~鸡稻浩绍咎撼淡俭葚桑~甚缓近笨混相~杏幸沪腐辅罢弟後厚窘仗项並汞	下底~夏姓厦~门社肚腹~绪距釜柱怠亥解姓蟹倍汇舐以舌取物似柿俟恃跪抱皂造建~践件皖安徽很囤沌盾赵~；矛~愤忿强勉~；倔~晃~眼棒靖艇挺锭迥~然不同	舵殆荠婢徛立市骇	坐祸社簿拒在弟被~子鲍鳔臼舅淡旱辨辫断~绝圈猪~菌上~山蚌重轻~

中古全浊上声字在连州（西岸）型方言中的变化情况

方言区	方言点	总字数	阳去		上声	阴去	阴平	阳平	入声	
									阴入	阳入
湘语	东安（花桥）	82	坐社部户苎~麻柱待在弟罪是跪道皂赵兆后前~厚妇受舅淡范模~犯旱限善件伴断~绝尽肾近盾菌象像杖上~山棒蚌项杏静並动奉		坐下底~社肚腹~柱在蟹被~子柿跪淡件断~绝缓很近菌丈~山强勉~晃~眼蚌挺重轻~	汇造建~混~沌愤象丈仗幸重轻~	辫	祸		
赣语	建宁	60	祸部簿户倍罪汇自柿市道稻造赵绍后淡犯限辩善件尽肾象静重轻~	社竖抱辫荡像~不~丈上~山	坐下方位杜肚腹~苎柱待蟹弟被~子是士跪厚旱伴断折~近菌动	舰笨混	妇		舅	
赣语	邵武	69		坐杜待是士厚妇受舅近混动	下方位肚腹~苎柱弟被~子是跪抱后前~厚舅舰旱断折~近菌丈上~山重轻~	柱伴笨荡像~不~	竖辫	蟹妇		

续表

方言区	方言点	总字数	阳去	上声	阴去	阴平	阳平	入声 阴入	入声 阳入
客语	安远（欣山）	60	惰祸下~面部户绪待在弟倍罪汇是道造绍厚后受犯件辫伴尽肾混荡象像丈	舵坐下底~社簿肚腹柱蟹被~子舐舅淡旱断近菌上挺动重	妇舰断笨静	社苎被~子浩		——	
粤语	宝安（沙井）	154	祸下底~夏姓厦~门杜户沪序叙绪巨父釜腐辅在亥罢陛~下是氏技妓士仕跪道稻浩赵兆後后阜纣桀~受舰渐俭范範犯甚诞限辨辩件尽肾近笨混荡放~象像橡~树丈仗杖上~山杏静靖並动善断	惰垛坐社部簿肚腹~苎聚柱待怠殆解姓蟹倍罪汇舐徛似祀祭~巳柿市恃抱皂厚妇负咎淡葚旱践伴拌缓皖撰很沌盾菌愤忿强勉~晃~眼棒蚌项幸艇挺迥汞奉重轻~	拒距竖骇痔臼舅撼键篆窘造绍	荠倍被~子雉~鸡鲍鳔辫圈猪~锭婢	舵弟囤强倔		
粤语	澳门（市区）	157	祸下底~杜户序叙巨父腐辅在罢是士跪道稻赵兆后受舰渐俭范犯甚限辨辩件尽近笨荡放~象像橡~树丈杖杏静动善断罪皂造簿聚奉绍负待部解姓弟汇雉~鸡祀祭~巳痔俟撼淡键伴拌缓撰篆沌项幸锭夏姓厦~门沪亥陛~下氏技妓仕浩後阜纣桀~範肾混相~靖並	坐社肚腹~绪苎拒距釜柱怠殆骇蟹倍被~子婢舐徛似柿市恃抱厚妇臼舅淡旱践断~绝皖很近盾菌愤忿上~山强勉~；倔~晃~眼棒蚌艇挺迥重轻~	惰坐竖舐咎葚桑~诞窘仗汞	鲍姓；~鱼鳔辫	舵荠囤並		
平话	临桂（五通）	148	舵祸下底~夏姓厦~门部　惰垛序叙绪腐怠殆是跪皂造建~簿杜父聚待罢汇氏士　鲍姓；~鱼兆撼甚诞善键辫篆肾笨仕柿市恃道赵後后受　盾赵~；矛~菌荡放~项幸静靖渐混相~蚌锭奉	坐社肚腹~辅柱竖在亥骇惊~解姓蟹陛弟罪被~子巳辰~抱厚阜舅淡俭旱限件伴断~绝缓皖安徽很丈仗杖上~山强勉~；倔~晃並艇挺动汞重轻~	户沪苎~麻倍舐以舌取物似祀祭~痔浩绍负臼咎舰范範犯辨辩践棒蚌杏愤忿象像橡~树	荠巨拒距婢技妓雉~鸡稻妇拌圈猪~	徛鳔纣尽囤沌	窘	
土话	连州（丰阳）	113	惰下山~厦~门夏姓~部杜户腐辅聚待亥弟徒~罪汇是氏士仕柿~子市道稻造赵兆肇绍后皇~；前~妇负受俭范师~犯诞限辩辨善件尽笨荡象项杏幸静动奉技妓祀厚舰肾近像杖	坐社簿肚腹~苎柱蟹弟兄~被~子婢跪后~晡日舅淡旱践伴断~绝缓很近菌丈上~山强勉~蚌艇挺重轻~	序叙绪巨距拒倍痔皂浩纣渐键盾混愤仗棒並~排汞	祸竖辫	舵	——	

中古全浊上声字在德庆白话型方言中的变化情况

方言区	方言点	总字数	阳去	阳上	阴去	阴平	阳平	阴上	阳入
吴语	宜兴	88	市士纣范犯篆善蚌丈俭件户祸跪拒聚序似社亥旱拌甚项辫渐並幸妇惰竖罢待稻绍限笨肾棒荡放~奉动弟妓尽部腐肚舵圈猪~	是柱下底~倍在抱稻赵造后受限断~绝忿囤重轻~舅辨践近静像坐罪	鲍忿	强勉~菌	杏婢混	蟹槛很挺迥缓菌	
	无锡	143	市士似柱罢下底~社倍待亥在抱鲍稻赵绍造后纣受范犯限断~绝旱拌篆善囤甚肾棒荡放~项蚌杏丈奉动重~轻婢弟妓舅辨辫俭件渐践並近幸尽静像部腐妇肚~皮户舵惰祸坐罪混拒聚序猪猪~	是市士柱竖下底~社倍待在抱鲍赵绍造受范犯断~绝拌篆善笨囤甚肾棒荡放~蚌杏丈奉动婢弟妓舅辨辫俭件渐践並近幸尽静像部腐妇肚~皮舵祸坐跪罪混拒聚序				蟹槛旱忿很挺强勉~迥缓菌	
粤语	鹤山（雅瑶）	150	部户序叙聚竖待陛~下弟技妓祀祭~痔士仕稻造建~赵後后负受渐俭范範犯甚限辨辩件缓尽近笨混相~荡放~丈杖项杏锭动惰坐祸簿罢汇是氏雉~鸡巳俟皂浩绍厚阜键伴拌撰篆肾囤沌盾赵~象像橡~树仗幸奉陛善舐以舌取物	舵夏姓厦~门社杜绪巨腐辅柱在亥倍罪婢柿市恃跪鳔兆妇臼舅淡舰辫圈猪~盾矛~愤忿强勉~蚌並艇重轻~	坐拒距徛立似道鲍姓；~鱼咎撼诞旱践辫断~绝窘上~山静靖挺汞重轻~		下底~沪苎~麻父荠被~子骇	阴上：肚腹~釜抱很菌晃~眼迥 中上：皖强倔~	
	台山（台城）	147	惰祸下底~夏姓厦~门部簿杜户沪序叙父待怠在亥骇罢弟罪是氏徛技妓祀祭~巳痔士仕俟道稻皂造赵绍後后负阜纣桀~受臼俭范範犯甚限辨辩键伴拌断~绝近混杏静靖並锭动奉善	坐社绪苎巨拒距釜腐辅聚柱竖倍汇被~子婢似柿市恃跪抱浩兆厚妇舅撼淡渐旱践件缓撰篆尽肾笨囤沌盾窘菌愤忿荡放~象像橡~树丈仗杖棒蚌项幸挺		殆陛~下鲍鳔咎舰诞辫上~山强勉~；倔~艇重轻~	舵荠雉~鸡	肚腹~ 蟹皖圈猪~很晃~眼	
	怀集	149	惰聚待罢弟是氏士仕跪道稻皂造建~浩赵兆绍後后负阜受舰渐犯甚辨辩善件键尽笨混相~荡放~象像橡~树丈杖项幸静靖动奉部簿户沪巨拒距柱殆亥骇惊~祀祭~巳柿妇舅俭葚桑~限伴拌盾赵~；矛~仗杏並锭祸	坐社蟹被~子婢徛技妓似市抱厚淡旱断~绝缓肾近愤忿上~山蚌艇	下底~夏姓厦~门竖恃纣桀~臼咎撼范範诞撰晃~眼汞在罪	雉~鸡辫	舵序叙	杜肚腹~绪苎~麻父釜腐辅怠解姓陛~下荠倍汇俟鲍姓；~鱼鳔践皖篆圈猪~很囤沌窘菌强勉~；倔~棒挺重轻~	

续表

<table>
<tr><th>方言区</th><th>方言点</th><th>总字数</th><th colspan="2">阳去</th><th>阳上</th><th>阴去</th><th>阴平</th><th>阳平</th><th>阴上</th><th>阳入</th></tr>
<tr><td rowspan="4"></td><td>肇庆（高要）</td><td>150</td><td colspan="2">惰聚待罢弟是氏士仕跪道稻皂造建~浩赵兆绍後后负阜受舰渐犯甚辨辩善件键尽笨混相~荡放~象像橡~树丈杖项幸静靖动奉坐祸下底~夏姓厦~门部簿杜户沪序叙巨父腐辅竖在亥陛~下罪汇技妓祀祭~巳俟厚~江纣桀~俭范範限拌缓篆近杏锭</td><td>肚腹~绪苎拒距釜柱怠殆骇解姓蟹荠倍被~子婢似柿市恃抱厚~薄妇臼舅淡旱伴断~绝很肾近盾菌愤忿上~山强勉~；倔~棒蚌艇挺重轻~践</td><td>咎撼诞撰窘仗並汞</td><td>鲍姓；~鱼鳔辫圈猪~</td><td>舵社雉~鸡葚桑~囤</td><td>皖安徽晃~眼迥</td><td></td></tr>
<tr><td>顺德（大良）</td><td>157</td><td rowspan="3">部户序叙聚竖待陛~下弟技妓祀祭~痔士仕稻造建~赵後后负受渐俭范範犯甚限辨辩件缓尽近笨混相~荡放~丈杖项杏锭动</td><td>坐下底~夏姓厦~门杜沪巨父腐辅在亥罢解姓罪汇是氏雉~鸡俟跪道皂浩兆绍阜纣桀~撼淡舰键伴拌断~绝肾囤沌象像橡~树幸静靖並奉善</td><td>惰垛坐祸社肚腹`绪苎拒距柱怠殆骇惊~蟹倍被~子婢舐以舌取物徛似巳市恃抱厚妇臼舅淡旱践断~绝皖近盾愤忿上~山强勉~；倔~晃~眼棒蚌艇挺迥</td><td>咎葚桑~诞撰篆窘仗汞</td><td>鲍姓；~鱼鳔辫圈猪~</td><td>舵荠</td><td>簿釜柿很菌重轻~</td><td></td></tr>
<tr><td>江门（白沙）</td><td>153</td><td>惰祸下底~夏姓厦~门簿杜沪巨父腐辅怠殆在亥罢罪是氏似巳跪道皂兆绍纣桀~臼撼淡舰践键伴拌断~绝撰篆沌盾赵~幸静靖並善</td><td>社绪苎~麻拒距柱亥荠倍被~子婢舐以舌取物柿市恃抱浩厚妇阜舅旱肾近盾矛~愤忿象像橡~树坐上~山强勉~；倔~棒蚌艇挺奉重轻~</td><td colspan="2">徛立雉~鸡鲍姓；~鱼咎诞辫断~绝窘汞仗</td><td>舵骇惊~汇鳔</td><td>肚腹~釜解姓蟹皖圈猪~很囤菌晃~眼迥</td><td></td></tr>
<tr><td>新会（会城）</td><td>152</td><td>惰祸下底~夏姓厦~门簿杜沪巨父腐辅怠殆在亥罢罪是氏似巳跪道皂兆绍纣桀~臼撼淡舰践键伴拌断~绝撰篆沌盾赵~幸静靖並善</td><td>坐社绪苎拒距柱倍被~子婢舐以舌取物柿市恃抱浩厚妇阜舅旱肾近盾矛~愤忿象像橡~树上~山强勉~；倔~棒蚌艇挺奉重轻~</td><td colspan="2">徛立雉~鸡鲍姓；~鱼咎葚桑~诞辫窘仗汞</td><td>舵骇惊~汇鳔</td><td>肚腹~釜解姓蟹皖圈猪~很囤菌晃~眼迥</td><td></td></tr>
</table>

续表

方言区	方言点	总字数	阳去	阳上	阴去	阴平	阳平	阴上	阳入
平话	南宁（亭子）	139	惰下底~夏姓厦~门部簿杜聚待技士仕柿跪赵後受渐犯~法甚限辩件笨盾赵~；矛~象像橡~树丈杖动奉怠殆在罢陛弟婢是妓祀祭~巳辰~道稻兆厚后负阜纣桀~撼辨篆棒幸静靖锭汇痔绍祸户沪亥罪氏妇俭尽项	舵坐社序叙巨拒距柱蟹倍被~子市恃抱臼舅淡舰犯~人旱辫伴拌断肾菌愤忿上~山蚌	绪浩咎范範诞键仗杏重轻~並	雉~鸡鲍姓；~鱼圈猪~	父腐荠舐以舌取物囤	肚腹~苧~麻釜辅竖解姓似甚践缓皖撰很混强勉~；倔~艇挺汞	甚
	横县（横州）	141	惰下底~夏姓厦~门部簿杜聚待技士仕柿跪赵後受渐犯甚限辩件笨盾赵~；矛~象像橡~树丈杖动奉序叙巨父腐竖待罢弟汇婢妓祀祭~痔道稻浩兆绍后阜纣桀~舅咎范辨善键篆沌混相~菌荡放~仗杏静靖锭	坐祸社肚腹~户沪绪拒距柱在罪被~子舐是氏徛巳辰~市恃抱厚妇淡舰旱伴拌断~绝尽肾愤忿上~山棒蚌项艇重轻~	似负範诞缓强勉~；倔~並汞	雉~鸡鲍姓；~鱼辫圈猪~晃	舵苧怠殆亥骇荠倍臼撼	釜辅解姓蟹陛~下践皖安徽很囤挺	

中古全浊上声字在田东（林逢）型方言中的变化情况

方言区	方言点	总字数	阳去	阴去	阳上	阴上	阴平	阳平	阴入
平话	扶绥（龙头）	150	序叙父腐竖怠殆在罢陛~下婢是祀祭~巳辰~道稻造建~兆后负纣桀~辨践善伴拌缓荡放~棒幸静靖並锭祸户沪亥罪氏妇俭尽项惰下底~夏姓厦~门部簿杜聚待技士仕柿跪赵後受渐犯甚限辩件笨盾赵~；矛~象像橡~树丈杖动奉	绪雉似痔恃范範诞键篆仗汞巨拒距愤忿汇浩绍撼杏	社肚腹~柱骇弟荠被~子徛市抱淡旱断~绝囤沌上~山蚌	釜辅解姓蟹舰很混强勉~；倔~晃挺妓皂	鲍圈猪~辫	舵坐部簿肾菌蚌耿韵艇重轻~舅阜倍厚	

中古全浊上声字在廉江（青平）型方言中的变化情况

方言区	方言点	总字数	去声		阴平	上声	阳平
客语	廉江（石角）	61	祸待罪是道造后前~妇受舰犯件尽笨象像~不~静	伴部~竖汇士柿市稻赵限善肾杜户	坐下方位社柱弟被~子厚舅淡旱辫断折~近菌上~山重轻~	簿肚腹~蟹弟倍跪抱辩近混荡动	绍
	南康（蓉江）	56		绪倍汇浩绍舅辫肾丈祸下方位簿伴杜户	舵坐下底~社苧柱在弟被~子厚淡旱断菌菇荡上~山动重~量肚腹	惰蟹舐混挺	
	井冈山（黄坳）	57		户舵惰部绪倍汇浩绍伴肾荡丈	坐下底~、~面社簿苧柱在弟被~子舐厚舅淡旱辫断菌菇上~山动重~量	肚腹蟹混挺	
江淮官话	泰州	112	坐部簿户序巨拒柱竖厚妇受舅抱道稻皂造浩赵社待在罢解姓弟倍罪汇被~单是痔市跪淡渐犯限善件伴断荡象~样象大~丈上~山棒动奉近笨愤幸静並		舵垛柴垛坐部簿肚~脐户竖厚受舅抱道稻皂造鲍赵社待在罢解姓弟罪汇被~单是痔市跪淡范旱限件伴断圈猪圈荡象~样丈上~山棒动重轻~肾近笨幸	辅舰缓强勉~晃~眼很	绍

中古全浊上声字在定南（历市）型方言中的变化情况（1）

方言区	方言点	总字数	阳去	阴平	阴去	上声	阳平
赣语	黎川（日峰）	55	舵惰祸社部户绪待在倍罪汇道造绍后妇受舅犯旱件尽肾混荡象像丈静	坐下底~；~面簿肚腹苧柱在弟被~子舐是厚淡辫伴断菌菇上~山动重~量	浩舰笨	蟹挺	
	南城	62	祸社部户待倍罪汇道造绍后妇受犯旱件尽肾象丈静杜士柿市抱稻赵限辩善辫混像~不~动	坐下方位社簿肚腹~苧柱竖弟被~子是厚舅淡伴断折~近荡上~山动重轻~	笨	下方位跪舰菌	
	宜黄（凤凰）	53	祸社部户待倍罪汇道造绍后妇受犯旱件尽肾象丈静簿柱浩淡重~量混舅荡舵惰	坐下底~、~面肚腹苧在弟被~子舐是厚辫伴断上~山动	绪蟹舰笨	肚腹菌菇挺	

续表

方言区	方言点	总字数	阳去		阴平	阴去	上声	阳平
客语	龙南（龙南）	56	祸部户待倍罪汇是道造绍后前~妇受犯旱伴尽混荡象静动重轻~	惰坐下底~舰辫肾荡象像丈	下~面社簿绪苧柱在弟被~子舐浩厚舅淡旱断菌菇动重~量	笨静	舵肚腹蟹混上~山挺	
	全南（城厢）	55		惰簿浩件辫尽肾象丈上~山	坐下底~、~面社绪苧柱在弟被~子舐厚舅淡旱断动重~量	舰笨像动	舵肚腹蟹混挺	
	石城（琴江）	57		惰下~面社绪浩件肾象像丈	舵坐下底~社簿肚腹苧柱在弟被~子舐厚舅淡旱辫伴断上~山动	蟹舰笨挺		菌菇
	长汀	65		簿士跪稻赵限辩善件辫肾象像~不~丈	坐下方位社肚腹~苧柱弟被~子抱厚妇舅淡旱善辫伴断折~近菌丈上~山动重轻~	竖倍市舰笨混	杜蟹	
土话	连州（星子）	116	惰下山~厦~门夏姓~部杜户序叙绪巨腐聚竖待亥弟罪汇是氏士仕柿市道稻倍淡肾近妇负受俭范师~犯诞限辩善件缓篆尽笨混荡象丈大丈~仗杖项杏幸静动奉造赵兆肇绍后皇~后~生		坐祸社簿肚腹~苧~麻距拒柱弟被~子婢皂后前~厚妇舅旱辫伴断~绝菌丈一~上~山蚌动重轻~	技妓痔浩舰渐键撰盾愤像並~排汞	辅蟹跪践很强勉~晃棒艇挺	舵绍

中古全浊上声字在定南（历市）型方言中的变化情况（2）

方言区	方言点	总字数	阳去	阴平	阴去	阳平	上声
客语	上犹（社溪）	57	祸部户待倍罪汇是道造绍后前~妇受犯旱伴尽混荡象静动重轻下~面绪柱件肾象像丈	舵惰坐下底~簿肚腹苧在弟被~子浩厚妇淡旱辫断菌菇荡动重~量	绍舰犯笨		社蟹舐舅混上~山挺

中古全浊上声字在定南（历市）型方言中的变化情况（3）

方言区	方言点	总字数	阴去	阳平	阳上	阴上	阳去
平话	兴安（高尚）	134	柿市婢陛技妓士仕痔簿父户负妇杜苎巨聚序叙绪竖罢跪待怠亥骇惰堕祸夏下辩辨渐舰倍汇稻赵兆绍后後受伴拌范範犯诞笨拌棒仗杖上混尽静靖肾葚象像	是氏似拒距序叙绪厦夏键社限汇鲍赵鳝撼限混忿盾肾杏幸菌像杏幸奉	被~子徛在蟹淡坐社辫件旱弟厚皂柱葛蚌重轻~近断上~山丈	痞腐豆~辅俭践缓很挺艇晃艇挺	部舵罪道舅

中古全浊上声字在温州型方言中的变化情况

方言区	方言点	总字数	阳上	阳上	阳去	阴上	阴平	阳平	阴去	阳入
吴语	文成	39	坐簿柱在弟罪被名词徛站柿道厚受舅淡范姓蕈鳝伴断拗~近像棒静动重形容词	下方位抱後丈单位赵限件上动词苎是跪市造	笨					
	磐安	38		赵限件上动词苎是跪市造	抱笨	下方位後				—
	汤溪	38		下方位抱後丈单位件上动词苎是跪市造	限笨					—
	云和	39		下方位抱赵丈单位苎是跪市造	柱笨上动词	後限				
	龙游	39		下方位抱赵後件上动词市造	限笨丈单位	跪		苎		是
	遂昌	39		跪丈单位下方位抱赵後件上动词市造	限笨					是
	庆元	39		下方位苎是跪抱赵後限件丈单位上动词	造笨	市				
	桐乡	29	坐簿柱在倍罪是市跪道妇受舅犯件断近象棒静动奉重	俭		祸厚限杏幸				
	海盐	29		祸幸		厚俭限杏				
	海宁	29		祸厚俭限杏幸						
	长兴	30		厚俭限		祸厚杏幸				
	安吉	29		俭限		祸厚杏幸				
	德清	29		俭限		祸厚杏幸				

续表

<table>
<tr><th>方言区</th><th>方言点</th><th>总字数</th><th colspan="2">阳上</th><th>阳去</th><th>阴上</th><th>阴平</th><th>阳平</th><th>阴去</th><th>阳入</th></tr>
<tr><td rowspan="6"></td><td>湖州（双休）</td><td>78</td><td rowspan="6">是市士柱罢下底~社待抱鲍稻赵绍造后受范犯限旱篆善笨囤棒荡项蚌丈奉动重~轻婢弟妓舅渐践並尽静像部腐妇肚惰祸坐跪罪</td><td>似纣俭拒序圈猪~倍拌杏辨辫户聚</td><td></td><td>蟹忿挺强迥缓菌</td><td>槛</td><td>亥在断件幸混</td><td></td><td></td></tr>
<tr><td>嵊县（崇仁）</td><td>82</td><td>竖亥忿肾舵缓倍拌杏辨辫户聚近</td><td>纣断~绝甚件幸混拒序似在</td><td>蟹槛很挺强勉~迥</td><td>菌</td><td></td><td></td><td></td></tr>
<tr><td>嵊县（太平）</td><td>82</td><td>倍拌杏辨辫户缓竖亥忿肾俭舵</td><td>纣断~绝件幸混拒序似在甚</td><td>蟹槛很挺强勉~迥</td><td>菌</td><td>近</td><td></td><td></td></tr>
<tr><td>常熟</td><td>80</td><td>辨似在纣断~绝甚件近幸混拒聚序</td><td>辫户圈猪~</td><td>下底~蟹纣槛拌很杏挺强勉~迥缓菌</td><td></td><td>绍</td><td></td><td></td></tr>
<tr><td>吴江（黎里）</td><td>77</td><td>拌杏辫户在纣断~绝甚件近幸混拒聚序</td><td>倍辨</td><td>全清阴上：蟹槛很缓菌
次清阴上：挺强勉~</td><td>迥</td><td></td><td>圈猪~</td><td></td></tr>
<tr><td>吴江（盛泽）</td><td>86</td><td>似竖倍亥在纣断~绝拌忿甚肾辨辫俭件幸尽户舵混拒聚序</td><td>竖</td><td>全清阴上：蟹槛很杏缓菌次清阴上：挺强勉~圈猪~</td><td>迥</td><td>祸</td><td></td><td></td></tr>
<tr><td>闽语</td><td>潮州</td><td>114</td><td colspan="2">罢舵堕惰坐祸蟹似祀是士柿市弟技妓部~队簿辅父~母妇负杜柱竖户巨拒距聚序叙绪待怠在倍被~子罪跪汇~合抱鲍姓道稻皂造建~赵兆绍受厚后先~、皇~臼舅伴犯范姓淡但善旱辨辩辫俭渐件限断~绝篆甚~至肾尽~力近棒荡浩~丈杖仗依~上~山强倔~像橡项奉并~且锭静杏幸动重~量</td><td>下山~腐</td><td>肚~量旱舰践缓笨愤很盾棒蚌强勉~晃~眼艇挺</td><td>挑~战
辫</td><td></td><td>拌搅~</td><td></td></tr>
</table>

中古全浊上声字在全州（文桥）型方言中的变化情况

方言区	方言点	总字数	上声	去声	阴平	阳平	阳入
徽语	休宁（流口）	117	犯在杜近坐肚弟奉拌受柱柿厚是叙造动舵象项棒道竖舅静聚尽稻丈上社部父户罪后伴范淡辩妇距序绪跪沪舰断绝也项靖重重量皂兆臼强勉强氏撼键晃明晃晃挺缓俭艇釜皖菌像橡蟹很	件杖待笨混厦厦门祸罢士巳~辰似祀拒倍愤盾仗巨汇辨限蚌荡幸践杖夏阜浩辅腐杏旱甚仕	抱妓薄圈猪~技挑挑战鳔婢	囤辫怠	骇

续表

方言区	方言点	总字数	上声	去声	阴平	阳平	阳入
客语	从化（吕田）	141	惰下底~夏姓厦~门部簿肚腹~户沪序叙绪巨拒距父釜腐辅聚待怠殆在亥骇罢解姓蟹弟罪汇是氏技妓祀巳痔士仕跪抱道稻皂浩赵兆绍後后妇负阜受撼淡舰渐俭范範犯葚甚诞限辨辩践件键断~绝缓皖很尽肾盾混窘菌荡丈仗杖强勉~；倔~晃~眼棒蚌项杏幸静靖锭动奉善	舵祸杜竖陛~下倍似柿市造建~纣桀~臼舅咎伴拌笨愤忿象像並汞	坐社苎柱被~子徛鲍厚旱辫上~山艇挺重轻~	婢恃囤	近
	东莞（清溪）	148	士倍汇弟罪户一~人家父受在蟹待怠殆亥骇跪造兆赵后厚犯范姓淡~水；地名撼俭甚尽肾伴拌限辨辩践杏缓皖篆混相~忿愤晃丈杖项象橡强勉~棒奉动窘~迫祸下底~夏姓厦~门簿肚腹~釜腐沪辅柱罢解姓被~子婢舐以舌取物是氏技妓雉~鸡痔仕稻浩阜渐葚桑~件键盾赵~；矛~近菌荡放~上~山静靖艇挺锭善	惰社部杜序叙绪聚竖似祀祭~巳市恃抱道皂鳔负纣桀~舰诞断~绝撰很笨像仗並汞	坐巨拒距苧徛立鲍姓；~鱼臼舅旱辫圈猪~强倔~蚌重轻~	舵柿绍妇囤沌幸	

中古全浊上声字在祁门（箬坑）型方言中的变化情况

方言区	方言点	总字数	上声	阳去	阴去	阴平	阳平
徽语	祁门（大坦）	84	犯近坐肚弟拌受並柱柿被动舵象痔厦道竖舅像静崭尽辫丈上社父户罪后伴范淡辩妇跪沪臼恃辅挺很铤辨断在鳝重簟艇皖簿	件杜旱奉待造混聚稻士下部负倍赵愤盾妓薄荡项夏技浩键腐项限	笨仗蚌		
	黟县（碧阳）	138	犯件亥杜杖杏旱近坐肚弟奉抱拌待受柱柿厚是造被动舵象痔项肾善道祸竖舅像静聚尽橡罢稻蟹辫士丈社似部父户拒倍罪赵后伴范淡辩仗堕薄妇补距序跪沪辨舰限甚蚌项靖皂兆重轻重臼践杖氏雉陛簟挺缓俭很艇釜皖铤痞在叙	妓盾怎负祀上巳下混笨汇怠渐篆撰绍荡幸夏仕技浩辅晃腐婢皓骇	愤棒纣断忿强咎阜沌汞菌	圈猪~	荠厦囤 恃有~无恐

中古全浊上声字在沙县型方言中的变化情况

方言区	方言点	总字数	阳上	去声	阴上	阴平	阳平
徽语	屯溪	139	柿似祀被~子聚芣~菜徛站立痔雉是氏市恃部簿父妇户沪巨拒距柱序绪叙罢社愤忿铤静靖杏辫辩辨簟件善淡倍待道稻在罪皂造後~日拌伴范範犯断旱弟鲍惰坐祸赵棒荡项象像橡丈上~楼杜肚~皮厚后皇~受奉动重轻~汞菌吮近	陛技妓阜负竖罢键诞怠撰舵兆仗杖项蚌甚~至肾艽~粉舅咎臼	痞腐~烂辅苧~麻跪蟹挺艇践俭很舰缓皖垛晃强勉~窘	士仕婢腐豆~笨蚌幸限夏下一~ 厦殆汇盾绍	
闽语	三元	96	是祀市似柿部妇新~簿户沪父绪弟被棉~倍坐社怠在舵徛祸厚後后抱道稻赵兆罪苧纣柱受舅动重很~尽静奉肾近混限范项丈杖仗象像橡上~山辫辨辩善鳝伴断犯旱	士痔腐竖拒巨柿夏厦造绍汇甚笨忿渐幸杏渐践键	户蟹挺艇盾菌很强勉~晃	技妓	荠

中古全浊上声字在昭平型方言中的变化情况

方言区	方言点	总字数	阳上	阳去	阴去	阴上	阳平	阴平	阳入
徽语	婺源（坑头）	136	犯在杜杖杏近坐肚弟奉抱拌待受柱柿厚是叙造被动笨象混项棒善道竖舅像静聚尽橡罢稻辫下丈上~山已社似祀部父户拒罪赵后伴范淡辩仗妇巨距序绪跪沪怠辨渐舰限断撰蚌荡项靖重轻~皂兆臼杖氏鲍沌缓俭很皖婢旱簟苧簿	件痔肾厦~门祸士倍愤妓汇篆甚忿葚幸绍践仕技咎阜浩陛腐骇纣	强汞迥	蟹解姓釜撼艇强勉~辅挺窘鳔盾矛~，赵~	舵		
徽语	婺源（秋口）	132	犯在亥杖杏囤近坐弟奉抱拌待受柱厚是造被动象痔混项棒善舅像静聚尽橡稻辫鳝士下丈上~山社似祀父负户拒序倍罪后伴范淡盾仗妇新~巨距序沪渐限断蚌荡项靖幸重皂臼杖强脾气~仕氏俟咎阜簟缓窘菌婢骇件恃柿已	杜旱叙绪笨肾厦蟹愤妓薄绪辨甚忿葚践技浩妇~女腐豆~件条	赵汇兆绍鲍雉键允纣~王	肚部跪强勉~解辅挺很皖皓腐~烂艇迥~然不同			

续表

方言区	方言点	总字数	阳上	阳去	阴去	阴上	阳平	阴平	阳入
吴语	绍兴	85	是竖下底~社倍待亥稻赵造后受限拌笨肾荡放~杏奉动重~轻弟舅辨渐近静部妇肚~皮惰坐跪罪聚忿囤婢妓辫践腐祸罢抱鲍纣范犯旱甚项蚌尽舵拒序像	市士似在断~绝篆善棒丈件並户缓混	柱	蟹槛很挺强勉~迥圈猪~菌	笨俭幸		
	太平（仙源）	140	道皂在怠殆解姓罢抱鲍姓浩舵似巳辰~士仕柿市被棉~徛痔簿父负户序叙绪臼巨拒距纣杜苧柱厚伴断~绝善鳝旱辩簟席俭件范範犯棒蚌上~山项象像橡~树丈杖沌盾葚桑~甚尽靖兆淡蕈並是竖下底~社倍待亥稻后受限拌笨肾荡杏奉动重~轻弟舅辨静部妇肚~皮惰坐跪渐近赵造罪聚	夏姓绍陛婢技妓雉~鸡腐汇后皇~撰篆撼键菌	仗打~愤忿棒~槌咎践阜诞	蟹辅釜皖崭舰兵~晃强勉~迥~然不同艇挺窘		户沪缓	—
	广丰	36	坐簿罪被名词徛站柿市抱後厚舅淡蕈件伴断拗~近像丈单位上动词动重形容词下方位在弟赵	道造受范姓限栈笨静		跪			是
闽语	南安	101	社徛站立舵部簿坐抱赵后倍被棉~罪~过祸弟下~面苧蟹~市柿跪舅臼妇父受在绪序亥骇厚兆肇柱淡俭甚限辨辩辫善犯缓近尽混棒动荡重丈仗杖象像静幸件伴上~山	罢夏厦惰陛汇氏柱竖巨拒距浩新读绍撼葚范做~诞断~空篆撰肾忿混棒蚌奉锭		肚腹~苧辅盾囤菌晃断~脐挺	怠鲍	户	
	雷州	115	罢亥道造皂厚后~面淡重轻~动限坐部簿蟹丈文姑丈蚌奉棒弟市氏序叙舐拒距厦~门下柱赵渐俭鳔菌受辩辨践件近静部在巳恃士仕舅臼妇辅户舵惰鳝篆缓被棉~倍断拗~罪跪汇	解姓骇稻浩昊皓颢蚌荡项下~面后王~惰堕荷负~汞巨技妓兆绍杖臼舅咎善鳝甚葚似沪父断斩~	愤象像仗杏	挺很痞鳔强勉~践挺铤笨菌	在		

中古全浊上声字在阳春（三甲）型方言中的变化情况

方言区	方言点	总字数	上声		阴平	去声	阳平
客语	揭西	63	部肚腹~待罪自士跪道赵后前~受犯辩件混静动	祸户蟹倍汇是柿市抱造厚妇限善伴尽肾近荡象丈	坐下方位社簿杜苧柱竖弟被~子稻舅淡旱辫断折~菌丈上~山动重轻~	舰笨像~不~	绍
	阳西（塘口）	60		祸下方位簿杜户苧柱蟹弟倍汇市抱稻绍舰限尽菌荡象像~不~	坐社弟厚舅淡旱辫断折~近菌上~山重轻~	竖柿造妇善伴笨	混
	信宜（钱排）	61		祸簿杜户竖蟹弟汇是柿抱稻造绍妇舰限善伴尽肾荡象	坐下方位社苧柱弟被~子厚舅淡旱辫断折~近菌上~山重轻~	市笨像~不~	倍
	电白（沙琅）	60		祸下方位簿户竖蟹弟汇是抱稻绍妇舰限善伴尽肾菌荡象	坐社柱被~子妇舅淡旱辫断折~近上~山重轻~	杜柿市造厚笨像~不~	倍
	高州（新垌）	60		祸下方位簿杜户苧蟹弟汇是市稻厚妇舰限善伴尽肾菌荡	坐社柱弟被~子妇舅淡旱辫断折`近象上~山重轻~	竖柿造笨像~不~	倍绍

中古全浊上声字在诸暨（王家井）型方言中的变化情况

方言区	方言点	总字数	阳上	阳平	阳去	阴上
吴语	常山	37	坐簿罪被名词待站柿市抱後厚舅淡蕈件伴断拗~近像丈单位上动词动重形容词苧是造受棒静	在道赵范姓鳝	限栈笨	跪

中古全浊上声字在绩溪型方言中的变化情况

方言区	方言点	总字数	上声	阳去	阳平	阴平	阴去
徽语	歙县（和溪）	104	在亥杖近坐肚弟拌柱柿厚是叙被动舵项棒竖舅像聚稻辫下丈社伴淡愤妇限蚌项重皂臼杖鲍辅晃挺釜皖簿很跪	犯件杏旱奉待受造笨象肾厦~门善道祸静士上巳部父负户倍罪赵后序绪范辩汇辨断绝也荡幸兆绍强倔~夏仕氏浩腐	杜痔怠窘婢	抱罢妓技咎雉	祀盾仗圈猪~

中古全浊上声字在藤县（藤城）型方言中的变化情况（1）

方言区	方言点	总字数	阳上	阳去	阴去	阴上	阳平	阴平	阴入	阳入
吴语	永康	84	是竖下底~社倍待亥稻赵造后受限拌笨肾荡放~杏奉动重~轻弟舅辨渐近静部妇肚~皮惰坐跪罪聚忿囤婢妓辫践腐祸柱丈俭像绍	市士似在范犯断~绝旱篆善甚棒项件並幸尽户舵混拒序		蟹抱鲍槛很挺强勉~迥缓圈猪~菌	罢纣	蚌	—	—
粤语	封开	135	坐祸下底~社簿杜肚腹~户沪序苎~麻巨拒距父聚柱竖在亥蟹弟倍罪被~子婢是徛立似祀祭~巳士仕柿市恃抱道造建~赵兆後厚后妇受臼舅淡渐俭犯旱限辨辩践辫伴断~绝缓皖安徽尽肾近菌象像橡~树丈上~山蚌项静靖並艇动奉重轻~	惰夏姓厦~门部叙绪腐辅待怠殆骇罢陛汇氏技妓跪稻皂浩绍负阜撼舰蕈范範葚甚诞善件键拌篆笨盾混愤忿荡仗杖杏幸锭	纣咎撰	釜解姓很强勉~；倔~晃~眼棒挺	舵囤	荠鲍姓；~鱼鳔圈猪~		
平话	宾阳（芦墟）	119	坐户序叙绪柱在亥弟被~子是抱造建~妇伴尽肾静靖 下底~社部簿肚腹~父聚待怠倍柿市赵厚受淡犯旱限件辫断~绝缓菌荡放~象像橡~树丈棒锭动上~山重轻~	惰祸夏姓厦~门杜巨距腐竖汇氏技妓似士仕跪道稻兆绍後后负阜舰渐俭甚辨辩践善键笨盾赵~；矛~项杏蚌耿韵幸並奉	罢罪范範诞篆愤忿仗杖汞	釜辅解姓浩撼强勉~；倔~挺	舵很艇	圈猪~囤晃		

续表

方言区	方言点	总字数	阳上		阳去	阴去	阴上	阳平	阴平	阴入	阳入
	玉林（福绵）	146		社部簿沪苧~麻聚骇解姓蟹倍罪氏徛立雉~鸡似巳辰~市恃皂赵厚臼舅淡俭旱限辫拌断~绝菌象丈仗杖蚌项静靖並艇挺上~山重轻~	惰下底~夏姓厦~门杜肚腹~父腐竖待汇技妓祀祭~士仕柿跪道稻兆绍後后负阜受舰渐犯甚辨辩善键缓盾矛~窘愤荡放~像橡~树杏幸锭陛~下	咎范範诞禾	垛巨拒距釜辅舐撼践皖很囤沌混棒迥强勉~；倔~	舵怠殆荠痔纣篆笨盾人名动	婢俟鲍姓，~鱼鳔圈猪~忿晃		
	富宁（剥隘）	127		沪苧~麻拒距聚解姓氏徛立士浩鲍姓；~鱼赵绍负舅撼渐范範犯辨善伴笨囤盾赵~混相~愤荡放~棒项蚌耿韵静靖禾奉上~山重轻~	夏姓部簿巨罪汇技似痔仕柿跪道~理後厚后受淡甚诞限键断~绝缓篆盾矛~菌象像橡~树丈杖蚌讲韵並动	惰下底~社父竖待怠罢倍妓巳辰~市道~路稻皂兆舰辩辫仗	辅祀祭~纣俭践强勉~；倔~艇挺	舵厦~门旱幸	腐皖安徽		拌圈猪~鳔
	钟山	130	被棉~是徛簿户竖抱道造坐舅弟罪在~世；存~善件断动重~量限象丈上动词菌	婢巳祀似妇新~肚腹~柱距鸡~夏厦下底~后~生仔在亥受厚後菌社雉柿辨辩槛俭静犯范淡项肾	士腐豆~父阜聚苧罢惰舵造一年三~待怠殆在稻赵兆绍跪倍汇簟笨盾奉窘皖荡	痔恃市负序叙绪骇浩鳔篆键拌棒甚靖撼渐诞像橡仗杖项	陛腐践挺艇断阻止户旱崭	幸	弟妇父巨拒距~离鲍圈猪~项杏技妓部		
	平乐（青龙）	100		祸序叙绪痔市稻渐辫伴像橡~树仗强勉~；倔~棒杏幸	夏姓厦~门部杜肚腹~腐聚待罢倍汇氏跪绍受舰范範辨辩笨盾矛~；赵~项並奉	舵下底~柱亥技似巳辰~士赵兆後厚后淡旱	社辅蟹螃~舐仕践很愤艇挺禾皂	蟹螃~柿妇负笨	混父		
土话	江华（寨山）	131	似祀巳簿腐杜巨拒距聚柱社惰荷被舵受诞篆渐圈		氏妇祸亥弟舰撰甚笨肾簟善鳝上杏奉荡项	痔市恃俟士仕柿序叙绪堕坐待怠殆倍汇赵兆范混愤忿盾键践杖仗象像橡	陛婢痞是徛部釜父肚户沪竖厦下夏道稻造皂解在蟹罪纣臼舅咎後厚后犯拌範缓限尽很伴件辫辩辨断盾旱上丈晃铤艇挺静靖动	苧撼囤沌	雉骇鲍	——	

中古全浊上声字在藤县（藤城）型方言中的变化情况（2）

方言区	方言点	总字数	阳上	阳去	阴去	阴平	阳平	阴上
粤语	开平（赤坎）	150	坐祸社杜苧~麻巨拒距柱亥骇惊~倍罪汇被~子婢技妓似祀祭~巳痔士仕柿俟市恃抱浩绍厚妇阜舅淡渐俭甚旱辨辩践辫断~绝撰篆圈猪~肾笨囤混相~盾矛~愤忿荡放~象像橡~树丈仗杖棒蚌项杏並艇挺汞奉善	惰下底~夏姓厦~门部簿户沪序叙绪父腐辅聚竖待怠殆在罢弟是氏道稻皂造建~赵兆後后负纣桀~受撼舰范範犯限件键伴拌缓尽近盾赵~窘幸静靖锭动	舐以舌取物雉~鸡鲍姓；~鱼鳔臼咎葚桑~诞上~山重轻~		舵陛~下荠强勉~；倔~	肚腹~釜解姓蟹跪皖安徽很菌晃~眼

中古全浊上声字在翁源型方言中的变化情况

方言区	方言点	总字数	上声		阴平	去声	阳平
客语	武平（岩前）	74	部肚腹~待罪自士跪道赵后前~受犯辩件混静动	祸下方位簿户蟹弟倍汇是市抱稻妇淡限善伴尽肾近荡象像~不~丈上~山动重轻~重	坐下方位社苧柱弟被~子自后前~厚舅淡旱善辫断折~近菌丈上~山动重轻~	柿造绍妇舰笨杜竖	绍
	信宜（思贺）	61		簿杜竖弟汇是稻造妇舰限善伴尽笨象	坐下方位社苧柱被~子厚妇舅淡旱辫断折~近菌蘑菇上~山重轻~	荡像~不~	祸户蟹倍柿市抱绍肾
	五华	130	士倍汇弟罪户一~人家父受在蟹待怠殆亥骇跪造兆赵后厚犯范姓淡~水；地名撼俭甚尽肾伴拌限辨辩践杏缓皖篆混相~忿愤晃丈杖项象橡强勉~棒奉动窘~迫似巳柿序叙绪罢夏厦~门祸抱道挺静靖幸盾囤艇像重~视迥辅		婢被棉~巨拒距技户~槛柱苧社下底~坐弟鲍姓；~鱼稻臼舅淡咸~很断旱近远~蚌上~山簿舐辫	祀聚氏部沪负惰皂绍鳔鱼~咎范师~舰诞键善断~绝撰笨沌近仗像汞荠荡放~	舵

中古全浊上声字在莱州（驿道）型方言中的变化情况

方言区	方言点	总字数	阳平		阴平	上声
官话	平度	162	罢下夏社惰堕舵坐氏市柿部簿抱负杜肚柱竖户沪序绪待骇解姓被~子罪道稻造皂赵兆绍受后厚臼舅伴拌犯范淡诞鳝旱辩辫辨件舰限断圈猪~笨甚尽近囤棒荡丈杖仗上象橡像动重~量静杏	痔士舐技腐釜叙澥蟹跪浩鳔撼键皖混奘蚌艇愤	祸似巳祀婢士仕恃弟技妓妇父聚叙绪光~巨拒距待怠亥倍罪鲍汇造皂肇兆纣受后咎诞~辰善践键件限撰篆愤盾很尽荡仗项~链並靖幸	陛痞~块儿负釜阜在崭践渐缓肾近菌项晃~眼奉挺窘迥
	即墨	148		厦祸巳祀痔是陛弟父苎~麻在~家里汇鳔纣善篆撰盾项靖愤气~	下社~会似士技妓柱聚序~言绪光~巨拒距亥倍罪鲍造皂受后咎善撼渐篆忿愤~怒很盾~牌蚌上象项奘幸	痞腐辅在践俭换葚肾菌晃~眼奉汞挺铤窘迥

中古全浊上声字在海安型方言中的变化情况

方言区	方言点	总字数	阴平		去声	上声	阳平
江淮官话	如皋	78	痔市是弟肚竖待厚汇抱稻道皂赵舵坐舅受淡断件荡丈动重~量	造社范姓犯善奉户柱妇垛柴~部簿鲍在罢解姓罪被~单跪旱限伴圈猪~象~样上~山棒肾近	序巨拒道浩鲍社罢倍渐范断象大~笨愤幸静並	辅舰缓强勉~晃~眼很	绍
	东台	77		户柱妇垛柴~部簿鲍在罢解姓罪被~单跪旱限伴圈猪~象~样上~山棒肾近	序巨拒道造浩社罢倍渐范犯限善断象大~晃动奉笨愤幸静並	辅舰缓强勉~很	绍
	泰兴	84		柿士氏父沪杜拒巨聚下夏亥骇社后兆祸犯伴辩辫杖静杏	负阜柱巨序叙绪倍道浩惰范键渐仗像象大~愤肾並静幸混~账	蟹舰俭笨很挺艇混~乱窘	绍
闽语	晋江	98	社徛站立舵部簿杜坐鳔赵姓后倍被弟罪下~面苎蟹婢在雉~鸡舐市是氏绪序技妓巨拒距柿跪妇新~竖受在鳔兆柱渐限辩善尽笨动项荡晃丈仗杖重象像静件拌		罢夏厦惰柿汇柱聚负浩新读撼甚葚范做~诞辨断~绝撰肾忿蚌棒奉並锭幸	是肚腹~陛苎阜甚盾囤艇挺	鲍蕈诞

中古全浊上声字在郁南（平台）型方言中的变化情况

方言区	方言点	总字数	阳平	阳上	阴上	阴平	去声
粤语	云浮（云城）	154	舵惰夏姓厦~门杜父竖亥骇惊~罢陛~下弟罪汇被~子是氏技妓雉~鸡跪道稻皂造建~浩赵兆绍後后负阜纣桀~受咎渐俭范範犯葚桑~甚诞善件键篆尽近笨混相~荡放~象像橡~树丈杖项杏幸静靖並动祸部簿户沪序叙巨釜腐辅聚待在祀祭~巳俟恃撼淡舰限辨辩践伴拌缓撰囤沌盾矛~仗锭汞	坐下底~社肚腹~苎~麻拒距柱怠殆倍似市抱厚妇臼舅旱伴断~绝皖安徽很肾盾赵~；矛~愤忿上~山强勉~；倔~棒重轻~	垛绪蟹舐以舌取物徛立柿菌晃~眼蚌艇挺迥~然不同	婢辫圈猪~	鲍姓；~鱼窘並汞

中古全浊上声字在大余型方言中的变化情况

方言区	方言点	总字数	阴平	去声	上声	阳平
江淮官话	姜堰	88	痔市是弟肚竖待厚汇抱稻道皂赵舵坐舅受淡断件荡丈动重~量浩幸垛柴~部簿鲍在罢解姓罪被~单跪旱限伴圈猪~象~样上~山棒肾近	坐户序巨拒柱妇舅道稻皂社待罢弟倍罪汇渐范犯限善伴断荡象~样；大~动奉近笨愤幸静並	辅舰缓强勉~晃~眼很	绍
江淮官话	大丰	81	舵垛柴~坐部簿肚~脐户竖厚受舅抱稻皂造鲍赵待在罢解姓弟汇被~单是痔市跪淡旱限件伴断圈猪~荡象~样丈上~山棒动重轻~肾近笨道	户序巨拒柱妇道浩社待罢倍罪淡渐范犯限善断象~样象大~晃动奉笨愤幸静並	辅舰缓强勉~很	绍
湘语	江永（桃川）	66	户徛是道妇受舅限件尽菌丈坐社肚腹~柱在弟被~子跪兆后前~淡范模~旱辫伴断~绝近盾像上~山动重轻~	祸罪柿皂造赵厚犯善肾混愤仗杖棒蚌项杏幸並奉静	蟹缓很象强勉~晃~眼挺下底~部	汇

全浊上声字在临桂（两江）型方言中的变化情况

方言区	方言点	总字数	上声		平声		去声		入声	
			阳上	阴上	阴平	阳平	阳去	阴去	阴入	阳入
平话	龙州（上龙）	134	舵坐下底~夏姓厦~门杜肚腹~绪父腐在罢弟倍徛立雉~鸡似士仕柿抱鲍姓，~鱼厚负阜舅淡舰渐旱善断~绝缓皖安徽上~山奉重轻~陛~下强勉~；倔~	社巨柱竖解姓蟹市撼囤盾矛~荡放~棒锭汞	祸辫篆忿	部簿沪怠亥罪巳辰~痔受限	户拒待殆汇是氏技妓祀祭~跪道稻皂造建~赵兆後后妇犯甚诞辨辩件尽笨象像橡~树丈仗杖蚌静靖並动	序辅浩俭范範践键伴拌圈猪~很肾沌盾人名混相~菌愤项杏幸艇挺	距骇惊~舐	叙
	马山（乔利）	135	坐社肚腹~柱在弟是柿抱赵厚淡犯旱善~良断~绝缓皖安徽肾菌象上~山静动重轻~	巨拒距釜辅舐践圈猪~很强勉~；倔~晃艇挺	垛陛~下辫忿	舵蟹荠被~子徛市囤混汞	祸下底~夏姓厦~门部簿杜户沪父腐竖待殆亥骇惊~倍罪汇氏痔士仕跪道稻皂造建~绍後后妇受舅俭甚诞限辩善件尽笨沌盾赵~；矛~丈棒项蚌靖锭奉	序叙绪聚怠罢技妓似祀浩兆负撼范範键伴拌篆愤荡放~像橡~树仗杖杏幸並舰渐辨		
	宁远（清水桥）	120	惰垛父造~造厚笨		绪在陛~下汇皂赵兆后阜纣臼舰范範犯葚桑~辫篆圈猪~窘像杖项靖並动		舵坐祸下底~夏姓社部簿肚腹~柱竖待优~弟倍罪被~子舐是徛痔跪道鳔後受舅淡俭限践伴断~绝缓皖安徽很菌象丈上~山强勉强；倔强蚌艇挺汞重轻~		腐罢蟹氏技似祀巳士仕柿俟市抱浩绍妇负渐甚旱辨辩善件键尽肾盾混相~愤荡放~橡~树棒杏幸静奉	待等~荠拌仗锭
	灵川（三街）	149	坐肚腹~釜腐~败辅蟹弟被~子是抱厚臼淡俭辫断~绝缓皖安徽很肾菌草~上~山艇挺动汞重轻~强勉~；倔~		垛怠殆婢妓鲍姓，~鱼甚圈猪~葚桑~	荠徛立鳔囤沌迴~然不同	舵祸下底~夏姓厦~门部簿杜父聚待罢汇氏士仕柿市恃道赵後后受渐混相~蚌锭奉社户亥弟倍巳辰~俟稻妇阜辨件伴象像橡~树丈仗棒尽笨	惰沪序叙绪巨拒距腐豆~柱竖在骇惊~解姓罪技似祀祭~痔皂造建~浩兆绍负纣桀~舅咎撼舰簟席范範犯诞旱限辩善键拌篆肾盾人名；矛~窘愤忿荡放~杖项杏幸静靖並陛~下	舐践	

中古次浊上声字在济南型方言中的变化情况

方言区	方言点	总字数	上声		平声		去声		入声	
					阴平	阳平	阴去	阳去	阴入	阳入
官话	北京	120	耳览揽懒老垒累积~冷礼李里~程；~外鲤两~斤；斤~了~结领岭柳拢篓卤鲁橹吕旅马买满莽蟒卯每美米免勉秒悯某母亩奶脑恼你扭纽藕暖染扰忍乳软蕊花~瓦网往尾伟苇我午伍队~五舞雅眼演仰养痒咬舀也野已以引尹永勇涌~现有友语雨远~近允	惹理蚁牡努虏女缕与羽乃绕围~秒偶配~碾敛暖卵软晚挽朗猛颖笼~罩陇垄踊			蚁绕围~诱敛往		——	
	西安	119		惹理蚁牡虏乳女缕羽买绕秒碾敛软晚挽猛陇垄踊颖	以	苇颖	蚁与及染碾远~近引朗往		——	
	莱州	122		码哪珥尔迩裹拇乳儡磊姥秒藐~视鸟瞭燎蓼~蓝搂~抱偶钮绺酉卵娩缅撵辇软抿陨垅	乃奶动词攘壤	靡			——	
	烟台	103	耳揽懒累积~冷礼李里理了领岭柳陇鲁吕旅卵马买满卯脑每美免勉秒敏某母亩乃奶你撵碾女暖偶染软往网我五午武雅眼演仰养痒舀~水野也引尹永勇有远	瓦惹鲤以已橹滷伍舞雨语乳羽蕊违苇芦~恼老咬搂~抱篓~子藕纽扭友辇忍允莽蟒猛拢垅米晚挽	檩努敛		览		——	
	武都	112		码哪惹尔敏伟尾卯恼偶晚挽览阮冉垄酕蟒壤雅渺柳绺酉撚皿檩懔两牡侮努滷裸汝磊卵笼侣允殒吻攮纽扭乳雨	篓纬	朗宇羽语	蚁		——	
	兰州	103		瓦~盆哪尔鲤橹卤乳伍入~与给~雨伟苇芦~尾蕊垒老扰绕咬搂拥抱藕柳纽扭满晚挽览辇卵敛收~忍敏拢垅笼莽攘两			友		——	
	牟平	145	马码哪瓦也野冶惹耳尔米里理鲤礼李你已以尾~巴母拇某亩牡努卤鲁橹虏掳五伍武午舞吕侣旅履女乳宇语雨屿禹羽予买乃奶美每儡垒磊累积~卯脑恼老了~不得秒渺藐咬舀扰偶藕柳绺友有莠满暖览揽卵懒缅免勉冕敛撵碾蹍蹨眼演兖衍染远软忍尹引蚓吻刎允陨莽蟒朗两养仰痒壤网往冷岭领拢永俑涌勇踊雅裸我伟炜抿敏闵悯馁缕挽晚檩攮猛蠓垄扭纽						——	

续表

<table>
<tr><th rowspan="2">方言区</th><th rowspan="2">方言点</th><th rowspan="2">总字数</th><th rowspan="2" colspan="2">上声</th><th colspan="2">平声</th><th colspan="2">去声</th><th colspan="2">入声</th></tr>
<tr><th>阴平</th><th>阳平</th><th>阴去</th><th>阳去</th><th>阴入</th><th>阳入</th></tr>
<tr><td rowspan="7"></td><td>哈尔滨</td><td>50</td><td colspan="2">已女五以伍仰米扭李酉里我你免卵冷尾努武两雨往乳柳咬哪美吕旅理野晚雅暖舞满演网码履檩敛礼撵藕鲤懵橹垄揽</td><td></td><td></td><td></td><td></td><td colspan="2">——</td></tr>
<tr><td>利津</td><td>160</td><td rowspan="3">懒揽老垒磊儡累积~里理鲤李礼了~结两檩领岭柳篓鲁橹卤缕旅吕买满莽蟒卯子丑寅~每美猛米免勉娩秒渺藐悯敏亩母拇姆牡某奶名词恼你撵碾~场扭纽钮暖染乳汝软瓦砖~往来~伟苇尾吻刎我眼演养痒仰咬舀野永涌蛹勇语雨禹~城</td><td>马码卤惹蚁武鹉五伍侣脑绕扰缈藕绺有酉友莠挽晚冉辇捻兖忍泯抿皿凛尹引蚓殒陨允罔惘魍网拢笼~络人心冗踊俑女蕊绺远冷</td><td>偶</td><td>裸努卯打~览阮懵颖永</td><td>乃奶动词缅碾~米往介词</td><td></td><td>雅也冶以已矣虏掳禹大~治水宇羽</td><td></td></tr>
<tr><td>广灵</td><td>162</td><td>米拟以已五伍午武鹉舞侮努弩虏掳汝乳女侣履羽与予宇哪冶裸乃脑姥柳绺晚挽览榄卵冕衍阮罔猛冷闵皿凛拢垄陇甬踊有酉莠友偶藕马码纬扰藕偶有酉友莠捻网引蚓尹恿</td><td>允</td><td></td><td>缅颖</td><td></td><td colspan="2"></td></tr>
<tr><td>昌黎</td><td>136</td><td>马码哪雅惹裸虏也冶裹矣已以努滷汝乳擩女履宇羽蕊扰绕围~藕偶有友酉莠揽卵冉辇撚捻兖阮忍抿引尹陨允朗壤网辋猛懵甬</td><td></td><td></td><td></td><td></td><td colspan="2">——</td></tr>
<tr><td>荣成</td><td>139</td><td rowspan="3">耳揽览榄老累~计垒磊冷领岭礼李理里鲤檩柳绺拢篓卤橹鲁虏吕旅缕卵马码买满莽蟒卯美米免勉娩冕秒藐悯抿皿敏某母亩牡拇姆奶乃脑恼你撵眼演扭纽女暖~和;~被偶有友酉忍乳软瓦网往苇伟尾~巴吻我武舞五午雅养痒仰野也以已引尹蚓永勇涌蛹宇语雨远</td><td>尔迩拟努~上一把力侣履禹汝惹每儡渺懒捻碾染晚挽凛刎允殒朗壤垄拢恿踊咬绺猛扭</td><td></td><td>哪努撸训斥</td><td colspan="2">奶~孩子</td><td colspan="2">——</td></tr>
<tr><td>即墨</td><td>151</td><td>哪惹冶裸拟姥掳侣羽乳渺了咬舀偶藕满懒缅碾名词辇兖衍染冉皿廪殒惘魍猛垅拢陇颖冗瓦予与瑙苒闵</td><td>蚁刎攘壤懵</td><td>碾动词阮凛朗懵</td><td></td><td></td><td colspan="2">——</td></tr>
<tr><td>平度</td><td>161</td><td>哪冶尔迩蚁努新掳履与禹羽邈咬舀藕偶莠缅捻衍挽晚泯皿廪刎允猛拢笼~络陇甬踊</td><td>努奶~子藐抿~了点头油陨蠓</td><td>裸拟新鲁橹侮鹉览榄卵碾究阮凛朗往</td><td></td><td></td><td colspan="2">——</td></tr>
</table>

续表

<table>
<tr><th rowspan="2">方言区</th><th rowspan="2">方言点</th><th rowspan="2">总字数</th><th rowspan="2" colspan="2">上声</th><th colspan="2">平声</th><th colspan="2">去声</th><th colspan="2">入声</th></tr>
<tr><th>阴平</th><th>阳平</th><th>阴去</th><th>阳去</th><th>阴入</th><th>阳入</th></tr>
<tr><td rowspan="4"></td><td>郑州</td><td>144</td><td rowspan="4">尔耳览揽榄老儡累~积垒冷礼李里理鲤柳鲁橹虏卵满莽蟒卯每美米免勉藐渺秒皿脑恼撵碾动词暖藕冉染攘惹软阮往苇吻我五伍午武鹉雅眼演仰养痒舀已以永有</td><td>矣尾某亩牡母滷乳擩女吕旅缕语雨宇禹羽马码哪拇买乃奶蕊扰绕围~咬友莠渑韮撚宄忍悯敏抿檩引刎允两~个；几~网辋懵蠓颖拢陇垅冗毹甬勇涌瓦也纽扭伟领岭猛娩你汝晚挽舞远</td><td>裸偶配~</td><td>努</td><td>酉诱缅~甸朗</td><td></td><td>——</td><td></td></tr>
<tr><td>运城</td><td>133</td><td>惹猛也野瓦砖~侮乳刎磊卯燎了卤努篓偶柳绺纽钮友酉满懒缅敛收~辇宄允陨壤懵甬勇涌蛹马码缕旅买蕊绕扰引尹网两冗伟领岭猛娩<u>你</u>汝晚挽舞远蚁母某牡拇亩女语苇吕禹雨侣咬捻忍敏抿悯廪攮两冗颖</td><td>俨</td><td><u>我</u>~的：复数
<u>你</u>~的：复数</td><td>朗</td><td></td><td>——</td><td></td></tr>
<tr><td>乐都</td><td>142</td><td>女裹吕旅缕履语雨宇禹羽某亩牡母父~;~牛拇努卤汝侮马码乃奶也野扰绕围~偶纽扭柳酉诱懒缅渑辇捻网往曩两~个;几~猛蠓悯敏抿檩引尹拢陇伟领岭猛娩你汝晚挽舞远蕊燎火~眉毛了冗忍</td><td>伟篓懵允甬恿俨</td><td>裸莠朗</td><td></td><td></td><td>——</td><td></td></tr>
<tr><td>徐州</td><td>183</td><td>娌俚醴澧蚁尾~巴亩姥天~母拇姆卤乳女吕侣旅缕履宇语雨禹羽屿舆马码瓦哪瑙绕眇淼燎头发~了了明~咬也冶野裸买乃磊馁气~蕊伟玮炜韪娓唯~~诺诺偶扭纽绺友牖奶懒冕渑丏湎苒辇敛琰忍闵悯泯抿敏鳖黾引蚓尹刎允狁殒陨朗壤两来~网惘辋魍努拢垄陇冗毹甬俑踊恿涌勇洱迩</td><td>牡宄</td><td>与予<u>往</u>~里走</td><td></td><td></td><td>——</td><td></td></tr>
</table>

续表

<table>
<tr><th rowspan="2">方言区</th><th rowspan="2">方言点</th><th rowspan="2">总字数</th><th rowspan="2" colspan="2">上声</th><th colspan="2">平声</th><th colspan="2">去声</th><th colspan="2">入声</th></tr>
<tr><th>阴平</th><th>阳平</th><th>阴去</th><th>阳去</th><th>阴入</th><th>阳入</th></tr>
<tr><td rowspan="11"></td><td>武汉</td><td>122</td><td rowspan="2">马雅瓦惹我也野耳米你礼李里~程/~外理鲤已以母亩牡鲁橹虏卤乳午伍队~五舞武女吕旅缕语雨羽买乃奶每美累积~垒蕊花~尾伟苇卯脑恼老扰绕秒了~结咬舀某篓偶配~藕扭纽柳有友满览揽懒染免勉碾眼演暖软晚挽远~近忍敏悯引尹莽蟒两~斤;斤~仰养痒网往猛冷领岭拢陇垄永勇涌~现踊努卵颖笼~罩诱朗</td><td></td><td></td><td>苇旧笼~罩
陇垄</td><td colspan="2">蚁扭碾敛仰往</td><td colspan="2">——</td></tr>
<tr><td>成都</td><td>123</td><td>蚁与及允</td><td>篓奶</td><td>蚁笼~罩陇</td><td colspan="2">老扭敛</td><td colspan="2">——</td></tr>
<tr><td>柳州</td><td>51</td><td colspan="2">女五以奶母老有仰米扭李酉里我你免卵冷尾武两雨往柳咬哪美染舀旅理捻野晚暖舞养满演网码鲁岭篓礼撵藕鲤懵橹榄</td><td></td><td></td><td colspan="2"></td><td colspan="2">——</td></tr>
<tr><td>扬州</td><td>119</td><td rowspan="2">马雅瓦惹我也野耳米你礼李里~程/~外理鲤已以母亩牡鲁橹虏卤乳午伍队~五舞武女吕旅缕语雨羽买乃奶每美累积~垒蕊花~尾伟卯脑恼老扰绕秒了~结咬舀某篓偶配~藕扭纽柳有友满览揽懒染免勉碾眼演暖软晚挽远~近忍敏悯引尹莽蟒两~斤；斤~仰养痒网往猛冷领岭拢陇垄永勇涌~现踊努卵颖笼~罩诱朗允</td><td>与</td><td>奶扭</td><td>苇有</td><td colspan="2">蚁敛</td><td colspan="2">——</td></tr>
<tr><td>合肥</td><td>120</td><td>苇敛蚁</td><td>奶</td><td>与及</td><td colspan="2">蚁敛往</td><td colspan="2">——</td></tr>
<tr><td>南通</td><td>79</td><td rowspan="6" colspan="2">哪我裸努鲁虏五午女吕旅语武雨某亩母藕纽柳有友脑老咬扰绕舀马雅惹也野瓦买奶米礼每美你李里理耳以尾伟览染懒眼免演捻满暖卵软晚远蟒朗两~个/斤~壤仰养网往拢勇敏引允尹猛冷领</td><td></td><td>靡</td><td></td><td></td><td></td><td></td></tr>
<tr><td>如东</td><td>79</td><td></td><td>靡</td><td></td><td></td><td></td><td></td></tr>
<tr><td>如皋</td><td>79</td><td></td><td>靡</td><td></td><td></td><td></td><td></td></tr>
<tr><td>海安</td><td>79</td><td></td><td>靡</td><td></td><td></td><td></td><td></td></tr>
<tr><td>东台</td><td>79</td><td></td><td>靡</td><td></td><td></td><td></td><td></td></tr>
<tr><td>大丰</td><td>79</td><td></td><td>靡</td><td></td><td></td><td></td><td></td></tr>
</table>

续表

方言区	方言点	总字数	上声		平声		去声		入声	
					阴平	阳平	阴去	阳去	阴入	阳入
	兴化	79				靡				
	泰兴	79				靡				
	姜堰	79				靡				
	泰州	79				靡				
晋语	太原	114	耳览懒老垒累积~冷礼李里两~斤；斤~领岭柳篓虏卤鲁吕旅买满每美免秒某母亩牡乃奶努偶藕染惹往尾伟苇我午五舞武雅眼仰养痒舀也野永勇有友雨羽远~近	马瓦米你鲤已以橹乳伍女缕语蕊卯脑恼扰绕了~结咬扭纽揽勉碾敛演暖软晚挽忍敏悯引尹莽蟒网猛拢陇垄涌踊卵颖笼~罩诱朗	与及老允		蚁			
	清徐	158		米鲤绺已以伍间缕儡履~历语宇瓦哪裸晚挽揽冉碾勉娩冕辇撵捻敛俨演衍冶软阮尔卯脑恼栳咾藐渺了燎咬橹掳卤绺酉垄闵悯闽敏皿抿泯凛檩垄拢陇允甬俑涌踊蛹马码蟒莽网攘壤暖猛扰努凛廪引蚓尹颖	卵榄		履~行缅卵新攮曩朗			
	平遥	124		瓦勉冕辇演儡卯猛~力脑恼藐渺咬米履鲤你已以鹉宇禹女尔垒橹滷绺扭酉莽蟒揽榄冉壤攘卵暖软晚挽忍檩拢陇垄甬涌马码扰语纽网悯敏抿皿引吻刎	哪~厢：~一间侮		缅究			
	介休	164		马码哪瓦冶乳汝尔洱迩姆伍捂鹉女语禹屿鲤娌俚侣缕履儡垒褛恼脑瑙姥藐渺燎了橹绺钮扭纽酉揽榄碾勉娩冕辇捻演衍暖卵软阮网敏抿皿闵泯悯闽檩引刎吻允甬涌蛹踊米以纬牡卯扰咬莽蟒缅魍晚挽魍猛蚓拢垄冗俑	仰冉俨拢		蚁壤朗			
	盂县	123		米你已以伍侮鹉鹦~汝乳缕履语宇禹冶鲤儡瓦卯脑恼藐渺燎了咬莽橹纽扭暖揽榄冉壤攘勉娩缅撵演兖猛懵刎闽悯敏抿皿允陨甬涌尔	哪		拟			

续表

方言区	方言点	总字数	上声		平声		去声		入声	
					阴平	阳平	阴去	阳去	阴入	阳入
	左权	136		米你娌以已冶姆弩卤汝乳鹉语禹与宇哪棵晚挽暖榄娩缅撵碾敛卵软阮莽蟒壤卯姥栳渺咬扭纽钮绺馁儡刎猛忍敏闵皿檩拢垄蛹惠允尔蚁女马码碾脑恼扰绕了~不起抿引蚓尹冗			朗			
	汾西	111	尔懒老姥礼李里理两了檩领岭篓虏吕旅买满卯每美免秒皿泯抿悯敏亩母牡乃奶脑恼你捻撵努女藕偶软网尾苇我五伍武养痒也野以永勇有友羽雨允	语禹马码惹米履拇鹉汝冷卤纽扭酉勉辇引甬舀仰暖卵往猛忍	裸	雅某耳阮陇垅拢瓦	蚁	舞乳藐侮藐览揽朗缅演		
	武乡	102		哪冶卯渺藐燎往壤已某舞与宇晚挽暖揽览染冉卵软阮冕娩缅眼演累垒儡磊缕远鲁橹闽敏凛垄拢陇耳马码瓦扰舀网朗汝柳扭纽吻		衍	仰			
	屯留	138	垒儡累冷李里理鲤敛两檩领岭柳拢篓虏藕偶吕旅买满美每米免勉藐悯敏母亩牡哪奶脑恼你撵碾努女暖染冉乳汝软瓦往网尾伟苇五伍午武雅眼演仰养痒咬舀引尹允已以有友雨羽语	乃卯老姥渺秒燎了瞭礼蚁拇卤鹉缕丝~与给~委扭纽懒娩辇卵远泯闽闵忍陨陇垅朗马码馁凛莽		阮陇垅拢某宇禹览揽榄缅俨	拇吻刎永甬勇涌蛹裸			
	天镇	146		耳你蚁某舞鹉履缕宇禹与马码裸我乃蕊老姥秒卤鲁橹西满揽缆勉缅捻撵也野阮壤攘忍敏抿皿悯闵拧檩垅陇冗刎吻永勇踊涌闽侣惹卯扰了~结扭纽览懒卵衍冶晚挽莽蟒	颖	允	娌朗			
	山阴	133		你拇某舞宇禹惹我马码磊卯扰了~结鲁扭纽绺酉莠暖懒揽览捻~线演也冶卵阮挽晚敛集中莽蟒壤猛泯~没皿檩垄笼~络刎永勇蛹瑙燎~了头发	裸奶祖母吻允拢	渺小缅朗抿~了一口酒	拇大~指头儿 母外~娘：岳~娌			

续表

方言区	方言点	总字数	上声	平声		去声		入声	
				阴平	阳平	阴去	阳去	阴入	阳入
徽语	歙县	151	米你蚁礼里理鲤李以已努虏掳鲁卤五伍午武鹉侮舞女汝语吕旅履雨宇禹羽蕊乳与马码买乃哪~个朗仰两野雅养痒晚满览揽懒冷卵眼耳尔挽每美免勉娩拇碾辇软阮馁磊儡垒累积~惹野冶演衍也尾远卯某母姆亩牡莽脑恼老咬秒藐渺~小绕围~扰舀蟒裸暖我网往扭扭藕篓柳偶友有酉猛蠓拢垄笼~统皿敏抿悯忍凛领岭引尹吻刎涌踊蛹勇甬冗永颖陨允瓦輓杪	奶祖母	伟苇	奶~粉诱	壤懵		
	绩溪	50	已女五以永母老有仰米扭里牡我免卵冷尾忍武两雨往咬哪美染旅理野晚暖舞养满演网码鲁岭篓礼藕鲤懵揽	女妻子扭	酉	奶			
	祁门（箬坑）	152	禹篓蛹朗码引伟耳览懒老垒冷礼李里鲤两了领岭柳拢卤鲁橹吕旅马买满蟒卵每美米免勉秒悯某母亩奶脑恼你扭藕暖染扰忍乳软瓦网往尾我午伍五舞雅眼演仰养痒咬舀也野已以永涌有友语雨远允惹理蚁牡努虏女缕与羽乃绕围绕偶碾卵晚挽朗猛颖陇垄码哪尔拇藐酉娩辇抿武勇敏冉渺皿侮汝宇履冷猛蠓懵鹉捻榄姆拟矣辋渑丐	尹攮	裸苇莽瞭阮燎火~眉毛	诱	累积~缅攘壤吻		
	祁门（大坦）	112	篓甬朗码引伟览榄懒老垒冷礼李里鲤两了领岭柳卤鲁吕旅马买满每美米免勉秒某母亩奶脑恼你纽藕暖染扰忍乳软蕊瓦尾我午伍五舞雅眼演仰养痒咬舀也野已以永涌有友语雨远惹理蚁牡努虏女缕与羽乃绕卵晚朗笼垄码哪尔拇武勇敏宇冷辨断耳磊猛		苇哪唯		累往		
	黟县（碧阳）	153	禹篓恿蛹踊甬恫朗码引伟苇耳览榄懒老垒冷礼李里鲤两了~结领岭柳拢卤鲁吕旅买满莽蟒卵每美米免勉秒悯某母亩奶脑恼扭纽藕暖染扰忍乳软蕊瓦网往尾我午伍五舞眼演仰养痒咬舀也野已以永涌有友语雨远允惹理蚁牡努虏女缕与羽乃绕偶碾卵晚挽朗猛颖陇垄码哪珥拇藐瞭钮绺酉娩缅垅武勇敏渺汝攮宇履衍冷猛懵鹉捻榄姆拟	尹甬侮尔	苇靡笼雅蠓燎唯		裸累~积		

续表

方言区	方言点	总字数	上声	平声		去声		入声	
				阴平	阳平	阴去	阳去	阴入	阳入
	黟县（宏潭）	128	禹朗伟耳览榄懒老垒累积~冷礼李鲤两了~结领岭柳拢卤鲁橹吕旅买满莽蟒卯每美米免勉秒悯某母亩脑恼你纽暖染扰忍软瓦网往尾午伍五舞雅眼演仰养痒咬舀也野已以永涌有友语雨允惹理蚁牡努虏女缕与羽绕围~碾卯晚挽朗猛颖垄码藐酉娩缅撵武勇敏皿宇履冷猛鹉捻甬榄	扭侮	苇陇尔靡阮拟唯~~诺诺	奶	我乃攘壤诱		
	休宁（流口）	126	禹朗码引耳览榄老垒冷礼里两两个了~结岭卤吕旅马买满莽蟒卯每美米免勉秒某母脑恼扭纽藕暖染忍瓦网往尾我午伍五舞演养痒咬舀也野已以永涌有友语雨允理蚁努女缕绕围绕碾卯晚挽朗猛颖垄码哪尔藐钮酉娩武勇冉渺皿侮汝吻宇冷猛鹉捻榄甬李橹蠓蠓虫	裸伟奶身体部位你扰仰	乳雅虏陇拟燎鲁唯~~诺诺	累积~与壤诱懵		惹羽奶	
吴语	金华（城里）	96	姆亩五午马瓦买奶惹每乃儡垒脑老咬某篓藕览懒眼暖卯满猛拢垅尔耳米尾礼李蚁你矣已雅野秒了~结绕围~舀~水纽有诱免染辇演领忍引两仰养永母武努橹我伟晚往旅女雨愈软阮远允也美吻		乳		奶馁扰莽网朗你拟忍老裸蕊		
	临海	119	尔耳~朵览揽朗老儡垒李里理鲤裹冷了~结两~个/二~领岭柳拢垄鲁虏吕旅履卵裸马码买满莽蟒卯每美米免勉缅渺敏牡母某哪乃脑恼拟纽扭努女暖染软阮瓦晚挽网往尾我伍五午端~眼雅仰养痒舀咬野引有友酉与雨宇禹羽语远允 礼已以演卤蕊奶累~计秒虏忍垅亩苇伟偶藕颖永甬勇涌	拟常用	耳木~舞武侮鹉乳榄				
	铜陵	149	惹拇蚁你城里橹滷武舞侮鹉乳每美也冶伟苇牡扰某篓缕柳藕偶娩敛俨碾辇撚撵兖榄懒壤攘满卵冷悯敏泯皿凛尹永颖吻刎猛懵陇甬勇涌藐燎火~忍廪	奶祖母		扭~来~去诱你乡下陨			
湘语	长沙	120	览懒老礼里~程；~外理领岭拢鲁橹虏卤吕旅卵马买莽蟒每美猛米免勉秒脑恼扭纽藕偶染扰绕围~惹忍乳瓦晚挽尾伟我午伍五舞武眼演养痒舀野已以引尹永勇涌有友与及雨羽允远 雅也耳你李鲤母亩牡努女缕语乃奶累积~垒蕊苇卯了~结咬某篓柳满揽碾暖软敏悯朗两~斤；斤~仰网往冷颖笼~罩陇垄		苇陇垄	蚁扭诱敛	蚁		

续表

方言区	方言点	总字数	上声	平声		去声		入声	
				阴平	阳平	阴去	阳去	阴入	阳入
	双峰	122	雅也你李母亩牡女缕语乃奶累积~垒卵挠了~结咬某篓柳诱满揽碾暖软敏悯两~斤/斤~仰网往冷颖笼~罩陇垄踊	奶俗苇	努陇垄	奶扭	蚁御防~蕊花~敛朗	—	
	泸溪（浦市）	138	你母拇姆女予宇语哪雅码裸满也尔耳垒累积~磊履牡咬~断渺了某篓掳努柳钮酉揽榄冉娩缅敛衍暖阮软~弱敏泯悯凛檩颖网惘朗壤两仰往懵垄冗允陨俑恿踊	奶	拟	诱	蕊	—	
	湘潭	134	码砝~哪~个乃奶吕姓儡傀~累积~垒磊卵揽榄橄~满朗卵网辋暖裸~体尔耳某亩牡努缕丝~懵~懂冷垄垅履你李蚁拟矣娩缅俨碾辇捻染冉敏抿皿檩雅渺了~结两斤~；~个柳酉侮鹉鹦~吻刎汝宇禹阮辋藐			壤土~诱~骗			
	益阳	123	李履拟侮鹉女语宇禹码哪也裸卵尔耳乃奶儡垒苇卵藐渺篓酉诱揽榄敛捻碾掩软懵冷陇垅皿悯抿檩甬吻朗壤往卵冉			浩后绺	蚁	—	

续表

方言区	方言点	总字数	上声		平声		去声		入声	
					阴平	阳平	阴去	阳去	阴入	阳入
	娄底	113	耳尔垒老累~积冷礼李里理鲤两~个/几~领柳陇垅扰缕篓藕吕旅鲁卤卵马码瓦买满莽蟒卯每米美猛懵免勉敏某母亩牡拇哪奶~水脑恼纽扭努偶忍晚网伟苇吻我五伍午武舞侮武鹉眼仰痒养舀也野已以引允永勇有友酉宇禹羽雨远	澧醴女偏咬渺秒了绕尾软懒岭拢往			榄	语与蚁朗壤	——	
	涟源桥头河	122		缅碾染冉演与乳汝蕊乃挽惹雅裸暖橹虏皿檩颖拢毵蛹涌壤	冗		奶~婆：乳房或乳汁诱	蚁朗	——	
	望城（城关）	55	耳懒老冷里长度单位两~个/斤~领岭柳拢卤吕卵马买满蟒卯每猛米亩奶脑恼碾女暖藕染瓦惹晚网五午武演仰痒也野引永勇雨远	蚁尾咬有软忍莽往						
	岳阳（荣家湾）	55		雨咬有软忍养						
	安化（梅城）	55		咬有软晚忍养			蚁		——	
	湘乡（城关）	56		尾咬有软忍养			咬	蚁	——	
	邵阳	55		尾咬有软忍养			蚁			
	城步（儒林）	55		尾咬有软忍养		蚁			——	
	会同（林城）	55		尾咬有软忍养			蚁		——	
	衡阳（西渡）	55		尾咬有软忍养						
	祁阳（白水）	55		尾咬有软忍养			蚁	软忍		
	东安（花桥）	60		蚁尾咬有软忍莽往		蚁	咬	有		
	东安（石期）	55		尾咬有软忍养			有	蚁咬	——	

续表

<table>
<tr><th rowspan="2">方言区</th><th rowspan="2">方言点</th><th rowspan="2">总字数</th><th rowspan="2" colspan="2">上声</th><th colspan="2">平声</th><th colspan="2">去声</th><th colspan="2">入声</th></tr>
<tr><th>阴平</th><th>阳平</th><th>阴去</th><th>阳去</th><th>阴入</th><th>阳入</th></tr>
<tr><td rowspan="11">赣语</td><td>南昌</td><td>144</td><td rowspan="2">耳懒览揽老朗累积~垒冷领岭拢陇里~程/~外/~面理鲤老李两~斤；斤~吕马了午伍队~舞武晚挽忍柳鲁橹虏卤旅卯买满卯美米免勉亩母敏乃奶恼脑你碾努暖女藕偶配~染扰绕网往尾伟五眼野永有雨语远允引尹养痒也咬舀已以友演惹礼羽每乳软</td><td>雅瓦我牡缕苇秒某篓扭纽悯莽蟒仰猛垄勇涌~现踊颖诱与及</td><td>奶老扭</td><td></td><td>里~外
笼~罩</td><td>蚁蕊花~
敛</td><td></td><td></td></tr>
<tr><td>岳西</td><td>145</td><td>裹拟姆拇鹉侮宇禹码哪瓦裸冶泸柳西撵演冷皿抿壤仰垅篓颖猛勇涌</td><td>奶~~</td><td>苇莽蟒</td><td>敛</td><td>与</td><td></td><td></td></tr>
<tr><td>泰宁</td><td>134</td><td colspan="2">马码雅惹野也冶瓦买尾我脑恼老你拟蚁以已每蕊累~计垒苇伟母姆拇五午伍鲁橹虏滷武舞扭纽莠诱柳有酉女语乳吕旅与雨羽米美某牡亩偶藕李里裹面理鲤履礼篓乃奶卯咬秒渺藐扰了舀眼免娩勉染碾撵敛远演暖阮卵晚挽輓冷软敏闵悯皿领岭忍耳引永允猛览揽网莽朗痒壤仰两养勇</td><td></td><td>缕奶衍撚垅拢陇</td><td>蚁</td><td>宇禹缅衍攘</td><td></td><td></td></tr>
<tr><td>星子</td><td>60</td><td rowspan="8">耳懒老李里~程；~面两~斤；斤~岭领柳卤满吕马买美猛敏亩脑女暖藕染惹忍软瓦网痒咬五眼野永有雨语远允</td><td>哪果也橹午乳每蚁鲤理尾恼卯某偶友卵养往冷拢</td><td></td><td></td><td></td><td></td><td></td><td></td></tr>
<tr><td>都昌</td><td>53</td><td>舞礼以尾伟秒舀了篓纽免演引</td><td></td><td></td><td>奶</td><td></td><td></td><td></td></tr>
<tr><td>湖口
（双钟）</td><td>60</td><td>哪果也橹午乳奶牛~每蚁鲤理尾恼卯某偶友卵养往冷拢</td><td>奶祖母</td><td></td><td></td><td></td><td colspan="2">——</td></tr>
<tr><td>高安</td><td>60</td><td>也橹午乳每蚁鲤理尾恼卯某偶友卵养往冷拢</td><td>哪</td><td></td><td>猛</td><td>尾</td><td></td><td></td></tr>
<tr><td>奉新
（冯川）</td><td>60</td><td>哪也橹午乳奶祖母/牛~每蚁鲤理尾恼卯某偶卵养往冷拢</td><td></td><td></td><td></td><td></td><td></td><td></td></tr>
<tr><td>永修
（江益）</td><td>60</td><td>哪也橹午乳奶祖母/牛~每蚁鲤理尾恼卯某偶卵养往冷拢</td><td></td><td></td><td></td><td></td><td></td><td></td></tr>
<tr><td>修水
（义宁）</td><td>61</td><td>哪也橹午乳奶祖母/牛~每蚁鲤理尾恼卯某偶友卵养往冷拢</td><td></td><td></td><td></td><td>里~面</td><td></td><td></td></tr>
<tr><td>安义</td><td>53</td><td>舞奶礼以尾伟秒舀了篓纽免演引猛</td><td></td><td></td><td></td><td></td><td></td><td></td></tr>
</table>

续表

方言区	方言点	总字数	上声	平声		去声		入声	
				阴平	阳平	阴去	阳去	阴入	阳入
	上高（敖阳）	60	也橹午乳奶祖母/牛~每蚁鲤理恼卯某偶卵养往冷拢		哪		尾		
	万载（康乐）	60	哪也橹午乳奶牛~每蚁鲤理恼卯偶友卵养往拢	冷	某		尾		
	新余（渝水）	60	哪也橹午乳奶祖母/牛~每蚁鲤理尾恼卯某偶友卵养往冷拢	尾	忍				
	宜丰	54	舞奶礼以尾伟秒舀了篓纽免演引				尾		
	吉安	60	也橹午乳奶祖母/牛~每蚁鲤理尾恼卯某偶友卵养往冷拢				哪	—	
	吉水（螺田）	53	惹舞礼以尾伟秒舀了篓纽免演引	尾	奶				
	泰和	61	哪也橹午乳奶祖母/牛~每理恼卯某偶友卵两~个养往冷拢	鲤尾岭		蚁两斤~		—	
	萍乡	61	也橹午乳每蚁鲤理尾恼卯某偶友卵养往冷拢	哪女奶祖母/牛~	软	尾		—	
	永丰（恩江）	59	哪也橹午乳奶祖母每鲤理尾恼卯某偶友卵养往冷拢						
	永新	53	舞奶礼以尾伟舀了篓纽免演引	痒		秒		—	
	黎川（日峰）	60	哪也橹午乳奶祖母/牛~每蚁鲤理尾恼卯某偶友卵养往冷拢						
	宜黄（凤凰）	60	也橹午乳奶祖母/牛~每蚁鲤理恼卯某偶友卵养往冷拢	尾	哪				
	东乡	59	也橹午乳奶牛~每蚁鲤理恼卯某偶友卵养往冷拢		尾				
	临川（上顿渡）	60	哪也橹午乳奶祖母/牛~每蚁鲤理尾恼卯某偶友卵养往冷拢	尾					

续表

方言区	方言点	总字数	上声		平声		去声		入声	
					阴平	阳平	阴去	阳去	阴入	阳入
	南城	55		舞奶礼以尾伟秒舀了篓纽免演引	尾	奶				
	波阳（鄱阳）	58		哪也橹午奶祖母、牛~每蚁鲤理尾恼卯某偶友养往冷拢	卵			——		
	乐平	60		哪也橹午乳奶牛~每蚁鲤理尾恼卯某偶友卵养往冷拢						
	横峰	60		哪也橹午乳奶祖母/牛~每蚁鲤理尾恼卯某偶友卵养往冷拢						
	余干	53		舞奶礼以尾伟秒舀了篓纽免演引				网		
	弋阳	54		野舞奶礼以尾伟秒舀了篓免演引	野奶			纽		
	平江（南江）	53		舞奶礼以尾伟秒舀了篓纽免演引						
	醴陵（白兔潭）	53		舞奶礼以尾伟秒舀了篓纽免演引						
	茶陵	54		舞奶礼以尾伟秒舀了篓纽免演引	尾咬					
	建宁	53		舞奶礼以尾伟秒舀了篓纽免演引				网		
	邵武	53		舞奶礼以尾伟秒舀了纽免演引					篓	
	宿松（和塔）	53		舞奶礼以尾伟秒舀了篓纽免演引						
	阳新（国和）	53		舞奶礼以尾伟秒舀了篓纽免演引						
客语	安远（欣山）	63	老里李两岭领卤马买满美敏亩脑女忍软网五眼野雨语远允	哪果惹也瓦橹午吕乳买奶牛~每里~面鲤理耳恼卯咬某藕偶柳有友懒两~个养痒往猛冷永拢	奶祖母蚁里尾暖卵两斤~				——	

续表

方言区	方言点	总字数	上声		平声		去声		入声	
					阴平	阳平	阴去	阳去	阴入	阳入
	桂东	149		米尾美礼理鲤你耳拟矣已以伍午武舞侮鹉吕旅与乳宇禹羽汝某牡篓藕偶也哪奶牛~我码瓦雅惹儡累垒篓尔伟苇卯恼咬渺秒了~结扰绕舀母拇裸鲁橹虏卵柳扭纽有友酉莠诱伍你免勉娩缅渑染俨碾辇撚冉演暖览揽榄懒晚挽莽蟒朗仰养痒壤攘往冷惘抿皿檩引吻刎尹永猛懵蠓努勇甬涌		蚁奶祖母阮笼陇垅				
	金华（珊瑚村）	79		米裏~外礼理鲤已以旅军~女汝宇卯秒码纽柳扭拧友恼美满晚暖卵免染眼近视~碾揽两~个；重量单位仰养抿冷引勇涌母叔伯~伍午	咬扭拧断母~舅痒满~出来奶乳房懒	我垅	蚁	侮伍队~酉牡哪藕永武舞		
	宁化	54		惹瓦女吕舞买奶礼美里~面耳以尾伟咬秒舀了篓藕纽有染免演暖敏引两~个猛永	有懒两几~痒领岭					
粤语	中山（石岐）	144	马鲁五伍语羽雨雅蚁诱有友允远永引尹午已以勇舀~水咬眼演尾舞我瓦仰养痒晚挽软乳忍惹扰绕围~暖藕偶配~你纽扭脑恼乃奶亩牡母某悯敏秒米美每卯莽买满卵缕丝~旅吕橹虏耳陇柳敛理鲤李里礼垒老朗两~个，几~几钱览揽	裸~体码~子也~是野滷秙汝予给~武侮鹉鹦~宇禹儡傀~靡尔履裏拟矣累~赘蕊伟苇藐渺燎火~眉毛了~结拇篓莠榄橄~染冉俨~然檩懒撚撵阮抿吻刎蟒曩网辋车~攮用刀子~猛皿领岭懵~懂蠓~虫垅冗拢~毹~毛甬~道涌		哪~个唯瞭	愈病~壤土~攘嚷颖			
	珠海（前山）	151		哪~个裸~体码~子也~是努滷秙汝予给~武侮鹉鹦~宇禹儡傀~靡尔履裏拟矣累~赘蕊伟苇藐渺了~结拇篓酉莠榄橄~俨~然檩懒撚撵暖阮抿吻刎蟒攘网辋车~攮用刀子~猛皿领岭懵~懂蠓~虫垅冗拢~毹~毛甬~道涌		唯燎火~眉毛瞭曩壤土~	愈病~买颖			

续表

方言区	方言点	总字数	上声		平声		去声		入声	
					阴平	阳平	阴去	阳去	阴入	阳入
	宝安（沙井）	150		哪~个裸~体码~子努滷秬汝予给~侮鹉鹦~宇禹愈病~每靡尔履裏拟矣唯藐渺拇篓酉莠榄橄~染冉檩撚撵暖阮抿吻刎蟒曩壤土~攘网辋车~猛皿岭懵~懂蠓~虫垅毹~毛甬~道涌	蕊牡纽	武燎火~眉毛了~结瞭俨~然领冗拨~	懒	也~是儡傀~累~赘颖		
	阳江	118		也努卤武女与奶每累积~蕊伟苇老了~结篓揽懒染免勉碾暖蟒网往猛冷领岭笼~罩拢垄涌			奶俗	揽老颖		
	澳门	151		哪~个裸~体码~子也努滷秬汝予给~武侮鹉鹦~宇禹儡傀~尔履裏拟矣蕊伟苇藐渺燎火~眉毛了~结瞭拇酉莠榄橄~染冉俨~然檩懒撚撵暖充阮抿吻刎蟒曩攘网辋车~猛皿领岭懵~懂蠓~虫垅冗拨~甬~道涌		靡唯	愈病~累~赘壤土~颖			
闽语	福州	138	耳览朗垒老累积~冷李里~程;~外理了两旅柳缕马买莽满猛悯伟苇我敏武奶乃脑恼纽扭暖远雨羽有友永也蕊染忍惹乳软伍五午舞养雅野	瓦砖~也米你礼鲤已以母亩牡努鲁橹虏卤乳女吕语与雨每美卯扰绕围~秒咬舀某篓藕偶配~扭诱揽懒免勉碾敛眼演卵软晚挽远引尹姓允蟒痒网往领岭颖笼~罩拢陇垄勇涌~现		笼~罩	扭软	瓦砖~也耳蚁卤五雨老咬藕有诱卵远两~斤痒网		
	仙游	166		裸礼米你鲤尔蚁拟以已鹉侮女汝吕侣愈宇禹与连词冶瓦儡咬亩某牡努鲁橹滷虏掳伍酉莠诱渺藐每晚挽娩蠓懒榄眼网蟒罔惘免冕勉演皿岭领凛颖允尹撚撵俨吻刎卵仰痒甬蛹码母拇靡予馁秒偶藕舀揽往引姆陇阮		渺扰垄田~陇	涌	咬有瓦蚁老五伍网缅卵衍满两~斤敛涌网耳卤盐~雨远		

续表

方言区	方言点	总字数	上声	平声		去声		入声	
				阴平	阳平	阴去	阳去	阴入	阳入
	厦门	138	瓦砖~也米你礼里鲤蚁已以母亩牡努鲁橹虏卤乳女语与每美卯扰绕围~秒咬舀某篓藕偶配~诱揽懒免勉碾敛眼演卵晚挽远引尹姓允蟒仰痒网往冷领岭颖笼~罩拢陇垄勇涌~现				瓦砖~也耳鲤里~外蚁卤午五吕雨咬藕有懒卵远两~斤痒网		
	崇安	140	码冶裸拟蚁尔已以母拇姆侮努鲁橹滷虏伍美你履秒渺藐扰舀每儡吕语汝与宇禹某牡亩篓偶藕揽榄罔网壤仰养蠓懵拢允勇甬涌免娩勉缅敛辇演引皿凛吻刎碾晚卵阮纬女懔	虏	垅陇	五米鲤卯岭养耳	老卵两雨		
	建阳	140	码裸藐渺侮鹉母拇履裹鲤每儡卵某亩藕偶诱拟蚁尔已以女吕汝与宇禹揽榄罔网勇甬涌允免勉娩俨阮皿美凛廪蠓懵拢陇垄吻刎牡舀橹鲁馁纬酉耳语往晚颖引	蠓	拢垅你蠓篓	五伍李蚁雨岭领懒蠓耳两~个咬痒陨			
	明溪	146	懒揽榄眼挽晚勇甬蛹酉吕履女汝语与禹宇裸母拇姆鲁橹努鹉侮皿领岭尹吻刎陨你卵免勉娩敛辇撵阮演卯咬蟒网往懵陇垅拢米美礼鲤拟韦秒渺藐篓网痒仰儡码瓦闵引颖以某牡亩	咬懵	两偶藕每	绺壤	纽缅	诱蠓蚁卵老咬篓	
	中山（隆都）	168	哪~个裸~体码~子瓦努鲁橹虏滷吕秙汝语予给~侮鹉鹦~宇禹米礼每儡傀~尔蚁美履你裹鲤拟矣已以累~赘卯咬藐渺秒燎火~眉毛扰绕围~舀~水某亩牡母拇篓藕偶有酉莠诱揽敛冉俨~然檩懒眼演撚撵卵晚挽阮远抿引允尹吻刎蟒仰痒网辋车~攮用刀子~皿领岭懵~懂蠓~虫陇垅氄~毛甬~道勇涌		愈病~壤土~攘颖		哪~个瓦五雨靡蚁耳唯咬瞭有懒远曩冗拨~	满	奶恼

续表

<table>
<tr><th rowspan="2">方言区</th><th rowspan="2">方言点</th><th rowspan="2">总字数</th><th rowspan="2" colspan="2">上声</th><th colspan="2">平声</th><th colspan="2">去声</th><th colspan="2">入声</th></tr>
<tr><th>阴平</th><th>阳平</th><th>阴去</th><th>阳去</th><th>阴入</th><th>阳入</th></tr>
<tr><td rowspan="2"></td><td>晋江</td><td>122</td><td colspan="2">惹野冶我瓦某牡亩鲁老裸卤虏橹五母偶藕舀尾马码礼买米美靡李里理鲤履女汝旅蚁语拟以已蕊累积~垒儡耒武鹉侮舞愈乳雨宇羽禹扭纽有卯秒渺藐了览揽染敛冉俨挽卵眼免勉辇碾撚满软阮远抿吻刎忍允莽惘罔两仰勇涌甬蛹养痒猛冷领永颖姆榄雅岭我染你尔耳木~每乃奶迺脑</td><td>咬也蚁五雨远</td><td></td><td></td><td></td><td></td><td></td></tr>
<tr><td>台北</td><td>206</td><td colspan="2">米女履旅李汝理裹里鲤蚁拟语以已蕊垒伟苇马买美码尾礼野冶也我瓦姥姆拇某牡亩卤滷努掳橹虏鲁母恼哪瑙老脑裸秒瞭了舀武侮姆拇母舞鹉旅侣吕缕乳褛雨羽与禹宇愈扭柳纽友有诱酉卯渺染每雅领养五伍偶午我耦藕乃览榄揽敛冉凛俨敏悯愍泯渑引允免冕俛眄丐缅湎碾撵撚辇演兖衍挽满晚暖卵软阮刎吻忍懔陨猛皿冷岭眼涌往永颖蠓蟒懵拢罔惘莽魍朗曩烺两冗垄壤陇魉仰勇俑恿甬蛹踊磊玮纬馁惹耦闵黾踝輓尹殒狁蚓颍</td><td>矣</td><td>刎</td><td>裸</td><td>吕耳咬蚁瓦也裸五痒养藕网雨缅</td><td></td><td></td></tr>
<tr><td rowspan="3">平话</td><td>临桂（五通）</td><td>152</td><td rowspan="3">尔耳览揽榄橄~染懒某亩牡往永软网晚挽仰养痒咬尾伟尹引忍演远我母拇朗绕围~撵脑强勉~恼暖藕偶配~女纽扭有友酉眼老你垒儡傀~礼李里裹理鲤两~个了~结领岭柳扰拢垅鲁滷五伍午吕旅语武舞雨马码买美满猛懵~懂米免勉娩分~缅秒藐渺</td><td>哪~个裸~体雅惹橹虏汝鹉鹦~缕乳宇禹羽每靡蚁履已以累蕊舀~水篓冉辇撚~碎卵敏吻刎蟒两斤~皿陇</td><td>与给~侮抿</td><td>努矣唯苇燎火~瞭俨~然阮允</td><td>也~是野瓦拟牡莠诱颖</td><td>愈病~奶敛撰悯壤土~攘</td><td></td><td></td></tr>
<tr><td>临桂（两江）</td><td>139</td><td>惹也~是野瓦宇奶蚁拟已以苇芦~舀~水篓混~池撚~碎敏抿允蠓</td><td>愈病~累</td><td>俨~然吻两斤~</td><td>乳</td><td>汝靡矣唯瞭诱敛阮刎莽蟒壤土~</td><td colspan="2">哪裸努虏与给~侮鹉鹦~乳禹羽卵颖</td></tr>
<tr><td>灵川（三街）</td><td>154</td><td>裸~体野瓦努橹汝与给~侮鹉鹦~乳禹羽奶~~每靡履拟累苇芦~牡冉檩混~池辇卵允吻刎蟒两斤~辋车~皿蠓陇</td><td>哪~个也~是舀~水篓俨~然葚桑~兖攮用刀子~</td><td>矣已唯燎火~瞭撚~碎颖</td><td>雅虏愈病~懒把~奶吃~莠诱敛撰</td><td>宇蚁晚阮壤土~攘</td><td colspan="2">以悯敏抿</td></tr>
</table>

续表

<table>
<tr><th rowspan="2">方言区</th><th rowspan="2">方言点</th><th rowspan="2">总字数</th><th rowspan="2" colspan="2">上声</th><th colspan="2">平声</th><th colspan="2">去声</th><th colspan="2">入声</th></tr>
<tr><th>阴平</th><th>阳平</th><th>阴去</th><th>阳去</th><th>阴入</th><th>阳入</th></tr>
<tr><td></td><td>全州（文桥）</td><td>120</td><td colspan="2">蚁武舞努鲁橹虏老午侮鹉五伍吕秙旅履汝语雨宇禹羽马码惹野瓦我咬偶尔耳垒女纽扭钮柳酉莠诱有友每美你也累儡蕊伟礼李里裏理鲤懒舀脑恼藕藐渺秒扰悯抿皿忍引蚓猛懵亩牡母拇拢陇垄允勇涌恿踊朗冷岭领往两仰养痒买尾碾辇奶染冉演衍撚吻刎软阮远尹永眼卵晚挽</td><td></td><td>苇</td><td></td><td></td><td colspan="2">已以</td></tr>
<tr><td rowspan="3">土话</td><td>乐昌（畈塘）</td><td>78</td><td colspan="2">李里理鲤已以有努鲁虏橹武舞侮女汝旅乳买满览揽榄懒冷亩牡篓偶藕耳免勉娩染冉碾辇撵软远领岭忍引勇涌卵脑恼哪老咬网莽蟒秒渺纽扭了两柳攘壤五伍午尾</td><td>米美绕扰</td><td>垅陇</td><td>拟母冷</td><td></td><td colspan="2"></td></tr>
<tr><td>连州（西岸）</td><td>85</td><td rowspan="2">我马雅惹野瓦鲁卤五女吕旅语舞武雨羽买奶~娘；牛~米礼尔美你李里五~理耳已以尾伟脑老咬秒了某亩牡母藕偶纽柳有友览染懒眼免演满暖卵软晚远敏忍引允蟒朗两~尺；二~仰养痒网往猛冷领岭永颖拢勇</td><td>碾</td><td></td><td></td><td>努</td><td>累~积舀诱壤</td><td colspan="2"></td></tr>
<tr><td>连州（丰阳）</td><td>86</td><td>累积~舀</td><td></td><td>碾</td><td>努</td><td>诱朗~读壤</td><td colspan="2">—</td></tr>
</table>

中古次浊上声字在佛山型方言中的变化情况

方言区	方言点	总字数	阳上		阴上	平声		去声		入声	
						阴平	阳平	阳去	阴去	阴入	阳入
吴语	绍兴	85	尔览懒朗老礼李两了领垅篓买满米某拟藕染绕忍乳软阮远雨瓦伟尾眼有野	亩五午马惹每美馁乃儡垒卯咬扰某暖卵莽猛冷拢耳蚁你矣秒舀纽诱免辇引仰养母努橹裸我蕊旅女愈	奶已演永往允雅	姆	也				你
	诸暨（王家井）	87		五午马奶也惹每美馁儡垒卯咬扰某眼暖卵莽网猛拢耳蚁你矣秒舀纽诱免辇引仰养母努橹裸我蕊旅女愈晚	乃已演永往允雅	亩脑冷		——	——	你	
	嵊县（崇仁）	86		五午马奶也惹每美乃儡垒卯咬扰某眼暖卵莽网猛冷拢耳蚁你秒纽诱免辇演引仰母努橹裸我旅女愈晚	矣已雅养永往允	舀			姆亩馁蕊		
	嵊县（太平）	84		姆五午马奶也惹每美馁乃儡垒卯咬扰某暖卵莽网猛冷拢耳蚁你秒舀~水纽诱免辇演引仰母努橹裸我晚旅女愈	矣已往允	永		亩蕊			
	永康	84		亩网马奶也每美馁乃儡垒卯扰某卵莽冷拢耳蚁你秒舀纽免染辇演引仰永母橹裸我旅女愈	咬猛矣已养往允雅晚	永	五午尔努	蕊	诱	——	
	广丰	36	老李姓两~个岭卵马买满米名母藕脑染软瓦名网我痒舀蚁引雨	五奶乳有眼养尾~巴	远	纽酉猛永		女~儿舞耳			
	文成	36		五舞奶乳尾~巴有眼耳纽酉远猛	养永	女~儿					
	汤溪	36		五女~儿舞奶乳耳纽有酉眼远养猛		尾~巴永					——
	龙游	35		五舞纽酉眼远养猛尾~巴	永奶乳	耳					
	常山	35		女~儿舞耳纽有酉养猛	远永	尾~巴眼					
	遂昌	35		五女~儿舞耳尾~巴纽酉眼养猛永	远乡下						有
	庆元	35		五舞耳尾~巴纽有酉眼养猛永	女~儿远						

续表

方言区	方言点	总字数	阳上		阴上	平声		去声		入声	
						阴平	阳平	阳去	阴去	阴入	阳入
	浦城	130	览懒朗冷礼李两拢橹旅卵卵莽米免秒某母纽暖染惹乳软蕊瓦我五午眼仰咬引远有	里理鲤履耳拟你尔忍已以尾每吕缕也野垒女汝语雨宇禹羽与马码雅冶瓦买老咬偶秒渺敏扭柳友酉努掳鲁滷满猛晚揽娩敛碾暖卵阮美敏皿悯吻刎领岭凛引永允网莽罔拇姆姥拢甬勇涌	里蚁伟苇也奶乳房恼脑舀扰挽往养嚷懵	奶~水	米垅陇冗	米缅	莽		
	温州	134		马雅瓦耳你里~程；~外理鲤蚁已以亩牡努鲁虏卤盐~伍舞武女吕缕语与及雨羽买乃奶每美累积~垒尾脑恼老扰绕围~了~结咬某篓藕偶扭柳友满揽勉碾敛演卵晚挽忍敏悯引蟒痒网往猛领岭颖笼~罩拢陇垄永勇涌伟苇	也野以了~结舀眼挽尹姓允养往永勇涌~现	里~外奶	努篓扭笼~罩		也蕊花~诱碾敛养		
粤语	广州	119	耳老垒冷礼李里~程;~外理鲤了~结 岭领拢陇鲁橹虏吕缕马买满莽蟒卵每美猛米免勉秒敏悯母亩牡某奶你努暖藕偶配~染忍乳软蕊瓦晚挽往尾午伍五舞武雅仰养痒咬舀也野已以蚁引永有友雨羽与语	惹我卤女旅乃累积~伟苇脑恼扰绕围~篓柳诱览揽懒碾敛眼卵远两~斤;斤~尹允朗网笼~罩垄	扭纽碾演忍勇涌	奶俗			老颖		
	肇庆（高要）	156		哪~个我裸瘰码惹滷女汝侮鹉鹦~宇禹乃儡尔履裹拟矣累积~伟苇脑恼藐渺扰绕拇纽扭柳酉莠诱览揽敛冉俨懒娩缅辇演撵卵阮远抿允尹吻刎朗两~个网往冷皿懵垅冗勇	榄碾撚两儿~甬涌	靡唯燎瞭篓			愈病~壤土~攘嚷颖		
	德庆	154		哪我裸码惹滷旅汝侮鹉宇禹乃买儡靡尔履裹矣累~积伟苇脑恼藐渺扰绕瞭拇篓纽扭柳酉莠诱览揽榄敛懒娩缅渑演撚满抿允尹吻刎朗两~个网辋往猛冷皿颖垅甬勇涌	拟檩碾卵阮两儿~	唯燎俨曩		愈病~冉	远壤		

续表

方言区	方言点	总字数	阳上		阴上	平声		去声		入声	
						阴平	阳平	阳去	阴去	阴入	阳入
	封开	151		我裸码惹瀰女秬旅汝侮鹉鹦~宇禹买奶儡尔履裏耳矣累~积伟苇脑恼藐渺拇纽柳酉冉俨懒娩辇演卵朗两~个阮远允尹网往猛垅勇涌	我拟扭览揽橄敛碾吻刎朗两儿~皿懵	唯燎瞭		愈病~靡扰绕诱檩缅壤攘颖			
	罗定	155		哪我裸码惹瀰女旅汝侮鹉鹦~宇禹买奶儡尔履裏矣累~积藐渺扰绕拇篓纽扭柳酉莠览揽橄敛俨懒娩缅渑演撚抿允尹吻刎朗两~个网辋往猛皿颖垅甬勇涌	乃拟伟苇脑恼檩碾卵阮两儿~	冉	愈病~靡唯燎瞭诱辇壤		远		
	郁南（平台）	146		我裸码瀰女秬旅汝侮鹉鹦~宇禹买奶儡靡尔履裏拟矣伟苇脑恼藐渺扰绕拇篓挪纽扭览揽橄染冉娩缅演卵阮达抿允吻刎朗壤网往猛皿垅勇涌	碾		惹愈累积唯燎火~瞭酉莠诱敛檩颖				
	番禺（市桥）	150	览揽懒朗老儡傀~垒礼你李里裏理鲤敛了~结领柳虏鲁橹瀰吕旅履卵每美米猛渺秒敏某亩牡母拇乃脑恼暖软努惹汝乳瓦尾伟苇吻刎我五伍午武舞侮鹉鹦~雅眼仰养野矣已以蚁引尹勇永雨宇禹羽语远允	哪~个马码~子也~是予给~缕丝~买奶尔耳拟蕊咬藐燎火~眉毛扰绕围~舀~水瞭篓藕偶配~纽扭有友酉莠诱染冉檩撚满晚挽悯忍莽蟒曩两~个攘嚷痒网皿岭陇垅冗拨~	裸~体榄橄~演卵兖阮抿两儿~儿钱懵~懂甬~道涌		靡唯燎火~眉毛俨~然	愈病~壤土~颖			
	增城（县城）	151		哪~个马码~子也~是秬予给~买奶拟咬藐扰绕围~舀~水瞭篓藕偶配~纽扭酉莠诱染冉俨~然檩满卵晚挽悯敏抿忍莽蟒曩两~个痒网辋车~猛皿岭陇垅冗拨~毹~毛甬~道涌	裸~体缕丝~蕊有友榄橄~演撚撵阮两儿~儿钱懵~懂蠓~虫	尔	靡唯	愈病~儡傀~壤土~攘			颖
	顺德（大良）	152		哪裸~体马码~子惹也秬予给~缕丝~买奶靡尔耳拟累~赘蕊咬藐燎火~眉毛扰绕围~舀~水瞭篓藕偶配~纽扭有友酉莠诱榄橄~染冉俨~然檩演满晚挽阮悯敏抿忍莽蟒曩痒网辋车~猛皿岭懵~懂蠓~虫陇垅冗拨~毹~毛甬~道涌	撚撵卵两~个，儿~儿钱		唯	愈病~壤土~攘颖			

续表

方言区	方言点	总字数	阳上		阴上	平声		去声		入声	
						阴平	阳平	阳去	阴去	阴入	阳入
	三水（西南）	150	马码雅览里礼垒领岭柳鲁橹虏吕旅每美藐渺秒敏某亩牡母拇乃武侮仰也野勇友酉雨宇禹羽	哪马码~子惹也秜予给~缕买奶尔耳拟累~赘蕊咬藐燎火~眉毛扰绕围~藕偶配~有友诱榄橄~染冉檩演撵满卵晚挽阮悯敏抿忍莽蟒两~个攘嚷痒网猛皿岭懵~懂蠓陇垅冗拨~酕~毛	裸~体纽扭撚两几~几钱涌		愈病~靡唯舀~水瞭篓酉俨~然	壤土~颖			
	斗门（上横）	143		哪惹也予缕买奶尔耳拟累~赘咬藐扰绕围~篓藕偶配~有友酉莠诱榄橄~俨演满卵阮悯敏抿忍莽蟒攮用刀子~两~个攘痒网猛懵~懂陇垅冗拨~	裸~体马码~子纽扭撚两几~几钱岭甬~道		靡唯燎火~眉毛瞭皿	愈病~蕊壤土~	舀~水		颖
	香港（市区）	155		哪马码惹也秜予缕买奶靡尔耳拟蕊唯咬藐燎扰绕围~舀~水瞭篓藕偶配~有友酉莠诱染冉俨~然檩撵满晚挽阮悯敏抿莽蟒曩两~个攘痒网辋车~攮用刀子~猛皿岭陇垅	裸~体纽扭揽榄橄~演撚卵兖忍两几~几钱懵~懂冗拨~甬~道涌		溇~柿子蠓~虫	愈病~壤土~颖			
	花县（花山）	151		惹瓦努泸五伍午秜汝语与舞鹉缕乳买奶米儡靡尔蚁履你李裹理鲤耳矣已以累蕊尾伟苇脑恼老扰绕舀了瞭篓藕偶有莠诱溇揽榄敛染冉俨檩懒眼满暖卵软晚挽阮远抿忍引允尹吻刎莽蟒曩朗两~个养痒网辋往猛永陇冗	哪我裸卵咬纽扭演撚两几~懵垅甬涌		拟唯燎悯皿	壤攘	愈		
	南海（沙头）	143		哪我惹瓦努滷五伍午秜汝语与舞鹉缕乳买奶米每儡靡尔蚁美履你李裹理鲤耳拟矣已以累蕊尾伟苇脑恼老卵咬扰绕了篓藕偶纽扭柳有莠诱揽敛懒眼演满暖卵软晚挽远悯忍引允尹吻刎莽蟒曩朗两~个养痒网往猛陇垅涌	裸榄撚兖阮抿两几~懵		唯燎瞭俨	愈壤攘颖			

续表

<table>
<tr><th rowspan="2">方言区</th><th rowspan="2">方言点</th><th rowspan="2">总字数</th><th rowspan="2" colspan="2">阳上</th><th rowspan="2">阴上</th><th colspan="2">平声</th><th colspan="2">去声</th><th colspan="2">入声</th></tr>
<tr><th>阴平</th><th>阳平</th><th>阳去</th><th>阴去</th><th>阴入</th><th>阳入</th></tr>
<tr><td rowspan="4">平话</td><td>藤县（藤城）</td><td>146</td><td colspan="2">尔览揽榄汝懒朗蚁雨禹羽语野有友奶咬养五伍午瓦软忍老尾往晚染眼暖你脑远累~积李里裹理鲤两~个两斤~领岭柳藕鲁橹虏滷吕旅卵马码买满莽蟒美猛米免勉渺秒皿悯敏哪~个我雅努女武舞鹉鹦~缕乳宇礼每履已以累尾伟恼藐扰绕围~了~解亩拇偶配~酉敛冉娩分~缅渑~池演卵撰阮允尹吻刎强勉~仰痒网永</td><td>裸~体惹儡傀~纽扭撚~碎挽引懵~懂</td><td>篓莠抿</td><td>也~是与给~愈病~靡拟矣燎火~舀~水攘</td><td>垒唯苇瞭某牡两斤~壤土~</td><td>诱颖拢陇垅</td><td></td><td></td></tr>
<tr><td>宾阳（芦墟）</td><td>133</td><td rowspan="2">懒老李里理鲤两~个两斤~了~结领岭卵买猛免勉娩分~缅某脑恼暖染忍晚五伍午眼仰养痒舀~水也~是野引</td><td>我马码雅努鲁橹虏滷女吕旅语与给~武舞侮鹉鹦~雨宇禹羽奶米每蚁美履裹耳拟已以累垒尾苇芦~咬藐渺秒亩牡母拇有友览揽榄橄~敛冉满软挽阮远敏尹莽蟒朗壤土~攘网辋车~往永拢陇垅瓦缕礼你</td><td>哪裸扰绕围~藕偶配~纽扭吻颖懵~懂</td><td>悯</td><td>唯燎火~瞭柳俨~然允皿</td><td>愈病~</td><td>伟诱</td><td></td><td>惹</td></tr>
<tr><td>龙州（上龙）</td><td>137</td><td>哪我马码瓦努橹虏滷女吕旅汝语武舞侮缕雨宇禹羽奶米礼每蚁美履你里耳蕊垒尾咬藐渺秒亩牡母拇篓搂藕偶纽扭柳有友酉诱览揽榄演满软晚挽远悯敏抿允尹壤攘网永懵蠓陇垅</td><td>以绕</td><td>扰</td><td>乳尔唯苇燎敛莽蟒</td><td>与儡靡拟累撰朗拢</td><td>已伟阮颖往</td><td>惹</td><td>愈</td></tr>
<tr><td>资源（延东）</td><td>128</td><td colspan="2">耳懒老李里理鲤冷领岭卤橹吕旅履马码卵买满卯每美猛免勉抿敏亩母奶脑恼你女暖染忍乳软网五武舀仰咬引永有友语雨禹羽远米尾眼碾演拟以已礼牡伍午侮鹉侣宇与汝雅也野裸卵我买勿苇芦~累~计儡垒偶配~藐渺篓搂了扰绕拇某努鲁虏藕扭~送柳舀满卵览揽榄缅皿悯引养童~媳颖允莽朗陇拢往蟒懵蠓勇涌</td><td>尔落雨~</td><td>马~虎奶~~</td><td>乃</td><td>你奶乳房扭~动</td><td></td><td></td><td></td></tr>
<tr><td>土话</td><td>连州（连州）</td><td>86</td><td colspan="2">我马惹野努鲁卤五女吕旅语舞武雨羽买奶~娘;~粉米礼尔美你李里五~理耳以已尾脑老咬秒舀了某亩牡母藕偶柳有友览染懒眼免演满暖卵软晚远敏忍引允蟒朗两~尺;二~仰养痒网往猛冷领岭永勇</td><td>瓦伟纽碾拢</td><td colspan="2">牡藕</td><td>累~积诱壤颖</td><td></td><td colspan="2">—</td></tr>
</table>

中古次浊上声字在海盐型方言中的变化情况（1）

方言区	方言点	总字数	阴上		阳上	阴平	阳平	去声		入声
								阴去	阳去	
吴语	桐乡	40	耳老买满猛米母脑纽软瓦网尾痒引永有雨	马野午女吕礼美咬亩眼碾暖晚允仰往冷领	染武乳尾				绕	
	长兴	41		马野午女吕礼美咬亩染眼碾暖晚允仰往冷领	武乳尾		绕			
	安吉	41		马野午女吕礼美咬亩染眼碾暖晚允仰往冷领	武乳尾		绕			
	德清	41		马野午女吕礼美咬亩染眼碾暖晚允仰往冷领	绕武乳尾					
	磐安	35		我马女~儿奶乳李姓舀藕酉染远两~个养岭	舞蚁眼		五		卵	——
	云和	35		我马女~儿奶乳李姓舀藕酉染远两~个养岭		女~儿				
赣语	莲花（琴亭）	66	果马惹也野瓦卤橹五午女吕语乳雨买奶牛~每蚁美李里~程/~面鲤理耳尾脑恼老卯咬亩某藕偶柳有友染眼满暖卵软远敏忍允两~个养网往猛冷领岭永拢		里~面懒暖两斤~痒领岭		哪			——
闽语	南安	144	览揽老垒冷礼李理鲤两领鲁橹旅买满莽美每猛米免勉秒敏某母亩奶脑扭纽女攘忍软蕊挽我伍舞武雅养以已涌眼语	惹冶瓦牡姥裸虏五偶藕舀尾儡马码里履蚁拟耒侮鹉宇禹酉汝卯渺藐敛冉俨辇碾撚演衍兖暖阮抿吻刎蠓罔惘辋朗往壤仰俑甬蛹榄岭尔你乃远允羽雨友有诱永勇野痒染卤累儡耳	咬蚁也滷五耳有吕里~面老扭网卵远痒领胆~			缅		
	沙县	118		里履姆努五午鹉侮吕缕与宇禹汝乳柳酉莠恼秒渺藐舀冶瓦蚁乃网蟒悯皿甬踊蛹俑蠓懵拢陇垅两壤娩缅卵晚榄雅岭远允羽雨友有诱永勇野痒染卤累儡耳	鲤卵	我	燎	阮		伟苇

续表

方言区	方言点	总字数	阴上		阳上	阴平	阳平	去声		入声
								阴去	阳去	
	三元	131		尔你拟姆拇五午鹉侮吕缕汝乳宇禹与马码冶乃蚁牡篓偶藕恼秒渺藐了伟苇玮虏柳酉蠓悯吻刎懒碾朗壤仰娩冉辇衍演阮网往暖卵晚远允羽雨友有诱永勇野痒染卤累儡耳	卵痒远	我奶	努	蚁缅		
	潮州	128		马惹你里~程；~外牡虏乳午缕与尾伟苇卵恼扰了~结舀篓藕偶配~柳懒碾敛暖卵晚悯引尹姓蟒仰往岭颖俗拢陇垄远允羽雨友有诱永勇野痒染卤累儡耳两~斤；斤~	瓦砖~耳里~外蚁五舞雨吕旅乃奶老咬有卵远朗两~斤痒网	瓦砖~	演笼~罩	努绕围~	也	
	雷州	168		码马乃恼瑙榄蟒蠓罔惘魍牡偶藕耦吻刎岭裸我懵拢垄陇汝你里俚娌侣膂履缕醴蠡与屿予宇禹乳拟惹渺杪藐淼袅了扰绕俨冉苒壤仰魉钮柳绺缅湎腼眄冕抿悯愍闵撵引蚓怃妩鹉侮姥姆你尔虏掳午仵往尾馁蕾磊褛伟苇韪限	咬里老~人藕网卤五雨两敛努怒珥吕有	也	演瓦		奶恼生气朗羽瓦千~卵	
土话	江华（寨山）	139	尾在~李里裹理鲤你耳拟尔已以母拇武侮努吕旅稆女汝语雨宇禹羽乳马码瓦脑恼老裸履买奶乃伟苇每儡累礼米藕偶卵纽扭钮咬酉莠诱有友藐渺秒了舀览揽榄懒眼吻刎满檩免勉娩湎碾撵辇撚染冉暖卵软忍远尹允莽蟒辋冷两壤攘仰养往岭领懵蠓猛拢陇垄勇涌踊甬我五伍午舞鹉		也野哪惹垒	橹虏卤	偶阮悯敏抿引蚓皿乃痒		某亩牡缅	—

中古次浊上声字在海盐型方言中的变化情况（2）

方言区	方言点	总字数	阴上		阳去	阴去	阳平	阴平	阳入	阴入
吴语	常州	88	耳懒朗儡垒冷礼李两了~结领拢垅篓橹旅卵裸马买满莽每美米免秒某亩乃奶脑你辇纽女暖藕染瓦往五午我演眼仰养咬舀~水也已野引永有诱雨	馁卯老览尔拟矣绕围~晚愈雅猛母努	乳也惹扰染忍伟蕊软阮远允尾		蚁	姆		
	靖江	85		乳惹馁卯览网尔尾蚁拟绕忍伟软阮远允晚雅猛母努	扰	姆蕊愈	老	矣		
	杭州	85		姆乳馁卯老扰览吻网尔尾蚁矣雅绕围~忍武伟晚愈软阮远允	诱	乳尔拟				
	黄岩	92		姆老网尾蚁拟矣忍母伟愈软阮远允雅晚	乳惹馁卯扰耳木~忍蕊尾		览尔耳绕	——		也
	余杭	42	耳老买满猛米母脑纽软瓦网尾痒引永有雨马野午女吕武礼美尾老咬绕亩染眼碾暖晚允仰往冷领		午乳晚					

中古次浊上声字在海盐型方言中的变化情况（3）

方言区	方言点	总字数	阴上	阳去	阴去	阴平	阳入	阴入
吴语	江阴	86	耳懒朗儡垒冷礼李两了~结领拢垅篓橹旅卵裸马买满莽每美米免秒某亩乃奶脑你辇纽女暖藕染瓦往五午我演眼仰养咬舀~水也已野引永有诱雨乳惹馁老览网尾尔蚁拟矣绕忍伟软阮远允猛母努	乳卯扰矣蕊愈		雅姆		

中古次浊上声字在新会（会城）型方言中的变化情况

<table>
<tr><th rowspan="2">方言区</th><th rowspan="2">方言点</th><th rowspan="2">总字数</th><th rowspan="2" colspan="2">阳上</th><th rowspan="2">阴上</th><th colspan="2">平声</th><th colspan="2">去声</th><th colspan="2">入声</th></tr>
<tr><th>阳平</th><th>阴平</th><th>阴去</th><th>阳去</th><th>阴入</th><th>阳入</th></tr>
<tr><td rowspan="3">徽语</td><td>屯溪</td><td>140</td><td colspan="2">李里裏理~睬鲤旅舞吕旅缕履女语雨宇禹乳羽买奶外婆哪我野惹冷岭领染软阮远懒瓦每卯脑恼老儡马码满晚暖卵米尾~巴每咬网两一~三；斤~养痒努卤滷了篓缕藕纽有懵拢陇垅永允悯敏抿忍引甬勇涌母拇五午蚁眼瑙舀耦闵</td><td>理道~礼已以伍午~睡武侮鹉五免勉冕缅渑敛碾辇撚撵也俨演览揽榄雅晚美垒磊某牡亩裸掳虏绕扰莽蟒朗往仰壤鲁秒渺藐柳扭偶友酉莠猛蠓皿姆伟</td><td>你</td><td></td><td></td><td></td><td>奶外婆</td><td></td></tr>
<tr><td>婺源（坑头）</td><td>154</td><td colspan="2">尹码禹耳览榄懒老冷李里鲤两领岭拢卤鲁橹吕旅马买满卯米免勉亩脑恼藕暖染忍软瓦网往尾我眼仰养痒咬舀永有友雨远允蚁努虏羽偶碾卵晚挽陇垄码酉娩缅攘壤阮渺吻攮宇冷蠓懵缈榄姆瑙矣</td><td>裸篓甬朗垒礼了~结柳莽蟒每美悯某母你扭扰乳蕊午伍五舞演也野已以涌语理女缕与绕围绕敛朗猛颖拇撵辇抿武勇敏冉皿侮汝履究猛鹉捻拟</td><td>伟苇雅
笼笼络
靡燎</td><td></td><td>累积~秒
藐冶</td><td>哪尔诱
丐</td><td></td><td></td></tr>
<tr><td>婺源（秋口）</td><td>140</td><td colspan="2">禹码引懒老冷李里鲤两领岭拢吕旅马买莽蟒卯米亩脑恼扭纽暖染忍乳软瓦网雅眼演仰痒咬舀也野有雨远蚁努女与羽卵陇码拇姥撵垅阮冉宇履冷捻拟冗渑我尾满姆妈妈耳木~</td><td>尹裸篓甬朗伟苇览榄礼了柳卤鲁橹每美免勉秒藕往午伍五舞养以永涌友语虏绕偶晚挽朗猛颖藐瞭娩缅抿武勇敏皿侮汝吻刎猛懵鹉矣耳~机姆保姆</td><td>笼尔燎
唯</td><td></td><td>奶允牡酉
诱莠</td><td></td><td></td><td></td></tr>
<tr><td rowspan="4">吴语</td><td>常熟</td><td>85</td><td rowspan="3">尔览懒朗老礼李两了领垅篓买满米某拟藕染绕忍乳软阮远雨瓦伟尾眼有野</td><td>亩五午马奶也惹美馁儡脑咬暖莽冷耳蚁舀纽诱养我蕊往女愈</td><td>每乃垒卵猛拢秒免辇演引仰永母努橹裸往旅允雅</td><td>卯扰</td><td>姆你矣已</td><td></td><td></td><td></td><td></td></tr>
<tr><td>吴江（黎里）</td><td>92</td><td>亩五午马奶也惹馁垒卵脑咬扰某暖卵莽网冷拢蚁舀诱免辇演引养母蕊往女雅往</td><td>全清阴上：每美乃儡卵猛耳你拟秒纽仰永母橹裸往黎允尾努晚</td><td>愈</td><td>姆矣已</td><td></td><td></td><td>也</td><td>也</td></tr>
<tr><td>吴江（盛泽）</td><td>89</td><td>亩五午奶也惹馁儡垒卯咬扰某网暖卵猛冷拢你拟秒舀诱免辇演引养母橹蕊女</td><td>每美乃眼莽朗猛耳纽仰永努裸往旅允尾雅晚愈</td><td></td><td>姆马蚁矣
已</td><td></td><td></td><td></td><td></td></tr>
<tr><td>湖州（双休）</td><td>79</td><td colspan="2">览懒朗冷礼李两拢橹旅卵卯莽米免秒某母纽暖染惹乳软蕊瓦我五午眼仰咬引远有姆也馁扰篓藕双垅蚁拟了~结绕诱辇养伟愈阮允</td><td>买每美乃儡垒脑老矣已野舀领忍永母努裸我往女</td><td>马猛尔
演雨</td><td></td><td></td><td>—</td><td></td><td></td></tr>
</table>

续表

方言区	方言点	总字数	阳上	阴上	平声		去声		入声	
					阳平	阴平	阴去	阳去	阴入	阳入
	海宁	41	马瓦午女吕武乳买米礼尾脑老咬绕亩纽有染眼碾满暖软晚引允仰网猛冷领	野午雨美耳母痒往永						
粤语	怀集（白话）	160	哪我裸马码雅也野瓦努鲁橹虏滷五伍午吕稆旅汝语与给~乳雨宇禹羽乃买奶米礼尔蚁你李里裹理鲤耳拟矣已累~积蕊伟苇脑恼老卯咬扰绕了某亩牡母拇篓藕偶柳有友酉染冉懒免勉娩撚满暖软晚挽悯敏抿引允尹曩朗两~个仰养痒网辋猛冷皿领岭永陇垅愈病~敛缅渑远壤攘嚷	惹武舞侮鹉缕每儡美履以垒尾藐渺秒舀纽扭莠诱览揽榄俨檩碾演卵阮忍吻刎莽蟒两几~往懵蠓拢氄甬勇涌	靡唯燎 瞭		颖			
	斗门（斗门）	149	马码雅览里礼垒领岭柳鲁橹虏吕旅每美藐渺秒敏某亩牡母拇乃武侮仰也野勇友酉雨宇禹羽我惹也野鲁橹虏滷午吕稆旅汝语舆武侮鹉乳雨宇禹羽乃買奶每儡美矣已以蕊恼卯藐渺秒某亩牡母拇柳有友酉懒撵暖软晚挽阮悯敏抿忍引允尹莽蟒曩朗仰养痒往猛皿领岭陇垅勇	裸瓦努五伍舞米靡蚁李裹耳尾脑老咬绕舀了纽扭揽榄眼演撚满卵远吻两网懵冗涌	哪缕唯 瞭篓溇檩壤蠓	缕莠甬		愈尔履你里理鲤拟累扰偶诱敛俨刎两壤攘颖	藕	
	江门（白沙）	146	马码雅览里礼垒领岭柳鲁橹虏吕旅每美藐渺秒敏某亩牡母拇乃武侮仰也野勇友酉雨宇禹羽我惹滷午语予给~鹉鹦~缕丝~买奶每儡傀~尔美履你理鲤拟矣已以蕊恼卯柳染冉懒暖软晚挽阮悯抿忍引允尹刎莽蟒曩朗养痒猛皿永陇垅	裸~体瓦努五伍舞米蚁李裹耳尾伟苇脑老咬绕围~舀~水了~结藕纽扭揽榄橄~演撚卵远吻两几~几钱网懵~懂冗拨~涌	哪~个唯燎火~眉毛 瞭篓蠓~虫	靡有莠甬~道		愈病~赘扰偶诱敛俨两~个壤攘颖累~赘	眼满	

续表

方言区	方言点	总字数	阳上	阴上	平声		去声		入声	
					阳平	阴平	阴去	阳去	阴入	阳入
	东莞（莞城）	159	览揽懒朗老儡傀~垒礼你李里裹理鲤敛了~结领柳虏鲁橹滷吕旅履卯每美米猛渺秒敏某亩牡母拇乃脑恼暖软努惹汝乳瓦尾伟苇吻刎我五伍午武舞侮鹉鹦~雅眼仰养野矣已以蚁引尹勇永雨宇禹羽语远允码马惹秙与缕奶靡尔耳累~积舀有友酉榄橄~染免勉娩缅渑~池辇撵暖卵晚挽惘敏抿两~个痒网辋往猛冷皿岭颖冗氄	裸蕊咬藐扰绕围~藕偶扭纽揽俨演撚满阮忍莽蟒两几斤几~懵~懂甬~道涌	也~是买唯燎火~眉毛瞭蠓~虫			哪愈病~拟莠诱冉壤攘陇垅		
	台山（台城）	142	马码雅览里礼垒领岭柳鲁橹虏吕旅每美藐渺秒敏某亩牡母拇乃武侮仰也野勇友酉雨宇禹羽我惹午秙汝语予给~乳奶每儡傀~美履矣已以蕊脑恼卯扰绕围~藕偶配~柳有榄橄~敛染冉檩暖晚挽阮惘忍引允尹吻刎朗养痒猛皿永颖陇垅	裸~体瓦努滷五伍舞鹉鹦~缕丝~米蚁李里裹理鲤耳尾老咬舀~水了~结篓搂~抱纽扭揽眼演满卵远两~个，几~几钱网辋车~懵~懂涌	哪靡唯瞭俨蠓	买你燎火~眉毛莠懒软莽蟒壤土~攘		愈病~尔累~赘诱		
	开平（赤坎）	141	马码雅览里礼垒领岭柳鲁橹虏吕旅每美藐渺秒敏某亩牡母拇乃武侮仰也野勇友酉雨宇禹羽惹午汝语予给~鹉鹦~乳奶每儡傀~尔美履你鲤矣已以蕊卯扰绕围~篓藕偶配~柳有敛染冉懒暖阮远惘忍引允尹吻刎养痒猛皿永颖	裸~体瓦努滷五伍舞米蚁李裹耳尾伟苇脑恼老咬舀~水了~结纽扭揽榄橄~檩眼演撚满卵两~个，几~几钱网辋车~懵~懂涌	哪~个靡理唯瞭俨莽蟒曩壤攘陇垅	买软		我缕愈病~累~赘莠诱朗		
	鹤山（雅瑶）	143	马码雅览里礼垒领岭柳鲁橹虏吕旅每美藐渺秒敏某亩牡母拇乃武侮仰也野勇友酉雨宇禹羽我努滷伍午汝與舞鹉缕乳乃每尔美理鲤拟苇脑恼卯了藕偶柳诱敛晚挽惘吻刎莽蟒朗网往皿陇垅	五伍奶米儡蚁李裹耳尾脑老咬扰绕舀篓纽扭揽榄眼演满远抿忍两~个两几~懵冗甬涌俨卵阮	與愈履你唯伟燎瞭	我买有染冉懒暖软引养痒猛		惹累允尹壤攘颖	上阴入：瓦 下阴入：裸	语靡

续表

<table>
<tr><th rowspan="2">方言区</th><th rowspan="2">方言点</th><th rowspan="2">总字数</th><th rowspan="2" colspan="2">阳上</th><th rowspan="2">阴上</th><th colspan="2">平声</th><th colspan="2">去声</th><th colspan="2">入声</th></tr>
<tr><th>阳平</th><th>阴平</th><th>阴去</th><th>阳去</th><th>阴入</th><th>阳入</th></tr>
<tr><td rowspan="6">平话</td><td>百色那毕</td><td>138</td><td rowspan="3">尔览揽榄汝懒朗蚁雨禹羽语野有友奶咬养五伍午瓦软忍老尾往晚染眼暖你脑远累~积李里裏理鲤两~个两斤~领岭柳藕鲁橹虏滷吕旅卵马码买满莽蟒美猛米免勉渺秒皿悯敏</td><td>我雅惹也努女武舞侮鹉乳宇礼每儡履耳拟蕊藐了~结偶配~纽酉缅阮引吻刎颖</td><td>哪靡已以垒伟某亩母拇扭演挽懵</td><td>唯苇瞭俨~然</td><td>兖</td><td>舆扰绕围~诱敛撰允尹网永蠓拢陇</td><td>祼愈病~恼牡壤攘垅</td><td></td><td></td></tr>
<tr><td>南宁亭子</td><td>148</td><td>哪我惹也努与乳宇每儡靡尔裏已以蕊垒恼藐舀了某亩母拇偶敛娩缅阮忍引允尹吻刎仰痒网永颖懵蠓拢陇垅</td><td>裸雅女武舞侮鹉缕礼耳拟矣伟纽扭榄演撚撵撰挽抿</td><td></td><td>愈唯苇燎瞭俨</td><td>莠诱</td><td>履扰绕牡壤攘</td><td></td><td></td></tr>
<tr><td>横县横州</td><td>151</td><td>雅惹也~是女与给~武舞鹉鹦~缕乳宇礼尔履裏已以蕊尾恼老扰绕围~了~结某亩牡母篓酉敛冉娩分~卵引允仰痒永拢</td><td>裸伟苇芦~舀~水拇偶配~诱俨~然演撚~碎撵撰挽尹吻刎颖</td><td>哪努侮每拟矣纽扭檩阮懵蠓陇垅</td><td>儡傀~靡垒</td><td>莠</td><td>我愈病~唯藐燎瞭壤土~攘</td><td></td><td></td></tr>
<tr><td>玉林福绵</td><td>152</td><td colspan="2">懒老李里理鲤两~个两斤~了~结领岭卵买猛免勉娩分~缅某脑恼暖染忍晚五伍午眼仰养痒舀~水也~是野引雅惹鲁橹虏滷女吕旅汝语与给~武舞侮鹉鹦~缕乳雨宇禹羽买奶米礼每儡傀~尔蚁美你裏耳拟已以垒藐渺秒亩篓偶配~纽柳有友冉檩浘~池演满晚阮远敏抿允尹吻刎莽蟒网往皿永颖拢</td><td>蕊尾伟苇芦~咬扰绕围~藕扭诱览揽榄橄~敛辇撵撰挽两斤~懵~懂</td><td>哪~个努唯燎火~酉蒌俨~然撚~碎兖壤攘蠓陇垅</td><td>我莠</td><td>祼~体</td><td>马码瓦愈病~矣牡母拇软悯朗</td><td></td><td></td></tr>
<tr><td>钟山</td><td>124</td><td rowspan="2">耳懒老李里理鲤冷领岭卤橹吕旅履马码卵买满卯每美猛免勉抿敏亩母奶脑恼你女暖染忍乳软网五武舀仰咬引永有友语雨禹羽远</td><td>尔舞掳缕里雅瓦诱乃篓伍午藐秒我蚁蕊你冉碾晚眼两~个矣缕藐礼捻</td><td>扭纽我儡娩悯尾颖莽蟒陇拢甬勇涌永演览榄揽朗仰允吻刎绕蜢甬</td><td>拇苇阮演</td><td>已以鲁里篓伟尹挽扰</td><td>扭</td><td>拟努哪缅浘皿檩壤宇</td><td colspan="2">卯藕扰</td></tr>
<tr><td>昭平</td><td>147</td><td>尾尔拟已以舞侮鹉拇努鲁虏缕与宇瓦惹买乃累~积蕊米礼蚁卯咬藐渺了扰绕舀柳藕偶酉莠冉凛晚眼娩缅皿演卵悯刎允蟒莽猛两~个养辋往缕我藐陇</td><td>尾奶也野裸垒扭绕纽扭钮览揽榄挽辇撵捻碾两几~颖朗懵拢勇涌五伍午</td><td>雅苇牡俨阮</td><td>儡篓</td><td></td><td></td><td></td><td></td></tr>
</table>

续表

方言区	方言点	总字数	阳上	阴上	平声		去声		入声	
					阳平	阴平	阴去	阳去	阴入	阳入
	融水（融水）	156	懒老李里理鲤两~个两斤~了~结领岭卵买猛免勉娩分~缅某脑恼暖染忍晚五伍午眼仰养痒舀~水也~是野引裸~体马雅惹缕你裹咬牡母拇篓藕偶配~纽扭柳览揽榄敛染冉檩浘~池辇演撵软莽蟒朗强勉~往皿陇垅	我瓦努鲁橹虏滷女吕旅语与给~武舞侮鹉鹦~乳雨宇禹羽米礼每儡傀~靡尔蚁美履耳拟已以累蕊垒尾伟藐渺秒扰绕围~亩有友酉俨~然燃~碎满撰挽阮远允尹吻刎两斤~永颖		矣唯苇燎火~兖攮蠓	哪~个愈病~莠诱网辋车~	汝奶悯敏抿壤土~攘嚷懵~懂拢		
	平乐（青龙）	111	我马码惹野瓦努鲁滷五伍午女吕汝武舞乳米礼你李里裹理鲤耳累脑老舀~水了~结母拇藕柳有友酉染眼勉缅满暖软远忍引两~个强勉~仰养领岭永	语雨宇禹羽买儡傀~蚁已以伟苇芦~秒纽扭览演撚~碎晚挽悯敏允尹往猛懵~懂拢陇垅	努唯痒蠓	垒扰免卵阮	每美尾咬亩牡篓懒蟒两~两	哪~个也奶藐某攘攮	偶配~吻	

中古次浊上声字在神木型方言中的变化情况

方言区	方言点	总字数	阴平		阳平	去声
			阴平	上声		
晋语	忻州	136		米~汤礼李里~程理~发鲤~鱼已以母某擩乳汝女五伍午舞武语与雨羽宇马码瓦~房两雅买奶乃网惹染我野也养痒牡恼脑老秒渺咬了~结尔耳努鲁卤偶藕扭柳有友酉每美尾伟免勉碾捻敛晚挽往揽懒眼魉远满暖软猛吻冷忍敏泯檩廪凛领岭引拢涌永甬勇	蚁冗	缅
			你娌领拇亩鹉侮禹哪攮裸扰绕围~藐燎火~眉毛橹篓纽钮娩分~冕辇撵览染懵~懂刎抿悯尹蚓颍颖陇垄汞允			

续表

<table>
<tr><th rowspan="2">方言区</th><th rowspan="2">方言点</th><th rowspan="2">总字数</th><th colspan="2">阴平</th><th rowspan="2">阳平</th><th rowspan="2">去声</th></tr>
<tr><th>阴平</th><th>上声</th></tr>
<tr><td rowspan="4">晋语</td><td rowspan="2">定襄</td><td rowspan="2">130</td><td></td><td>米你里理礼李鲤领以尾已母某五伍午舞武鹉侮旅履缕雨羽语与宇禹予尔耳瓦冷雅也两买乃奶惹染野冶痒养蟒往卯牡脑老咾姥秒渺咬了燎舀努鲁卤篓偶藕柳有友酉每美伟苇尾垒磊累儡免勉娩缅碾撵满暖~和卵远莽蟒晚挽往揽懒眼两猛吻刎忍敏泯皿悯檩领岭拢垄勇永涌痒</td><td rowspan="2">拢</td><td rowspan="2"></td></tr>
<tr><td colspan="2">拇亩吕壤仰暖~和藐绺冕敛榄览冉凛</td></tr>
<tr><td>朔县</td><td>125</td><td colspan="2">米你拟李里理累积~垒鲤馁儡礼已以母亩牡拇某侮五伍午武舞缕履吕旅语雨与羽宇禹两满晚暖懒览揽卵阮软买缅免娩冕辇敛也野眼演远惹我耳尔莽蟒往攘两仰痒养每美尾伟苇卯脑恼老咾秒渺藐咬了燎咬舀偶藕鲁虏卤橹篓纽扭钮柳绺友有酉懵猛吻刎冷敏泯悯皿凛檩岭领陇拢垄允甬涌踊勇永</td><td></td><td>缅</td></tr>
<tr><td>沁县</td><td>123</td><td colspan="2">哪雅买乃奶也野冶惹恼脑老姥秒渺藐了舀我裸伟委尾苇履垒儡吕磊累积~努缕娄虏鲁橹篓扭纽友有酉耳尔里理鲤李礼旅吕你勉免娩敛侮舞午武鹉五伍雨宇禹羽语与给~予览揽懒染冉碾暖卵软阮网往两养仰痒冷皿闵悯泯抿领檩岭勇永甬蛹允涌马绕扰咬藕偶柳眼俨演乳汝女莽蟒吻刎引尹冗</td><td></td><td>缅朗</td></tr>
</table>

中古次浊上声字在银川型方言中的变化情况

方言区	方言点	总字数	阳平	上声
官话	乌鲁木齐	135	尔耳米李里鲤礼以矣蚁尾某谋亩牡母姆拇五午鹉侮舞武乳擩汝努吕旅缕履女语羽禹宇雨马码瓦我惹也野冶裸买奶乃每美尾伟苇纬儡垒磊卯老扰秒藐渺了咬舀咬篓藕偶纽扭钮有友酉晚挽软阮览揽榄懒染冉娩勉免渑缅碾辇撵撚俨眼演兖暖卵远莽蟒攮朗两养痒仰吻刎冷忍悯抿敏皿檩领岭引蚓尹颖陇垅拢陨永甬勇涌	

续表

方言区	方言点	总字数	阳平	上声
	博山	144	也野行~以宇羽偶	马码瓦我惹耳尔理野冶米你里理鲤娌礼李蠡蚁尾拟某亩姥牡母拇姆五伍舞午武努弩汝乳掳鲁橹卤女吕旅缕禹雨语予与买乃奶眼每美苇伟馁累积~垒磊蕊儡脑瑙绕扰老渺秒邈藐淼了~结燎舀咬篓藕扭纽柳绺有酉友晚挽揽懒冉染免勉冕缅渑衍兖演暖软卵远刎吻忍抿悯闵敏皿凛檩引蚓尹允莽网魍攮两痒养冷领颖笼拢陇冗垄永甬勇涌

中古次浊上声字在于都（贡江）型方言中的变化情况（1）

方言区	方言点	总字数	上声	平声		去声	
				阴平	阳平	阴去	阳去
赣语	南丰（琴城）	61	哪马惹也瓦卤橹午女吕语乳奶祖母/牛~每蚁美理恼卯亩某藕偶柳有友染卵远敏允养网往猛冷永拢	野五女雨买李里~程/~面鲤耳尾脑老咬懒眼满暖软忍两~个/斤~痒领岭			
客语	赣县（蟠龙）	53	马惹野瓦卤五女吕舞雨礼美李里~面以伟脑老秒舀了篓藕纽染眼免演软远敏忍引允两~个/儿~网永	语买奶李尾咬柳有懒满暖痒领岭	耳猛		
	上犹（社溪）	63	马惹野瓦卤橹五午女吕语乳雨买奶牛~每蚁美李理耳脑恼老卯咬亩某藕偶柳有友染眼满卵远敏忍允两~个养网往猛领永	也奶祖母里~程鲤尾懒暖软两斤~痒冷岭拢			哪里~面
	南康（蓉江）	63	惹瓦卤橹五午女吕语乳雨奶牛~美李理耳脑恼老卯藕偶柳友眼满卵远敏允两~个养网往猛领永咬亩某有	马也野买奶祖母每蚁里~程鲤尾染懒暖软忍两斤~痒冷岭拢	哪	里~面	
	宁都	54	野瓦五女语舞雨奶李耳以伟脑老秒舀了亩篓藕纽柳有眼免演满远敏忍两~个/儿~惹卤猛引	马买礼美李里~面耳尾咬染懒暖允痒领岭永		吕	网
	定南（历市）	62	马惹野瓦卤橹五午女语乳雨奶祖母每蚁美李里~程/~面理耳脑恼老卯咬亩某藕偶柳友眼满卵远敏允两~个养网往猛永拢	也吕买鲤尾有染懒暖软忍两斤~痒冷领岭		奶牛~	哪
	龙南（右南）	61	哪马惹也野瓦卤橹五午女语乳雨买每蚁美李里~程/~面理耳脑恼老卯咬亩某藕偶柳有友染眼满卵远敏忍允两~个养网往猛冷领永	吕鲤尾懒暖软两斤~痒岭拢		奶祖母/牛~	

续表

方言区	方言点	总字数	上声	平声		去声	
				阴平	阳平	阴去	阳去
	全南（城厢）	62	哪马惹也野瓦卤橹五午女语乳雨买每蚁美李里~程理耳脑恼老卯咬亩某藕偶柳友染眼满卵远敏允两~个养网往猛领永拢	吕里~面鲤尾有懒暖软忍两斤~痒冷岭		奶祖母/牛~	
	石城（琴江）	62	哪惹也野瓦卤橹五午女吕语乳雨奶祖母/牛~美李理耳脑恼老卯亩某藕偶柳友染眼满卵远敏允两~个网往猛永	马野买每蚁里~程/~面鲤尾咬有懒暖软忍两斤~养痒冷领岭拢			
	中山（南萌合水）	145	耳揽老垒里了~结缕丝~卵莽蟒米脑藕偶配~瓦五伍午眼舀~水仰已引远勇雨雅努虏滷旅语武舞侮鹉鹦~乳宇羽愈病~奶米儡傀~蚁李拟以累~赘蕊伟苇恼藐渺秒拇纽扭柳诱览榄橄~敛染冉俨~然演撚撵卵晚挽悯敏抿忍允尹吻刎朗两~个痒网辋车~猛皿永颖懵~懂冗拢~甬~道涌	裸~体马码~子惹也~是野吕买礼每美履里理鲤尾卯咬某亩母有友酉诱满暖软阮两几~几钱养陇垅	我鲁橹汝予给~禹靡尔你矣唯燎火~眉毛瞭牡篓懒囊	哪~个乃壤土~攘	
	化州（新安）	57	瓦五女语舞雨米李里~面耳以伟脑老秒舀了亩篓藕纽柳眼免演远敏引允两~个网猛永有懒礼美	马惹野吕买尾咬母满暖软忍两几~领岭	卤吕痒	奶染	
	廉江（石角）	57	瓦五女语舞雨奶米李里~面耳以伟脑老秒舀了亩篓藕纽柳眼免演远敏引允两~个网猛领永	马惹野卤吕买礼美里~背尾咬母有懒满暖软忍两几~痒岭		染	
	廉江（青平）	57	野瓦卤五女舞雨米李里~面耳以脑老秒舀了亩篓藕纽柳眼免演远敏引允两~个网永痒猛	马惹吕语买礼美尾咬母有懒满暖软两几~领岭	伟	奶染忍	
	长汀	56	惹野瓦卤五女吕语舞雨奶礼美李里~面耳以伟脑老秒舀了亩篓藕纽柳眼免演满远敏引允两~个网猛永	马买里~面尾咬纽有懒满暖软忍两几~痒领岭			

中古次浊上声字在于都（贡江）型方言中的变化情况（2）

<table>
<tr><th rowspan="2">方言区</th><th rowspan="2">方言点</th><th rowspan="2">总字数</th><th rowspan="2" colspan="2">上声</th><th rowspan="2">阴平</th><th rowspan="2">阳平</th><th>去声</th></tr>
<tr><th>阴去</th></tr>
<tr><td rowspan="5">客语</td><td>东莞（清溪）</td><td>156</td><td rowspan="2">耳揽老垒里了~结缕丝~卵莽蟒米脑藕偶配~瓦五伍午眼舀~水仰已引远勇雨</td><td>哪裸马码雅野鲁橹虏滷吕旅秙汝与舞雨宇禹羽愈乃礼每儡尔蚁履你李裹拟矣以累蕊尾伟苇恼卯藐扰绕牡篓纽扭溇览榄敛染檩伴拌晚挽悯敏抿吻刎朗网辋皿颖懵蠓陇垅冗甬涌</td><td>我也语武侮鹉乳买奶美咬渺秒某亩母拇柳有友酉冉懒演满暖软阮忍允尹两~个养痒往猛领岭永氄</td><td>惹靡唯燎瞭俨囊</td><td>努理鲤两几~莠诱壤攘嚷</td></tr>
<tr><td>从化（吕田）</td><td>153</td><td>裸惹野努鲁橹虏滷汝武舞侮鹉乳宇禹羽愈病~买儡靡尔履你拟矣以恼卯藐渺秒扰绕瞭某牡篓纽扭柳莠诱榄染冉缅辇撚允尹吻刎朗两~个；几斤几~壤攘嚷养痒网辋往皿永懵甬~道涌</td><td>哪我马码也~是吕旅礼每美李里裹理鲤尾伟咬亩母拇有酉敛懒免勉娩分~满暖软晚阮悯敏忍猛冷领岭</td><td>雅语与唯燎俨抿陇垅</td><td>乃奶蚁累蕊苇芦~友览演挽颖</td></tr>
<tr><td>翁源</td><td>53</td><td rowspan="3">惹瓦五女语舞雨李耳老秒舀了亩藕纽柳染眼远引允敏两~个网永</td><td>野吕奶礼美篓演</td><td>马卤买里里~尾咬有懒免满暖软忍两几~痒猛领岭</td><td></td><td>以伟</td></tr>
<tr><td>阳西（塘口）</td><td>57</td><td>卤吕奶米以伟脑母免满猛领</td><td>马野买礼美里里~尾咬篓有懒演满暖软忍两几~痒岭</td><td></td><td></td></tr>
<tr><td>武平（岩前）</td><td>55</td><td>礼美脑篓演猛</td><td>马野卤吕语买里~面尾咬藕有懒免满暖软忍两几~痒领岭</td><td></td><td>以伟</td></tr>
</table>

中古次浊上声字在金坛（西岗）型方言中的变化情况

方言区	方言点	总字数	上声	平声	去声
官话	焉耆	104	耳尔迩马码奶老姥惹美每满懒览揽染冉猛冷忍蟒米礼尾蚁雅也野舀柳纽扭有友免勉碾撵演眼领檩尹引两仰养痒母拇亩某舞午武五虏卤我委伟苇尾暖卵软挽晚拢往网旅吕履允勇	卯篓藕偶莽里理狸已以秒渺敛敏悯鲁橹乳抿汝裸磊儡禹永蛹	朗缅

中古次浊上声字在马山（乔利）型方言中的变化情况

方言区	方言点	总字数	阳上	阴上	平声		去声	
					阴平	阳平	阳去	阴去
粤语	云浮（云城）	169	我马码也野瓦努鲁橹虏滷五伍午女吕旅汝与给~武舞侮鹉鹦~乳擩雨宇禹羽乃买奶米礼每儡尔蚁美履你李里裏理鲤耳矣已以累~积垒尾伟苇脑恼老咬藐渺秒扰绕舀了某亩牡母拇藕偶纽扭柳有友酉莠诱览揽敛染冉懒免勉娩缅渑碾演撚撵满暖卵软兖晚挽阮远惘敏忍引允尹吻刎莽蟒朗两几~仰养痒网辋往猛冷领岭永颖懵蠓拢新派陇垅冗勇	哪裸榄抿甬涌		瘰雅惹语与给~缕愈病~靡拟蕊唯卯燎瞭篓俨檩辇曩两~个壤攘嚷皿颖蠓拢老派		

中古次浊上声字在漳平（永福）型方言中的变化情况

方言区	方言点	总字数	阴上	阴去	阳去	阳平	入声
闽语	海口	79	米染~毛李里理鲤以已女努汝你侮~辱我雅惹领岭野~囝：私生子；~生满瓦猛快马码冷母雌性的；~亲两重量单位眼美每买软卯脑恼秒渺鸟亩某老~弟：弟弟，背称偶藕柳友酉抿忍引养枉往永勇	奶乳房；~水；奶~捻	乳豆腐~耳有瓦~室：~房蚁蚂~两数目字里裏卵蛋老年~袅走路时身体左右摇摆舞卤五午网	奶树~：橡胶旅鲁卵阴囊暖	母对父亲或母亲的姐姐的称呼 奶二~老~兄：本岛人称从内地过来的人

中古次浊上声字在梅县型方言中的变化情况

方言区	方言点	总字数	上声	阴平	阳平	去声
客语	连南	53	瓦五女吕语舞雨奶李耳以伟脑老秒舀了亩篓藕纽染眼演远敏引允两~个网永	马惹野卤买礼里~面尾咬柳有懒免满暖软忍两几~痒猛领岭		

续表

方言区	方言点	总字数	上声	阴平	阳平	去声
	铜鼓（丰田）	63	哪果野卤橹五午女语乳雨奶祖母美李耳脑恼老咬亩某藕偶柳染眼满卵远敏允两~个网往猛永	马惹也瓦吕买每蚁里~程/~面鲤理尾卵有友懒暖软忍两斤~养痒冷领岭拢		奶牛~
	陆川	55	瓦五女吕舞雨奶李耳以伟脑老秒舀了藕纽柳有染眼演远引允两~个网猛领永	马野卤语买礼美里~面尾咬亩篓懒免暖软敏忍两几~痒领岭	惹满	
	电白（沙琅）	57	瓦五女舞雨奶米李里~面耳伟脑老秒舀了藕纽染眼演远引允两~个网猛永	马惹野卤吕语买礼美尾咬亩母有懒免满暖敏忍两几~痒领岭	篓软	奶以柳
	阳春（三甲）	56	野瓦五女吕舞雨米李耳伟脑老秒舀了篓藕纽染眼演远引允两~个网猛永	马惹语买奶礼美里~面尾咬亩母有懒免满暖软忍两几~痒领岭	卤敏	以柳
	高州（新垌）	56	瓦卤五女舞雨奶米李里~面耳以伟脑老秒舀了纽染眼演远敏引允两~个网猛永	马惹野吕语买奶训读礼美尾咬亩母有懒免满暖软忍两几~痒领岭		藕柳
	井冈（黄坳）	63	哪果瓦卤橹五午女语乳雨李耳脑恼老卵藕偶柳染眼卵远敏允两~个网往猛永	马惹也野吕买奶祖母每蚁美里~程/~面鲤理尾咬亩某有友懒满暖软忍两斤~养痒冷领岭拢		奶牛~
	西河	54	瓦五女吕语雨李耳以伟脑老秒舀了篓纽柳染眼免演远敏引两~个痒网猛永	马惹野卤舞买奶礼美里~面尾咬亩藕有懒满暖软忍允两几~领岭		
	深圳（沙头角）	147	哪~个雅予给~乳宇乃买礼每儡傀~履李裹拟矣以蕊尾伟苇秒瞭篓酉莠诱览榄橄~敛檩撚挽悯敏抿尹吻刎朗壤土~攘嚷网辋车~皿颖懵~懂蠓~虫陇垅甬~道涌耳揽老垒里了~结缕丝~卵莽蟒米脑藕偶配~瓦五伍午眼舀~水仰已引远勇雨	我马码~子也~是野鲁橹虏滷吕稆旅汝语武舞侮鹉鹦~禹羽奶尔蚁美你理鲤累~赘咬母拇纽扭柳有友冉懒演满暖软晚阮忍允养痒猛领岭永	惹靡唯恼燎火~眉毛扰绕围~某亩俨~然曩冗拢~	裸~体努愈病~藐渺牡
吴语	宜兴	88	亩午马瓦买奶也惹卵脑老咬篓藕懒眼暖卵满莽冷耳米礼李野舀纽有染领忍引两养努橹我女雨软阮远永往雅	姆五午每美乃垒某卵猛尔耳矣秒纽免辇仰母裸旅	朗拢垅你拟伟	五乳惹馁扰览蚁了诱蕊愈绕尾儡已演允晚
土话	连州（星子）	85	我惹野努鲁卤吕旅武舞羽尔美你已以伟秒了亩牡藕偶纽柳览免碾演满晚敏忍引允蟒朗仰网往猛永拢勇	马瓦五女语雨买奶礼李里理耳尾脑老咬舀某母有友染懒眼暖卵软远两尺~二~养痒网冷领岭	雅	诱累~积壤

中古次浊上声字在扶绥（龙头）型方言中的变化情况

方言区	方言点	总字数	上声	阴平	阳平	去声	入声
土话	乐昌（长来）	121	偶惹儡舞橹虏鲁卤拟藐渺秒了~结舀扰绕诱酉莠纽扭柳免勉娩缅悯抿敏皿忍引演莽蟒辋朗仰榄允尹两卵捻撵养痒阮永懵蠓猛拢陇冗甬勇涌氄	篓	已以美礼里鹉垒蕊雨宇禹羽汝与脑恼母旅女吕努午语里理也某每友满水~晚垅陇奶	亩尾藕买我卯老咬五伍乃耳牡米马野雅岭领满小~远暖壤攘眼	尔蚁~公

中古次浊上声字在嘉兴型方言中的变化情况（1）

<table>
<tr><th>方言区</th><th>方言点</th><th>总字数</th><th colspan="2">阳去</th><th>阴去</th><th>阴上</th><th>阴平</th><th>阳平</th></tr>
<tr><td rowspan="3">吴语</td><td>平湖</td><td>40</td><td rowspan="2">马瓦午女吕武乳买米礼耳尾脑老咬绕亩母纽染眼碾满暖软晚引仰痒网猛冷领</td><td>美野永有允</td><td></td><td>雨往</td><td></td><td></td></tr>
<tr><td>临安</td><td>41</td><td>美</td><td>野午雨有允往永</td><td>—</td><td></td><td></td></tr>
<tr><td>松江</td><td>91</td><td colspan="2">亩五午乳马瓦买奶也每美儡垒卯脑老咬扰某篓藕览懒眼暖卵满莽网冷拢垅尔耳米尾礼李蚁你拟野秒了绕舀纽有诱免染辇领忍引两仰橹裸旅女雨愈软阮远惹猛矣已演养母蕊允</td><td>乃</td><td>奶每美馁努往雅晚</td><td>姆每永</td><td>朗两我</td></tr>
</table>

中古次浊上声字在嘉兴型方言中的变化情况（2）

<table>
<tr><th rowspan="2">方言区</th><th rowspan="2">方言点</th><th rowspan="2">总字数</th><th colspan="3">去声</th><th rowspan="2">阴上</th><th rowspan="2">阴平</th></tr>
<tr><th colspan="2">阳去</th><th>阴去</th></tr>
<tr><td rowspan="3">吴语</td><td>余姚</td><td>89</td><td rowspan="3">亩五午乳马瓦买奶也每美儡垒卯脑老咬扰某篓藕览懒眼暖卵满莽网冷拢垅尔耳米尾礼李蚁你拟野秒了绕舀纽有诱免染辇领忍引两仰橹裸旅女雨愈软阮远</td><td>惹猛演养母努蕊已允馁乃朗我伟</td><td></td><td>姆五矣演永往雅晚</td><td></td></tr>
<tr><td>宁波</td><td>82</td><td>吻矣武晚已允馁乃朗我伟</td><td></td><td>槛演养往</td><td>姆</td></tr>
<tr><td>南汇（周浦）</td><td>88</td><td>姆惹养母努蕊馁乃朗我伟</td><td></td><td>每美矣已演永努往允雅晚</td><td></td></tr>
</table>

续表

方言区	方言点	总字数	去声		阴上	阴平
			阳去	阴去		
	上海	83	亩五午马奶也惹乃偏垒卯咬扰某暖卵吻莽网冷拢耳蚁矣已秒舀~水纽诱免辇引仰养武橹裸我旅女愈允	每美雅演仰晚往		姆乃馁

中古次浊上声字在嘉兴型方言中的变化情况（3）

方言区	方言点	总字数	阳去	阴去	上声	阴平	阳平
粤语	广宁	158	马雅也野瓦努鲁橹虏滷五伍午女吕汝语与给~鹉乳雨宇禹羽愈病~乃奶米礼每偏尔蚁美履你李里理鲤耳已以蕊垒伟脑恼老卯咬藐渺扰绕舀了某亩牡母拇藕偶柳有友酉诱览揽榄敛染懒免勉娩缅渑演满暖软晚挽远悯敏引允尹莽蟒朗两~个仰养痒网往猛冷皿领岭永颖勇哪稆旅累~积檩缕码靡抿武侮兖壤攘嚷忍惹舞尾我买拟曩蠓	裸裹莠辇撵拢陇垅	纽扭碾卵阮吻刎两几~懵甬涌	秒篓冉	矣唯苇燎瞭俨撚
徽语	遂安（汾口）	86	码耳懒老礼李里鲤领岭马买满卯每米免某母亩脑恼你纽藕暖染忍软瓦网往尾我午五舞雅眼演仰养痒咬舀也野已以永涌有语雨远惹理牡虏女羽绕偶碾笼码哪拇抿壤武阮宇	两奶	冷	苇垒旅美秒允友语以伍	

中古次浊上声字在嘉兴型方言中的变化情况（4）

方言区	方言点	总字数	去声	上声	阴平	阳平
粤语	四会	158	马雅也野瓦努鲁橹虏滷五伍午女吕汝语与给~鹉乳雨宇禹羽愈病~乃奶米礼每偏尔蚁美履你李里理鲤耳已以蕊垒伟脑恼老卯咬藐渺扰绕舀了某亩牡母拇藕偶柳有友酉诱览揽榄敛染懒免勉娩缅渑演满暖软晚挽远悯敏引允尹莽蟒朗两~个仰养痒网往猛冷皿领岭永颖勇拢陇垅买秒壤攘冉辇纽忍阮辋尾苇吻刎我矣	裸码惹武舞侮缕扭俨碾撚卵两几~懵冗甬涌	累~积恼篓	靡唯燎瞭撵曩蠓

中古次浊上声字在从化（城内）型方言中的变化情况

方言区	方言点	总字数	去声		平声		上声	入声	
			阴去	阳去	阳平	阴平		阴入	阳入
粤语	高明（明城）	147	我马码~子雅惹也~是野瓦鲁橹虏滷五伍午吕稆旅汝语予给~武舞侮鹉鹦~缕丝~乳雨宇禹羽乃买奶米礼每儡傀~靡尔美履你李里裏理鲤耳拟矣已以垒尾伟苇脑恼老卯咬藐渺秒了~结某亩牡母拇篓藕偶配~纽扭柳有友莠诱敛染冉懒眼满暖软晚挽远敏抿引允尹吻刎莽蟒朗两~个仰养痒网辋车~猛皿领岭永颖勇努扰绕围~壤土~攘陇垅冗涌蚁累~赘卵阮	哪~个愈病~蕊唯燎火~眉毛舀~水瞭西俨~然		悯	裸~体览揽榄橄~俨~然演忍两几~几钱懵~懂		
平话	宁远（清水桥）	122	马码野瓦鲁橹虏滷五伍女旅语武舞侮鹉鹦~雨宇禹羽买奶礼每儡傀~你李里裏鲤耳拟垒尾伟苇芦~咬藐渺秒扰绕围~了~结瞭某亩牡母拇篓纽扭柳有友酉览揽榄橄~敛懒眼免勉娩分~演满暖卵晚挽远忍引允尹莽蟒朗两~个养痒往猛皿领岭永颖懵~懂拢陇垅	燎火~染仰网	惹美软阮		哪~个我乳脑舀~水藕偶配~眼两斤~	愈病~蚁诱缅	米理

中古次浊上声字在河源型方言中的变化情况

方言区	方言点	总字数	阴去	阳去	上声	阴平	阳平
土话	道县（寿雁）	61	买米奶忍也马码瓦雨恼礼老李理有耳裸女亩尾蚁藕柳酉惹我野永挽远两养痒网满卵母五伍午你岭	染	引脑礼软母咬眼篓友乳秒哪碾捻懒往领		武
吴语	苏州	135	马瓦砖~惹我也野耳米你礼李里~程/~外理鲤蚁母亩橹卤盐~乳午五舞武女吕旅缕语雨买乃奶蕊花~尾伟脑恼老扰绕围~了~结咬舀藕纽有友诱满览揽懒染免敛眼暖卵软晚远~近忍引尹姓莽蟒朗两斤~养痒网猛冷领岭颖拢陇垄	诱晚	雅努虏与及美累积~垒偶配~扭勉演卵挽敏悯允两斤~ 仰往猛颖永勇涌~现	马我也耳你已以母鲁午五羽乃每苇了~结柳友碾尹姓	

中古次浊上声字在宝山（罗店）型方言中的变化情况

方言区	方言点	总字数	去声		阴上	阴平	阳平
			阳去	阴去			
吴语	宝山（霜草墩）	85	亩五午乳马瓦买奶也惹乃儡垒卵脑老咬某篓藕览懒眼暖卵满莽网朗冷拢垅尔耳米尾礼李蚁你拟野秒了~结绕围~舀~水纽有诱免染辇演领忍引两养母努橹裸我伟蕊女雨愈软阮远	每美卵猛矣已仰永母往旅允雅			姆扰
	昆山	83	亩五午乳马瓦买奶也每馁乃卵脑老咬扰某篓藕览懒眼暖卵满莽朗冷拢垅尔耳米尾礼李蚁拟野秒了绕舀纽有诱染辇领忍引两养橹裸我伟蕊女雨软阮远	美藕矣已演仰永往愈允猛努晚雅		姆每你母旅	
	富阳	40	马瓦午女武乳买米礼美尾脑老咬绕亩母纽染眼碾满暖软晚仰网猛冷领		野吕雨耳有引允痒往永		
	昌化	42	马野午武乳买米耳尾脑老咬绕母染眼碾满暖软晚引网猛冷领		瓦午女吕雨礼美尾亩纽有允仰痒往永		
	嘉善	100	蚁耳~朵乳米尾结~礼李里理鲤汝鲁橹卤语女蕊雨宇羽奶牛~也野卵脑恼老秒渺藐扰晚~娘揽览榄蕊勉免娩缅染某亩篓藕偶柳纽有友酉诱满卵远马码瓦网莽朗冷攘壤两仰养痒吻抿领岭忍引莽拢垅陇		努五伍午中~奶~~：乳房；乳汁雅舀每美乃酒扭敏皿允尹甬勇		伟苇纬经~染传~

中古次浊上声字在惠州型方言中的变化情况

方言区	方言点	总字数	阳去	上声	阴平	阳平	阳入
粤语	恩平（牛江）	140	马码雅也野鲁橹虏午吕稆旅语予武侮鹉乳雨宇禹羽愈乃奶礼每儡尔美履理矣已累~赘蕊垒恼扰绕围~某亩牡母拇藕偶柳有友酉莠诱览揽敛冉暖晚挽阮悯敏抿忍引允尹吻刎莽蟒朗仰猛领岭永颖垅勇涌	裸瓦努滷五伍舞米蚁李里裹耳尾伟苇脑老咬藐渺秒舀了~结纽扭榄眼演满卵远两网辋懵	我惹汝买你鲤染懒软攘	哪缕靡唯燎瞭壤陇	以卵养痒

中古次浊上声字在连州（保安）型方言中的变化情况（1）

方言区	方言点	总字数	阴平	阳平	上声	去声	入声	
							阴入	阳入
湘语	江永（桃川）	55	马惹卤五午女吕武雨买米每蚁里长度单位耳尾老卯咬亩藕有懒碾演满暖卵软远忍引蟒两~个养痒网猛冷领岭永	晚	也~是野奶脑恼柳染引两斤~仰往勇			
粤语	香港（新界锦田）	144	我马码~子雅惹也野瓦鲁橹虏滷五伍午吕旅汝语予给~武舞侮鹉鹦~乳雨宇禹羽乃买奶米礼每儡傀~靡尔蚁美履你李里裹理鲤耳拟矣已以蕊垒尾伟苇脑恼老卯咬藐渺秒舀~水了~结某亩牡母拇藕偶配~柳有友酉敛染冉懒眼满暖卵软晚挽远悯敏忍引允尹吻刎莽蟒曩朗两~个，几~几钱仰养痒网辋车~猛领岭永勇	唯燎火~眉毛瞭俨~然陇垅	哪~个裸~体缕丝~篓纽扭莠诱揽榄橄~撚阮皿	努愈病~累~赘览壤土~攘颖	扰绕懵冗涌	

中古次浊上声字在连州（保安）型方言中的变化情况（2）

方言区	方言点	总字数	阳平	阴平	上声	阳去	阴去
粤语	新兴	158	哪我马码雅也野瓦努鲁橹虏滷五伍午女吕稆旅汝语与给~武侮鹉鹦~缕乳雨宇禹羽乃买米礼每尔蚁美履你李里裹理鲤耳矣已以垒唯尾伟苇脑恼老卯咬燎了瞭某亩牡母拇藕偶柳有友诱敛染冉俨檩懒免勉娩辇满暖卵软晚远悯敏引允尹吻刎莽蟒曩朗两~个壤攘仰养痒网往猛冷皿领岭永勇	篓	裸惹舞儡靡拟蕊藐渺秒扰绕舀纽扭酉览揽榄缅碾演撚挽阮抿忍两几~懵拢陇垅甬涌	愈病~累~积颖	奶莠

中古次浊上声字在信宜（钱排）型方言中的变化情况

方言区	方言点	总字数	阴平	阳平	上声	去声	阴入	阳入
客语	五华	130	每美尾你尔吕礼理鲤与乳以母拇鲁橹卤马码惹也我买乃奶磊卯恼得人~咬亩某牡~丹友有满晚挽懒免勉娩分~敏悯皿演暖软忍永允猛莽蟒冷往两斤~养痒拢垅地~语蚁领岭笼	蕊	米伟苇拟旅李里女舞努雅瓦野儡垒脑恼老秒渺藐舀偶配~；~然纽篓缕藕柳扭酉五伍午榄览染冉俨引颖眼缅远卵朗网两~只仰壤土~攘懵陇勇涌踊蛹甬俑耳雨了燎火~眉毛敛	诱揽奶碾~米		刎
	信宜（思贺）	56	马惹野吕买礼美里~面尾咬亩母有懒免满暖软忍两几~痒猛领岭	卤李以篓藕敏永	瓦五女语舞雨奶米耳伟脑老秒舀了纽染眼远引允两~个网	柳演		
	揭西	54	马惹卤吕语买奶礼美里~面以尾咬亩有懒免满暖软敏忍允两几~痒猛领岭		野瓦五女舞雨李耳伟脑老秒舀了篓藕纽柳染眼演远引两~个网永			
	奉新（澡溪）	63	马惹也橹吕语买奶祖母每蚁美里~程/~面鲤尾恼卯亩柳有友染懒满暖软敏忍两斤~养痒冷领岭拢		哪果野瓦卤五午女乳雨李理耳脑老咬某藕偶眼卵远允两~个网往猛永	奶牛~		

后　记

本书是在本人博士论文的基础上修改而成的。博士毕业踏上工作岗位后，全身心地投入到工作中，有很长一段时间，没有再回看论文。但心里着实时时牵挂着论文中存在的瑕疵、不足，近两年结合科研课题申报，又在紧张的教学工作间隙，抽出时间来，根据专家指正和自己的学思践悟，系统地从头到尾对博士论文进行了查漏补缺、修改完善，终成此稿。

在论文修改过程中，我的博士生导师胡安顺老师给了我莫大的鼓励和精心的指导。胡老师知识渊博、治学严谨、诲人不倦、幽默风趣。读博期间，胡老师根据我的学术背景和个人特点，鼓励我去研究中古上声字在现代方言中的演变情况，并以此为题进行博士论文的写作。我欣然接受并饶有兴趣，从此便开始了各个方言点的查找、统计、归纳、提炼的过程。论文材料准备与写作的过程是苦乐参半、喜忧兼具的。面对数量众多的方言点应该如何去高效率地搜集资料？如何将上声纷繁复杂的演变情况进行分类？如何挖掘上声演变背后的规律？如此等等，一个又一个的问题时时困扰着我。每每此时，我就会带着无数的问号去请教胡老师。但是刚开始请教的时候似乎并不“顺利”，老师并没有直接给我“满意”的答复，而是告诉我 “你不要总是想，要写，哪怕两三句话，你写下来再和我讨论”。当时虽然心中忐忑，但也深知老师的苦心，在科学研究中就是要敢写、勤写，在写的过程中会不断地调整、凝练思路，发现新知。从那以后我也渐渐养成了勤思多写的习惯，老师的每一次点拨都会让我豁然开朗、受益匪浅。论文大到布局谋篇、小到遣词造句无不凝聚着老师的心血。我资质驽钝、才疏学浅，论文虽经系统补正、修改，较之毕业论文有了一定提高，但离老师的要求还有较大的距离。每念及此，顿觉有愧于恩师厚望。遇到胡老师，是我的幸运。我时时告诉自己：唯有刻苦努力，方能报答老师的恩情！

感谢我的父母、爱人和孩子！当年为了让我完成论文、如期毕业，如今为了让我按时完成书稿、学有所成，他们承担起了一切家庭琐事，努力为我营造安静的学习、工作环境，他们的支持、帮助、爱护、宽容、鼓励，伴我一路走来，令我感到无限温暖！我可爱的学生们也在我论文资料补充、整理等方面给了我很大帮助，带给我很多启发。

汉语方言里还有很多宝藏值得挖掘，我将以此为新的起点，奋发努力，做出成绩。

由于本人才识有限，书中不可避免会存在错误和疏漏之处，还望各位专家学者不吝赐教。

许　芃

2022 年 5 月 1 日